施工企业物资管理

段英文　刘敬严　主编

中国财富出版社

图书在版编目（CIP）数据

施工企业物资管理 / 段英文，刘敬严主编．—北京：中国财富出版社，2017.8（2022.7 重印）

ISBN 978-7-5047-6576-5

Ⅰ.①施…　Ⅱ.①段…　②刘…　Ⅲ.①施工企业—物资管理　Ⅳ.①F407.906.5

中国版本图书馆 CIP 数据核字（2017）第 209256 号

策划编辑 张　茜　　**责任编辑** 郑泽叶
责任印制 梁　凡　　**责任校对** 孙丽丽　　**责任发行** 敬　东

出版发行	中国财富出版社		
社　　址	北京市丰台区南四环西路 188 号 5 区 20 楼	**邮政编码**	100070
电　　话	010-52227588 转 2098（发行部）		010-52227588 转 321（总编室）
	010-52227588 转 100（读者服务部）		010-52227588 转 305（质检部）
网　　址	http://www.cfpress.com.cn		
经　　销	新华书店		
印　　刷	北京九州迅驰传媒文化有限公司		
书　　号	ISBN 978-7-5047-6576-5/F・2809		
开　　本	787mm×1092mm　1/16	**版　　次**	2017 年 9 月第 1 版
印　　张	19.25	**印　　次**	2022 年 7 月第 4 次印刷
字　　数	444 千字	**定　　价**	48.00 元

前　言

施工企业物资管理是施工企业管理中十分重要的组成部分。施工物资质量是工程质量的基础，不同工程项目、不同工艺阶段，对施工物资要求各不相同，物资本身质量的优劣，直接影响着工程质量。施工产品总成本中的 60%～70%由施工物资成本构成。施工企业物资管理水平的高低关系到施工企业经济效益的好坏。在社会主义市场经济条件下，施工物资的供应渠道多了，管理部门增多了，企业物资管理的难度大大增加了，但是施工企业又必须不断提高工程质量，降低工程成本，才能在激烈的市场竞争中占有一席之地。因此，不论人们自觉与否，物资管理水平已经成为了影响施工企业盛衰成败的关键因素之一。

从社会角度看，施工企业的物资管理水平与施工行业的发展质量乃至社会经济的发展质量密切相关。社会基本建设投资约 60%的项目是由施工企业完成的。施工产品的质量，施工物资的消耗水平，直接反映出社会经济发展的质量。我们要实现建筑业经济增长方式的转变，其中的重要任务之一就是要加强施工物资的管理。

改革开放近 40 年来，建筑业取得了突飞猛进的发展，对施工企业的物资管理提出了更高的要求。同时，要求建立一支能适应新形势、具备高素质的物资管理人员队伍。然而，物资管理工作人员缺乏系统的培训和学习，缺乏一本系统的教材。因此，为了给广大的物资管理工作人员提供一本适宜的教材，满足广大读者的需要，石家庄铁道大学联合中国铁建及中国中铁所属中铁三局、中铁上海局等大型施工企业编写了《施工企业物资管理》一书。

本书的编写指导思想是：力求理论联系实际，特别要联系施工企业物资管理工作的实际，突出施工企业物资工作的专业特点，总结施工企业物资管理工作的经验及教训，并将其贯穿全书。因此，本书有很强的针对性和适用性，既体现理论知识的完整性、系统性，又突出重点。全书力争做到深入浅出、通俗易懂、文字精练，便于物资工作人员阅读。《施工企业物资管理》一书，可以说是应社会需要而出。本书既可以作为施工企业物资管理人员的培训教材，也可以作为高校施工企业物资管理相关专业授课教材，同时本书的出版也为施工企业的广大物资工作者及相关的管理人员、技术人员进行自学提供方便。

本书共分为十二章，系统阐述了施工企业物资管理工作中的物资计划、物资采购、物资运输、物资储备、物资周转、物资供应、物资核算、物资绩效评价等内容。其中第一章由段英文编写，第二章由耿立艳编写，第三章和第四章由刘敬严编写，第五章由李文陆编写，第六章由刘金方编写，第七章由蒋秀兰编写，第八章由李占平编写，第九章和第十章由赵莉琴编写，第十一章由郭跃显编写，第十二章由张永林编写，全书由段英文和刘敬严负责总纂。

由于水平有限，加上时间仓促，不足和错误之处在所难免，愿读者批评指正。

作　者
2017 年 4 月 21 日

目 录

第一章　物资管理概述

学习目标

1. 了解物资及施工企业物资含义。
2. 掌握施工企业管理的内涵及施工企业物资管理内容。
3. 熟悉施工企业物资管理的原则、任务及程序。
4. 熟悉施工企业物资管理的机构、人员配备。
5. 掌握施工企业物资管理人员的职业道德建设内容。

第一节　物资管理含义及内容

一、物资的含义

从广义上讲，物资是物质资料的简称，它包括生产资料和生活资料，既包括自然界直接提供的物质财富，又包括经过人的劳动作用取得的劳动产品。一种物资是生产资料还是生活资料，主要以它在社会再生产中的用途来划分的。用于人们从事生产劳动的在生产中消费的一切物质资料，称为生产资料。用于满足人们衣、食、住、行等各种生活消费的资料，称之为生活资料或消费资料。生产资料包括劳动资料（亦称劳动手段）和劳动对象。劳动资料是人们用以转变或影响劳动对象的一切物质资料，它包括机械性的劳动资料，如生产工具（各种机械设备、工具、器材等）和作为劳动对象容器的劳动资料（管、桶、瓶等），以及在劳动过程中必要的一切劳动条件，如生产性建筑物、道路等。在劳动资料中，最重要的是机械性劳动资料。劳动对象，是指人们为了创造物质财富而在生产过程中以劳动作用其上的一切物品。劳动对象包括自然物和经过劳动加工的原材料两大类。

物资的构成如图 1－1 所示。

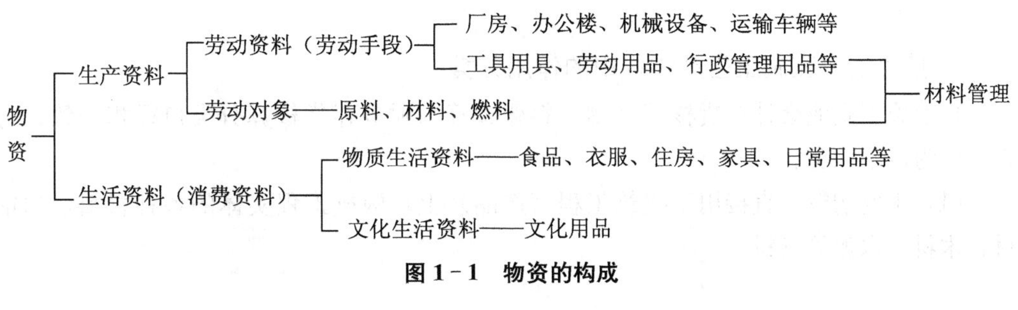

图 1－1　物资的构成

二、施工企业物资的含义及分类

（一）施工企业物资的含义

施工企业物资是建筑安装施工过程的劳动对象，是建筑产品的物质基础。施工物资投入施工生产后，原有的实物形态发生改变或消失，构成工程实体或有助于工程实体的形成。

施工企业物资是建筑企业生产经营资金中流动资金的主要实物表现形态，是建筑物资的主要组成部分。

施工企业物资部门的物资管理范围，不仅包括原料、材料、燃料，还包括生产工具、劳保用品、机电产品，甚至扩大到机械配件。所以“物资”一词，对施工企业来说，是指材料部门管理的所有物资。

（二）施工企业物资的分类

建筑业对物资消耗的量很大，建筑工程成本的 70%左右为材料费。建筑用材料有近 80 个大类，2000 多个品种，30000 多个规格，可生产冶金、化工、建材、石油、林业、机械、轻工、电子、仪表等 50 多个工农业部门的产品。为方便管理，人们从不同角度对物资进行了分类。

1. 按建筑材料的理化性能分类

建筑材料按理化性能分类如图 1－2 所示。

- 建筑材料
  - 非金属材料
    - 无机材料
      - 天然石材（砂、石）
      - 陶质材料（砖、瓦、陶器）
      - 胶结材料（石膏、石灰、水泥、水玻璃等）
      - 隔热材料（硅酸盐发泡类材料）
      - 玻璃及其制品
      - 未焙烧人造石及制品（混凝土、砂浆及制品）
    - 有机材料——木材、竹材、胶结材料（沥青）、油漆、塑料制品
  - 金属材料
    - 黑色金属——生铁、碳钢、合金钢等
    - 有色金属——金、银、铜、铝、铅、锌、锡等及其合金

图 1－2　建筑材料按照理化性能分类

2. 按照物资在施工生产过程中的作用分类

目前施工企业会计存货核算（物资料账核算与财务存货核算分类口径相一致）将物资分为以下六类。

（1）主要物资：直接用于建筑工程（产品）上，构成工程实体的各种材料，如钢材、木材、水泥等材料。

（2）结构件：事先已经对建筑材料进行加工，经过安装后构成工程实体的各种加工件，如金属构件、预制钢筋混凝土构件、木构件等。

（3）机械配件：维修机械设备所需的各种零件和配件，如曲轴、螺钉等。

（4）周转材料：施工生产中多次反复使用，基本保持原有形态且逐渐转移其价值的工具性材料，如脚手架、模板、枕木等。

（5）低值易耗品：使用期限较短（一般在一年以内）或单位价值较低而达不到固定资产标准的劳动资料，如工具、用具、劳动保护用品、玻璃器皿等。

与低值易耗品不同的固定资产也需要了解一下。固定资产是指企业使用期限超过1年的房屋、建筑物、机器、机械、运输工具，以及其他与生产、经营有关的设备、器具、工具等。不属于生产经营主要设备的物品，但单位价值在2000元以上，并且使用年限超过2年的，也应当作为固定资产。固定资产是企业的劳动手段，也是企业赖以生产经营的主要资产。

（6）其他材料：不构成工程（产品）实体，但有助于工程（产品）实体形成或便于施工生产进行的各种材料，如燃料、油料等。

3. 按主要用途分类

（1）结构材料：主要指用于构造建筑结构部分的承重材料，如水泥、混凝土、混凝土外加剂、砂浆、墙体材料、钢材及公路中使用的沥青混凝土等，在建筑物中主要利用其力学性能。

（2）功能材料：主要是在建筑物中发挥其力学性能以外特殊性能的材料，如防水材料、建筑涂料、绝热材料、防火材料、建筑玻璃、管材等。它们赋予建筑物以必要的防水、装饰、保温隔热、防火、维护、采光、防腐及给排水等功能。正是利用了这些材料的一项或多项功能，才使建筑物具有某种使用功能，产生了一定的装饰效果，也使人们生活在一个安全、耐久、舒适、美观环境中的愿望得以实现。当然，有些功能材料除了其自身特有的功能外，还有一定的力学性能，而且人们也正在不断创造更多更好的多功能材料，以及既具有结构性材料的强度，又具有其他功能的复合材料。

三、施工企业物资管理的含义

（一）施工企业物资管理的含义

施工企业的物资管理，就是对施工过程中所需的各种物资，围绕采购、储备和消费，所进行的一系列组织和管理工作。也就是借助计划、组织、指挥、监督和调节等管理职能，依据一定的原则、程序和方法，搞好物资平衡供应，高效、合理地组织物资的储存、消费和使用，以保证建筑安装生产的顺利进行。

建筑安装施工生产总是不间断地进行的。建筑物资在施工中逐渐被消耗掉，转化成工程实体。生产过程是原材料不断消耗和不间断地补充的过程。没有生产资料的供应，生产建设就无法进行。在建筑工程施工中，要注意节约使用物资，努力降低单耗，控制材料库存，加速流转，节约使用储备资金，这些都与企业经营成果直接有关。建筑物资的供应与管理是施工企业经营管理的重要组成部分，建筑物资是施工企业组织生产的物质基础。加强物资供应和管理是建筑业现代化生产的客观需要，也是企业完成和超额完成各项技术、经济指标，取得良好经济效果的重要环节。

施工企业物资管理在项目生命周期全过程都必须对物资进行有效的管理与控制。事实上，项目的策划与实施过程在很大程度上就是在一定的时间和资源等约束条件下，为实现特定的产品而进行的对施工物资的研究、设计、组合、选择、购置、施工直至生产出合格产品的过程，物资管理与控制贯穿于项目生命周期全过程。因此，要使最终的产品符合目标要求，必须对项目全过程的物资进行有效的管理与控制。施工物资管理是一项系统工程，是一门综合性的管理，从制度的健全到指标的分解，从物资的采购到现场的使用，从修旧利废到物资复用，从措施的落实到考核奖惩，从产品的设计到新技术的应用，只有加强了各个环节和方方面面的管理，才能达到良好效果。

（二）施工企业物资管理存在的问题

(1) 物资采购计划性不强，盲目采购现象严重，造成物资库存量加大。采购时采购人员不与工程部门沟通，不是材料质量达不到要求，就是数量有差异，采购的任意性会造成停工待料、窝工，加大了工程成本。

(2) 物资管理人员素质不高，对物资的特性及验收指标了解不够，个别物资管理人员损公肥私、中饱私囊。

(3) 物资使用方面管理不到位，导致材料使用无限制，现场布局不合理，二次倒运造成损失；计量手段不齐备，实验室力量欠缺，物资不合格造成质量返工。

(4) 露天堆放，保管不当，造成物资损失损耗加大；不按先进先出法出库，造成物资过期浪费。

(5) 物资保管设施不全，安全措施不得力，造成物资损坏或被盗，形成人为损耗。

(6) 物资管理人员配备不齐全，机构设置不合理，岗位职责混乱，导致物资人员工作疲于奔命，无暇提高管理水平。

四、施工企业物资管理的特点

建筑业生产的技术经济特点，使得施工企业的物资管理工作具有一定的特殊性、艰巨性和复杂性，具体表现在以下几个方面。

（一）建筑材料品种规格繁多

由于建筑产品（工程对象）各不相同，技术要求各异，因此需用材料的品种、规格、数量及构成比例也随之不同，一般工程经常使用的建筑材料就有 600 多个品种，2000 多个规格，再加上特殊工程使用的材料则更多了。

（二）建筑材料耗用量多，重量大

建筑物不同于其他一般产品，它体积庞大，一个地区大宗材料的耗用常以“吨”来计量，而且体积松散，不易管理，需要很大的运输力量。

（三）建筑安装生产周期较长，占用的生产储备资金较多

一个建筑产品从投入施工到交付使用，往往要以月或年计算工期，且在施工期间不提供任何使用价值，每天要消耗大量的人力、物力。由于自然条件的限制，一部分建筑材料的生产和供应，受到季节性影响，需要建立季节储备。这就决定了材料储备数量较大，占用储备资金较多。

（四）建筑材料供应很不均衡

建筑施工生产是按分部和分项分别进行的，生产按不同的工艺程序展开，施工各阶段用料的品种、数量也不相同，材料消耗数量时高时低，这就决定了材料供应上的不均衡性。

（五）材料供应工作涉及面广

供应单位点多面广，在常用的建筑材料中，既有大宗材料，又有零星或特殊材料，因此材料货源和供应渠道复杂。其中有很大一部分材料需自外省市运入，而施工企业自身的运输能力不能解决，需要借助大量的社会运输力量，这导致材料供应受到运输方式和运输环节的钳制和影响，稍一疏忽，就会在某一环节上产生问题，影响施工生产的正常进行，因此，需要周密规划，认真考虑材料的供应问题。

（六）建筑材料的质量要求高

建筑产品的质量，在很大程度上取决于材料的质量。建筑材料供应工作的本身就要求高质量，要求在一定时间的生产进度内，把不同品种、规格、质量、数量的各种建筑材料按质、按量、及时、配套地供应到施工现场。

物资管理人员，只有充分认识到建筑物资供应与管理工作的重要性、特殊性，以及认真做好材料供应与管理工作，才能掌握工作的主动权。

五、施工企业物资管理的意义

施工企业物资是施工生产中的最基本的劳动对象，是基本建设过程中不可缺少的物质要素，在工程成本中，材料费占60%～80%。因此，控制施工企业物资费用是工程成本控制的重点，也是企业内部控制的重点。内部控制制度是现代施工企业加强经济管理，提高经营效率，保证资产安全与完整，实现经营方针和目标的有效工具和手段。可以说，施工企业盈利程度，在很大程度上取决于工程项目材料费降低程度。那么，针对施工企业物资特点进行有效的管理就显得尤为重要。

（一）施工企业物资管理是生产建筑产品的重要物质保证

建筑产品的生产过程也是建筑物资的消耗过程。物资缺货将影响施工生产的正常进行，甚至导致停工。建筑工程物资的材料数量多、品种杂，给物资供应工作增加了难度。只有加强物资管理，才能保证施工生产的需要。

（二）施工企业物资管理是提高工程质量的重要保障

建筑产品是由建筑物资组成的实体，物资的质量将直接影响建筑产品的质量。物

资管理工作的内容之一就是要利用各种管理措施，为施工生产提供符合质量要求的建筑物资，从物质上保证工程的质量。

（三）施工企业物资管理是降低工程成本的重要手段

物资成本占工程成本的绝大部分，物资费的超支与节余将直接影响工程成本的高低，因此，要在物资采购、保管、运输、发放、使用等环节上加强管理，以努力减少损耗和浪费，降低物资成本，进而降低工程成本。

假设某施工企业，其年度收入为100万元，在其成本构成中60%为物资费，20%是人工费，其毛利为10万元。企业如果下年度计划增加利润1万元，则必须增加收入10%或降低工资费用5%才能实现，而减少物资费用的1.67%即可达到此目标。

（四）施工企业物资管理是减少生产经营资金占用并加速资金周转的重要措施

建筑产品生产周期长，物资储备量大，资金占用多。建筑企业在物资上占用的资金占全部生产经营资金的一半以上。通过物资管理，可在保证施工生产需要的前提下降低物资储备量，减少储备资金占用，加速资金周转。

（五）施工企业物资管理是提高劳动生产率及企业效益的重要途径

加强物资管理并减少物资多次搬运、再次加工和工程返工等，可避免物质上的浪费，减少劳动投入，从而达到提高劳动生产率的目的。

作为企业物流的一个重要部分，物资占用资金所占比重较大，其大小将直接影响企业的经济效益。以某建筑公司为例，2015年物资占用资金为6亿元/月，在采用一系列现代物资管理方法后，2016年减少存货2亿元/月。此项措施仅节约信贷资金利息一项（按年利率4%计算）就达800万元。

综合以上分析，可以看到做好企业物资管理工作对企业提高经济效益，降低生产成本有着重要作用。

六、施工企业物资管理的方针及原则

（一）"从施工生产出发，为施工生产服务"的方针

"从施工生产出发，为施工生产服务"是"发展经济，保障供给"财经工作总方针的具体化，是材料供应与管理工作的基本出发点。

（二）加强计划管理的原则

建筑产品中，不论是生产性或非生产性建筑，也不论工程结构繁简，建设规模大小，都是根据使用目的预先设计，然后施工的。施工任务一般落实较迟，但一经落实就急于施工，加上施工过程中情况多变，若没有适当的材料储备，就没有应变能力。做好材料供应的关键在于摸清施工规模，提出备料计划，在计划指导下组织好各项业务活动的衔接，保证材料满足工程需要，使施工生产顺利进行。

（三）加强核算，坚持按质论价的原则

往往同一品种材料，因各地厂家或企业生产经营条件不同和市场供求关系等原因，

价格上有明显差异，在采购订货业务活动中应遵守国家物价政策，按质论价、协商订购。

（四）厉行节约的原则

厉行节约原则是一切经济活动都必须遵守的根本原则，在材料供应管理活动中包含两方面意义：一方面是材料部门在经营管理中，精打细算，节省一切可能节约的开支，努力降低费用水平；另一方面是通过业务活动加强定额控制，促进材料耗用的节约，推动材料的合理使用。在设计过程中合理选用材料，是最大的节约。因此要进行图纸会审，选用最优的施工方案，合理使用材料。

（五）树立风险管理意识原则

施工企业在物资管理的过程中，可能会遇到各种各样的风险。诸如因自然灾害而造成的损失，突然失去重要的供应商，材料价格的大幅度波动，材料被盗或丢失等。因此应该重视风险管理，即识别风险、分析风险、衡量风险，并在此基础上有效控制风险，用经济合理的方法综合处置风险，实现最大的安全保障。采用的方法有多种多样，如市场调查，充分掌握材料供应商的基本情况，包括现有的和可开展合作的潜在供应商；建立备用数据库，防止资料丢失或被破坏而造成的混乱；加强保管制度，选择安全可靠的存放地点，以及其他风险防范措施。

七、施工企业物资管理的要求

做好物资管理工作，除材料部门积极努力外，还需各有关方面的协作配合，以达到供好、管好、用好建筑材料，降低工程成本的目的。

（一）落实资源，保证供应

建筑施工任务落实后，材料供应是主要保证条件之一，没有材料，施工企业就失去了主动权，完成任务就成为一句空话。施工企业必须按施工图预算核实材料需用量，组织材料资源。材料部门要主动与建设单位联系，对于应由建设单位供应的物资，要向其全面核实其现货、订货、在途资源，以及工程需用量的余缺。双方协商、明确分工，落实责任，分别组织配套供应，及时、保质、保量地满足施工生产的需要。

（二）抓好实物采购运输，加速周转，节省费用

做好材料供应与管理，必须重视采购、运输和加工过程的数量、质量管理。根据施工生产进度要求，掌握轻、重、缓、急，结合市场调节，尽最大努力“减少在途”，“压缩库存”物资，加强调剂，缩短材料的“在用、在库”时间，加速周转。与材料供应管理工作有关的各部门，都要明确经济责任，全面实行经济核算制度，降低材料成本。

（三）抓好商情信息管理

商情信息与企业的生存和发展有着密切联系。材料商情信息的范围较广，要认真

收集、整理、分析和应用。材料部门要有专职人员，经常了解市场物资流通供求情况，掌握主要材料和新型建材动态（包括资源、质量、价格、运输条件等）。收集的信息应分类整理、建立档案，为领导提供决策依据。

如某安装公司收集市场信息的做法是：采取普遍函调、择优重点调查和实地走访三种方式，即印好调查表向各生产厂函调，根据信息反馈择优进行重点调查或走访实地调查。

通过信息整理、分析和研究，摸清材料的产量、质量和价格情况，组织定点挂钩，做到供需衔接，最后取得成效。

（四）降低材料单耗

材料单耗是指建筑产品单位工程量所耗用建筑材料的数量。由于建筑产品是固定的，施工地点分散，露天作业多，不免要受自然条件的限制，影响均衡施工，导致材料需用过程中品种、规格和数量的变动大，使定额供料增加了困难。为降低材料单耗，要完善设计，改革工艺，使用新材料，认真贯彻落实节约材料技术措施。施工中要贯彻操作规程，合理使用材料，克服施工现场浪费，要在保证工程质量的基础上，严格执行材料定额管理。材料品种、规格繁多，应选定主要品种，进行核算，认真按定额控制用料，降低材料单耗水平。

八、施工企业物资管理的业务内容

（一）施工企业物资的流转过程

施工企业物资管理涉及两个领域：流通领域和生产领域。如图 1－3 所示。

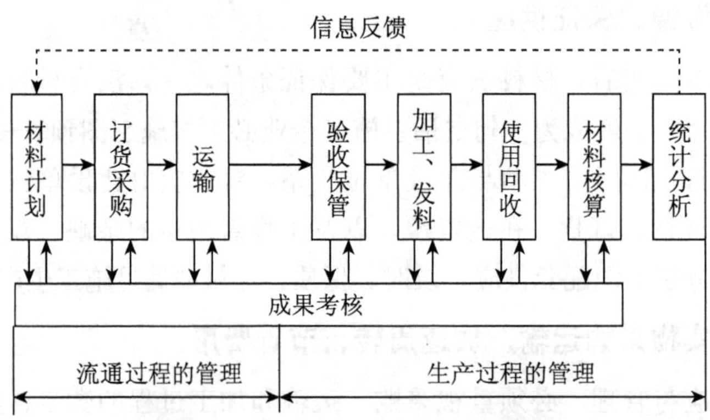

图 1－3　施工企业物资管理的业务内容

（1）流通领域的物资管理：一般称为材料采购（供应）。它包括从材料采购开始，经过运输、储备，供应到施工现场（或加工制作车间）的全部内容。这一过程的管理，是以企业生产需要为前提，以满足生产需要为目的，是企业联系社会建筑材料生产和建筑材料使用的桥梁和纽带，是施工生产的物质保证。材料流通过程的管理一般是由企业物资管理部门实现的。

(2) 生产领域的物资管理：在生产消费领域中，实行定额供料，采取节约措施和奖励办法，鼓励降低材料单耗，实行退料回收和修旧利废活动的管理。施工企业的施工队是材料供、管、用的基层单位，它的材料工作重点是管和用，其工作质量对物资管理的成效有明显作用。

(二) 施工企业物资管理环节

物资管理的业务内容包括供、管、用三个方面，具体有以下八项业务。

(1) 物资消耗定额管理。

(2) 物资计划管理。

(3) 物资采购管理。

(4) 物资仓储管理。

(5) 物资运输管理。

(6) 周转材料和工具管理。

(7) 物资核算。

(8) 物资绩效评价。

各项业务管理的具体内容见本书相关章节。

第二节 物资管理体制及流程

施工企业物资管理体制是施工企业组织、领导物资管理工作的根本制度。它明确了企业内部各级、各部门间在材料采购、运输、储备、消耗等方面的管理权限及管理形式，是企业生产经营管理体制的重要组成部分。正确确定企业物资管理体制，对于完成企业物资管理的基本任务，改善企业的经营管理，提高企业的承包能力、竞争能力都具有重要意义。

施工企业物资管理体制一般应包括和明确三个方面的内容：企业各层次在材料采购、加工、储备等方面的分工；企业所用材料的计划、采购、加工、储备、调拨及使用的主要管理办法；按照上述分工和管理要求而建立的各层次的物资管理机构。

在确定企业物资管理体制过程中，应考虑以下几个问题。

1. 企业的施工任务和企业的施工组织形式

施工企业的施工任务状况主要包括规模、工期和分布三个方面。在一般情况下，企业承担的任务规模较大，工期较长，任务必然相对集中；规模较小，工期较短，任务必然相对分散。按照施工企业承担任务的分布状况，可分为现场型企业、城市型企业和区域型企业。

现场型企业，一般采取集中管理的体制，把供应权集中于企业，实行统一计划、统一订购、统一储备、统一供应、统一管理。这种形式有利于统一指挥、减少层次、减少储备、节约设施和人力，材料供应工作对生产的保证程度高。

城市型企业，其施工任务相对集中在一个城市内，常采用“集中领导，分级管理”

的体制，施工用主要材料和机具的供应权、管理权集中在企业，施工用一般材料和机具的供应权、管理权集中在基层，这样，既能保证企业的统一指挥，又能调动各级的积极性，同样可以实现减少中转环节，减少资金占用，加速物资周转和保证供应的目的。

区域型企业，任务比较分散，甚至跨省跨市，这类企业的体制应因地制宜，或在“集中领导，分级管理”的体制下，扩大基层单位的供应和管理权限，或在企业的统一计划指导下，把材料供应和管理权完全放给基层，这样既可以保证企业在总体上的指挥和调节，又能发挥各基层单位的积极性、主动性，从而避免由于过于集中而带来不必要的层次、环节，避免人力、物力、财力的浪费。

2. 社会资源形势也是企业考虑物资管理体制的一个重要因素

一般情况下，当社会资源比较丰富，甚至是供大于求时，企业材料的采购权、管理权不宜过于集中。否则，会增加企业不必要的管理层次，造成人力、物力和财力的浪费，甚至影响施工生产；当社会资源比较短缺，甚至供不应求时，企业材料的采购权、管理权不宜过于分散，否则，就会出现互相抢购、层层储备，造成人力、物力和财力的浪费，甚至影响施工生产。

3. 企业物资管理队伍的素质状况

在其他条件不变的情况下，队伍素质高可以适当减少层次和环节，既能集中指挥，又能独立作战，能供能管。反之，依赖性强，必然增加层次和环节。

综上所述，建筑企业的物资管理体制既是实现企业经营活动的重要条件，又是企业联系社会的桥梁和纽带，受企业内外各种条件和因素的制约。确定企业物资管理体制必须从实际出发，调查研究，综合考虑各种因素，力求科学、合理；要保证企业经营活动的开展，有利于企业取得较好的最终整体效益；要保证企业生产管理的完整性，有利于企业生产的指挥和调节；要体现上一层次为下一层次服务的原则，兼顾各级的利益；要有利于信息的收集、传递、反馈和处理，使物资管理机制有序的运行。

一、物资管理组织机构

根据企业组织结构的不同形式，企业组织结构可以分为直线职能制组织机构和矩阵制组织机构。直线职能制组织机构的施工企业一般按照管理层次设置各级物资管理机构和人员。公司设物资部，分公司设物资科，项目经理部设物资组或专职物资管理人员，各班组设兼职领退料员。如图 1－4 所示。矩阵制组织机构的施工企业一般按项目设置物资管理机构，公司物资部门只起协调和宏观整治作用。公司物资部门的业务人员深入各项目的物资管理机构，接受项目负责人的领导。各项目的物资管理机构一般实行集中管理方式，将供应权集中在项目机构，统一计划、统一采购、统一储备、统一加工、统一供应。如图 1－5 所示。

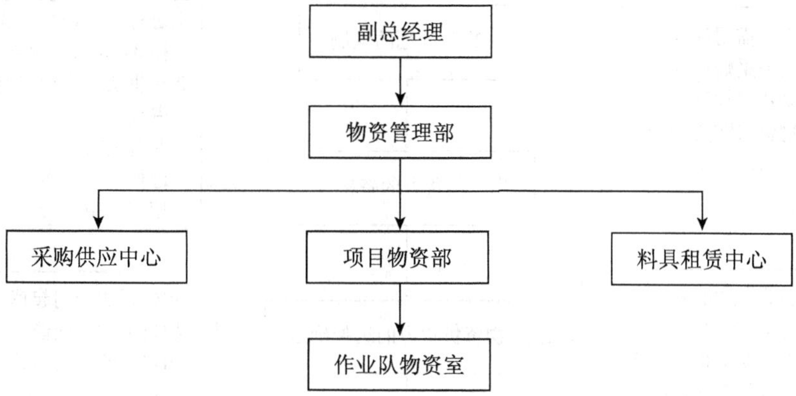

图 1－4 某施工企业集团子公司物资管理组织机构

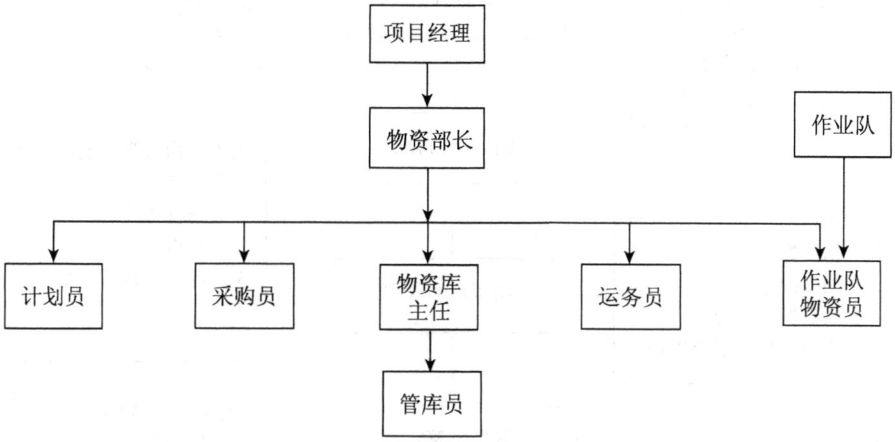

图 1－5 某施工项目部物资管理机构示意（按照物资管理职责）

二、施工企业物资管理流程及方法

（一）施工企业物资管理流程

仅从物资管理部门内部的业务来讲，它的业务流程包括物资计划管理、采购、进货检验、仓储管理、物资的发放、安装使用前的复检和伴随着它们的搬运作业、物资核算，以及物资档案资料归档与总结等。项目物资管理流程如图 1－6 所示。

物资计划阶段，对其作业质量产生影响的业务部门主要是技术部门。他们应根据概算、图纸和施工进度的安排，适时提出物资需用计划，物资计划人员以此为依据编制采购计划、供应计划等各种物资计划。在有的工程项目中，由设计单位提出物资设备采购清单，计划员应根据物资设备采购清单编制采购计划表或物资招标采购计划表。

在物资采购阶段，采购工作的依据是采购计划。物资采购人员和相关负责人应对所采购物资的生产厂、供应商及其产品的质量进行评审，并根据采购计划中对所采购物资的质量、数量、价格、供货时间等要求实施采购或招标采购活动。

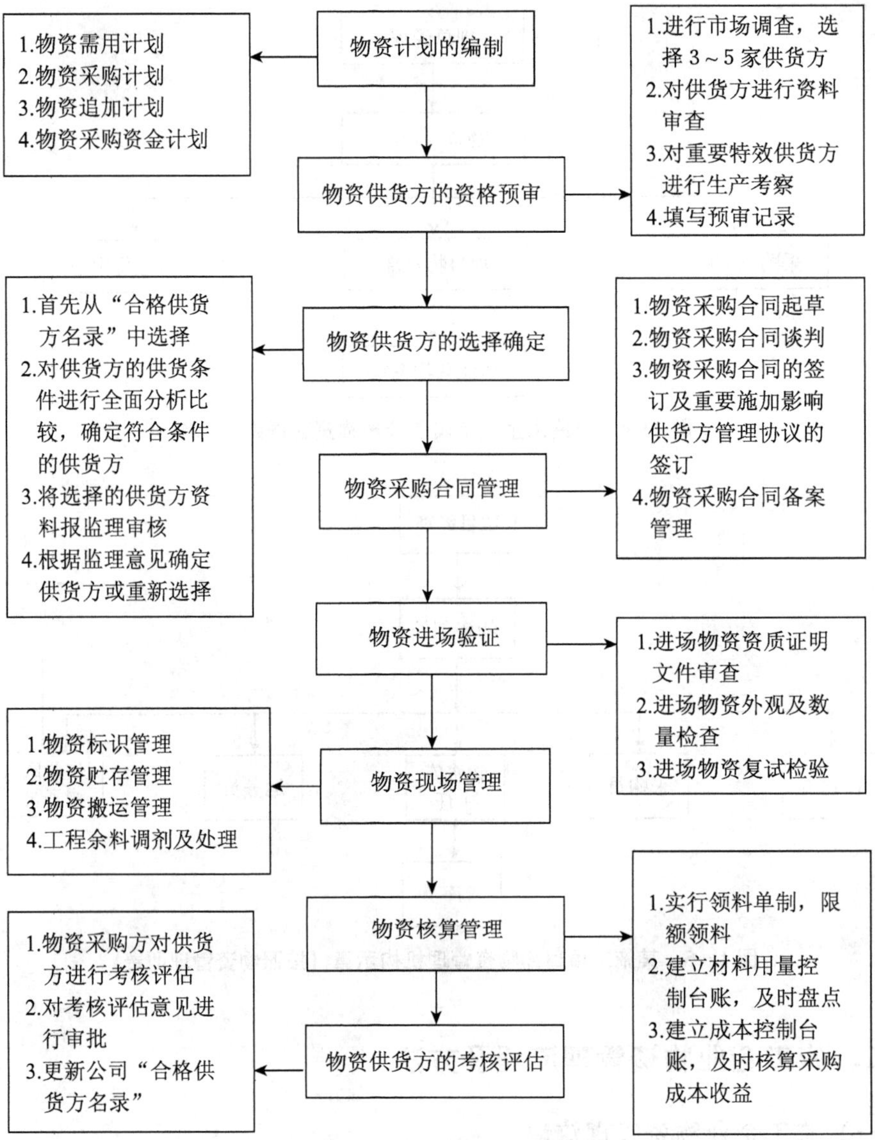

图1-6　项目物资管理流程

在物资验收阶段，负责接收物资的各级管理人员应对进入仓库和现场的施工生产用物资及其质量证明文件进行初检并配合技术人员进行检验和实验，经检验合格的物资方能入库和使用。对不合格的物资应保证不进入施工现场。

在物资的仓储与发放阶段，应使物资保持原有的状态，不降低使用价值，并能够适时、适量出库供应给现场，保证施工生产不间断地进行。

物资到达施工现场后，应对其进行使用前的复检，确认合格后方可安装使用，以保证最终产品的质量。

到此为止，完成了工程物资的采购供应业务。信息、质量证明文件、资金的流动以及运输作业、供应厂商的技术服务同时也包容在整个业务活动之中。另外，还有很多物资管理的后续工作需要延续一段时间才能最终结束，如后续服务、资金的转账及成本核算、周转物资的清理、废旧物资及包装容器的回收与处理工作等。

（二）施工企业物资管理的方法

施工企业物资管理的各项制度、措施和办法必须根据施工生产特点组织实施。使用有效的管理方法可以提高管理效率，达到预期目标，并便于施工生产各环节接受。一般常用的管理方法有行政管理方法、经济管理方法、法律管理方法。

第一，行政管理方法，是依靠行政权威，通过下达指示、决议、命令、办法等行政手段来管理经济活动的方法。行政方法是社会经济、政治体制下的客观需要。在行使某些管理权利遇到各种阻力时，可以运用行政手段排除干扰。但这种方法应当限制在政策指导、计划调节、业务协调的范围以内。要避免直接干预，避免以行政管理代替业务经营活动。

第二，经济管理方法，就是依据经济组织，利用经济核算和经济杠杆，如价格、成本、利润、利息、税金、奖金、罚款等经济手段来管理经济活动的方法。经济管理方法不依赖行政权威的强制，是以物质利益为驱动力来调动各方面的积极性。用经济管理方法管理经济活动是经济规律的客观要求，但它要求有行政管理方法的配合。

第三，法律管理方法，是以法律、法令、条例的形式，将经济管理中成熟的、稳定的、带有规律性的原则、制度和办法固定下来，作为调节经济关系的法律规范，并由相关部门的强制力来保证实施。

经济管理方法、行政管理方法、法律管理方法三种管理方法是互相联系、互为补充的。其中经济管理方法是基本的、主要的方法，但需要行政管理方法来辅助，并用法律管理方法来保护。在建筑施工企业的材料管理工作中，根据上述三种基本方法，结合材料的不同品种，所处的不同环节，一般采用较为具体的管理方法和手段实施管理。如限额控制法、目标承包法、竞赛评比法、检查奖惩法、招标投标法、重点管理法等。

（1）限额控制法，适用于有一定的消耗标准，施工工艺较稳定的操作项目。通过消耗标准和将要完成的实际工作量，测算出消耗材料的基本数量，并在此基础上考虑技术节约措施和有关因素，确定限制使用数量，以此作为控制材料消耗的依据。这种方法既可对施工班组，也可对施工作业队，甚至可对单位工程实施限额控制。这种方法若与奖惩方法配套实行效果更佳。限额控制法的具体内容，可详见第五章中有关“限额领料”部分。

（2）目标承包法，是对预期完成的工作确定一定的实物量指标、费用指标或工作指标，限期完成，并将其具体指标落实到执行者。这种做法责任分明，赋予权力充分，利益恰当，可以充分调动执行者的积极性、主动性，在一定时期内有效地达到预定目标。这种方法通常也与奖惩方法合并使用。

（3）竞赛评比法，是将管理内容列出可对比的衡量标准，限定一定时期内或某一时刻达到的水平，以具体内容完成情况作为比较依据，评出优劣。这种方法，适用于管理内容、衡量指标较多或技术性较强且可对比的材料管理项目。如材料采购费用水平、材料验收合格率、材料储备周转率等。

（4）检查奖惩法，一般是上级管理部门对下级执行部门的某项管理内容完成情况、执行效果或达到的程度进行检查，并对检查结果予以评价。这种方法对于推行某项管理措施效果较好，也有利于促进材料管理水平的提高，例如材料管理中的仓库管理、施工现场场容管理、内业资料管理等。

（5）招标投标法，是对某项材料管理工作预先制订出所要达到的目标，并将该目标向企业内外部相关方公告即招标。凡可以并自愿完成该目标的组织，均可提出实施目标的意愿，由招标部门组织评议，最终确定目标的具体实施部门。目前在材料采购、施工队伍选择、技术服务支持机构的选用中广泛采用采购招标法来确定选择对象，从而赢得质量好、价格低、服务优的供给者。

（6）重点管理法，也叫ABC分类管理法。这种方法是根据材料在施工生产中的重要程度和消耗金额的大小，将材料划分为ABC三类，分别采取不同的管理方法。ABC分类管理法的基本做法是，将企业消耗的各种材料，按一定时期内的品种项数和相应金额进行分析；再按品种消耗金额从大到小依次排列；根据消耗金额序列表中的金额大小，划分为几个档次，分别计算各品种项数占总品种项数的百分比和各品种金额占总金额的百分比；根据所分档次结合百分比，划分为ABC类别，按不同要求分类管理。ABC分类管理法的本质就是要处理好对施工生产起关键作用、占用资金多的少数品种和起一般作用、占用资金少的多数品种的关系，使工作抓住重点、兼顾一般，有的放矢。

三、施工企业物资人员工作职责

以某大型施工企业集团为例。

（一）集团物资管理部门工作职责

建立和健全全集团工程项目物资管理制度，规范物资管理程序，检查项目部的物资管理各项基础工作；及时交流总结工程项目物资管理先进经验并组织推广；推行项目物资管理先进方法，逐步使全集团物资管理工作达到物资采购程序化、现场管理标准化、物资消耗定额化、管理手段现代化的目标要求；根据全集团需要组织全集团物资专业人员岗位培训，以提高全集团物资管理人员的素质和工作水平。

（二）子公司物资管理部门工作职责

保持健全的物资管理部门，完善项目物资管理机构和供应管理组织体系；根据需要招聘、培养、培训物资管理专业人员，使物资管理后继有人；建立健全本公司施工项目物资管理制度，规范项目物资管理程序，坚持企业法人和管理层对主要物资的采购监控；推行项目物资管理先进经验和方法，使物资管理向物资采购程序化、现场管理标准化、物资消耗定额化、管理手段现代化的目标迈进；对本公司所属项目经理部的物资管理工作进行全过程指导、监督和检查。

（三）项目经理物资管理工作职责

在项目管理过程中贯彻执行企业的物资管理制度、办法和标准；根据项目管理的需要和企业管理的要求，设立项目物资管理机构，聘任物资管理人员，应首先录用公司派出或认可的人员；按照公司物资管理控制程序采购施工所需各类物资；审批主要物资需用、采购计划，审查项目物资部门提供的市场物资报价。

（四）项目物资部门管理工作职责

严格执行上级有关规定，贯彻落实项目物资管理办法；合理编制物资需求计划，使之既满足工程需求，又不大量积压；认真执行工程物资采购控制程序，严格控制物资采购、计量验收和物资消耗，努力降低物资采购及消耗成本；组织废旧及剩余物资回收利用，避免造成不必要的浪费；采用物资管理先进经验和方法，使物资管理早日实现物资采购程序化、现场管理标准化、物资消耗定额化、管理手段现代化的目标。

（五）项目部工作人员工作职责

为了加强工程项目的管理，应根据业务流程所涉及的各项作业活动，落实管理人员责任制，力求岗位责任的制度化、标准化，以使工程项目达到质量、工期、经济和安全所设定的目标。在这个原则指导下，工程项目的物资管理工作也应将物资采购供应的每道工序都落到实处，使每一项工作明确有相应的责任人，将工程项目质量、工期、经济和安全指标分解到物资管理的每一个环节。每个物资管理人员都应有自己的一个或几个岗位并负有相应的责任。

在实际工作中，由于每个单位、每一个工程项目的管理模式不尽相同，物资采购权限、供应渠道及方式也不尽一致，人员的设置可根据工程量、物资供应量和具体情况适当增减。在较小的工程中或条件允许的情况下，物资管理人员可身兼数职，并负有相应的数项职责（采购员与管库验收人员之间相互不可兼职）。比如在较小的工程项目中，计划员与采购员的岗位仅设置一个管理人员，这就要求他在进行计划管理作业时，按照计划员岗位的要求进行作业，当执行采购任务时，他将转换角色，按照采购员岗位职责进行采购活动。物资管理岗位的设置及主要职责如下。

1. 物资部长工作职责

项目部的物资部设物资部长一名，物资部长受项目部经理领导并接受上级物资主管部门的业务指导，对项目部和上级物资主管部门负责。物资部长负责组织工程项目所需要使用安装的物资适量、适价、适时、适地供应到施工现场。其主要职责如下所述。

（1）负责组建物资部。

（2）负责制定本工程项目物资采购、供应和管理工作的实施办法。

（3）负责组织项目部物资管理人员的业务培训。

（4）参与施工调查和施工组织计划的编制，提出物资供应方案和物资管理方面的要求。

(5) 了解并掌握本工程项目基本情况、施工合同情况、在施工进度和物资需用量的基础上，指导编制本工程的各类物资计划，并对物资计划的实施、物资采购活动、物资采购质量、物资供应质量、采购资金的使用以及物资管理的各项工作进行指导、监督和检查。

(6) 及时同工程部门、财务部门、项目经理及下属人员做好沟通工作。

(7) 建立规范合理的料场，料库。

(8) 选配素质较高的物资验收保管人员。

2. 计划员工作职责

(1) 了解并掌握本工程合同和概（预）算情况，物资需用量及工程进度情况，根据工程的需求编制采购计划等各类物资计划。

(2) 负责配合上级主管部门、物资部长和材料库主任做好本工程的物资进货组织、供应和调度工作和物资供应的签认、清算、债权债务的清理工作。

(3) 负责物资供应资料、物资质量记录的整理、汇总、统计、报检和移交工作。

(4) 做好材料成本分析并配合财务部控制流动资金的占用。

(5) 配合计划验工部门、财务部门做好结算、概算调整、料差调整、验工等工作。

根据工程项目的性质、工作量的大小、专业特点等具体情况，计划员可由物资部长兼任，也可设一名或数名物资计划员。

3. 采购员工作职责

采购员应根据采购计划按照规定的程序进行采购活动。其主要职责如下所述。

(1) 在采购活动中应对物资供应厂商进行调查和评价，进行询价比价并将市场信息提供给计划员和相关领导。

(2) 采购员应保证所采购物资的质量、数量以及供货时间。

(3) 应收集、整理好所有与采购物资有关的质量证明文件并移交给管库员或收料单位的负责人员。

(4) 应将采购计划、采购合同完成情况及时向计划员或有关领导通报。

在采购活动中，采购员应严格遵守物资纪律。

根据工程项目的具体情况和采购权限，可将采购员设在物资部，也可安排在材料库。按照工程项目的特点、工作量的大小和专业不同等情况，可设一名或数名物资采购员，也可由计划员兼任。

4. 管库员工作职责

(1) 负责物资的入库检验或配合相关部门进行检验和试验。

(2) 负责物资的标识、保管保养、发放和发放后的签认。

(3) 负责保持仓储设施和库存物资的完整和安全，做好防火、防盗等安全工作。

(4) 负责物资技术资料、质量记录的收集、整理工作，物资动态统计工作。

(5) 负责在用物资、工具的收发、退旧领新工作和工程剩余料、废旧物资的回收、保管工作。

5. 运务员工作职责

（1）组织使用或租用搬运、运输设备从物资供应厂商处货物集散地提取物资，并安全将其运送到物资库或现场使用安装地点。

（2）在提取和发送物资的过程中应对物资的质量和安全负责，并按规定办理手续。

6. 作业队物资管理人员

（1）应根据消耗定额和施工进度，负责施工前的用料准备。

（2）受委托负责个别零星料、辅助物资的采购工作。

（3）执行物资分存、期末盘点、退旧领新制度。

（4）做好现场物资的收、发、保管工作。

（5）搞好专项物资的管理、限额领料、物资消耗控制与核算以及剩余物资的回收工作。

各岗位的物资管理人员在工作中应加强相互间的协作与配合，应充分运用现代化管理手段，利用计算机技术、网络技术，建立物资信息管理系统，以加强物资计划、采购供应、质量管理各个环节的控制力度，做到信息互通，信息共享，使各个工作岗位衔接成一个有机整体，达到提高工作效率，提高工程项目物资管理水平的目的。

（六）材料员岗位职责与工作程序

如果项目部规模较小或工程量较少，可仅设置材料员或物资员一名，其工作职责及工作程序如下。

1. 材料员工作职责

材料员应廉洁自律、秉公办事，认真执行有关法规，遵纪守法，努力钻研业务，熟悉各种材料，及时准确、保质保量完成任务。具体岗位职责包括以下内容。

（1）在项目经理领导下，负责项目部物资管理工作。

（2）负责项目部材料计划、供方评价、材料供应、材料现场管理工作。

（3）负责上级主管部门授权的材料招（议）标采购，进行市场价格调查，掌握市场材料价格信息。

（4）负责项目部材料验收、搬运、储存、标识、发放及固定财产的管理。

（5）负责项目部季度验工材料成本管理，建立材料消耗台账，做好季度验工的材料成本分析工作。

（6）负责项目部能源、资源管理和可回收废弃物的回收、处置登记，易燃、易爆、危险化学品的收、发、存工作。做好仓库的消防安全管理工作。

（7）负责劳动保护用品的计划、申请、登记、发放、回收工作。

（8）负责检查施工现场材料的码放、仓库封闭、粉料使用是否符合大气和水污染防治的要求。

（9）负责每月对两个以上供方的供货质量进行抽查和评价，每季度向材料设备管理部门反馈一次。

（10）负责项目部材料消耗统计报表，能源、资源季报，质量反馈季报，价格反馈季报的统计上报工作。

（11）负责项目部产生的各种记录的填写、标识、保管、整理和保存工作。

（12）完成领导交办的其他工作。

2. 材料员的工作程序

材料员应熟悉各种材料的型号、规格、特性、用途及各种材料的价格信息。在物资管理各阶段做好以下工作。

（1）熟悉建设工程项目的特点和施工合同的要点，参与施工组织设计的编制工作，规划材料存放场地和运输道路，做好材料预算汇总，编制材料分类需求计划，制订现场物资管理方案。

（2）根据材料使用计划的要求，做好材料采购的招标和采购合同的签订、管理工作。

（3）按施工进度计划的要求，组织材料分期分批有序地进场。一方面保证施工生产需要，另一方面要防止形成大批剩余材料。

（4）按照各类材料的品种、规格、质量、数量要求，严格对进场材料进行检查和办理入库验收手续。

（5）按照现场平面布置要求，做到合理存放材料，在方便施工、保证道路畅通、安全可靠的原则下，尽量减少材料二次搬运。

（6）按照各类材料的自然属性，依据材料保管技术要求和现场客观条件，采取各种有效措施进行维护、保养，保证不降低各类材料的使用价值。

（7）按照施工班组所承担的工作任务，依据定额及预算做好材料的发放工作。

（8）按照施工规范要求和用料要求，对施工班组领用的材料，在使用过程中进行检查，督促班组合理使用和节约材料。

（9）通过对材料消耗活动进行记录、计算、控制、分析、考核和比较，做好材料核算工作。

第三节　物资人员职业道德

一、职业道德

职业道德是所有从业人员在职业活动中应该遵循的行为准则，涵盖了从业人员与服务对象、职业与职工、职业与职业之间的关系。它是职业或行业范围的特殊的道德要求，是社会道德在职业生活中的具体体现。

社会主义职业道德是社会主义道德原则在职业活动中的体现，是社会主义社会从事各种职业的劳动者都应遵守的职业行为规范的总和。它的主要内容包括：爱岗敬业、诚实守信，办事公道、服务群众、奉献社会。社会主义职业道德的核心内容是“为人民服务”。

二、建筑行业从业人员职业道德规范

一名合格的建筑行业从业人员应具备以下几个方面的职业道德。

(一) 忠于职守，热爱本职

从业人员不能尽职尽责，忠于职守，就会影响整个企业或单位的工作进程。严重的还会给企业和国家带来损失，甚至还会在国际上造成不良影响。因此，应当培养高度的职业责任感，以主人翁的态度对待工作，从认识上、情感上、信念上、意志乃至习惯上养成“忠于职守”的自觉性。

(1) 忠实履行岗位职责，认真做好本职工作。岗位责任一般包括：岗位的职能范围与工作内容；在规定的时间内完成工作的数量和质量。忠实履行岗位职责是国家对每个从业人员的基本要求，也是职工对国家、对企业必须履行的义务。每个人选择职业时可以公平竞争，定岗后就要履行岗位职责。

(2) 反对玩忽职守的渎职行为。玩忽职守，渎职失责的行为，不仅影响企事业单位的正常活动，还会使公共财产、国家和人民的利益遭受损失，严重的将构成渎职罪、玩忽职守罪、重大责任事故罪，而受到法律的制裁。作为一名建筑行业从业人员，就要从一砖一瓦做起，忠实履行自己的岗位职责。

(二) 质量第一、信誉至上

“质量第一”就是在施工时要对建设单位（用户）负责，从每个人做起，严把质量关，做到所承建的工程不出次品，更不能出废品，争创全优工程。建筑工程的质量问题不仅是施工企业生产经营管理的核心问题，也是企业职业道德建设中的一个重大课题。

(1) 建筑工程的质量是施工企业的生命。施工企业要向企业全体职工（包括技术人员和管理人员），特别是第一线职工反复地进行“百年大计，质量第一”的宣传教育，增强执行“质量第一”的自觉性，同时要“奖优罚劣”，严格制度，检查考核。

(2) 诚实守信、实践合同。信誉，是信用和名誉两者在职业活动中的统一。“信誉至上”就是要信守诺言，实践合同，从而取得建设单位（用户）对本企业的信任，维护企业（或个人）的声誉。一旦签订合同，就要严格认真履行，不要“见利忘义”“取财无道”，不守信用。“信招天下客，誉从信中来”，企业生产经营要真诚待客，服务周到，产品上乘，质量良好，以获得社会肯定。

建筑行业职工应该从我做起，抓职业道德建设，抓诚信教育，使诚实守信成为每个施工企业的精神，成为每个建筑职工进行职业活动的灵魂。

(三) 遵纪守法，安全生产

遵纪守法，是一种高尚的道德行为，作为一名建筑行业的从业人员，更应强调在日常施工生产中遵守劳动纪律。自觉遵守劳动纪律，维护生产秩序，不仅是企业规章制度的要求，也是建筑行业职业道德的要求。

严格遵守劳动纪律，要求做到：听从指挥，服从调配，按时、按质、按量完成上级交办的生产劳动任务；保证劳动时间，不迟到、不早退、不旷工，遵守考勤制度；认真执行岗位责任制和承包责任制，坚守工作岗位，不玩忽职守，在施工劳动中精力要集中，不“磨洋工”，不干私活，不拉扯闲谈，不做与本职工作无关的事；要文明施工、安全生产，严格遵守操作规程，不违章指挥、违章作业；做遵纪守法、维护生产秩序的模范。

安全生产就是在建筑施工的全过程中，每一个环节，每一个方面都要注意安全，把安全摆在头等重要的位置，认真贯彻“安全第一、预防为主”的方针，加强安全管理，做到安全生产。

由于建筑行业的施工生产不安全因素多，建筑行业从业人员要清醒地认识到生产安全的重要性和必要性，懂得安全生产、文明生产的科学知识，牢固树立“安全第一”的思想，自觉地遵守各项安全生产的法律、法规和规章制度。

（四）文明施工、勤俭节约

文明施工就是坚持合理的施工程序，按照既定的施工组织设计，科学地组织施工，严格地执行现场管理制度，做到经常性地监督检查，保证现场整洁，工完场清，材料堆放整齐，施工程序良好。施工现场应符合安全、卫生和防火要求，并做到安全生产，文明施工。

勤俭就是勤劳俭朴，节约就是把不必使用的节省下来。换句话说，一方面要多劳动、多学习、多开拓、多创造社会财富；另一方面又要俭朴办企业，合理使用人力、物力、财力，精打细算，节省开支、减少消耗，降低成本、提高劳动生产率，提高资金利用率，严格执行各项规章制度，避免浪费和无谓的损失。

（五）钻研业务，提高技能

当前，我国建立了社会主义市场经济体制，施工企业要在优胜劣汰的竞争中立于不败之地，并保持蓬勃的生机和活力，从内因来看，很大程度上取决于施工企业是否拥有现代化建设所需要的各种适用人才。企业要实现技术现代化、管理现代化、产品现代化，关键是要实现人才现代化。施工企业职工的素质优劣（包括文化、科学、技术、业务水平的高低，政治思想、职业道德品质的好坏）往往决定了企业的兴衰。在一个施工企业里，适应企业需要的各种人才的数量越多，素质越高，生产的成效也越大，所表现出来的生产力发展水平就越高。科学技术越进步，人才在生产力发展中的作用也就越大。作为建筑行业从业人员，就要努力学习先进技术和专门知识，了解现代建筑行业的发展方向，适应建筑行业现代化的要求。

本章小结

施工企业物资管理概述主要针对物资管理的基本理论及基础工作进行了总结，主要讲解了物资概念、施工企业物资管理的含义、意义、任务原则、方针及方法等基本理论，力求从全局上对施工企业物资管理基本理论及实践活动进行梳理。在物资管理体制上，从施工企业的基本情况出发，探讨了现阶段适应我国施工企业特色的物资管理权限、组织机构设置等问题。同时，从物资管理实践出发，探讨了物资管理的程序及业务内容等问题。在施工企业物资人员的职业道德管理上，力求从施工企业特点出发，构建出符合施工企业特色的物资人员职业道德体系，为施工企业物资管理工作提供良好的道德保障。

复习思考题

1. 请结合工作经验从管理的角度谈一谈施工企业物资如何分类。
2. 简述施工企业物资管理的业务内容。
3. 请谈一谈项目物资管理人员如何配备比较好。
4. 根据工作经历谈一谈项目部应如何设立物资部门的组织机构。
5. 根据工作经历简要画出物资管理的程序。
6. 根据工作经历谈一谈一名优秀的物资部长的岗位职责。
7. 根据经历谈一谈对物资人员职业道德的认识。

第二章　工程材料基础

学习目标

1. 了解施工企业工程材料的定义、施工企业工程材料的分类。
2. 掌握施工企业工程材料的不同特性，能正确使用施工企业工程材料。
3. 了解施工企业工程材料的化学成分、熟悉企业工程材料的编号。

第一节　工程材料的种类

施工企业工程材料是指施工企业在施工过程中所应用的各种材料的总称，包括构成建筑物本身的材料，如钢材、木材、水泥、石灰、砂石等；施工过程中所用的材料，如钢、木模板、脚手架等；各种建筑器材，如给排水设备、采暖通风设备、空调、电器等。

施工企业工程材料种类繁多，要想全面了解和掌握各种工程材料的特性和用途，有必要对其进行合理分类。

一、按化学成分分类

根据施工企业工程材料的化学成分分类，可分为无机材料、有机材料和复合材料三大类。这三大类中又分别包含多种材料分类，如无机材料分为金属材料和非金属材料；有机材料分为植物质材料、合成高分子材料及沥青材料；复合材料分为金属-非金属复合材料和非金属-有机复合材料。具体分类如表 2－1 所示。

表 2－1　　施工企业工程材料按化学成分分类

分类			实例
无机材料	金属材料	黑色金属	普通钢材，非合金钢，低合金钢，合金钢
		有色金属	铝，铝合金，铜及其合金
	非金属材料	天然石材	毛石，料石，石板材，碎石
		烧土制品	烧结砖，瓦，陶器
		玻璃及熔融制品	玻璃，玻璃棉，岩棉
		胶凝材料	气硬性：石灰，石膏，水玻璃
			水硬性：各类水泥
		混凝土类	砂浆，混凝土，硅酸盐制品

续 表

分类		实例
有机材料	植物质材料	木材，竹板，植物纤维及其制品
	合成高分子材料	塑料，橡胶，胶凝剂，有机涂料
	沥青材料	石油沥青，沥青制品
复合材料	金属-非金属复合	钢筋混凝土，预应力混凝土
	非金属-有机复合	沥青混凝土，聚合物混凝土

二、按使用功能分类

根据施工企业工程材料在建筑物中的部位或使用功能分类，大体可分为建筑结构材料、墙体材料、建筑功能材料三大类。具体分类及定义见表 2-2。

(一) 建筑结构材料

建筑结构材料主要是指构成建筑物受力构件和结构所用的材料，如梁、板、柱、基础、框架及其他受力构件和结构所用的材料。对于这类材料的主要技术性能的要求是强度和耐久性。目前施工过程中所用的主要结构材料有砖、石材、水泥混凝土和钢材及水泥混凝土和钢材两者复合的钢筋混凝土和预应力钢筋混凝土。在相当长的时期里，钢筋混凝土及预应力钢筋混凝土是我国施工中的主要结构材料之一。随着我国工业产业的快速发展，轻钢结构和铝合金结构材料所占的比例将会逐渐加大。

表 2-2　施工企业工程材料按使用功能分类

分类	定义	实例
建筑结构材料	构成基础、柱、梁、板等承重结构的材料	砖，石材，水泥混凝土钢材，钢筋混凝土，预应力混凝土
墙体材料	构成建筑物内、外承重墙体及内分割墙体的材料	石材，砖，混凝土加气混凝土，砌块
建筑功能材料	不作为承受荷载，且具有某种特殊功能的材料	保温隔热材料：加气混凝土
		吸声和隔音材料：毛毡，泡沫塑料
		采光材料：各种玻璃
		防水材料：沥青及其制品
		防腐材料：煤焦油，涂料
		装饰材料：石材，陶瓷，玻璃

(二) 墙体材料

墙体材料是指建筑物内、外及分隔墙体所用的材料，有承重和非承重两类。由于墙体在建筑物内占有很大的比例，认真选用墙体材料，对降低建筑物的成本、节能和使用安全、耐久性等都是很重要的。目前，我国大量采用的墙体材料为砌砖材料、混凝土及加气混凝土砌块等。此外，还有混凝土墙板、石膏板、金属板材和符合墙体等。现在轻质多功能的复合墙板发展较快。

（三）建筑功能材料

建筑功能材料主要是指担负某些建筑功能的非承重材料，如防水材料、保温隔热材料、吸声和隔音材料、采光材料、防腐材料、装饰材料等。这类材料的品种、形式繁多、功能各异，随着国民经济的发展以及人民生活水平的提高，这类材料将会越来越多地应用于建筑物上。

一般而言，建筑物的可靠度与安全度，主要取决于由建筑结构材料组成的构件和结构体系。而建筑物的使用功能与建筑品位，主要取决于建筑功能材料。此外，对于某一种具体材料来说，它可能有多种功能。

第二节　工程材料的编号

随着科学技术的不断进步，施工企业工程材料已逐步扩展为金属材料、有机高分子材料、无机非金属材料和复合材料四大类材料。本节将重点介绍常用的施工企业工程材料的编号。

一、金属材料

（一）钢铁

1. 普通碳素结构钢

普通碳素结构钢的牌号由Q×××—Y.Z四部分组成，“Q”代表屈服点屈服强度的拼音首字母、×××代表屈服应力数值、Y代表质量等级符号，Z代表脱氧方法。例如Q235—A.F表示屈服点强度为235MPa的A级沸腾钢。普通碳素结构钢的牌号及化学成分见表2－3。

表2－3　　普通碳素结构钢的牌号与化学成分

牌号	等级	化学成分（%）					脱氧方法	相当GB700—79牌号
		C	Mn	Si	S	P		
				不大于				
Q195	—	0.06～0.12	0.25～0.50	0.30	0.050	0.045	F、b、Z	A1、B1
Q215	A	0.09～0.15	0.25～0.55	0.30	0.050	0.045	F、b、Z	A2
	B				0.045			B2

续　表

<table>
<tr><th rowspan="3">牌号</th><th rowspan="3">等级</th><th colspan="5">化学成分（%）</th><th rowspan="3">脱氧方法</th><th rowspan="3">相当 GB700—79 牌号</th></tr>
<tr><th rowspan="2">C</th><th rowspan="2">Mn</th><th>Si</th><th>S</th><th>P</th></tr>
<tr><th colspan="3">不大于</th></tr>
<tr><td rowspan="4">Q235</td><td>A</td><td>0.14～0.22</td><td>0.30～0.65</td><td rowspan="2">0.30</td><td>0.050</td><td>0.045</td><td rowspan="2">F、b、Z</td><td>A3</td></tr>
<tr><td>B</td><td>0.12～0.20</td><td>0.30～0.70</td><td>0.045</td><td>0.040</td><td>C3</td></tr>
<tr><td>C</td><td>≤0.18</td><td rowspan="2">0.35～0.80</td><td rowspan="2">0.30</td><td>0.040</td><td rowspan="2">0.035</td><td>Z</td><td>—</td></tr>
<tr><td>D</td><td>≤0.17</td><td>0.035</td><td>TZ</td><td>—</td></tr>
<tr><td rowspan="2">Q255</td><td>A</td><td rowspan="2">0.18～0.28</td><td rowspan="2">0.40～0.70</td><td rowspan="2">0.30</td><td>0.050</td><td rowspan="2">0.045</td><td rowspan="2">Z</td><td>A4</td></tr>
<tr><td>B</td><td>0.045</td><td>C4</td></tr>
<tr><td>Q275</td><td>—</td><td>0.28～0.38</td><td>0.50～0.80</td><td>0.35</td><td>0.050</td><td>0.045</td><td>Z</td><td>C5</td></tr>
</table>

注：(1) 表中符号：Q—屈服点“屈”字汉语拼音字母的字头；A、B、C、D—质量等级；F—沸腾钢；B—半镇静钢；Z—镇静钢；TZ—特殊镇静钢。在牌号中 Z、TZ 符号予以省略。

(2) 拉伸试验值，适用于钢板厚度（或直径）为 16mm 以下的钢材值。

2. 优质碳素结构钢

优质碳素结构钢的牌号由两个数字××组成，表示含碳量万分之几。例如，45 钢表示含碳量为万分之四十五。对含锰量高的钢，须将锰元素标出。与普通碳素结构钢比，优质钢的特点是有害杂质硫、磷含量低，均限制在 0.04%（质量分数）以下。常见优质碳素结构钢的牌号与化学成分如表 2-4 所示。

表 2-4　　优质碳素结构钢的牌号与化学成分

<table>
<tr><th rowspan="3">牌号</th><th rowspan="3">代号</th><th colspan="6">化学成分（%）</th></tr>
<tr><th rowspan="2">C</th><th rowspan="2">Si</th><th rowspan="2">Mn</th><th>Cr</th><th>Ni</th><th>Cu</th></tr>
<tr><th colspan="3">不大于</th></tr>
<tr><td>08F</td><td>U20080</td><td>0.05～0.11</td><td>≤0.03</td><td>0.25～0.50</td><td>0.1</td><td>0.3</td><td>0.25</td></tr>
<tr><td>10F</td><td>U20100</td><td>0.07～0.13</td><td>≤0.07</td><td>0.25～0.50</td><td>0.15</td><td>0.3</td><td>0.25</td></tr>
<tr><td>15F</td><td>U20150</td><td>0.12～0.18</td><td>≤0.07</td><td>0.25～0.50</td><td>0.25</td><td>0.30</td><td>0.25</td></tr>
<tr><td>8</td><td>U20082</td><td>0.05～0.11</td><td>0.17～0.37</td><td>0.35～0.65</td><td>0.1</td><td>0.30</td><td>0.25</td></tr>
<tr><td>10</td><td>U20102</td><td>0.07～0.13</td><td>0.17～0.37</td><td>0.35～0.65</td><td>0.15</td><td>0.30</td><td>0.25</td></tr>
<tr><td>15</td><td>U20152</td><td>0.12～0.18</td><td>0.17～0.37</td><td>0.35～0.65</td><td>0.25</td><td>0.30</td><td>0.25</td></tr>
<tr><td>20</td><td>U20202</td><td>0.17～0.23</td><td>0.17～0.37</td><td>0.35～0.65</td><td>0.25</td><td>0.30</td><td>0.25</td></tr>
<tr><td>25</td><td>U20252</td><td>0.22～0.29</td><td>0.17～0.37</td><td>0.50～0.80</td><td>0.25</td><td>0.30</td><td>0.25</td></tr>
<tr><td>30</td><td>U20302</td><td>0.27～0.34</td><td>0.17～0.37</td><td>0.50～0.80</td><td>0.25</td><td>0.30</td><td>0.25</td></tr>
<tr><td>35</td><td>U20352</td><td>0.32～0.39</td><td>0.17～0.37</td><td>0.50～0.80</td><td>0.25</td><td>0.30</td><td>0.25</td></tr>
<tr><td>40</td><td>U20402</td><td>0.37～0.44</td><td>0.17～0.37</td><td>0.50～0.80</td><td>0.25</td><td>0.30</td><td>0.25</td></tr>
</table>

续 表

牌号	代号	化学成分（%）					
		C	Si	Mn	Cr	Ni	Cu
					不大于		
45	U20452	0.42～0.50	0.17～0.37	0.50～0.80	0.25	0.30	0.25
50	U20502	0.47～0.55	0.17～0.37	0.50～0.80	0.25	0.30	0.25
55	U20552	0.52～0.60	0.17～0.37	0.50～0.80	0.25	0.30	0.25
60	U20602	0.57～0.65	0.17～0.37	0.50～0.80	0.25	0.30	0.25
65	U20652	0.62～0.70	0.17～0.37	0.50～0.80	0.25	0.30	0.25
70	U20702	0.67～0.75	0.17～0.37	0.50～0.80	0.25	0.30	0.25
75	U20752	0.72～0.80	0.17～0.37	0.50～0.80	0.25	0.30	0.25
80	U20802	0.77～0.85	0.17～0.37	0.50～0.80	0.25	0.30	0.25
85	U20852	0.82～0.90	0.17～0.37	0.50～0.80	0.25	0.30	0.25
15Mn	U21152	0.12～0.18	0.17～0.37	0.70～1.00	0.25	0.30	0.25
20Mn	U21202	0.17～0.23	0.17～0.37	0.70～1.00	0.25	0.30	0.25
25Mn	U21252	0.22～0.29	0.17～0.37	0.70～1.00	0.25	0.30	0.25
30Mn	U21302	0.27～0.34	0.17～0.37	0.70～1.00	0.25	0.30	0.25
35M13	U21352	0.32～0.39	0.17～0.37	0.70～1.00	0.25	0.3	0.25
40M13	U21402	0.37～0.44	0.17～0.37	0.70～1.00	0.25	0.30	0.25
45Mn	U21452	0.42～0.50	0.17～0.37	0.70～1.00	0.25	0.30	0.25
50Mn	U21502	0.48～0.56	0.17～0.37	0.70～1.00	0.25	0.30	0.25
60Mn	U21602	0.57～0.65	0.17～0，37	0.70～1.00	0.25	0.30	0.25
65M13	U21652	0.62～0.70	0.17～0.37	0.90～1.20	0.25	0.30	0.25
70M13	U21702	0.67～0.75	0.17～0.37	0.90～1.20	0.25	0.30	0.25

注：表中所列牌号为优质钢。如果是高级优质钢，在牌号后面加“A”（统一数字代号最后一位数字改为“3”）；如果是特级优质钢，在牌号后面加“E”（统一数字代号最后一位数字改为“6”）；对于沸腾钢，牌号后面为“F”（统一数字代号最后一位数字为“0”）；对于半镇静钢，牌号后面为“b”（统一数字代号最后一位数字为“1”）。

3. 碳素工具钢

碳素工具钢的牌号由 T××两部分组成，即钢号前冠以“碳”或“T”，表示碳素工具钢，其后跟一组数字，表示含碳量的千分之几。碳素工具钢含碳量一般为 0.65%～1.35%，特点是材料硬度较高，韧性较差，有害杂质少。常见碳素工具钢的牌号与化学成分如表 2－5 所示。

表 2－5 碳素工具钢的牌号与化学成分

牌号	化学成分（%）				
	C	Mn	Si	S	P
T7 T7A	0.65～0.74 0.65～0.74	0.20～0.40 0.15～0.30	0.15～0.35 0.15～0.30	≤0.030 ≤0.020	≤0.035 ≤0.030
T8 T8A	0.75～0.84 0.75～0.84	0.20～0.40 0.15～0.30	0.15～0.35 0.15～0.30	≤0.30 ≤0.020	≤0.035 ≤0.030

4. 合金结构钢

合金结构钢的牌号编排原则是采用“数字＋化学元素＋数字”的方法。前面的数字表示钢的平均含碳量的万分之几，化学元素以其元素符号来表示，合金元素后面的数字表示合金元素的含量，一般以百分之几表示，当平均含量＜1.5%时，钢号中一般只标出元素符号而不标明含量，当平均含量≥1.5%、2.5%、3.5%……时，则在元素后面相应地标出 2、3、4……。表 2－6、2－7、2－8 分别为调质钢、渗碳钢、弹簧钢的牌号与化学成分。

表 2－6 调质钢的牌号与化学成分

类别	牌号	化学成分（WE×100）						
		C	Mn	Si	Cr	Ni	Mo	其他
低淬透性钢	40MnB	0.7～0.44	1.10～1.40	0.17～0.37	—	—	—	B 0.001～0.0035
	40Cr	0.37～0.45	0.50～0.80	0.20～0.40	0.80～1.10	—	—	—
中淬透性钢	38CrSi	0.35～0.43	0.30～0.60	1.00～1.30	1.30～1.60	—	—	—
	35CrMo	0.32～0.40	0.40～0.70	0.20～0.40	0.80～1.10	—	0.15～0.25	—
高淬透性钢	38CrMoAlA	0.35～0.42	0.30～0.60	0.20～0.40	1.35～1.65	—	0.15～1.25	Al 0.70～1.10
	40CrMnMo	0.37～0.45	0.90～1.20	0.20～0.40	0.90～1.30	—	0.20～0.30	—
	25Cr2Ni4WA	0.21～0.28	0.30～0.60	0.17～0.37	1.35～1.65	4.00～4.50	—	W 0.80～1.20

表 2－7 渗碳钢的牌号与化学成分

类别	钢号	代号	化学成分（%）				
			C	Mn	Si	Cr	其他
低淬透性	15	U20152	0.12～0.18	0.35～0.65	0.17～0.37	—	—
	20	U20202	0.17～0.23	0.35～0.65	0.17～0.37	—	—
	20Mn2	A00202	0.17～0.24	1.40～1.8	0.17～0.37	—	—
	15Cr	A20152	012～0.18	0.40～0.7	0.17～0.37	0.70～1	—
	20Cr	A20202	0.18～0.24	0.50～0.8	0.17～0.37	0.70～1	—
	20MnV	A01202	0.17～0.24	1.30～1.6	0.17～0.37	—	0.07～0.12 V

续 表

类别	钢号	代号	化学成分（%）				
			C	Mn	Si	Cr	其他
中淬透性	20CrMn	A22202	0.17～0.23	0.90～1.2	0.17～0.37	0.90～1.2	—
	20CrMnTi	A26202	0.17～0.23	0.80～1.1	0.17～0.37	1.00～1.3	0.04～0.10 Ti
	20MnTiB	A74202	0.17～0.24	1.30～1.6	0.17～0.37	0.70～1	0.04～0.10 Ti 0.0005～0.0035 B
	20MnVB	A73202	0.17～0.23	1.20～1.6	0.17～0.37	0.80～1.1	0.0005～0.0035 B 0.07～0.12 V
高淬透性	18Cr2Ni4WA	A52183	0.13～0.19	0.30～0.6	0.17～0.37	1.35～1.65	0.8～1.2 W 4.0～4.5 Ni
	20Cr2Ni4	A43202	0.17～0.23	0.30～0.6	0.17～0.37	1.25～1.65	3.25～3.65 Ni
	12Cr2Ni4	A43122	0.10～0.16	0.30～0.6	0.17～0.37	1.25～1.65	3.25～3.65 Ni

注：钢中的 P、S 含量均不大于 0.035%。

表 2-8　　弹簧钢的牌号与化学成分

牌号	化学成分（%）				
	C	Si	Mn	Cr	V
65Mn	0.62～0.70	0.17～0.37	0.90～1.20	≤0.25	
55Si2Mn	0.52～0.60	1.50～2.00	0.60～0.90	≤0.35	
60Si2Mn	0.56～0.64	1.50～2.00	0.60～0.90	≤0.35	
50CrVA	0.46～0.54	0.17～0.37	0.50～0.80	0.80～1.10	0.10～0.20
60Si2CrVA	0.56～0.64	1.40～1.80	0.40～0.70	0.90～1.20	0.10～0.20

5. 工具钢

合金工具钢的牌号编排原则与合金结构钢基本相似，但是规定如果工具钢中的平均含碳量>1.00%时不予标出；含碳量<1.00%时，平均含碳量以千分之几表示。高速钢和高铬钢不管含碳量多少一律不标出。表 2-9 为低合金工具钢的牌号与化学成分。

表 2-9　　低合金工具钢的牌号与化学成分

牌号	化学成分（%）				
	C	Cr	Si	Mn	其他
9SiCr	0.85～0.95	1.20～1.60	0.30～0.60	0.95～1.25	
8MnSi	0.75～0.85	0.30～0.60	0.80～1.10		
9Mn2V	0.85～0.95	≤0.40	1.70～2.40		V 0.10～0.25
CrWMn	0.90～1.05	≤0.40	0.80～1.10	0.90～1.20	W 1.20～1.60

（二）有色金属

1. 纯铝

纯铝的牌号用“L”和其后面的编号表示，“L”是“铝”字汉字拼音字首。

2. 铝合金

（1）防锈铝合金。防锈铝合金的牌号用“LF”表示，表 2－10 为防锈铝合金的牌号与化学成分。

表 2－10　　防锈铝合金的牌号与化学成分

代号	牌号	化学成分（%）							
		Mn	Mg	Fe	Si	Cu	Zn	Ti	Al
3A21	LF21	1.0～1.6	0.05	0.7	0.6	0.2	0.1	—	余量
5A02	LF2	0.15～0.4	2.0～2.8	0.4	0.4	0.1	—	—	余量
5A03	LF3	0.3～0.6	3.2～3.8	0.5	0.50～0.80	0.05	—	—	余量
5A05	LF5	0.3～0.6	4.0～5.5	0.5	0.5	0.05	—	—	余量
5A06	LF6	0.5～0.8	5.8～6.8	0.4	0.0001～0.05Be	0.1	—	0.02～0.1	余量
5B05	LF10	0.2～0.6	4.7～5.7	0.4	0.4	0.2	—	—	余量
5A12	LF12	0.4～0.8	8.3～9.6	—	Sb≥0.004	—	—	—	余量

（2）硬铝合金。硬铝合金的牌号用“LY”表示，其牌号与化学成分如表 2－11 所示。

超硬铝合金的牌号用“LC”表示，其牌号与化学成分如表 2－12 所示。

表 2－11　　硬铝合金的牌号与化学成分

代号	牌号	主要化学成分（%）					
		Cu	Mg	Mn	Cr	Ti	Al
2A01	LY1	2.2～3.0	0.2～0.5	—	—	—	余量
2A02	LY2	2.6～3.2	2.0～2.4	0.45～0.7	—	—	余量
2A06	LY6	3.8～4.3	1.7～2.3	0.5～1.0	0.001～0.005Be	0.03～0.15	余量
2A10	LY10	3.9～4.5	0.15～0.3	0.3～0.5	—	—	余量
2A11	LY11	3.8～4.8	0.4～0.8	0.4～0.8	—	—	余量
2A12	LY12	3.8～4.9	1.2～1.8	0.3～0.9	—	—	余量

表 2－12　　超硬铝合金的牌号与化学成分

代号	牌号	主要化学成分（%）								
		Zn	Mg	Cu	Cr	Mn	Ti	Fe	Si	Zn/Mg
7A03	LC3	6.0～6.7	1.2～1.6	1.8～2.4	—	—	0.02～0.08	≤0.2	≤0.2	4.52
7A04	LC4	5.0～7.0	1.8～2.8	1.4～2.0	0.1～0.25	0.2～0.6	—	≤0.5	≤0.5	2.61
7A05	LC5	7.0～8.0	1.2～2.0	0.3～1.0	—	0.3～0.8	—	≤0.6	≤0.4	4.68
7A06	LC6	7.6～8.6	2.5～3.2	2.2～2.8	0.1～0.25	0.2～0.5	—	≤0.5	≤0.5	2.82

(3) 锻铝合金。锻铝合金的牌号用“LD”表示，表 2-13 为锻铝合金的牌号与化学成分。

表 2-13　　锻铝合金的牌号与化学成分

代号	牌号	主要化学成分（%）								
		Mg	Si	Cu	Mn	Cr	Ti	Fe	Zn	Ni
6A02	LD2	0.4～0.9	0.5～1.2	0.2～0.6	0.15～0.35	—	—	0.5	0.2	—
2A50	LD5	0.4～0.8	0.7～1.2	1.8～2.6	0.4～0.8	—	—	0.7	0.3	—
2B50	LD6	0.4～0.8	0.7～1.2	1.8～2.6	0.4～0.8	0.01～0.2	0.02～0.1	0.7	0.3	—
2A14	LD10	0.4～0.8	0.6～1.2	3.9～4.8	0.4～1.0	—	—	0.7	0.3	—
2A70	LD7	1.4～1.8	0.25	1.9～2.5	—	—	0.02～0.1	1.0～1.5	—	1.0～1.5
2A80	LD8	1.4～1.8	0.5～1.2	1.9～2.5	—	—	—	1.1～1.6	—	1.0～1.5
2A90	LD9	0.4～0.8	0.5～1.2	3.5～4.5	—	—	—	0.5～1.0	—	1.8～2.3

3. 工业纯铜

工业纯铜按所含杂质的多少分为四级，编号方法以“T”（“铜”的汉语拼音字首）为首，其后再附以级别数字，数字越小，则纯度越高。表 2-14 为纯铜的牌号与化学成分。

表 2-14　　纯铜的牌号与化学成分

牌号	化学成分（%）		杂质总和（%）
	Cu+Ag	其他	
T1	≥99.95		≤0.05
T2	≥99.90		≤0.10
T3	≥99.70		≤0.30
TU1			≤0.03
TU2			≤0.05
TP1	≥99.90	P 0.005～0.012	≤0.10
TP2	≥99.98	P 0.013～0.050	≤0.15
TAg0.1	Cu≥99.95	Ag 0.06～0.12	≤0.30

4. 铜合金

(1) 黄铜。黄铜是以 Zn 为主要合金元素的铜合金，其编号方法是以汉语拼音“H”为首，后面的两位数字表示合金中含铜量的百分数。表 2-15 为黄铜的牌号及化学成分。

表 2-15　　黄铜的牌号与化学成分

牌号	主要化学成分（%）			杂质总和（%）
	Cu	Zn	其他合金元素	
H96	95.0~97.0	余量		≤0.2
H90	88.0~91.0			≤0.2
H80	79.0~81.0			≤0.3
H68	67.0~70.0			≤0.3
H62	60.5~63.5			≤0.5
H59	57.0~60.0			≤1.0
HPb63-3	62.0~65.0	余量	Pb 2.4~3.0	≤0.75
HPb59-1	57.0~60.0		Pb 0.8~1.9	≤1.0
HSn62-1	61.0~63.0	余量	Sn 0.7-1.1	≤0.3
HSn70-1	69.0~71.0	余量	Sn 0.8~1.3，As 0.03~0.06	≤0.3
HAl60-1-1	58.0~61.0	余量	Al 0.7~1.5，As 0.1~0.6，Fe 0.7~1.5	≤0.7
HFe59-1-1	57.0~60.0	余量	Fe 0.6~1.2，Al 0.1~0.5，	≤0.3
HFe58-1-1	56.0~58.0		Mn 0.5~0.8，Sn 0.3~0.7	≤0.5
HMn58-2	57.0~60.0	余量	Mn 1.0~2.0	≤1.2
HNi65-5	64.0~67.0		Ni 5.0~6.5	≤0.3
HSi80-3	79.0~81.0		Si 2.5~4.0	≤1.5

（2）青铜。青铜是指以 Zn、Ni 以外金属为主要合金元素以外的铜合金，其编号用“代号 Q（‘青铜’汉语拼音字首）＋主要元素符号＋主加元素的含量”表示。表 2-16 为青铜的牌号及化学成分。

表 2-16　　青铜的牌号与化学成分

牌号	主要化学成分（%）				杂质总和（%）
	Sn	Al	Mn	其他	
QSn4-3	2.5~4.5			Zn 2.7~3.3	≤0.3
QSn4-4-2.5	3.0~5.0		Pb 1.5~3.5	Zn 3.0~5.0	≤0.2
QSn6.5-0.1	6.0~7.0			P 0.10~0.25	≤0.1
QSn6.5-0.4	6.0~7.0			P 0.26~0.40	≤0.1
QA15		4.0~6.0	1.5~2.5		≤1.6
QA17		6.0~8.0	1.0~2.0		≤1.6
QA19-2		8.0~10.0			≤1.7
QA19-4		8.0~10.0		Fe 2.0~4.0	≤1.7
QA110-3-1.5		8.5~10.0		Fe 2.0~4.0	≤1.7

续 表

牌号	主要化学成分（%）				杂质总和（%）
	Sn	Al	Mn	其他	
QMn1.5			1.2～1.8		≤0.3
QMn5			4.5～5.5		≤0.9
QSi1-3	Si 0.6～1.1		0.1～0.4		≤0.5
QSi3-1	Si 2.7～3.5		1.0～1.5		≤1.1
QBe2	Be 1.80～2.10			Ni 0.2～0.5	≤0.5

二、无机非金属材料

（一）水泥

1. 标号

水泥标号按规定龄期的抗压强度和抗折强度划分，强度以 kgf/cm^2 计。硅酸盐水泥、普通水泥的强度龄期为 3d、28d，矿渣水泥、火山灰水泥、粉煤灰水泥和复合水泥的强度龄期为 3d、7d、28d。各类水泥的强度共设 275、325、425、425R、525、525R、625、625R 和 725R 九个标号。

2. 强度等级

水泥强度等级按规定龄期的抗压强度和抗折强度划分，强度以 MPa 计。各类水泥的强度龄期统一为 3 d、28 d。强度的检验方法按《水泥胶砂强度检验方法（ISO 法）》（GB/T 17671—1999）（简称 ISO 法，此标准于 1999 年 5 月 1 日实施）执行。常用各类水泥的强度共设 32.5、32.5R、42.5、42.5R、52.5、52.5R、62.5 和 62.5R 八个等级。相应的产品新标准《通用硅酸盐水泥》（GB 175—2007）替代 GB 175—1999、GB 1344—1999、GB 12958—1999，实施日期为 2008 年 6 月 1 日。

3. 标号与强度等级

水泥强度从标号变化为强度等级，主要是由于采用了不同的强度检验方法，即由 GB 法改为 ISO 法。这是我国水泥标准为向国际标准靠拢并与其保持一致做出的重大修改。两种检验方法在胶砂组成（标准砂、灰砂比、水灰比）、搅拌方法、振实成型方法、养护、加载速度、试验条件控制和仪器设备等方面有明显的差别。经试验对比，相同的水泥采用 GB 法和 ISO 法分别检验的结果是：抗折强度方面差值不大，对水泥强度指标的影响可忽略不计；而抗压强度方面 ISO 法检验结果数据普遍较 GB 法检验结果数据降低了大约一个强度等级。如标号为 425 的水泥，其强度等级相当于 32.5。就平均统计水平来看，标号与强度等级的关系大致是 425 号→32.5 级、525 号→42.5 级、625 号→52.5 级。

（二）混凝土

1. 标号

混凝土标号是指按标准方法制作、养护的边长为 20cm 的立方体标准试件，在 28d

龄期用标准试验方法所测得的抗压极限强度，以 kgf/cm² 计。如 500 号混凝土，其试件抗压极限强度为 500 kgf/cm²。当采用非标准尺寸的试件时，应换算成标准试件的强度，换算系数分别是：边长 15cm 的立方体试件为 0.95，边长 10cm 的立方体试件为 0.90。混凝土的标号通常采用 150、200、250、300、350、400、450、500、550、600 表示。

2. 强度等级

混凝土的强度等级按立方体试件抗压强度标准值划分。立方体试件抗压强度标准值是指按标准方法制作、养护的边长为 150mm 的立方体标准试件，在 28d 龄期用标准试验方法所测得的抗压强度总体分布中的一个值，强度低于该值的百分率不得超过 5%，亦即保证率为 95%。混凝土的强度等级采用混凝土（concrete）的代号 C 与其立方体试件抗压强度标准值的兆帕数表示，如立方体试件抗压强度标准值为 50 MPa 的混凝土，其强度等级以“C50”表示。当采用非标准尺寸的试件时，应换算成标准试件的强度，换算系数分别是：边长 200 mm 的立方体试件为 1.05，边长 100mm 的立方体试件为 0.95。《铁路混凝土强度检验评定标准》（TB10425—94）（此标准于 1994 年 4 月 1 日起实施）中关于强度分级的规定即如此，该标准与国家标准《混凝土强度检验评定标准》（GBJ107—87）和国际标准《混凝土——按强度的分级标准》（ISO3893）是一致的。混凝土的强度等级通常采用 C15、C20、C25、C30、C35、C40、C45、C50、C55、C60 表示。强度等级为 C60 及其以上的混凝土属于高强混凝土。

3. 标号与强度等级

标号与强度等级两者主要差别在两个方面，一是所用标准试件尺寸不同，标号和强度等级所用立方体试件边长分别是 200mm 和 150mm；二是取值方法不同，强度等级有明确的统计概念，即强度标准值是强度总体分布中的平均值减去 1.645 倍标准差（从而使保证率为 95%），而标号则没有明确的数理统计概念，据推算其保证率约在 85%的水平上。

（三）砌体

铁路工程建筑物所用的砌体结构主要是石砌体和混凝土块砌体，它是由石材（片石、块石、粗料石）、混凝土砌块等块体（masonry units，代号 MU）和砌筑用砂浆（mortar，代号 M）组成。

1. 块体

（1）标号。石材标号以边长为 20cm 的立方体试件在浸水饱和状态下的抗压极限强度表示，以 kgf/cm² 计。如 200 号石材其试件抗压极限强度即 200kgf/cm²。当采用边长为 7.07cm 或 5cm 的立方体试件时，其抗压极限强度应分别乘以 0.85 或 0.80 的换算系数。《铁路混凝土及砌石工程施工规范》（TBJ210—86）作此规定。由于石材的力学指标资料较缺乏系统性，相关规范中规定的换算系数很不一致。如国家标准《砖石结构设计规范》（GBJ373）中，若以边长为 20cm 的立方体试件为标准试件，则边长为 0.7cm 或 0.5cm 的立方体试件的换算系数约为 0.7 或 0.6。铁路工程常用的石材标号为

200、300、400、500、600、700 和 800。混凝土砌块标号与混凝土标号含义相同，铁路工程混凝土砌块通常采用的标号为 150、200、250 和 300。

(2) 强度等级。石材强度等级是以边长为 70 mm 的立方体试件在浸水饱和状态下的抗压极限强度表示，以 MPa 计，并冠以代号 MU。如 MU40 的石材，其试件的抗压极限强度为 40MPa。当采用边长为 200mm、150mm、100mm 或 50mm 的非标准立方体试件时，其抗压极限强度应分别乘以 1.43、1.28、1.14 或 0.86 的换算系数。《铁路混凝土与砌体工程施工及验收规范》(TB10210—97) 即作此规定。这也是与现行国家标准《砌体结构设计规范》(GBJ388) 一致的。铁路工程常用的石材强度等级为 MU30、MU40、MU50、MU60、MU70、MU80 和 MU100。

混凝土砌块强度与混凝土强度的含义相同，但表示其强度的符号应采用块体的代号"MU"，而不应采用混凝土的代号"C"。铁路工程常用的混凝土砌体强度等级应为 MU15、MU20、MU25 和 MU30。

(3) 标号与强度等级。采用边长为 200 mm 的立方体试件所测得的抗压极限强度是石材标号，换算为边长 70mm 立方体试件的抗压极限强度（可用乘以换算系数 1.43 的方法求得此值）则是石材的强度等级。因此可近似认为：石材标号×1.43＝强度等级。如采用边长为 200mm 的立方体试件测得石材抗压极限强度为 200 kgf/cm^2，则该石材标号为 200 号；其强度等级需换算为边长为 70 mm 的立方体试件的抗压极限强度，即 200kgf/cm^2（20 MPa）×1.43＝28.6 MPa，强度等级为 MU28.6。在实际工作中选择石材的最低强度时，可近似认为 200 号相当于 MU30、400 号相当于 MU60；若将 300 号以 MU30 替代，其石材强度显然不足。虽然砌体结构的强度与砌块的强度不是线性比例关系，还与砂浆的强度有关，但也应引起足够重视。总之，石材标号与其强度等级的比值可视为 1∶1.43。

2. 水泥砂浆

(1) 标号。水泥砂浆标号是以边长为 7.07cm 的立方体试件，在标准条件下养护 28d 的抗压极限强度表示，以 kgf/cm^2 计。如 200 号水泥砂浆其试件抗压极限强度为 200 kgf/cm^2。铁路工程常用水泥砂浆标号为 50、75、100、150、200。《铁路混凝土及砌石工程施工规范》(TBJ 210—86) 即作此规定。

(2) 强度等级。水泥砂浆强度等级是以边长为 70.7mm 的立方体试件在标准条件下养护 28d 的抗压极限强度表示，以 MPa 计，并冠以代号 M。如 M20 的水泥砂浆，其试件抗压极限强度为 20MPa。铁路工程常用水泥砂浆强度等级为 M5、M7.5、M10、M15、M20。《铁路混凝土与砌体工程施工及验收规范》(TB 10210—97) 作此规定，与有关国家标准的规定相一致。铁路砌体工程中所用的砂浆强度等级要求：主体工程不得小于 M10，一般工程不得小于 M5。

(3) 标号与强度等级。由于水泥砂浆是用作砌筑工程中的胶结料，其实际强度指标离散性较大，较缺乏统计方面的资料，且由于包括试件尺寸在内的强度试验方法没有变化，所以一般可认为 50 号相当于 M5 级、75 号相当于 M7.5 级，其余类推，两者存在一一对应关系。

三、高分子材料

高分子材料的种类繁多，按工艺性质可分为塑料、橡胶、纤维、油漆、胶黏剂等。

高分子材料的命名一般有三种形式。

（1）简单高分子材料高聚物的命名是在原料名称之前加上“聚”字，例如聚苯乙烯、聚丙烯等。

（2）缩聚物的命名是在原料名称之后加上“树脂”二字，如苯酚和甲醛的缩聚物称酚醛树脂。

（3）一些结构复杂的高聚物，往往采用商品牌号，如聚酯纤维命名为“涤纶”、聚酰胺命名为“尼龙”。表 2－17 为常见橡胶的牌号及力学性能。

表 2－17　　常见橡胶牌号与力学性能

类别	牌号	抗拉强度 σ_b（10^5 Pa）	断后伸长率 δ（%）	使用温度 t（℃）
通用橡胶	天然橡胶（NR）	25～30	650～900	－50～120
	丁苯橡胶（SBR）	15～20	500～800	－50～140
	顺丁橡胶（BR）	18～25	450～800	－73～120
	氯丁橡胶（CR）	25～27	800～1000	－35～130
特种橡胶	丁腈橡胶（NBR）	15～30	300～800	－35～175
	聚氨酯橡胶（UR）	20～35	300～800	80
	硅橡胶	4～10	50～500	－70～275
	氟橡胶（FPM）	20～22	100～500	－50～300

四、复合材料

复合材料是由两种或者两种以上物理和化学性质不同的物质组合而成的一种多相固体材料。复合材料的组分材料虽然保持其相对独立性，但是复合材料的性能却不是组分材料性能的简单加和，而是有着重要的改进。

（一）复合材料的分类

复合材料的分类方法很多，常见的分类方法有以下几种。

（1）按增强材料形态分：连续纤维复合材料，短纤维复合材料，粒状填料复合材料，编织复合材料。

（2）按增强纤维种类分类：玻璃纤维复合材料，碳纤维复合材料，有机纤维复合材料，金属纤维复合材料，陶瓷纤维复合材料，混杂复合材料（复合材料的“复合材料”）。

（3）按基体材料分类：聚合物基复合材料，金属基复合材料，无机非金属基复合材料。

（4）按材料作用分类：结构复合材料，功能复合材料。

（二）牌号

复合材料可根据增强材料与基体材料的名称来命名。

（1）将增强材料的名称放在前面，基体材料的名称放在后面，再加上“复合材料”即为材料名。

（2）仅写增强材料和基体材料的缩写名称，中间加一条斜线隔开，后面再加“复合材料”。

（3）为了突出增强材料或者基体材料，视强调的组分不同也可将不需强调的部分加以省略或简写。

第三节　工程材料的特性及应用

一、气硬性胶凝材料

胶凝材料是指在一定条件下，通过自身的一系列变化，能把其他材料胶结成具有一定强度的整体的材料，通常分为有机和无机两大类。

有机胶凝材料是指以天然或人工合成的高分子化合物为基本组分的一类胶凝材料，如沥青、树脂等。

无机胶凝材料是指以无机矿物为主要成分，当其与水或水溶液拌和后形成的浆体，经过一系列物理化学变化，而将其他材料胶结成具有一定强度的整体。根据硬化条件的不同，无机胶凝材料又分为气硬性和水硬性两种。气硬性胶凝材料一般只能在空气中硬化并保持其强度，如石灰、石膏、水玻璃等。水硬性胶凝材料不仅能在空气中，而且能更好地在水中硬化，保持并继续发展其强度，如各种水泥。

（一）石灰

石灰是人类在建筑中最早使用的胶凝材料之一。它的原料是石灰石，主要成分为碳酸钙（$CaCO_3$），常含有一定的碳酸镁（$MgCO_3$）。因其原料分布广泛，生产工艺简单，使用方便，成本低廉，所以目前仍广泛用于建筑工程中。

1. 石灰的特性

（1）良好的保水性。保水性是指固体材料与水混合时，能够保持水分不易泌出的能力。由生石灰熟化而成的熟石灰膏具有良好的保水性能。因此，将熟石灰膏掺入水泥砂浆中，可提高砂浆的保水能力，以提高砌体的强度；同时还可使砂浆具有良好的和易性，便于企业施工。

（2）凝结硬化慢、强度低。石灰浆在空气中的凝结硬化所需时间长，其最终的强度也不是很高。

（3）吸湿性强，耐水性差。生石灰在存放过程中，会吸收空气中的水分而熟化。如果熟化后的石灰长期处于潮湿环境中，会使石灰的活性降低。所以，石灰耐水性差，不太宜用于潮湿环境及遭受水侵蚀的部位。

(4) 硬化后体积收缩较大。石灰浆体在硬化过程中，由于大量水分的蒸发，引起体积收缩，会使石灰制品表面开裂。因此，石灰除调制成石灰乳做粉外，不宜单独使用。工程中通常需要在石灰膏中加入砂、纸筋、麻丝或其他纤维材料，以防止或减少开裂。

(5) 放热量大，腐蚀性强。生石灰熟化属于放热反应，熟化时会放出大量的热，熟石灰的成分是一种中强碱，具有较强的腐蚀性。

2. 石灰的应用

(1) 配制建筑砂浆和石灰乳。利用水泥、石灰膏、砂配制成的混合砂浆广泛用于墙体砌筑或抹灰，利用石灰膏与砂或纸筋、麻刀配制成的石灰砂浆、石灰纸筋灰、石灰麻刀灰广泛用于内墙、天棚的抹面砂浆。

将消石灰粉或熟化好的石灰膏加入大量的水搅拌稀释，成为石灰乳，主要用于内墙和顶棚粉刷，是一种廉价的刷浆材料。

(2) 配制三合土和灰土。三合土是采用生石灰粉、黏土、砂为原材料，按体积比1∶2∶3的比例加水搅拌和夯实而成的。灰土是用生石灰粉和黏土，按1∶(2～4)的体积比加水搅拌和夯实而成的。三合土和灰土经分层摊铺、夯实后，其抗压强度明显增加。长期使用中，灰土和黏土会发生复杂的化学反应，强度和耐水性进一步提高，多用作基础垫层。

(3) 生产硅酸盐制品。以石灰和硅质材料为原料，加水搅拌，经成型、蒸养或蒸压处理等，可生产硅酸盐制品，如蒸压灰砂砖、碳化砖、加气混凝土等。

(4) 生产碳化石灰板。将磨细的生石灰掺入30%～40%的短玻璃纤维加水搅拌，振动成形，然后利用石灰窑的废气碳化而成空心板。这种板材性能较好，能锯、能钉，可用作非承重的保温材料。

（二）石膏

生产石膏的原料主要为含硫酸钙的天然石膏（又称生石膏）或含硫酸钙的化工副产品和磷石膏、氟石膏、硼石膏等废渣，也称二水石膏。将天然二水石膏在不同的温度下煅烧可得到不同的石膏品种。

1. 石膏的特性

(1) 凝结硬化快。石膏加水拌和后，10分钟内便会失去塑性而初凝，30分钟内即终凝硬化，并产生强度。由于初凝时间短不便于施工操作，使用时通常会加入缓凝剂来延长凝结时间。但是掺缓凝剂以后，石膏制品的强度将有所下降。

(2) 强度较高。石膏的强度增加较快，一般7小时即可达到最大值。抗压强度为8～12MPa。

(3) 体积微膨胀、装饰性好。石膏在硬化时体积会稍微膨胀，膨胀率为0.5%～1.0%，且不开裂。这种特性使得成型的石膏制品表面光滑，轮廓清晰，尺寸准确，有利于制造复杂花形图案的石膏装饰品。此外，石膏质地细腻，颜色洁白，可加入各种颜色调料制成彩色石膏制品，且保色性能好。

(4) 保温、保湿性能好。石膏制品的比热较大，具有一定的调节温度的作用；石膏内部的大量毛细孔隙能够吸收潮湿空气中的水分，或在干燥的环境中释放出孔隙内的水分，以调节室内空气湿度。因而，在室内小环境下，能在一定程度上使室内环境更符合人类生理需要，有利于人体健康。

(5) 抗火性好，耐火性差。建筑石膏硬化后的主要成分是 $CaSO_4 \cdot 2H_2O$，遇火时其中的结晶水脱出能吸收热量，生成无水石膏而成为良好的热绝缘体。建筑石膏的制品越厚，抗火性越好。但建筑石膏制品的软化系数小、耐水性差，若吸水后受冻，将因水分结冰而崩裂，故建筑石膏的耐水性和抗冻性都较差，不宜用于室外。

2. 石膏的应用

(1) 室内抹灰及粉刷。

抹灰是指以建筑石膏为胶凝材料，加入水和砂配制成石膏砂浆，作为内墙面抹平用。由石膏的特性可知，石膏砂浆具有良好的保温隔热性能，以及调节室内空气的湿度和良好的隔音与防火性能。但是由于不耐水，故不宜在外墙使用。

粉刷指的是将石膏加水和适量外加剂，调制成涂料，涂刷装修内墙面。这种涂料表面光洁、细腻、色白、且透湿气，凝结硬化快、施工方便、黏结强度高，是良好的内墙涂料。

(2) 建筑装饰制品。在杂质含量少的建筑石膏中加入少量纤维增强材料和建筑胶水等制成各种装饰品，也可掺入颜料制成彩色制品。

(3) 石膏板。石膏板是建筑工程中使用量最大的一类板材，常作为装饰吊顶隔板或保湿、隔声、防火等材料使用，包括石膏装饰板、空心石膏板、蜂窝板等。

(4) 其他用途。石膏可作为生产某些硅酸盐制品时的增强剂，如粉煤灰砖、炉渣制品等，还可用作油漆或粘贴墙纸等的基层找平。

(三) 水玻璃

水玻璃又称泡花碱，是一种气硬性胶凝材料。建筑上使用的水玻璃通常是硅酸钠水溶液。硅酸钠的分子式为 $Na_2O \cdot nSiO_2$，其中 n 是 SiO_2 与 Na_2O 的数量比，称为水玻璃的模数，通常 $n=2.0\sim3.5$。随着水玻璃模数的提高，水玻璃的黏度增加，可溶性降低。

水玻璃在防酸和耐热工程中应用广泛，建筑工程中常用来配制水玻璃胶泥、水玻璃砂浆、水玻璃混凝土。

1. 水玻璃的特性

(1) 黏结力和强度较高。水玻璃硬化后的主要成分为硅凝胶 ($nSiO_2 \cdot mH_2O$) 和固体，比表面积大，因而具有较高的黏结力。但水玻璃自身质量、配合料性能及施工养护对强度有显著影响。

(2) 耐酸性好。可以抵抗除氢氟酸 (HF)、热磷酸和高级脂肪酸以外的几乎所有无机和有机酸。

(3) 耐热性好。硬化后形成的二氧化硅网状骨架，在高温下强度下降很小，当采用耐热耐火骨料配制水玻璃砂浆和混凝土时，耐热度可达 1000℃。因此水玻璃混凝土的耐热度，也可以理解为主要取决于骨料的耐热度。

(4) 耐碱性和耐水性差。因 SiO_2 和 $Na_2O \cdot nSiO_2$ 均溶于碱，故水玻璃不能在碱性环境中使用。同样由于 $Na_2O \cdot nSiO_2$、NaF、Na_2CO_3 均溶于水而且不耐水，可采用中等浓度的酸对已硬化水玻璃进行酸洗处理，提高耐水性。

2. 水玻璃的应用

硬化后的水玻璃具有很高的耐酸性，因此常用作耐酸材料，配制耐酸混凝土及耐酸砂浆等。由于水玻璃的耐火性良好，还常用于防火涂层、耐热砂浆和耐火混凝土的胶结材料。将水玻璃溶液涂刷或浸渍在含有石灰质材料的表面，能够提高材料表层的密实度，加强其抗风化能力。若把水玻璃溶液与氯化钙溶液交替灌入土壤内，则可加固建筑地基。水玻璃不耐氢氟酸、热磷酸及碱的腐蚀，不宜用于长期受水浸润的工程。在存储中应注意防潮、防水，不得露天长期存放。

二、水泥

水泥是建筑工程中最为重要的材料之一，属于无机水硬性胶凝材料，它与水拌和形成的浆体，既能在空气中硬化，又能在水中硬化。因此，水泥不但大量应用于建设工程，还广泛用于农业、交通、海港和国防建设等工程。

水泥的品种很多，按其主要成分分为硅酸盐水泥、掺混合材料的硅酸盐水泥、铝酸盐水泥、硫铝酸盐水泥和磷酸盐水泥。

(一) 硅酸盐水泥

硅酸盐水泥是由硅酸盐水泥熟料、0～5%石灰石或粒化高炉矿渣、适量石膏磨细制成的水硬性胶凝材料，即国外通称的波特兰水泥。

(二) 掺混合材料的硅酸盐水泥

(1) 掺混合材料的硅酸盐水泥，是用硅酸盐熟料加入一定比例的混合材料和适量石膏，经共同磨细而制成的。加入混合材料后，可以改善水泥性能，调节水泥强度，增加品种，提高产量和降低成本，同时可以综合利用工业废料和地方材料。这类水泥根据掺入混合材料的数量和品种不同有：普通硅酸盐水泥、矿渣硅酸盐水泥、火山灰质硅酸盐水泥和粉煤灰硅酸盐水泥。

(2) 普通硅酸盐水泥（简称普通水泥）是由硅酸盐水泥熟料、6%～15%混合材料、适量石膏磨细制成的水硬性胶凝材料。普通水泥中烧失量不得大于 5.0%，细度用 80μm 方孔筛余不得超过 10.0%，初凝时间不得早于 45min，终凝不得迟于 10h。其余技术要求与硅酸盐水泥相同。

(3) 矿渣硅酸盐水泥（简称矿渣水泥）是由硅酸盐水泥熟料和粒化高炉矿渣、适量石膏磨细制成的水硬性胶凝材料。该水泥中粒化高炉矿渣的掺量按质量百分比计为 20%～70%，允许用石灰石、窑灰、粉煤灰和火山灰质混合材料中的一种材料代替矿渣，代替数量不得超过水泥质量的 8%，替代后水泥中粒化高炉矿渣不得少于 20%，它比普通硅酸盐水泥中混合材料的掺量要大得多。

(4) 火山灰质硅酸盐水泥（简称火山灰水泥）是由硅酸盐水泥熟料和火山灰质混合材料、适量石膏磨细制成的水硬性胶凝材料。水泥中火山灰质混合材料掺量按质量百分比计为20%～50%。

(5) 粉煤灰硅酸盐水泥（简称粉煤灰水泥）是由硅酸盐水泥熟料和粉煤灰、适量石膏磨细制成的水硬性胶凝材料。水泥中粉煤灰掺量按质量百分比计为20%～40%。

以上五大品种水泥的主要特性及适用范围见表2-18。

表2-18　　硅酸盐类水泥的特性及适用范围

	硅酸盐水泥	普通水泥	矿渣水泥	火山灰水泥	粉煤灰水泥
特性	1. 快硬早强 2. 水化热较高 3. 抗冻性较好 4. 耐热性较差 5. 耐腐蚀性较差	1. 早期强度较高 2. 水化热较大 3. 抗冻性好 4. 耐热性较差 5. 耐腐蚀与耐水性较差	1. 早期强度低，后期强度增长较快 2. 水化热较低 3. 耐热性较好 4. 耐硫酸盐侵蚀和耐水性较好 5. 抗冻性差 6. 易泌水 7. 干缩性大	1. 抗渗性较好 2. 耐热性较差 3. 不易泌水其他同矿渣水泥	1. 干缩性较小，抗裂性较好 2. 抗碳化能力差 3. 其他同火山灰水泥
适用范围	快硬早强的工程、配制高强度混凝土、预应力构件、地下工程的喷射里衬等	一般土建工程中混凝土及预应力钢筋混凝土结构、受反复冰冻作用的结构、拌制高强度混凝土	1. 高温车间和有耐热要求的混凝土结构 2. 大体积混凝土结构 3. 蒸汽养护的混凝土构件 4. 地上、地下和水中的一般混凝土结构 5. 有抗硫盐侵蚀要求的一般工程	1. 地下、水中大体积混凝土结构和有抗渗要求的混凝土结构 2. 蒸汽养护的混凝土构件 3. 一般混凝土结构 4. 有抗硫酸盐侵蚀要求的一般工程	1. 地上、地下、水中及大体积混凝土结构 2. 蒸汽养护的混凝土构件 3. 有抗硫酸盐侵蚀要求的一般工程
不适用范围	1. 大体积混凝土工程 2. 受化学侵蚀及海水侵蚀的工程 3. 受水压作用的工程	1. 大体积混凝土工程 2. 受化学侵蚀及海水侵蚀的工程 3. 受水压作用的工程	1. 早期强度要求较高的工程 2. 严寒地区，处在水位升降范围内的混凝土结构	1. 处在干燥环境的工程 2. 有耐磨性要求的工程其他同矿渣水泥	1. 有抗碳化要求的工程 2. 其他同火山灰水泥

三、混凝土

混凝土是由胶凝材料、颗粒状的粗细集料和水按适当比例拌制成拌和物，经硬化而成的一种人造石材，是建筑工程中的一种主要建筑材料。

混凝土的种类很多，根据不同条件分类如下。

(1) 按表观密度分为重混凝土、普通混凝土和轻混凝土。

（2）按性能与用途分为结构混凝土、水工混凝土及特种混凝土（耐热、耐酸、耐碱、防辐射等）。

（3）按所用胶凝材料分为水泥混凝土、沥青混凝土、石膏混凝土、聚合物混凝土等。

（4）按施工方法分为泵送混凝土、喷射混凝土、振实混凝土、离心混凝土等。

（一）混凝土的特点

普通混凝土是建筑工程中应用最广泛、最多的一种材料，是因为与其他材料相比，它有许多的优点，详述如下。

1. 普通混凝土的优点

（1）原材料来源丰富。原料丰富，成本低廉，原材料中砂、石等地方材料占80%以上，符合就地取材和经济原则。

（2）施工方便。具有良好的可塑性，可以按工程结构要求浇注成任意形状和尺寸的构件或整体结构。

（3）抗压强度高。传统的混凝土抗压强度为20～40MPa，近20年来，混凝土向高强方向发展，60～80MPa的混凝土已经较广泛地应用于工程中。目前，在技术上可以配出300MPa以上的超高强混凝土。

（4）抗拉强度高。与钢筋有牢固的黏结力，与钢材有基本相同的线膨胀系数，混凝土与钢筋二者复合成钢筋混凝土，利用钢材抗拉强度的优势弥补混凝土脆性弱点，利用混凝土的碱性保护钢筋不生锈，从而大大扩大了混凝土的应用范围。

（5）耐久性好。具有良好的耐久性。木材易腐朽，钢材易生锈，而混凝土在自然环境下使用其耐久性比木材和钢材优越得多。

（6）产能耗低，维修费用少。其能源消耗较烧土制品和金属材料低，且使用中一般不需维护保养，故维修费用少。

（7）有利于环境保护。混凝土可以充分利用工业废料，如粉煤灰、磨细矿渣粉、硅粉等，降低环境污染。

（8）耐火性好。普通混凝土的耐火性远比木材、钢材和塑料好，可耐数小时的高温作用而保持其力学性能。

2. 普通混凝土的缺点

（1）自重大，比强度小。$1m^3$混凝土质量约为2400kg，故结构物自重较大，导致地基处理费用增加。

（2）抗拉强度低，抗烈性差。混凝土的抗拉强度一般只有抗压强度的1/20～1/10，呈脆性，易裂缝；收缩变形大，水泥化凝结硬化引起的自身收缩和干燥收缩达到500×10^{-6}m/m以上，结构易产生收缩裂缝。

（3）保温性能较差。混凝土的保温性能较差，$\lambda=1.40$w/(m·K)，为烧结普通砖的2倍。

除此以外，混凝土还具有生产周期长，视觉和触觉性能欠佳等缺点。这些缺点使混凝土的应用受到了一些限制。

（二）混凝土的应用

由于混凝度的上述特点，使其成为主要的建筑材料，广泛地应用于工业与民用建筑工程、水利工程、地下工程、公路、铁路、桥涵和国防建设工程中。

四、砂浆

建筑砂浆是由胶凝材料（水泥、石灰、石膏等）、细集料（砂、炉渣等）和水（有时还掺入某些外掺材料）按一定比例配制而成的，是建筑工程中，尤其是民用建筑中使用最广、用量最大的一种建筑材料。

常用的建筑砂浆按所用胶凝材料种类，可分为水泥砂浆、石灰砂浆、混合砂浆（水泥石灰砂浆、水泥粘土砂浆等）。按其使用功能可分为砌筑砂浆和普通抹面砂浆；用于绝热、吸声、防水、防腐等特殊用途的抹面砂浆，以及专门用于装饰方面的装饰砂浆。

（一）砌筑砂浆

用于砌筑黏结块体材料（砖、石、砌块等）使之成为砌体的砂浆，称之为砌筑砂浆。砌筑砂浆是砌体的重要组成部分。砌筑砂浆的主要组成原料有水泥、砂、掺加料、水。

水泥是砌筑砂浆中主要的胶凝材料，常用的水泥品种有普通水泥、矿渣水泥、火山灰水泥、粉煤灰水泥、复合水泥、砌筑水泥等。在选用时应根据工程所处的环境条件，选用合适的水泥品种。

砂浆用砂的技术要求与混凝土用砂相同。砖砌体用砂浆的砂最大粒径规定为2.5mm；砌石时，可采用最大粒径5mm的砂；用于抹面及勾缝的砂浆的砂宜用细砂，砂的含泥量不应超过5％；强度等级为M2.5的水泥混合砂浆，砂的含泥量不应超过10％。

为了改善砂浆的和易性，可在砂浆中加入一些无机的细颗粒掺和料，如石灰、黏土、粉煤灰等。石灰须经陈伏，石灰及黏土应制成一定稠度的膏体使用。粉煤灰若经磨细后使用更好。有时还可以采用微沫剂来改善砂浆的和易性，常用的微沫剂为松香热聚物，掺量为水泥量的0.005％～0.01％。

另外，拌砂浆应采用不含有害物质的洁净水或饮用水。

1. 砌筑砂浆的技术特性

和易性是新拌砂浆易于施工并能保证质量的综合性质。和易性好的砂浆能比较容易地在砖石表面上铺成均匀的薄层，能很好地与底面黏结。

新拌砂浆的和易性包括流动性和保水性两个方面内容。

(1) 流动性（稠度）。

砂浆的流动性是指在自重或外力作用下流动的性能，也称稠度。砂浆的流动性用稠度仪测，用“沉入度”（单位为mm）表示。沉入度值越大，砂浆流动性越大。在选用浆的稠度时，应根据砌体材料的种类、施工条件、气候条件等因素来决定。

(2) 保水性。

保水性是指砂浆能够保持水分的性能。保水性好的砂浆无论是运输、静置还是铺设在底面上，水都不会很快从砂浆中分离出来，仍保持着必要的稠度。在砂浆中保持一定数量的水分，不但易于操作，而且还可使水泥正常水化，从而保证了砌体强度。为使砂浆具有良好的保水性，可掺入一些微细颗粒的掺和材料（石灰膏、磨细粉煤灰）。

2. 硬化后砂浆的性质

硬化后的砂浆应具有一定的抗压强度。抗压强度是划分砂浆强度等级的主要依据。

砂浆的强度等级是以边长为 70.7mm 的立方体试件，在标准养护条件下，用标准试验方法测得 28d 龄期的抗压强度值（单位为 MPa）来确定的，并划分为 M2.5、M5.0、M7.5、M10、M15 五个等级。

（二）普通抹面砂浆

普通抹面砂浆主要是为了保护建筑物，并使表面平整美观。抹面砂浆与砌筑砂浆不同，主要要求的不是强度，而是与底面的黏结力。所以配制时需要胶凝材料量较大，并应具有良好的和易性，以便操作。

为了保证抹灰表面平整，避免裂缝、脱落等现象，通常抹面应分两层或三层进行施工。各层抹灰要求不同，所以每层所用的砂浆也不一样。

底层砂浆主要起与基层的黏结作用。砖墙底层抹灰多用石灰砂浆；有防水、防潮要求时用水泥砂浆；板条墙及顶棚的底层抹灰多用混合砂浆或石灰砂浆；混凝土面底层抹灰多用水泥砂浆或混合砂浆。

中层抹灰主要起找平作用，多用混合砂浆或石灰砂浆。

面层抹灰主要起装饰作用，砂浆中宜用细砂。面层抹灰多用混合砂浆、麻刀石灰浆、纸筋石灰浆。在容易碰撞或潮湿部位的面层，如墙裙、踢脚板、雨篷、水池、窗台等均应采用水泥砂浆。

（三）装饰抹灰砂浆

装饰抹灰砂浆是以薄层抹在墙、地面上，并具有专门装饰效果的一种装饰砂浆。装饰抹灰的底层及中层与一般抹灰基本相同，而其面层则能呈现不同的色彩、花纹与质感。

装饰抹灰砂浆可用普通水泥、矿渣水泥、火山灰质水泥、白水泥、彩色水泥、石灰、石膏为胶凝材料，也可在常用水泥中掺入耐碱矿物质颜料配成彩色水泥。集料则常用大理石、花岗岩、彩色石渣或碎玻璃等。

常用的装饰抹灰工艺有：水磨石、水刷石、干粘石、斩假石、拉毛灰、甩毛灰、喷涂、弹涂、滚涂等。

（四）防水砂浆

防水砂浆指用于建筑物刚性防水结构的砂浆。常用的刚性防水包括五层砂浆防水及掺防水剂砂浆防水两种。

五层砂浆防水是用素灰和水泥分层交叉抹面而构成的防水层，有较高的抗渗能力。五层砂浆防水的第一、三层为水灰比 0.55～0.6 的素灰，厚 2mm，是主要的防水层；第二、四层为灰砂比 1∶1.5～1∶2.5、水灰比 0.4～0.5 的水泥砂浆，厚 5～10mm，起保护、养护素灰的作用；第五层为厚 1mm 的水泥净浆并压光。

掺防水剂的砂浆常用的防水剂有氯化物金属盐类及金属皂类。

氯化物金属盐类防水剂是由氯化铝、氯化钙和水按 1∶10∶11 的比例配制成的有色液体。掺加量为水泥质量的 3%～5%。掺入后，水泥在凝结硬化过程中生成不透水的复盐，促进结构密实，提高砂浆的抗渗性。

金属皂类防水剂是由硬脂酸、氨水、氢氧化钠（碳酸钠）和水按比例配合后加热皂化而成。它能填充砂浆的毛细通道，提高抗渗性，掺量为水泥质量的 3%。

砂浆可用来砌筑各种砖、石块、砌块等；可进行墙面、地面、梁柱面、天棚等表面的抹灰；可用来粘贴大理石、水磨石、瓷砖等饰面材料；可用于填充管道及大型墙板的接缝；也可以制成具有特殊性能的砂浆对结构进行特殊处理（保温、吸声、防水、防腐、装修等）。

五、墙体材料

墙体材料是房屋建筑的主要围护材料和结构材料。按照外墙表面材料划分主要有：水泥砂浆外墙、瓷砖和石材粘贴外墙（块材粘贴外墙）、干挂石材幕墙、干挂金属外墙、干挂木板材外墙、玻璃幕墙、干挂 PVC 板材外墙等几种形式。常见墙体材料的特点及应用如下。

（一）水泥砂浆外墙

优点：经济实惠，除了墙体施工时一次施工完成的清水外墙（清水砖墙、清水混凝土）以外，水泥砂浆外墙是最便宜的一种装饰，按照 20 厚水泥砂浆抹灰，材料费加人工费一般在 20 元/m^2 以内，再加上一层外墙涂料，造价一般为 50 元/m^2；缺点：湿作业质量难以保证、易龟裂渗水，单一的水泥砂浆外墙装饰，目前除了一些简易建筑和农村建筑外，已经很少使用，但在住宅类建筑中配合外墙涂料使用的还比较多。

（二）瓷砖外墙和石材外墙

瓷砖外墙和石材外墙统称为块料面层外墙，优点：美观耐用、易清洁，性价比较高。目前在国内这类外墙很普及，被广泛地运用于工业与民用建筑的外墙装修，随着经济水平的提高，瓷砖材料品种已经十分丰富，在市场上占有率达到 50%左右；缺点：瓷砖是烧结产品，生产过程能耗较高，面层随墙体基层破坏后易渗漏、难维修，且废弃后产生的建筑垃圾无法消纳，天然石材的放射性往往不过关，对温度变形的适应性较差，经常被拉断。只是建筑施工过程监管不严才得以大量使用，在欧美等重视环保的国家，石材装修并不多见，原因就是放射性符合要求的石材资源较少，导致价格偏贵而受到限制。瓷砖和石材用砂浆粘贴还会存在一定的安全隐患，目前在国内普及是由于我们对环保节能要求不高，片面追求性价比的结果。瓷砖外墙的造价在 70～150 元/m^2，粘贴石材外墙的造价在 100～300 元/m^2，瓷砖外墙和石材外墙是市场的主流。

（三）干挂石材幕墙

优点：美观易清洁，便于维护，可配合保温隔热构造，干法施工效率高。这种干挂做法往往是使用较昂贵的大理石或花岗岩，预加工成较大尺寸的块材，干挂在金属骨架上。缺点：难以控制色差、有放射性，造价较高，一般干挂石材幕墙的造价在 500～800 元/m^2，部分昂贵石材的造价高达 2000 元/m^2 左右，往往只是与其他装修局部配合使用。现在市面上也有很多瓷砖品牌推出陶瓷仿石材的干挂板材，一般色差不会太大，但是由于产品不够丰富，可选择性不强，竞争不够充分，造价并不便宜。

（四）干挂金属外墙

多数以铝板、铝塑板、彩钢板外墙居多，在一些现代风格的建筑中，大量使用玻璃和金属一类的工业材料，目前在国内大多数公共建筑中流行。优点：干法施工效率高、效果统一，对温度变化适应性较强，构造较安全可适用于高层建筑。金属材料为工业产品，材质比较均匀，易于加工和便于机械化作业，近年来迅速得到推广。缺点：材质效果较单一，除了颜色的变化外，质感不够丰富，金属材料不耐酸碱腐蚀，使用寿命有限，防火性能不足。彩钢板一般多用于轻工业厂房外墙，表面装饰效果较差，且聚苯夹心板发生火灾时会产生有毒有害气体；再加上铝材价格较贵，造价高昂，外墙干挂铝塑板幕墙造价 350～450 元/m^2，铝单板幕墙造价 500～800 元/m^2，彩钢板外墙（双面 0.476mm 厚加 50 厚聚苯板）含墙檩造价 120～180 元/m^2。

（五）干挂木板外墙和干挂 PVC 板外墙

一般用于复合墙体构造的外装饰，优点：自重轻、施工方便，造价便宜，多数采用批叠方法施工，防水效果较好。缺点：木材和 PVC 材料防火性能差，木材须做防白蚁处理，材质易老化。造价一般在 100～200 元/m^2，由于性价比较高，在一些低层建筑和休闲别墅使用较多，在多高层建筑使用较少。

（六）玻璃幕墙

近年来，在现代建筑流行大量地使用玻璃幕墙，主要有明框幕墙、隐框幕墙、点式幕墙、拉索幕墙等结构形式。优点：室内视野通透，室外简洁明快；缺点：光污染、建筑能耗高；当玻璃幕墙需要满足节能要求时，造价很高，明框幕墙造价在 450～600 元/m^2，隐框幕墙造价在 600～1000 元/m^2，点式幕墙造价在 800～1200 元/m^2，如果采用断桥设计的幕墙框料，每平方米造价还要增加 200 元左右，采用双层节能玻璃，价格更贵。

六、钢材

（一）碳素结构钢的特性及应用

（1）Q195，含碳量低，强度不高，塑性、韧性、加工性能和焊接性能好。用于轧制薄板和盘条。冷、热轧薄钢板及以其为原板制成的镀锌、镀锡及塑料复合薄钢板大量用于屋面板、装饰板、通用除尘管道、包装容器、铁桶、仪表壳、开关箱、防护罩、火车车厢等。盘条则多冷拔成低碳钢丝或经镀锌制成镀锌低碳钢丝，用于捆绑、张拉、固定或用作钢丝网、铆钉等。

(2) Q215，强度稍高于Q195钢，用途与Q195大体相同。此外，还大量用作焊接钢管、镀锌焊管、炉撑、地脚螺钉、螺栓、圆钉、木螺钉、冲制铁铰链等五金零件。

(3) Q235，含碳适中，综合性能较好，强度、塑性和焊接等性能得到较好配合，用途最广泛。常轧制成盘条或圆钢、方钢、扁钢、角钢、工字钢、槽钢、窗框钢等型钢，中厚钢板。大量用于建筑及工程结构，用于制作钢筋或建造厂房房架、高压输电铁塔、桥梁、车辆、锅炉、容器、船舶等，也大量用作对性能要求不太高的机械零件。C、D级钢还可作某些专业用钢使用。

(4) Q255，性能与Q235差不多，强度稍有提高，塑性有所降低。应用不如Q235广泛，主要用作铆接与检接结构。

(5) Q275，强度、硬度较高，耐磨性较好。用于制造轴类、农业机具、耐磨零件、钢轨接头夹板、垫板、车轮、轧辊等。

（二）普通低合金结构钢的特性及应用

(1) Q295钢，钢中只含有极少量的合金元素，强度不高，但有良好的塑性、冷弯、焊接及耐蚀性能。主要用于建筑结构，工业厂房，低压锅炉，低、中压化工容器，油罐，管道，起重机，拖拉机，车辆及对强度要求不高的一般工程结构。

(2) Q345、Q390钢，综合力学性能好，焊接性能、冷热加工性能和耐蚀性能均好，C、D、E级钢具有良好的低温韧性。主要用于船舶，锅炉，压力容器，石油储罐，桥梁，电站设备，起重运输机械及其他较高载荷的焊接结构件。

(3) Q420钢，强度高，特别是在正火或正火加回火状态有较高的综合力学性能。主要用于大型船舶，桥梁，电站设备，中、高压锅炉，高压容器，机车车辆，起重机械，矿山机械及其他大型焊接结构件。

(4) Q460钢，强度最高，在正火，正火加回火或淬火加回火状态有很高的综合力学性能，全部用铝补充脱氧，质量等级为C、D、E级，是可保证钢的良好韧性的备用钢种。用于各种大型工程结构及要求强度高，载荷大的轻型结构。

（三）优质碳素结构钢的特性及应用

(1) 08和08F钢，强度、硬度很低，塑性、韧性极好，冷加工性好，淬透性、淬硬性极差，不宜切削加工，退火后，导磁性能好。用于轧制薄板，深冲制品、油桶、高级搪瓷制品，也可用于制作管子，垫片及心部强度要求不高的渗碳和氰化零件，电焊条等。

(2) 10和10F钢，强度低（稍高于08钢），塑性、韧性很好，焊接性优良，无回火脆性。易冷热加工成型、淬透性很差，正火或冷加工后切削性能好。用4mm以下冷压深冲制品，如深冲器皿、炮弹弹体。也可制造锅炉管、油桶顶盖及钢带、钢丝、焊接件、机械零件。

(3) 15和15F钢，强度、硬度、塑性与10F、10钢相近。为改善其切削性能需进行正火或水韧处理适当提高硬度。淬透性、淬硬性低、韧性、焊接性好。用于制造机械上的渗碳零件、紧固零件、冲锻模件及不需热处理的低负荷零件，如螺栓、螺钉、法兰盘、化工机械用储器、蒸汽锅炉等。

(4) 20钢，强度硬度稍高于15F，15钢，塑性焊接性都好，热轧或正火后韧性好。用于不经受很大应力而要求韧性的各种机械零件，如拉杆、轴套、螺钉、起重钩等；也可用于制造在60大气压、450℃以下非腐蚀介质中使用的管子、导管等；还可以用于心部强度不大的渗碳及氰化零件，如轴套、链条的滚子、轴以及不重要的齿轮、链轮等。

(5) 25钢，具有一定强度、硬度。塑性和韧性好。焊接性、冷塑性加工性较高，被切削性中等，淬透性、淬硬性差。淬火后低温回火后强韧性好，无回火脆性。用作热锻和热冲压的机械零件，金属切削机床上氰化零件，以及重型和中型机械制造中负荷不大的轴、辊子、连接器、垫圈、螺栓、螺帽等，还可用作铸钢件。

(6) 30钢，强度、硬度较高，塑性好、焊接性尚好，可在正火或调质后使用，适于热锻、热压。被切削性良好。用作热锻和热冲压的机械零件、冷拉丝，重型和一般机械用的轴、拉杆、套环，以及机械上用的铸件，如汽缸、汽轮机机架、轧钢机机架和零件、机床机架、飞轮等。

(7) 35钢，强度适当。塑性较好，冷塑性高，焊接性尚可。冷态下可局部镦粗和拉丝。淬透性低，正火或调质后使用。用于制作热锻和热冲压的机械零件，冷拉和冷顶锻钢材，无缝钢管、机械制造中零件、铸件、重型和中型机械制造中的锻制机轴、压缩机汽缸、减速器轴，也可用来铸造汽轮机机身、飞轮和均衡器等。

(8) 40钢，强度较高，可切削性良好，冷变形能力中等，焊接性差，无回火脆性，淬透性低，易生水淬裂纹，多在调质或正火态使用，两者综合性能相近，表面淬火后可用于制造承受较大应力件，用于制造机器运动零件，如辊子、轴、连杆、圆盘等，以及火车的车轴，还可用于制造冷拉丝、钢板、钢带、无缝管等。

(9) 45钢，最常用中碳调质钢，综合力学性能良好，淬透性低，水淬时易生裂纹。小型件宜采用调质处理，大型件宜采用正火处理。用以制造蒸汽透平机、压缩机、泵的运动零件；还可代替渗碳钢制造齿轮、轴、活塞销等零件（零件需经高频或火焰表面淬火）；并可用作铸件。

(10) 50钢，高强度中碳结构钢，冷变形能力低，可切削性中等。焊接性差，无回火脆性，淬透性较低，水淬时，易生裂纹。使用状态：正火，淬火后回火，高频表面淬火，适用于在动载荷及冲击作用不大的条件下耐磨性高的机械零件。用于制造耐磨性要求高、动载荷及冲击作用不大的零件，如铸造齿轮、拉杆、轧辊等；制造比较次要的弹簧、农机上的掘土犁铧、重负荷的心轴与轴等，并可制造铸件。

(11) 55钢，有高强度和硬度，塑性和韧性差，被切削性中等，焊接性差，淬透性差，水淬时易淬裂。多在正火或调质处理后使用，适于制造高强度、高弹性、高耐磨性机件。用于制造连杆、轧辊、齿轮、扁弹簧、轮圈、轮缘等，也可作铸件。

（12）60～65钢，具有高强度、高硬度和高弹性。冷变形时塑性差，可切削性能中等，焊接性不好，淬透性差，水淬易生裂纹。用于制造弹簧、弹簧圈、各种垫圈、离合器以及制造一般机械中的轴、轧辊、偏心轴等。

（13）70～85钢，性能与65钢相似，但强度较高而弹性低，淬透性亦不高。通常在淬火、回火后使用。用来制造弹簧和发条、制造钢丝绳用的钢丝及高硬度的机件，如犁、铧、电车车轮等。

（14）15Mn～25Mn钢，含锰较高的低碳渗碳钢，因锰含量高故其强度、塑性、可切削性和淬透性均比15钢稍高，渗碳与淬火时表面形成软点较少，宜进行渗碳、碳氮共渗处理，得到表面耐磨而心部韧性好的综合性能。热轧或正火处理后韧性好用于制造中心部分的机械性能要求较高且需渗碳的零件。

（15）30Mn～35Mn钢，与30钢相比具有较高的强度和淬透性，冷变形时塑性好，焊接性中等，可切削性良好。热处理时有回火脆性倾向及过热敏感性。主要用来制造螺栓、螺帽、螺钉杠杆、制动踏板等。并可用冷拉制造在高应力下工作的细小零件，如农机上的钩、环、链等。

（16）40Mn～45Mn钢，可切削性尚好，冷变形塑性低，焊接性差，具有回火脆性倾向。用于制造承受疲劳负荷下的零件，如曲轴、连杆等；也可用作高应力下工作的螺钉、螺帽等。

（17）50Mn钢，性能与50钢相近，但其淬透性较高，热处理后强度、硬度、弹性均稍高于50钢。焊接性差，具有过热敏感性和回火脆性倾向。用于制造耐磨性要求高、在高负荷下热处理的零件，如齿轮、齿轮轴、摩擦盘、滚子及弹簧。

（18）60Mn～70Mn钢，具有过热敏感性和回火脆性倾向，水淬有形成裂纹倾向。退火态可切削性尚可，冷变形塑性低，焊接性差。用于制造弹簧及犁铧等。

（四）碳素工具钢的特性及应用

碳素工具钢的冷、热加工性能、耐磨性能好，价格低廉，在工具钢中是被广泛采用的钢种。常见碳素工具钢的特性及应用如下。

（1）T7钢，为亚共析钢，淬火回火后具有较高的强度和韧性，且有一定的硬度，但热硬性低，淬透性差、淬火变形大。常用于制造能承受振动和撞击，要求较高韧性，但切削性能要求不太高的工具，如凿子、冲头等小尺寸风动工具，木工用锯，简单胶木模、锻模、剪刀、手锤、镰刀等。

（2）T8钢，为共析钢，淬火回火后具有较高的硬度和耐磨性，但热硬性低，淬透性差、加热时容易过热，变形也大，塑性强度也较低。常用于不受大冲击，需要较高硬度和耐磨性的工具，如简单的模子和冲头、切削软金属的刀具、木工用的铣刀和斧、凿子、錾子、圆锯片以及钳工装配工具、虎钳钳口等。

（3）T8Mn钢，性能同T8近似，但因加入了锰，淬透性较好，淬硬层较深。用途同T88，但可制造断面较大的工具。

(4) T9钢，性能同T8，但因碳含量较高一些，故硬度和耐磨性较高，韧性较差一些。常用作硬度较高，有一定韧性，但不受剧烈震动冲击的工具，如中心铳、冲模、冲头、木工切削工具以及饲料机刀片、凿岩石凿子等。

(5) T10钢，为过共析钢，在淬火加热时不易过热，仍保持细晶粒。韧性尚可，强度及耐磨性均较T7—T9高些，但热硬性低，淬透性仍然不高，淬火变形大。这种钢应用较广，适于制造切削条件较差、耐磨性要求较高且不受突然和剧烈冲击振动而需要一定的韧性及具有锋利刃口的各种工具，如车刀、刨刀、钻头、丝锥、扩孔刀具、螺丝板牙、铣刀手锯锯条、小尺寸冷切边模及冲孔模，低精度而形状简单的量具（如卡板等），也可用作不受较大冲击的耐磨零件。

(6) T11钢，为过共析钢，其碳含量介于T10、T12之间，具有较好的综合力学性能（如强度、硬度、耐磨性及韧性等）。用途与T10钢基本相同，但不如T10钢广泛。

(7) T12钢，含碳高、耐磨性好，但脆性较大。用作不受冲击的各种工具和耐磨零件，如车刀、铣刀、丝锥、扳牙、锉刀、刮刀，以及小的冷切边模、冲孔模等。

(8) T13钢，是碳工钢中碳含量最高的钢种，耐磨性最高，也最脆。用途与T12钢基本相同，也可用作不受冲击而要求极高耐磨性的机械零件。

七、木材

树木的躯干成为木材，它是一种天然生长的有机高分子施工工程材料。在建筑工程中，门窗、屋架、梁、柱、模板、地板、隔墙、脚手架等，都可以用木材来制作。常用的木材制品有实木地板、人造木地板、胶合板、木装饰线条、纤维板。实木地板和人造木地板的特性及应用如下。

（一）实木地板的特性及应用

实木地板具有质感强、弹性好、脚感舒适、美观大方等特点。板材材质可以是松、杉等软木材，也可选用柞、榆等硬木材。实木地板的技术要求有分等、外观质量、加工精度、物理性能。实木地板适用于体育馆、练功房、舞台、住宅等地面装饰。

（二）人造木地板的特性及应用

1. 实木复合地板

实木复合地板的结构组成特点使其既有普通实木地板的优点，又有效地调整了木材之间的内应力，不易翘曲开裂；既适合普通地面铺设，又适合地热采暖地板铺设。面层木纹自然美观，可避免天然木材的疵病，安装简便。适用于家庭居室、客厅、办公室、宾馆的中高档地面铺设。

2. 浸渍纸层压木质地板

浸渍纸层压木质地板的规格尺寸大、花色品种较多、铺设整体效果好、色泽均匀、视觉效果好；表面耐磨性高，有较高的阻燃性能，耐污染腐蚀能力强，抗压、抗冲击性能好。便于清洁、护理，尺寸稳定性好，不易起拱。铺设方便，可直接铺装在防潮衬垫上。价格较便宜，但密度较大、脚感较生硬、可修复性差。适用于办公室、写字楼、商场、健身房、车间等的地面铺设。

3. 软木地板

软木地板的特点是绝热、隔振、防滑、防潮、阻燃、耐水、不霉变、不易翘曲和开裂、脚感舒适有弹性。原料为栓皮，可再生，属于绿色建材。

4. 竹地板

竹地板的特点是华丽高雅、足感舒适。主要适用于室内地面装饰。

八、塑料

塑料的主要组成是合成树脂和添加剂。合成树脂是具有可塑性的高分子化合物的统称，它是塑料的基本组成物，它决定了塑料的基本性能，塑料中合成树脂含量一般为30%～100%。添加剂的作用主要是改善塑料的某些性能或降低成本，常用的添加剂有填充剂、增塑剂、稳定剂、润滑剂、固化剂、着色剂等。

在塑料的通用品种中，聚乙烯、聚苯乙烯、聚氯乙烯、聚丙烯四大品种的总产量在亿吨左右。其他品种有透光性好的有机玻璃，称为“塑料王”的耐腐蚀塑料聚四氟乙烯，作为工程塑料的聚砜、聚碳酸酯、聚甲醛、聚酰亚胺和常用作泡沫塑料的聚氨酯等。常见塑料的特性及应用如表2-19所示。

表2-19　常见塑料的特性及应用

塑料名称	特性	应用
聚氯乙烯（PVC）	硬聚氯乙烯强度高，绝缘性、耐蚀性好，但耐热性差，使用温度为－10℃～＋55℃	可部分代替不锈钢、铜、铝等金属材料作耐腐蚀设备及零件，可作灯头、插座、开关、阀门管件等
	软质聚氯乙烯强度低、伸长率高、易老化、绝缘性、耐蚀性好；泡沫聚氯乙烯密度低、隔热、隔音、防振	可用作农用和工业用包装薄膜、电线绝缘层、人造革、密封件衬套垫。因有毒，不能用于食品和药品包装；泡沫聚氯乙烯可作衬垫
聚乙烯（PE）	低压聚乙烯强度、硬度较高，耐蚀性、绝缘性好	减摩自润滑零件，轻载齿轮、轴承等；耐腐蚀设备的零件；电气绝缘材料，如高频、水底和一般电缆的包皮等；茶杯、奶瓶等
	高压聚乙烯柔软性好（在－70℃时仍柔软），伸长率、韧性、透明性好，摩擦系数低（为0.21）	薄膜、软管，包覆电缆、塑料瓶、食品和药品包装
聚丙烯（PP）	是最轻的塑料之一，刚性好，耐热性好，可在100℃以上的高温使用，化学稳定性好，几乎不吸水，高频电性能好，易成形、低温呈脆性、耐磨性不高	耐腐蚀的化工设备及零件、受热的电气绝缘零件，电视机、收音机等家用电器壳，一般用途的齿轮、管道、接头等

续 表

塑料名称	特性	应用
聚苯乙烯（PS）	有较好的韧性、优良的透明度（和有机玻璃相似）、化学稳定性较好、易成型	透明结构零件，如汽车用各种灯罩、电气零件、仪表零件、浸油式多点切换开关、电池外壳等
苯乙烯—丁二烯—丙烯腈共聚体（ABS）	具有良好的综合性能，即高的冲击韧度和良好的强度；优良的耐热性、耐油性能；尺寸稳定，易成形，表面可镀金属；电性能良好	一般结构或耐磨受力零件，如齿轮、轴承等；耐腐蚀设备和零件；用ABS制成的泡沫夹层板可作小轿车车身；文教体育用品、乐器、家具、包装容器及装饰件等
聚酰胺（尼龙）（PA）	尼龙6：疲劳极限、刚性和耐热性不及尼龙66，但弹性好，有较好的消振和消音性，其余同尼龙66	轻载荷、中等温度（80℃～100℃）、无润滑或少润滑、要求低噪声条件下工作的耐磨受力零件
	尼龙66：疲劳强度和刚性较高，耐热性较好，耐磨性好，摩擦系数低，但吸湿大，尺寸不够稳定	适合于中等载荷、使用温度≤100℃～120℃、无润滑或少润滑条件下工作的耐磨受力传动零件
	尼龙610：强度、刚性、耐热性略低于尼龙66，但吸湿性小，耐磨性好	作用同尼龙6，用作要求比较精密的齿轮，并适用于湿度波动较大条件下工作的零件
聚碳酸酯（PC）	力学性能优异，尤其具有优良的抗冲击性，尺寸稳定性好，耐热性高于尼龙、聚甲醛，长期工作温度可达130℃，疲劳极限低、易产生应力开裂，耐磨性欠佳，透光率达89%，接近有机玻璃	支架、壳体、垫片等一般结构零件；也可作耐热透明结构零件，如防爆灯、防护玻璃等；各种仪器、仪表的精密零件；高压蒸煮消毒医疗器械、人工内脏
聚甲醛（POM）	耐疲劳极限和刚度高于尼龙，尤其弹性模量高，硬度高，这是其他塑料所不能比的，自润滑性好、耐磨性好，吸水和蠕变较小，尺寸稳定性好，长期使用温度为－40℃～＋100℃	用作对强度有一定要求的一般结构零件；轻载荷、无润滑或少润滑的各种耐磨、受力传动零件；减摩和自润滑零件，如轴承、滚轮、齿轮、化工容器、仪表外壳、表盘等
聚四氟乙烯（PTFE）F－4	具有高的化学稳定性，俗称“塑料王”，只有对熔融状态下的碱金属及高温下的氟元素才不耐腐蚀；有异常好的润滑性，摩擦系数极低，对金属的摩擦系数只有0.07～0.14；可在260℃长期使用，也可在－250℃的低温下使用；电绝缘性优良，耐老化；但强度低，刚性差，制造工艺较麻烦	耐腐蚀化工设备及其衬里与零件，如反应器、管道；减摩自润滑零件，如轴承、活塞销、密封圈等；电绝缘材料及零件，如高频电缆、电容线圈架等
聚砜（PSF）	耐高温和耐低温，可在－100℃～＋150℃下长期使用，化学稳定性好，电绝缘和热绝缘性能良好，用F－4填充后可作摩擦零件	适宜于高温下工作的耐磨受力零件，如汽车分速器盖、齿轮、真空泵叶片、仪表壳体、汽车护板等，以及电绝缘零件

续 表

塑料名称	特性	应用
聚甲基丙烯酸甲酯（有机玻璃）（PMMA）	有极好的透光性（可透过92%的太阳光，紫外线光达73.5%）；综合性能超过聚苯乙烯等一般塑料，机械强度较高，有一定的耐热性、耐寒性；耐蚀性和耐绝缘性良好；尺寸稳定，易于成形；较脆，表面硬度不高，易擦毛	可作有一定强度要求的透明零件、透明模型、装饰品、广告牌、飞机窗、灯罩、油标、油杯等
聚氨酯塑料（PUR）	柔韧、耐油、耐磨，耐氧、耐臭氧、耐辐射及许多化学药品的腐蚀，泡沫聚氨酯弹性及隔热性优良	用于密封件、传动带、泡沫聚氨，用于隔热、隔音及吸振材料，实心轮胎、汽车零件等
酚醛塑料（电木）（PF）	高强度、硬度、耐热性好（＜140℃使用），绝缘、化学稳定性好，耐冲击、耐酸、耐水、耐霉菌，加工性能差	一般机械零件，水润滑轴承，电绝缘件，耐化学腐蚀的结构材料和衬里材料，电器绝缘板、绝缘齿轮、耐酸泵、刹车片、整流罩
环氧塑料（EP）	强度高，电绝缘性好，化学稳定性好，耐有机溶剂，防潮、防霉，耐热、耐寒，对许多材料的黏着力强。成型方便	塑料模具、精密量具、电气和电子元件的灌封与固定、修复机件
氨基塑料（UF）	又称“电玉”，力学性能、耐热性、绝缘性能接近电木。半透明如玉，颜色鲜艳，耐水性差，在80℃下长期使用	机械零件、电绝缘材料、装饰件，如开关、插座、把手、旋钮、仪表外壳等
有机硅塑料（SI）	电绝缘性好、高电阻、高频绝缘性好、耐热（可在180℃～200℃长期使用）、防潮、耐辐射、耐臭氧、耐低温	浇注料用于电气和电子元件的填充与固定；塑料粉可压制耐热件、绝缘件

本章小结

施工企业工程材料种类繁多，按化学成分，可分为无机材料、有机材料和复合材料三大类；按使用功能分类，可分为建筑结构材料、墙体材料、建筑功能材料三大类。

金属材料根据其名称和所含元素进行编号；无机非金属材料，如水泥、混凝土和砌块标号与等级强度要联系起来；高分子材料的编号是在原料名称之前或之后加上聚合物的名称；复合材料根据增强材料与基体材料的名称来编号。

施工企业工程材料的特性不同，其应用范围也有所不同。

复习思考题

1. 施工企业工程材料主要有哪些类别？

2. 石灰的特性有哪些？

3. 石膏在施工企业工程中的主要用途有哪些?

4. 简述编制合金结构钢和合金工具钢牌号的原则。

5. 人造木地板的品种有哪些？各有何特性?

6. 某单位宿舍楼的内墙使用石灰砂浆抹面。数月后，墙面上出现了许多不规则的网状裂纹。同时在个别部位还发现了部分凸出的放射状裂纹。试分析上述现象产生的原因。

7. 复合材料的分类有哪些?

第三章　工程定额及物资消耗定额管理

学习目标

1. 了解工程定额含义及内容。
2. 掌握物资消耗定额的概念。
3. 熟悉物资消耗与物资消耗定额的内容。
4. 熟悉物资消耗定额的作用、分类与构成。
5. 掌握物资消耗定额的应用。
6. 了解物资消耗定额的制定方法。
7. 熟悉常用物资消耗定额的编制。
8. 熟悉物资消耗定额的考核。

第一节　工程定额

一、建设工程定额的概念

所谓定额，定，就是规定；额，就是额度或限度。从广义上讲，定额就是规定在产品生产中人力、物力或资金消耗的标准额度或限度，即标准或尺度。

在建筑工程中，它是指在正常的（施工）生产条件下，完成单位合格产品所必须消耗的人工、材料、机械及其资金的数量标准。如 $10m^3$ 现浇 C20 混凝土带形基础，需用 C20 混凝土材料 $10.15m^3$、人工 9.56 工日、400L 混凝土搅拌机械 0.39 台班，就包括了人工、材料、机械三大要素。

定额不仅仅是规定量和价，而且还规定了其工作内容和质量标准。例如，《全国统一建筑工程基础定额》（以下简称《定额》）规定，砌墙分项工程的工作内容包括：①调、运、铺砂浆，运砖；②砌砖包括窗台虎头砖、腰线、门窗套，安放木砖、铁件等；定额消耗量是：每砌 $10m^3$ 一砖混水墙需 16.08 工日，标准砖 5.40 千块，混合砂浆 $2.25m^3$，对砌体的质量要求是表面平整、横平、竖直、灰浆饱满。

《定额》中规定资源消耗的多少反映了定额水平，定额水平是一定时期社会生产力的综合反映。在制定建设工程定额，确定定额水平时，要正确地、及时地反映先进的建筑技术和施工管理水平，以促进新技术的不断推广和提高以及施工管理的不断完善，达到合理使用建设资金的目的。

二、建设工程定额的特点

（一）科学性

工程定额的科学性，首先，表现在用科学的态度制定定额，尊重客观实际，反映出建设工程中生产消耗的客观规律；其次，表现在制定定额的技术方法上，适应现代化科学技术和信息社会发展的需要，形成一套系统的、完整的、在实践中行之有效的方法；最后，表现在定额制定和贯彻的一体化，制定定额是为了提供贯彻的依据，贯彻是为了实现管理的目标，也是对定额的信息反馈。

（二）系统性

工程定额的系统性是由工程建设的特点决定的。工程建设本身的多种类、多层次决定了以它为服务对象的工程定额的多种类、多层次。固定资产生产和再生产的工程建设，是一个有多项工程集合体的整体，其中包括农林水利、轻纺、机械、煤炭、电力、石油、冶金、化工、建材、交通运输、邮电工程，以及商业物资、科学教育文化、卫生体育、社会福利和住宅工程等。这些工程的建设又有严格的项目划分，如建设项目、单项工程、单位工程、分部分项工程；在计划和实施过程中有严密的逻辑阶段，如规划、可行性研究、设计、施工、竣工交付使用，以及投入使用后的维修。与此相适应必然形成工程定额的多种类、多层次。

（三）统一性

工程定额的统一性，主要是由国家对经济发展的有计划的宏观调控职能决定的。为了使国民经济按照既定的目标发展，就需要借助于某些标准、定额、参数等，对工程建设进行规划、组织、调节、控制。

工程定额的统一性按照其影响力和执行范围来看，有全国统一定额，地区统一定额和行业统一定额等；按照定额的制定、颁布和贯彻使用来看，有统一的程序、统一的原则、统一的要求和统一的用途。

（四）权威性和强制性

工程建设定额是建设行政主管部门通过一定程序审批颁发的，具有很大权威性，这种权威性以科学性为基础。权威性反映统一的意志和统一的要求，也反映信誉和信赖程度，以及定额的严肃性。

权威性在一些情况下具有经济法规性质。对相对稳定的定额，如工程量计算规则、工料机定额消耗量，赋予一定的强制性，不论使用和执行者主观上愿不愿意都必须按规则和定额执行。

强制性有相对的一面，在竞争机制引入工程建设的情况下，建筑工程定额水平必然会受到市场供求状况的影响，从而会产生一定的浮动。准确地说，这种强制性不过是一种限制，一种对生产消费水平的合理限制，而不是对降低生产消费的限制，不是限制生产的发展。

（五）稳定性和时效性

建设工程定额中的任何一种都是一定时期技术发展和管理水平的反映，因而在一段时间内都表现出稳定的状态。稳定的时间有长有短，一般为5～10年。保持定额的稳定性是维护定额的权威性所必需的，更是有效地贯彻定额所必需的。如果某种定额处于经常修改变动之中，那必然造成执行中的困难和混乱，很容易导致定额权威性的丧失。工程建设定额的不稳定也会给定额的编制工作带来极大的困难。

但是建设工程定额的稳定性是相对的。当生产力向前发展了，定额就会与已经发展了的生产力不相适应。这样，它原有的作用就会逐步减弱以至消失，需要重新编制或修订。

工程建设定额在具有稳定性特点的同时，也具有显著的时效性。从一段时期看，定额是稳定的；从长期看，定额是变动的。定额既有稳定性，也有时效性。

（六）群众性

定额的拟定和执行，都要有广泛的群众基础。定额的拟定，通常采取工人、技术人员和专职定额人员三结合的方式。在拟定定额时能够从实际出发，反映建筑安装工人的实际水平，并保持一定的先进性，使定额容易为广大职工所掌握。

（七）针对性

一种产品一项定额，具有较强的针对性，一般不能互相套用。定额不仅规定量和价，而且还规定了其工作内容和质量标准。

三、建设工程定额的作用

（一）定额在工程建设方面的作用

1. 定额是编制工程量计算规则、项目划分、计量单位的依据

定额制定出以后，它的使用必须遵循一定的规则，在众多规则中，工程量计算规则是一项很重要的规则。而工程量计算规则的编制，必须依据定额进行。工程量计算规则的确定、项目划分、计量单位，以及计算方法都必须依据定额。

2. 定额是编制招标标底和投标报价的依据

在建设工程投资的形成过程中，定额有其特定的地位和作用。首先要依据定额做出一个基本的价格标准，其次再采取投标报价技巧，根据工程具体情况、难易程度、竞争因素、价格变动情况等对该价格进行适当调整，最后形成有竞争优势的报价。

3. 定额是编制工程计划、组织和管理施工的重要依据

为了更好地组织和管理施工生产，必须编制施工进度计划和施工作业计划。在编制计划和组织管理施工生产中，直接或间接地要以各种定额来作为计算人力、物力和资金需用量的依据。

（二）定额在企业管理方面的作用

1. 定额是节约社会劳动，提高劳动生产率的重要手段

企业以定额作为促使工人节约社会劳动（工作时间、原材料等）和提高劳动效率、加快工作进度的手段，以增加市场竞争能力，获取更多的利润。

2. 定额是实行经济责任制的依据

作为工程造价计算依据的各类定额，促使项目加强管理，把社会劳动的消耗控制在合理的限度内。作为项目决策依据的定额指标，又在更高的层次上促使项目投资者合理而有效地利用和分配社会劳动。

3. 定额是降低工程成本进行经济分析的依据

企业用定额计算工料消耗、劳动效率、施工工期，并与实际水平对比，衡量自身的竞争能力，促使企业加强管理，厉行节约，合理分配和使用资源，降低工程成本。

（三）定额在建筑市场方面的作用

1. 定额有利于建筑市场公平竞争

定额所提供的准确信息为市场需求主体和供给主体之间的竞争，以及供给主体和供给主体之间的公平竞争，提供了有利条件。

2. 定额有利于市场行为的规范

定额有利于市场行为的规范。一方面，定额是投资决策的依据。投资者可以利用定额权衡自己的财务状况和支付能力、预测资金投入和预期回报，提高项目决策的科学性，优化其投资行为；另一方面，定额是价格决策的依据。对于建筑企业来说，只有充分考虑定额的要求，才能在投标报价时做出正确的价格决策，以获取更多的工程合同。

3. 定额有利于完善市场的信息系统

定额管理是对大量市场信息的加工，也是对大量信息进行的市场传递，同时也是市场信息的反馈。信息是市场体系中不可缺少的要素，它的可靠性、完备性和灵敏性是市场成熟和市场效率的标志。

四、建设工程定额的分类

建设工程定额的种类很多，可以按照不同的原则和方法来进行科学的分类。

（一）按生产要素分类

建设工程定额按生产要素分为人工消耗定额、材料消耗定额和机械台班定额。

1. 人工消耗定额

人工消耗定额，也称劳动定额或工时定额，是指在合理的劳动组织条件下，工人以社会平均熟练程度和劳动强度在单位时间内生产合格产品的数量。

2. 材料消耗定额

材料消耗定额是指在施工组织和施工技术条件正常，材料供应符合技术要求，合

理使用材料的条件下，完成单位合格产品，所需一定品种规格的建筑或构、配件消耗量的标准数量，包括净用在产品中的数量和在施工过程中发生的自然和工艺性质的损耗量。

3. 机械使用台班定额

机械使用台班定额，是指施工机械在正常的施工和合理的人机组合条件下，由熟悉机械性能、有熟练技术的工人或工人小组操纵机械时，该机械在单位时间内的生产效率或产品数量，也可以表述为该机械完成单位合格产品或某项工作所必需的工作时间。

（二）按照编制程序和用途分类

建设工程定额按照编制程序和用途分为施工定额、预算定额、概算定额、概算指标和投资估算指标。

1. 施工定额

施工定额，以同一性质的施工过程——工序，作为研究对象，表示生产产品数量与时间消耗综合关系编制的定额。施工定额是工程建设定额中分项最细、定额子目最多的一种定额，也是建设工程定额中的基础性定额。施工定额由人工定额、材料消耗定额和机械台班使用定额所组成。

施工定额是建筑安装施工企业进行施工组织、成本管理、经济核算和投标报价的重要依据，属于企业定额性质。施工定额直接应用于施工项目的施工管理，用来编制施工作业计划、签发施工任务单、签发限额领料单，以及结算计件工资或计量奖励工资等。施工定额和施工生产结合紧密，施工定额的定额水平反映施工企业生产与组织的技术水平和管理水平。施工定额也是编制预算定额的基础。

2. 预算定额

预算定额，是指正常合理的施工条件下，规定完成一定计量单位的分项工程或结构构件所必需的人工、材料和施工机械台班消耗的数量标准。预算定额是由国家和主管机关或被授权单位编制并颁发执行的，建筑工程预算定额是一种行业定额，反映了全行业为完成单位合格建筑产品，所必需的人工、机械、材料的消耗标准。

预算定额是以施工定额为基础编制出来的，它们都是施工企业实行科学管理的工具，但是两种定额还有许多不同，其主要区别如下所述。

一方面，预算定额是编制施工图预算、标底、投标报价、工程结算的依据，而施工定额是施工企业内部编制施工预算的依据。

另一方面，预算定额反映大多数企业和地区能达到的水平，是社会平均水平，而施工定额反映的是个别企业的平均先进水平，比预算定额高出10%左右。

3. 概算定额

概算定额，是指在相应预算定额的基础上，根据有代表性的设计图纸和有关资料，经过适当综合、扩大以及合并而成的，它是介于预算定额和概算指标之间的一种定额。

概算定额是确定生产一定计量单位扩大结构构件或扩大分项工程所需的人工、材料和施工机械台班消耗量的标准。

4. 概算指标

概算指标，是比概算定额综合、扩大性更强的一种定额指标。它是以每 100m² 建筑面积或 1000m³ 建筑体积、构筑物以座为计算单位规定出人工、材料、机械消耗数量标准或规定出每万元投资所需人工、材料、机械消耗数量及造价的数量标准。概算指标和概算定额、预算定额一样，都是与各个设计阶段相适应的多次计价的产物，它主要用于投资估价、初步设计阶段。

5. 投资估算指标

投资估算指标，通常是以独立的单项工程或完整的工程项目为计算对象编制确定的生产要素消耗的数量标准或项目费用标准，是根据已建工程或现有工程的价格数据和资料，经分析、归纳和整理编制而成的。投资估算指标是在项目建议书、可行性研究阶段编制建设项目投资估算的主要依据，是合理确定建设工程项目投资的基础。

（三）按投资的费用性质分类

按投资的费用性质分类，可将建设工程定额分为建筑工程定额、设备安装工程定额、建筑安装工程费用定额、工器具定额及工程建设其他费用定额等。

1. 建筑工程定额

建筑工程定额，是建筑工程的施工定额、预算定额、概算定额和估算指标的统称。建筑工程一般理解为房屋和构筑物工程。建筑工程定额在整个建设工程定额中占有突出的地位。

2. 设备安装工程定额

设备安装工程定额，是安装工程的施工定额、预算定额、概算定额和估算指标的统称。设备安装工程一般是指对需要安装的设备进行定位、组合、校正、调试等工作的工程。在通用定额中有时把建筑工程定额和设备安装工程定额合二为一，称为建筑安装工程定额。

3. 建筑安装工程费用定额

建筑安装工程费用定额，一般包括措施费定额和间接费定额。

4. 工器具定额

工器具定额，是指新建或扩建项目投产运转首次配置的工具、器具的数量标准。工具和器具是指按照有关规定不够固定资产标准而起劳动手段作用的工具、器具和生产用家具。

5. 工程建设其他费用定额

工程建设其他费用定额，是独立于建筑安装工程定额、设备和工器具购置之外的其他费用开支的标准。其他费用定额是按各项独立费用分别编制的，以便合理控制这些费用的开支。

（四）按主编单位和适用范围分类

按主编单位和适用范围可将建设工程定额分为全国统一定额、行业统一定额、地区统一定额、企业定额、补充定额。

1. 全国统一定额

全国统一定额，是由国家建设行政主管部门组织，依据有关国家标准和规范，综合全国工程建设中技术和施工组织管理状况等编制与发布的，并在全国范围内执行的定额。

2. 行业统一定额

行业统一定额，是由行业建设行政主管部门组织，依据有关行业标准和规范，考虑各行业部门专业工程技术特点及施工生产和管理水平所编制的，一般只在本行业和相同专业性质的范围内使用。

3. 地区统一定额

地区统一定额，是由地区建设行政主管部门组织，考虑地区性特点，在全国统一定额水平的基础上作适当调整与补充而编制的，仅在本地区范围内使用的定额。

4. 企业定额

企业定额，是由施工企业依据本企业的自身情况，参照国家、部门或地区定额进行编制，只在本企业内部使用的定额。企业定额代表企业的技术水平和管理水平，反映企业的综合实力。企业定额水平应高于国家现行定额，才能满足生产技术发展、企业管理和增强市场竞争能力的需要。

5. 补充定额

补充定额，是指随着设计、施工技术的发展，在现行定额不能满足需要的情况下，为了补充缺陷所编制的定额。补充定额只能在指定的范围内使用，可以作为以后修订定额的基础。

(五) 按工程专业和性质分类

按工程专业和性质，建设工程定额可以分为建筑工程定额、装饰装修工程定额、安装工程定额、市政工程定额、园林绿化工程定额、矿山工程定额。

五、人工定额

(一) 人工定额表现形式

人工定额即劳动台班定额，有两种表现形式：时间定额和产量定额。

1. 时间定额

时间定额是指在一定的生产技术和生产组织条件下，某工种、某种技术等级的工人小组或个人，完成单位合格产品所必须消耗的工作时间。定额工作时间包括工人的有效工作时间（准备与结束时间、基本工作时间、辅助工作时间）、必要的休息与生理需要时间和不可避免的中断时间。定额工作时间以工日为单位。其计算公式如下：

单位产品时间定额＝1/每工产量

或　单位产品时间定额（工日）＝成员工日数总和/台班产量　(3－1)

2. 产量定额

产量定额是指在一定的生产技术和生产组织条件下，某工种、某种技术等级的工人小组或个人，在单位时间内（工日）应完成合格产品的数量。其计算公式如下：

每工日产量＝1/单位产品时间定额（工日）

或　　小组台班产量＝小组成员工日数总和/单位产品时间定额　　(3－2)

3. 时间定额产量定额的倒数关系

劳动定额采用工作时间消耗量来计算，其表现形式可以是时间定额，也可以是产量定额。时间定额和产量定额是人工定额的两种表现形式，两者互为倒数关系。即：

时间定额×产量定额＝1　　(3－3)

表3－1摘自《全国建筑安装工程统一劳动定额·第四分册砖石工程》的有关砖基础的章节。

表3－1　　砖基础砌体劳动定额　　计量单位：工日/m^3

项目	厚度			序号
	1砖	1.5砖	2砖及以上	
综合	0.937	0.905	0.876	一
砌砖	0.390	0.354	0.325	二
运输	0.449	0.449	0.449	三
调制砂浆	0.098	0.102	0.102	四
编号	1	2	3	

工作内容：清理地槽、砌垛、角、抹防潮层砂浆等。

例如，砌 $1m^3$ 的1砖厚基础综合需0.937工日，每工日综合可砌1/0.937＝$1.067m^3$一砖厚基础。

4. 劳动定额的复式表达

时间定额和产量定额都表示同一人工定额项目，它们是同一人工定额项目的两种不同的表现形式。人工定额复式表示：时间定额（分子）/产量定额（分母）。如表3－2所示。

表3－2　　每1立方米砌体的劳动定额

项目	厚度			序号
	1砖	1.5砖	2砖及以上	
综合	0.89/1.12	0.86/1.16	0.833/1.20	一
砌砖	0.37/2.70	0.336/2.98	0.309/3.24	二
运输	0.427/2.34	0.427/2.34	0.427/2.34	三
调制砂浆	0.093/10.80	0.097/10.30	0.097/10.30	四
编号	1	2	3	

工作内容：清理地槽、砌垛、角、抹防潮层砂浆等；本定额考虑5%的圆形、弧形砖基础，其用工按劳动定额。

5. 综合定额

按定额的标定对象不同，人工定额又分为单项工序定额和综合定额。综合定额就是为完成同一产品各单项（工序）定额的综合，定额表内以“综合”或“合计”来表示。

6. 时间定额和产量定额用途

时间定额和产量定额虽然是同一劳动定额的不同表现形式，但其用途却不同。前者是以产品的单位和工日来表示，便于计算完成某一分部（项）工程所需的总工日数，核算工资，编制施工进度计划和计算工期；后者是以单位时间内完成产品的数量表示的，便于小组分配施工任务，考核工人的劳动效率和签发施工任务单。

（二）人工定额的编制

1. 人工定额的编制程序

首先拟定施工的正常条件。就是要规定执行定额时应该具备的条件，包括拟定施工作业的内容、方法、地点的组织、人员的组织等。

其次拟定施工作业的定额时间。在拟定基本工作时间，辅助工作时间，准备与结束时间，不可避免的中断时间，以及休息时间的基础上编制施工作业的定额时间。

利用工时规范计算时间定额，用下列公式：

$$工序作业时间=基本工作时间+辅助时间 \qquad (3-4)$$

因为工时规范给出的系数均指占工序作业时间的百分比，所以工序作业时间＝基本工作时间＋工序作业时间×辅助时间等各项占作业时间的比重（%）。

$$即，工序作业时间=基本工作时间/(1-规范时间\%) \qquad (3-5)$$

2. 人工定额的制定方法

人工定额的制定方法主要有技术测定法、统计分析法、比较类推法、经验估计法。统计分析法适用于施工条件正常、产品稳定、工序、重复量大和统计工作制度健全的施工工程。比较类推法适用于产品规格多、工序重复、工作量小的施工过程。经验估计法通常作为一次性定额使用。

六、材料消耗定额

建筑工程材料消耗定额是企业推行经济承包、编制材料计划、进行单位工程核算不可缺少的基础，是促进企业合理使用材料，实行限额领料和材料核算，正确核定材料需要量和储备量，考核、分析材料消耗，反映建筑安装生产技术管理水平的重要依据。

根据施工生产材料消耗工艺要求，建筑安装材料分为非周转性材料和周转性材料两大类。

非周转性材料亦称直接性材料，它是指在建筑工程施工中，一次性消耗并直接构成工程实体的材料，如砖、砂、石、钢筋、水泥等。

直接性材料分为三类。

（1）主要材料：是指直接构成工程实体的材料。

（2）辅助材料：也是直接构成工程实体，但比重较小的材料。

（3）零星材料：是指用量小，价值不大，不便计算的次要材料，可用估算法计算。

周转性材料是指在施工过程中能多次使用、周转的工具型材料，如各种模板、活动支架、脚手架、支撑等。

七、机械台班定额

（一）机械台班定额表现形式

机械台班定额有两种表现形式：机械台班产量定额和机械时间定额。

机械台班产量定额是指在合理的劳动组织和一定的技术条件下，工人操作机械在一个工作台班内应完成合格产品的标准数量。

$$机械台班产量定额=1/时间 \tag{3-6}$$

机械时间定额是指在合理的劳动组织和一定的技术条件下，生产某一单位合格产品所必须消耗的机械台班数量。

$$机械时间定额=1/机械台班产量定额 \tag{3-7}$$

机械时间定额和机械台班产量定额互为倒数关系，即：

$$机械时间定额\times机械台班产量定额=1 \tag{3-8}$$

（二）机械台班定额的编制

第一步，拟定机械工作正常条件，主要是拟定工作地点的合理组织和合理的工人编制。

工作地点的合理组织，就是对施工地点机械和材料的放置位置、工人从事操作的场所，做出科学合理的平面布置和空间安排。

拟定合理的工人编制，就是根据施工机械的性能和设计能力，工人的专业分工和劳动工效，合理确定操纵机械的工人和直接参加机械化施工过程的工人的编制人数。

第二步，确定机械一小时纯工作正常生产率。

确定机械正常生产率时，必须首先确定出机械纯工作一小时的正常生产效率。

第三步，确定施工机械的正常利用系数。

确定施工机械的正常利用系数，是指机械在工作班内对工作时间的利用率。

$$机械正常利用系数=工作班内机械纯工作时间/机械工作班延续时间 \tag{3-9}$$

第四步，计算施工机械台班定额。

$$施工机械台班定额=机械纯工作正常生产率\times工作班纯工作时间$$

或：

$$施工机械台班定额=机械纯工作正常生产率\times工作班延续时间\times机械正常利用系数 \tag{3-10}$$

第五步，拟定工人小组的时间定额。

$$人工时间定额=配合机械作业的人数\times机械时间定额 \tag{3-11}$$

第二节　物资消耗定额概述

一、物资消耗定额的含义和作用

（一）物资消耗定额的含义

物资消耗定额是指在一定条件下，为完成单位合格产品（或单位工程量）而合理消耗物资的数量指标。

所谓一定的生产技术条件：一是指一定的工程对象和结构性质，工程对象和结构性质不同，物资的消耗也不同；二是指一定的施工工艺方法，由于采用的施工方法不同，物资消耗也必然不同；三是指一定的工人技术熟练程度，工人的技术熟练程度不同，也会导致物资的消耗不同；四是指一定的组织和管理水平，企业组织管理水平不同，也会导致物资消耗不同。

“一定的生产条件”，一方面是客观生产条件对物资消耗水平的影响，包括生产的技术装备、工艺水平和产品的设计结构；企业经营管理水平；自然条件；设备的运用条件。另一方面是人的主观能动作用对物资消耗水平的影响。

“单位产品”：以实物单位表示的某种产品，如 $1m^3$ 砖墙、$1m^2$ 地面。

“单位工作量”：以劳动量指标表示的某项工作量。

“消耗”：使用到产品上的那种物资的净重及其合理的损耗部分。

“数量标准”：最低工艺损耗的情况下，生产单位产品或完成单位工作量所需要的、足够的物资数量。

例如，某省建筑工程预算定额规定：用 M5 水泥砂浆砌筑 $10m^3$ 砖基础，所需 M5 水泥砂浆 $2.36m^3$、标准砖 5.236 千块、水 $1.05m^3$。

（二）物资消耗定额的作用

1. 物资消耗定额是编制各项物资计划的基础

施工企业的生产经营活动都是有计划进行的，正确按照定额编制的各项物资计划，是做好物资分配和供应的前提。施工生产合理的物资需用量，是以建筑安装实物工程量乘以该项工程量的某种物资消耗定额而得到的。物资需用量的计算公式为：

$$需用量=建筑安装实物工程量\times物资消耗定额 \qquad (3-12)$$

2. 物资消耗定额是确定工程造价的主要依据

对同一个工程项目投资多少，是依据概算定额对不同设计方案进行技术经济比较后确定的。而工程预算中的物资费用，是根据设计规定的工程量和工程标准，并根据物资消耗定额计算各种物资数量，再按地区物资预算价格计算得出。其计算公式为：

$$工程预算物资费用=\sum(分部分项工程实物量\times物资消耗定额\times物资预算单价) \qquad (3-13)$$

3. 物资消耗定额是推行经济责任制的重要手段

全面推行经济责任制，是企业进行经济改革的重要内容之一，是建筑企业管理的有效手段。物资消耗定额是科学组织物资供应并对物资消耗进行有效控制的依据。有了先进合理的物资消耗定额，可以制定出科学的责任标准和消耗指标，便于生产部门制定明确的经济责任制。如物资实行按预算包干或签订投资包干协议，以投标工程物资报价及企业内部实行的各种经济责任制。不管采用哪一种形式的经济责任制，都必须以物资消耗定额作为核算物资需用量的主要依据。

4. 物资消耗定额是做好物资供应及企业实行经济核算和降低成本的基础

物资消耗定额从制度上明确规定了耗用物资的数量标准。先进合理的物资消耗定额，便于物资部门掌握施工生产的实际物资需用量，并根据施工生产的进度，及时、均衡地按物资消耗定额确定的需用量组织物资供应，促进施工班组加强经济核算，杜绝浪费，降低工程成本，以低消耗获得高效益。

5. 物资消耗定额是推动企业提高生产技术和科学管理水平的重要手段

先进合理的物资消耗定额，必须以先进的实用技术和科学管理为前提，随着生产技术的进步和管理水平的提高，必须定期修订物资消耗定额，使它保持在先进合理的水平上。企业只有通过不断改进工艺技术、改善劳动组织，全面提高施工生产技术和管理水平，才能够达到新的物资消耗定额标准。

二、物资消耗定额的分类

（一）按照物资消耗定额的用途分类

按照物资消耗定额的用途，可分为物资消耗的预算定额、物资消耗施工定额、物资消耗概算定额。

1. 物资消耗预算定额

物资消耗预算定额，是由各地方政府主管部门统一制定，用于计算建筑商品价格的定额。物资消耗预算定额是建筑工程预算定额的组成部分。物资消耗预算定额，反映各地区物资消耗的社会平均水平，具有“统一标准”的作用。是甲乙双方结算物资价款的依据。各单位在使用中，不得更改（有规定的除外）。预算定额确定某一地区社会平均消耗水平，制定时必须依据现行的设计标准、设计规范、标准图纸、施工验收规范、质量检验评定标准、操作规程、合理的施工组织设计、施工条件、当地消耗水平等，经反复测算后确定。预算定额测定颁发后，只能由颁发单位统一组织修订。物资消耗预算定额一般以分部分项工程为单位确定物资的消耗量。物资消耗预算定额是编制工程安装施工图预算的法定依据，是进行工程物资结算、计算工程造价的依据，是计取各项费用的基本标准。如果企业用于编制物资计划，供内部施工生产使用，则可根据实际需要调整。

2. 物资消耗施工定额

物资消耗施工定额是由施工企业自行编制的物资消耗定额。它是结合本企业在目前条件下可能达到的水平而确定的物资消耗标准。物资消耗施工定额反映了企业管理水平、工艺水平和技术水平。物资消耗施工定额是物资消耗定额中最细的定额，具体反映了每个部位、每个分项工程中每一操作项目所需物资的品种、规格、数量。物资消耗施工定额的水平高于物资消耗预算定额，即同一操作项目中，同一种物资消耗量，在施工定额中的消耗数量低于概预算定额中的数量标准。

物资消耗施工定额是建设项目施工中编制物资需用计划、组织定额供料的依据，是企业内部实行经济核算和进行经济活动分析的基础，是物资部门进行施工预算与施工图预算对比的内容之一，是企业内部考核和开展劳动竞赛的依据。

3. 物资消耗概算定额

物资消耗概算定额是在物资消耗预算定额基础上以扩大的结构项目形式表示的一种定额，一般以整幢、整批建筑物为对象，用平方米、立方米、万元为单位，以某建筑物每平方米建筑面积某种物资消耗量或每完成1万元建筑安装工作量某种物资消耗量来表示。一般是根据企业历年统计资料和某类型工程结构预算物资需用量，在考虑企业现有管理水平条件下，经过整理、分析而制定的一种经验定额。

概算定额常采用下列三种形式。

(1) 万元定额。

万元定额指每万元或十万元建筑安装工作量从经验资料得来的估计物资消耗数量标准。在基本建设仅有投资指标的情况下，可据以编制申请物资指标。但万元定额不能表现出物资的规格、型号，标准性差，所以一般不宜用于进一步编制年度物资申请计划。

$$\text{每万元施工产值某种物资消耗定额}=\frac{\text{统计期该种物资的消耗量}}{\text{统计期完成的施工产值（万元）}} \tag{3-14}$$

(2) 平方米定额。

平方米定额指单位建筑面积每平方米从经验资料得来的估计物资消耗数量标准。因是按不同用途和结构的单位工程分类，虽不表现物资规格型号，但比万元定额要准确一些。当只具备单位工程的用途、结构类型和每平方米造价的条件时，可用以比照计算出物资需用量。如再以经验资料比照计算出规格，可供编制年度物资申请计划，备料应用。还可按此预先规划布置物资堆放场地。

$$\text{每平方米施工产工某种物资消耗定额}=\frac{\text{统计期竣工工程该种物资的总消耗量}}{\text{统计期竣工面积（m}^2\text{）}} \tag{3-15}$$

(3) 分项工程定额。

分项工程定额是分项工程单位工程量消耗物资的标准，用于施工准备期编制施工组织总设计时制订物资需要量计划。

$$\text{某分部（分项）工程某种物质的消耗定额}=\frac{\text{统计期该分部分项工程该种物资的总消耗量}}{\text{统计期该分部分项工程的实物工程量}} \tag{3-16}$$

（二）按物资类别划分

物资消耗定额按物资类别可分为主要物资（结构件）消耗定额、周转物资（低值易耗品）消耗定额、辅助物资消耗定额。

1. 主要物资（结构件）消耗定额

主要物资（结构件）是指直接用于建筑上构成工程实体的各项物资。例如钢材、木材、水泥、砂、石等物资。这些物资通常是一次性消耗，其费用占物资费用较大的比重。主要物资消耗定额按品种确定，它由构成工程实体的净用量和合理损耗量组成。

主要物资消耗定额＝净用量＋合理损耗量

2. 周转物资（低值易耗品）消耗定额

周转物资（低值易耗品）是指在施工过程中可以多次周转使用，而又基本上保持原有形态的工具性物资。周转物资经多次使用，每次使用都会产生一定的损耗，直至失去使用价值。周转物资消耗定额与周转物资需用数量及该周转物资周转次数有关。在定额中，周转物资只列出每周转一次的报销量。使用周转物资消耗定额时，必须注意这个特点。

3. 辅助物资消耗定额

辅助物资不直接构成工程实体。辅助物资虽然使用量较少，但品种多而复杂，一般通过主要物资间接确定，在预算定额中常不列出品种，而只列出其他物资费。辅助物资中的不同物资有不同特点，所以辅助物资消耗定额可按分部分项工程的单位工程量计算出辅助物资货币量消耗定额，也可按完成建筑安装工作量或建筑面积计算出辅助物资货币量消耗定额；还可按操作工人每日消耗辅助物资数量计算出辅助物资货币量消耗定额。

（三）按范围不同划分

物资消耗定额按照定额适用范围不同可分为附属生产物资消耗定额、建筑工程物资消耗定额和维修用物资消耗定额三种。

1. 附属生产物资消耗定额

附属生产物资消耗定额是指建筑企业所属附属企业生产的物资消耗定额。

2. 建筑工程物资消耗定额

建筑工程物资消耗定额是指建筑企业施工用物资的定额。例如，物资消耗概算定额、预算定额、施工定额部属于这一类，是物资管理工作的主要定额。

3. 维修用物资消耗定额

维修用物资消耗定额是指建筑企业再生产经营活动中，为保证设备等固定资产正常运转，在维修时消耗各种物资的定额。

（四）按物资消耗定额的综合程度分类

1. 单项定额

单项定额是指在一定条件下，按照具体规格的产品和具体规格的物资逐项制定的物资消耗定额。

2. 综合定额

综合定额是针对在一定条件下，在物资消耗单项定额的基础上，按照扩大规格的产品和扩大规格的物资，汇总制定的物资消耗定额。

三、物资消耗定额的构成

(一) 物资消耗的构成

为了清楚物资消耗定额的构成，应先分析物资消耗的构成，一般包括以下三个部分。

1. 有效消耗

有效消耗是指直接构成工程实体的物资净用量。

2. 工艺损耗

工艺损耗是指由于工艺原因，在施工准备过程中发生的损耗，又称为施工损耗，包括操作损耗、余料损耗和废品损耗。工艺损耗的特点，在施工过程中不可避免地要发生，但随着技术水平的提高、能够减少到最低程度。

3. 管理损耗

管理损耗又称为非工艺损耗。如在运输、储存保管方面发生的物资损耗；供应条件不符合要求而造成的损耗，包括以大代小、优材劣用等；其他管理不善造成的损耗等。非工艺损耗的特点，也是很难完全避免其发生，损耗量的大小与生产技术水平、组织管理水平密切相关。

(二) 物资消耗定额的构成

物资消耗定额是对物资在消耗过程中进行科学分析和提炼的结果，它的构成包括以下几个方面。

1. 净用量

净用量是指直接用于工程实体或产品实体中的有效消耗，是构成物资消耗的主体。这部分构成工程实体的物资消耗量在一定生产技术条件下、一定时期内是相对稳定的，但随着新技术、新工艺、新结构、新机具的采用而逐渐降低。

2. 工艺操作损耗定额

工艺操作损耗定额亦称为合理的工艺操作损耗，它是指在工程施工操作或产品生产操作过程中不可避免的、不可回收的合理损耗，如砌筑、抹灰中的落地灰损耗，钢材切削加工中的损耗，木材在加工改制中的损耗等；也包括物资在施工准备期的损耗，如边角余料、端头短料，木材干燥、砂石筛洗等过程中的损耗。这部分损耗量会随着操作技术和施工工艺的提高而降低。

3. 非工艺操作损耗定额

非工艺操作损耗定额亦称为合理的非工艺操作损耗，它是指物资在采购、供应、运输、储备等非工艺操作过程中出现的不可避免的、不可回收的合理损耗，这部分损耗会随着流通技术手段的改善和管理水平的提高而逐渐降低。

物资消耗与物资消耗定额之间是既有联系又有区别的两个不同概念。二者共同包括了构成工程实体的净用量和工艺操作及非工艺操作中的合理损耗，但物资消耗定额中不包括在物资消耗过程中的不合理损耗。

物资消耗构成，如下图所示。

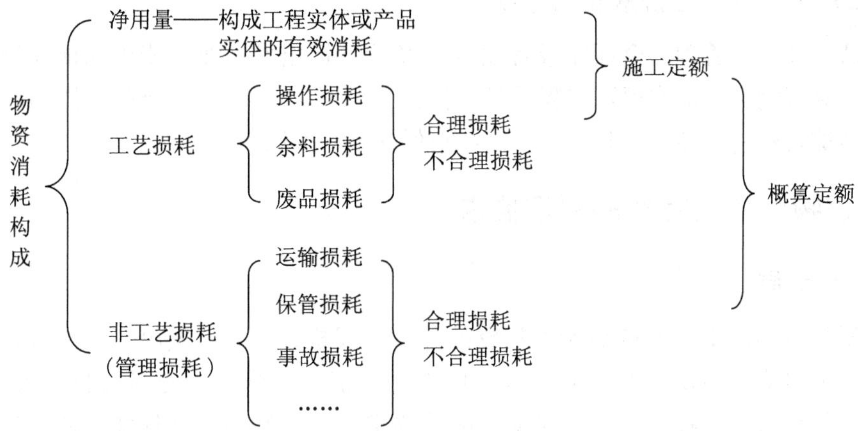

物资消耗构成图

4. 物资消耗施工定额的构成

物资消耗施工定额＝有效消耗＋合理的工艺损耗　　(3－17)

物资消耗施工定额主要用于企业内部施工现场的物资耗用管理，因而一般不包括管理损耗。当然，这也不是绝对的。随着物资使用单位（工程承包单位）承包范围的扩大，物资消耗施工定额则应包含相应的管理损耗。

5. 物资消耗预（概）算定额的构成

物资消耗预（概）算定额＝有效消耗＋合理的工艺损耗＋合理的管理损耗　　(3－18)

物资消耗预（概）算定额是地区的平均消耗标准，反映建筑企业完成建筑产品生产全过程的物资消耗平均水平。建筑产品生产的全过程，涉及各项管理活动，物资消耗预（概）算定额不仅应包括有效消耗与工艺损耗，还应包括管理损耗。

第三节　物资消耗定额制定

一、物资消耗定额的制定原则

（一）合理控制消耗水平的原则

其一，物资消耗预算定额应反映社会平均消耗水平。

其二，物资消耗施工定额应反映企业个别的先进合理的消耗水平。

制订物资消耗施工定额是为了在保证工程质量的前提下节约使用物资，获得好的经济效果，因此，要求定额具有先进性和合理性，应是平均先进水平。所谓平均先进水平，即是在当前的技术水平、装备条件及管理水平的状况下，大多数职工经过努力可以达到的水平。如果定额水平过高，可望而不可即，会影响职工的积极性；反之，若定额水平过低，无约束力则起不到定额应有的作用。

（二）遵循综合经济效益的原则

要从加强企业管理、全面完成各项技术经济指标出发，而不能单纯地强调节约物资。降低物资消耗，应在保证工程质量、提高劳动生产率、改善劳动条件的前提下进行。所谓综合经济效益，就是优质、高产与低耗统一的原则。

二、物资消耗定额的制定要求

（一）定质

定质是对建筑工程或产品所需物资的品种、规格、质量，做出正确的选择，务必达到技术上可靠、经济上合理和采购供应上的可能。具体考虑的因素和要求是品种、规格和质量均符合工程（产品）的技术设计要求，有良好的工艺性能、便于操作，有利于提高工效；采用通用、标准产品，尽量避免采用稀缺昂贵物资。

（二）定量

定量的关键在于损耗。消耗定额中的净用量，一般是不变的量。定额的先进性主要反映在对损耗量的合理判断，即如何科学、正确、合理地判断损耗量的大小，是制定消耗定额的关键。

在消耗物资过程中，总会产生损耗和废品。其中一部分属于现有条件下可以避免的，应作为浪费而不计入定额；另一部分属于因当前生产管理水平所限而公认为不可避免的，应作为合理损耗计入定额。究竟哪些属于合理、哪些属于不合理，要采取群专结合、以专为主的方式，正确加以判断和划分。

三、物资消耗定额的制定方法

制定物资消耗定额常用的方法有技术分析法、标准试验法、统计分析法、现场测定法、经验估计法。

（一）技术分析法

技术分析法是根据施工图纸、有关技术资料和施工工艺，确定选用物资的品种、性能、规格并计算出物资净用量和合理施工损耗的方法。这是一种先进、科学的制定方法，因其制定依据是很充裕的技术资料而得到普遍采用。

（二）标准试验法

标准试验法通常是在试验室内利用专门仪器设备进行，通过试验求得完成单位工程量或生产单位产品的物资消耗数量，再按试验条件修正后，制定出物资消耗定额。如混凝土、砂浆的配合比，沥青胶和冷底子油等的配合比，都可通过试验求得物资消耗定额。

（三）统计分析法

统计分析法是在统计期内由某分项工程实际物资消耗量和相应完成的实物工程量，求出平均消耗量，再根据计划期的原统计期的不同因素作适当调整，确定物资消耗定额。

采用统计分析法时，为确保定额的先进性，通常按以往实际消耗的平均先进数作为消耗定额。计算平均先进数的方法，是从同类型结构工程的 10 个单位工程消耗量中各扣除 2 个最低和最高值后，计算中间 6 个消耗量的平均值；或者，将一定时期内，统计总平均数先进的各个消耗量，再以这些消耗量计算一个平均值，这个新的平均值即为平均先进数。

表 3－3 为某产品 7—12 月份的物资消耗情况。

表 3－3　　　　某产品 7—12 月份的物资消耗

月份	7	8	9	10	11	12	合计	平均
产量	80	80	80	90	110	100	540	90
物资消耗量	960	880	800	891	1045	824	5400	900
单耗（kg/单位工程量）	12	11	10	9.9	9.5	8.24	—	10

从表 3－3 中可以看出，7—12 月份每月用料的平均单耗约为 10kg。其中 7、8 两月单耗大于平均单耗，9 月与平均单耗相等，10、11、12 三个月低于平均单耗，这三个月的单耗即为先进数。再将这三个月的物资消耗量计算出平均单耗，即为平均先进数。计算式如下：

$$\frac{891+1045+824}{90+110+100}=\frac{2760}{300}=9.2$$

各月产量较平衡时，可用简单算术平均法，即：

$$\frac{9.9+9.5+8.24}{3}=\frac{27.64}{3}\approx 9.213$$

这种统计分析方法比较符合先进、合理的要求，常被企业采用。但它的计算基础是经过分析后的统计资料，而不是确切的技术资料，其准确性随统计资料的准确程度而定。

（四）现场测定法

现场测定法是根据现场的实际生产条件和物资消耗情况，对单位工程量或单位产品所消耗的物资，进行写实记录，从而确定定额的方法。这种方法，反映了一定的实际情况，比较可靠，而且参与制定定额的有关人员可以亲眼看到实际操作情况，容易发现问题，及时找出对策，便于消除物资消耗中的不合理因素，而取得较为可靠的数据和资料。但组织现场测定的工作量大，需要较多的人力和较长的时间，同时还会受到施工生产技术条件、施工环境因素、操作人员的技术水平及参测人员的思想、技术素质等限制。

(五) 经验估计法

经验估计法是指由参加制定物资消耗定额的有关人员，根据自己的经验和已有的资料，通过估算来制定物资消耗定额的方法。这种方法实践性强、简单易行、工作量小、制定速度快。主要缺点是只有估算，而没有精确的计算，由于受到制定者主观影响，估算结果因人而异、准确程度差。

经验估计法只在急需物资消耗定额但又无技术资料和统计资料，虽有消耗量但不易计算的情况下采用。如新产品试制时的消耗定额以及某些辅助物资、工具、低值易耗品等的消耗定额可采用此法。

上述几种制定物资消耗定额的方法，各有优点和不足之处。在制定物资消耗定额时，应根据不同条件、不同时间、不同物资选用一种方法为主，其他方法为辅，使其互相结合、补充，制定出具有先进性和可行性的物资消耗定额。

四、常用物资消耗定额的编制

根据物资使用次数的不同，建筑物资分为非周转性物资和周转性物资。

非周转性物资也称为直接性物资，实体性物资。它是指施工中一次性消耗并直接构成工程实体的物资，如砖、瓦、灰、砂、石、钢筋、水泥、工程用木材等。

周转性物资是指在施工过程中能多次使用，反复周转但并不构成工程实体的工具性物资。如模板、活动支架、脚手架、支撑、挡土板等。

(一) 实体消耗性物资定额

1. 编制物资消耗定额的一般步骤

(1) 确定净用量。物资消耗的净用量，一般可用技术分析法计算。即按设计图纸要求，计算出工程的实物工程量，再乘以单位工程量的物资用量，即：

某分项工程物资净用量＝某项工程实物工程量×单位工程量的物资用量　(3－19)

分项工程只有一种主要材料，如铝合金门窗制作、安装玻璃窗等，可以直接根据施工图纸计算净用量。分项工程由多种材料构成，如砌砖工程、混凝土工程，应先确定各种主要材料的比例，然后根据施工图纸和主要材料比例计算其净用量。

(2) 确定损耗率。物资消耗定额中的净用量是不变的，物资消耗定额是否合理主要取决于损耗率的大小。因此正确确定物资损耗率是制定物资消耗定额的关键。

施工生产中，物资在操作、运输、中转、堆放保管、场内搬运等环节都会产生一定的损耗。按性质不同，这种损耗可分为两类：一类是目前的生产技术条件下所不可避免的，因此需要作为合理的损耗计算到定额中去；另一类是在现有条件下可以避免的，这类由于操作不当和管理不当造成的损耗，属于不合理损耗、不应计算到定额中去。物资损耗的计算可采用下列几个公式：

$$损耗率=\frac{损耗量}{定额消耗量}\times 100\%$$

$$损耗量=定额消耗量-净用量$$

$$定额消耗量=\frac{净用量}{1-损耗率}=净用量+损耗量 \tag{3-20}$$

(3) 计算物资消耗定额。当确定物资净用量和损耗率后，可按上列公式计算出该物资的消耗定额。

2. 例题

【例 3-1】 现场浇筑 C30 钢筋混凝土柱子，用 525 号水泥，细骨料为中砂，粗骨料为 5～40mm 的碎石。其他已知条件是：C30 混凝土配合比为 525 号水泥 352kg，中砂 587kg（中砂表观密度为 1330kg/m^3），碎石 1256kg（碎石表观密度为 1360kg/m^3）。

各种物资的损耗率为：水泥 1.3%，中砂 1.5%，碎石 3%，现场浇筑混凝土 1.2%。

计算浇筑 1m^3 混凝土各种物资定额消耗量。

解：

(1) 计算现场混凝土的定额消耗量。

$$现场浇筑混凝土定额消耗量=\frac{净用量}{1-损耗率}=\frac{1}{1-1.2\%}\approx 1.0121\text{m}^3$$

(2) 计算水泥定额消耗量。

$$水泥定额消耗量=\frac{净用量}{1-损耗率}=\frac{352\times 1.0121}{1-1.3\%}\approx 360.95\text{kg}$$

(3) 计算中砂定额消耗量。

$$中砂定额消耗量=\frac{净用量}{1-损耗率}=\frac{587\times 1.0121}{1-1.5\%}\approx 603.15\text{kg}$$

(4) 计算碎石定额消耗量。

$$碎石定额消耗量=\frac{净用量}{1-损耗率}=\frac{1256\times 1.0121}{1-3\%}\approx 1310.51\text{kg}$$

所以浇筑 1m^3 混凝土各种物资定额消耗量：

水泥 360.95kg；中砂 603.15kg；碎石 1310.51kg。

【例 3-2】 现场浇筑钢筋混凝土梁，用标号 42.5 普通硅酸盐水泥、5～40mm 碎石、中砂浇筑，要求混凝土强度等级为 C30，试确定其材料消耗定额。

解：

(1) 计算净用量。浇注 1m^3 梁的混凝土净用量为 1m^3。

根据技术要求知 C30 混凝土材料配合比为 42.5 水泥 320kg、中砂 1.01m^3、碎石 0.88m³。

(2) 确定损耗率。根据有关资料得知，现浇混凝土梁的工艺损耗率为 1.2%，水泥管理损耗率为 1.3%，中砂管理损耗率为 1.5%，碎石管理损耗率为 3%。

(3) 计算混凝土梁的材料消耗预算定额。

$$混凝土定额消耗量=\frac{1}{1-1.2\%}\approx 1.0121\text{m}^3$$

$$42.5\ 水泥定额消耗量=\frac{320\times 1.0121}{1-1.3\%}\approx 328.14\text{kg}$$

$$中砂定额消耗量=\frac{1.01\times 1.0121}{1-1.5\%}\approx 1.04\text{m}^3$$

$$碎石定额消耗量=\frac{0.88\times 1.0121}{1-3\%}\approx 0.92\text{m}^3$$

(4) 计算混凝土梁的材料消耗施工定额。

$$42.5\ 水泥定额量=\frac{328.14}{1-1.3\%}\approx 332.46\text{kg}$$

$$中砂定额量=1.04\times(1-1.5\%)\approx 1.02\text{m}^3$$

$$碎石定额量=0.92\times(1-3\%)\approx 0.89\text{m}^3$$

【例 3-3】 砌筑标准砖混水墙，用 M5 混合砂浆砌筑，水平及垂直灰缝 10mm。其他已知条件是：M5 混合砂浆的配合比为 425 号水泥 204kg，中砂 1378kg，石灰膏 146kg。各种物资的损耗率为 425 号水泥 1.3%，中砂 4.5%，石灰膏 1%，砂浆 1.5%，标准砖 1.3%（标准砖规格为 240mm×115mm×53mm）。计算砌筑 1m³ 砖墙的各种物资定额消耗量。

解：

(1) 计算 1m³ 砖墙的用砖量。

先计算 1m³ 砖墙净用砖量。

$$砖的净用量\ A=\frac{表示墙厚的砖数\times 2}{(砖长+灰缝)\times(砖厚+灰缝)\times 墙厚}$$

将数值代入公式

$$A=\frac{1\times 2}{(0.24+0.01)\times(0.053+0.01)\times 0.24}\approx 529\ 块$$

$$砖定额用量=\frac{净用量}{1-损耗率}=\frac{529}{1-1.3\%}\approx 536\ 块$$

(2) 计算每 m³ 砖墙中砂浆用量。

计算每 m³ 砖墙中砂浆净用量。

$$砂浆的净用量\ B=1-砖数\times 砖块体积$$

将数值代入公式

$$B=1-529\times 0.24\times 0.115\times 0.053\approx 0.2262\text{m}^3$$

$$砂浆定额用量=\frac{净用量}{1-损耗率}=\frac{0.2262}{1-1.5\%}\approx 0.2296\text{m}^3$$

(3) 计算水泥、中砂、石灰膏定额用量。

$$水泥定额用量=\frac{净用量}{1-损耗率}=\frac{204\times0.2296}{1-1.3\%}\approx47.46\text{kg}$$

$$中砂定额用量=\frac{净用量}{1-损耗率}=\frac{1378\times0.2296}{1-4.5\%}\approx331.30\text{kg}$$

$$石灰膏定额用量=\frac{净用量}{1-损耗率}=\frac{146\times0.2296}{1-1\%}\approx33.86\text{kg}$$

最后计算结果为用M5混合砂浆和标准砖砌筑一面砖混水墙，物资消耗定额分别为：425号水泥47.46kg，中砂331.30kg，石灰膏33.86kg，标准砖536块。

【例3-4】　砖墙内抹灰。先用1∶3石灰砂浆机喷粉底，厚18mm，再用纸筋灰手工粉面，厚2mm。已知条件如下。

1∶3石灰砂浆配合比为中砂630kg，石屑630kg（石屑为中砂的代用品，其价格约为中砂的40%，可降低成本），石灰膏405kg。

各种物资损耗率为中砂4.5%，石屑（0～3mm）1.5%，石灰膏1%，纸筋灰3%（表观密度为1350kg/m^3），砂浆6%。

计算砖墙内抹灰的物资消耗定额（即1m^2墙面的物资用量）。

解：

(1) 计算砂浆用量。

$$砂浆定额用量=\frac{净用量}{1-损耗率}=\frac{0.018}{1-6\%}\approx0.0191\text{m}^3$$

(2) 计算中砂、石屑、石灰膏、纸筋灰定额用量。

$$中砂定额用量=\frac{净用量}{1-损耗率}=\frac{630\times0.0191}{1-4.5\%}=12.60\text{kg}$$

$$石屑定额用量=\frac{净用量}{1-损耗率}=\frac{630\times0.0191}{1-1.5\%}\approx12.22\text{kg}$$

$$石灰膏定额用量=\frac{净用量}{1-损耗率}=\frac{405\times0.0191}{1-1\%}\approx7.81\text{kg}$$

$$纸筋灰定额用量=\frac{净用量}{1-损耗率}=\frac{1350\times0.002}{1-3\%}\approx2.78\text{kg}$$

（二）周转性物资消耗定额

1. 周转性物资消耗定额

周转性物资在物资消耗定额中，以摊销量表示。

摊销量是指周转性物资使用一次在单位产品上的消耗量，即应分摊到每一单位分项工程或结构构件上的周转物资消耗量。

与周转性物资消耗定额有关的四因素如下。

(1) 一次使用量：一次投入使用的物资基本数量。

(2) 损耗率：在第二次和以后各次周转中，每周转一次因损坏不能复用，必须另作补充的数量占一次使用量的百分比。

(3) 周转次数：周转性物资从第一次使用起，可以重复使用的次数。

(4) 回收量：平均每周转一次可以回收物资的数量，这部分数量应从摊销量中扣除。

2. 现浇砼构件模板摊销量计算

现浇砼构件模板摊销量计算公式如下。

①一次使用量。

$$一次使用量=每立方米砼构件的模板接触面积\times每平方米接触面积需模量\times（1+制作损耗率）\quad(3-21)$$

②一次补损量。

$$一次补损量=一次使用量\times损耗率\quad(3-22)$$

③全部使用量。

$$\begin{aligned}全部使用量&=一次使用量+(周转次数-1)\times一次补损量\\&=一次使用量\times[1+(周转次数-1)\times损耗率]\end{aligned}\quad(3-23)$$

④周转使用量。

$$周转使用量=\frac{一次使用量}{周转次数}\times[1+（周转次数-1）\times损耗率]\quad(3-24)$$

3. 预制构件模板摊销量计算

预制构件模板每次安装、拆卸损耗很小，在计算模板摊销量时，不考虑补损和回收，可按多次使用，平均分摊的方法计算。计算公式为：

$$摊销量=\frac{一次使用量}{周转次数}\quad(3-25)$$

第四节　物资消耗定额管理

一、物资消耗定额管理的含义

物资消耗定额管理是对物资消耗定额的制定、审查、批准、执行、考核、修订等技术经济活动进行计划、组织、指挥、监督等一系列工作的总称。

物资消耗定额管理是一项重要的技术经济工作，它是做好物资计划管理的基础，也是加强企业经济核算，促进物资的节约使用，降低工程成本，增加盈利，实现良好经济效益的有效途径。物资消耗定额的制定、执行和修改，又是一项技术性很强、工作量很大、涉及面很广的工作。为了充分发挥物资消耗定额的作用，必须加强其管理工作。

二、物资消耗定额的管理内容

（一）建立健全物资消耗定额的管理组织体制

1. 建立各级物资定额管理机构

该机构的任务是拟订有关物资消耗定额的政策和规定；组织编制或审批物资消耗定额并监督其执行；定期修订定额并负责物资定额的解释。

2. 配备专职或兼职定额人员

各级管理机构的专职或兼职人员，负责物资消耗定额的执行，并进行具体指导；收集有关定额资料，做好物资消耗定额的考核工作；整理分析物资节超原因；拟定补充定额和定期组织修改定额。

3. 明确业务分工，建立岗位责任制

在建筑施工企业内部各部门之间，要有明确的业务分工，建立岗位责任制，把物资消耗定额的执行和技术节约措施、物资消耗定额的考核与物资消耗统计分析及企业的技术经济业务密切结合起来，以利于企业经营管理水平的提高。

（二）正确使用物资消耗定额

使用物资消耗定额时应特别注意以下几点，以防误用。

1. 工程项目设计的要求

在定额标准中，如对混凝土和砌筑砂浆的强度等级，抹面砂浆的配合比，墙面抹灰的厚度和细石混凝土地坪的厚度等都有明确的规定。因此，在定额执行过程中，如果设计要求与定额规定出现差异时，应对物资的需用量作相应调整。

例如，在制订墙面抹灰工程中，物资定额消耗量是以抹灰厚度为 18mm 作为标准情况下制定的。当设计要求抹灰厚度为 20mm 时，应对物资的需用量进行调整。

2. 使用物资的质量规格

当使用物资的品名相同，而质量规格不同时，物资的定额用量也不相同。如同一品种的水泥有 425 号、525 号、625 号等不同的标号。如实际使用的物资质量规格与定额规定的不同时，应对物资的需用量作相应的调整。一般是由较高标号水泥改用较低标号水泥时，混凝土中的水泥用量要作相应增加，而由较低标号水泥改用较高标号水泥时，混凝土中水泥用量要相应减少。当施工中有特殊要求时，也可按规定对物资定额量作相应调整。

3. 工程内容及工艺要求

混凝土有现浇和预制之分，抹灰中有手工抹灰和机喷粉刷的不同，所以物资消耗水平也不同；在抹灰工程中墙面按净面积计算，其凸出墙面的砖墩两侧面和门窗洞口天盘及两侧面要按实际面积增加。对物资消耗定额的调整是正确执行定额的重要方面，也是经常发生的。凡是工程设计的要求与定额规定的条件不符时，应根据工程设计的要求，对比定额规定条件，做出相应调整。例如：某工程楼地面面层的设计为 45mm

厚的细石混凝土，但某单位的物资消耗定额规定厚度为35mm，物资消耗定额规定可以作相应调整。

（三）物资消耗定额的修订

1. 积累原始资料

在日常工作中，注意积累原始消耗物资的资料，以便有定额子目需要修改时，有据可依。

2. 跟踪检查

跟踪检查定额的使用情况，如施工条件是否达到定额中的规定标准，定额制定是否脱离实际，定额用量是否过于宽松等。如果不符，根据调查情况，研究解决办法，使定额的修订符合工程实际。

3. 按程序修订定额

对不符合实际情况的定额子目，通过技术、施工、物资生产等部门有关人员共同研究后，进行技术和经济上的综合修订，然后报上级主管部门批准后执行，使修订后的定额更加符合实际，推动施工生产发展。如果不经过一定的审批程序，随意修改，就失去了定额应有的严肃性。

（四）做好物资消耗定额的考核工作

加强物资消耗定额的考核工作，有利于促进企业管理水平和操作技术水平的提高，达到优质、高产、低消耗的目的。定额考核应以单位工程为对象，以分部工程为主、分项工程为辅，将已完实物工程量、相应的物资实际耗用量与计划实物工程量、相应的物资定额耗用量进行统计，并计算出实际单耗与定额比较。

最后，应按物资名称、规格和物资消耗量，按分部工程项目分别汇总，即为该单位工程的各种物资消耗总量。表3－4为物资消耗执行情况表格。

表3－4　物资消耗执行情况

<table>
<tr><td colspan="2">建设单位</td><td colspan="4"></td><td colspan="2">施工单位</td><td colspan="2"></td><td colspan="2">开、竣工日期</td><td></td></tr>
<tr><td colspan="2">工程名称</td><td colspan="4"></td><td colspan="2">结构</td><td colspan="2"></td><td colspan="2">总面（体）积</td><td></td></tr>
<tr><td colspan="2">地址</td><td colspan="4"></td><td colspan="2">计划造价</td><td colspan="2"></td><td colspan="2">实际总价</td><td></td></tr>
<tr><td rowspan="3">分部工程名称</td><td rowspan="3">物资名称</td><td>规格型号</td><td>单位</td><td colspan="2">分部工程量</td><td colspan="2">单耗</td><td colspan="2">消耗量</td><td colspan="3">其中</td></tr>
<tr><td rowspan="2"></td><td rowspan="2"></td><td rowspan="2">计划</td><td rowspan="2">实际</td><td rowspan="2">定额</td><td rowspan="2">实际</td><td rowspan="2">定额</td><td rowspan="2">实际</td><td colspan="2">分项工程</td><td>……</td></tr>
<tr><td>定额</td><td>实际</td><td>……</td></tr>
<tr><td>甲</td><td>乙</td><td>丙</td><td>丁</td><td>①</td><td>②</td><td>③</td><td>④=⑥/②</td><td>⑤=①×③</td><td>⑥</td><td></td><td></td><td></td></tr>
<tr><td></td><td></td><td></td><td></td><td></td><td></td><td></td><td></td><td></td><td></td><td></td><td></td><td></td></tr>
<tr><td></td><td></td><td></td><td></td><td></td><td></td><td></td><td></td><td></td><td></td><td></td><td></td><td></td></tr>
<tr><td></td><td></td><td></td><td></td><td></td><td></td><td></td><td></td><td></td><td></td><td></td><td></td><td></td></tr>
</table>

1. 物资的节约量（或超耗量）

某种物资的节约量（或超耗量）＝实际消耗总量－定额消耗总量（正为超耗、负为节约）

或

某种物资的节约额（或超耗额）＝实际消耗总额－定额消耗总额（正为超耗、负为节约）　(3－26)

2. 物资的节约率（或超耗率）

$$某种物资的节约率（或超耗率）=\frac{某项物资节约总量（或超耗量）}{某项物资定额消耗总量}\times 100\% \quad (3-27)$$

3. 单位工程物资节约率（或超耗率）

$$单位工程物资节约率（或超耗率）=\frac{单位工程物资节约（或超耗）总额}{某项物资定额消耗总额}\times 100\% \quad (3-28)$$

三、物资消耗定额的应用

（一）物资消耗预算定额

物资消耗预算定额是编制建筑安装施工图预算的依据，是确定工程造价、编制招标控制价、确定标底、进行投标报价的基础。在物资采购时，其可作为编制物资采购计划、控制物资消耗的依据。

（二）物资消耗施工定额

物资消耗施工定额是建筑施工中最细的定额，能反映各种物资的品种、规格、材质和消耗数量，作为企业内部编制物资需要计划、组织现场供料的依据。

定额在使用时，先根据施工内容查找定额中的相应章节，再根据章节查找定额子目，然后根据定额子目内容计算相应物资的单方用量，再乘以根据图纸计算的工程量，得出各种物资的需用量。

【例3－5】　现浇C30混凝土60m^3，用42.5普通硅酸盐水泥、5～40mm碎石和中砂，物资配合比为水泥：中砂：碎石＝366：635：1178（kg/m^3），损耗率为混凝土梁的工艺损耗率为1.5%，水泥管理损耗率为1.2%，中砂管理损耗率为1.3%，碎石管理损耗率为2.5%。

求：(1) 水泥、中砂、碎石三种原物资的预算用量。(2) 水泥、中砂、碎石三种原物资的限额领料量。

解：

(1) 计算混凝土物资消耗预算用量。

$$混凝土净用量=\frac{1}{1-1.5\%}=1.015m^3$$

$$42.5水泥预算用量=\frac{60\times 366\times 1.015}{1-1.2\%}=22560kg$$

$$中砂预算用量=\frac{60\times635\times1.015}{1-1.3\%}=39181\text{kg}$$

$$碎石预算用量=\frac{60\times1178\times1.015}{1-2.5\%}=73580\text{kg}$$

(2) 计算混凝土物资限额领料量。

42.5 水泥预算用量＝60×366×1.015＝22289.4kg

中砂预算用量＝60×635×1.015＝38671.5kg

碎石预算用量＝60×1178×1.015＝71740.2kg

(三) 物资消耗概算定额

物资消耗概算定额是在物资消耗预算定额的基础上以扩大的结构项目形式表示的一种定额，是根据历年统计资料和不同工程结构类型的建筑物物资消耗用量，结合企业现有管理水平，经过整理分析而制定的一种经验定额。一般以整栋建筑物为对象，以每平方米建筑面积或每万元施工产值某种物资消耗量为表现形式。

物资消耗概算定额内容较粗，只能用于估算主要物资用量，编制年度备料计划，或在设计资料不齐全的情况下使用。

【例 3-6】 某企业前 8 期完成施工产值、竣工面积及钢材、水泥两大类物资的消耗量如表 3-5 所示，试运用统计分析法计算确定钢材、水泥两大类物资的万元定额和平方米定额。

表 3-5　　某企业前 8 期完成施工产值、竣工面积及钢材、水泥消耗量

报告期	施工面积（万 m^2）	施工产值（万元）	钢材			水泥		
			报告期耗用（t）	t/m^2	t/万元	报告期耗用（t）	t/m^2	t/万元
1	125	87500	97520			257000		
2	155	108500	126872			396787		
3	156	109200	132428			401190		
4	143	99400	102908			326009		
5	122	85400	87533			271970		
6	178	124600	131099			374224		
7	180	126000	162907			429211		
8	208	145600	170814			520933		

解：

(1) 计算每一报告期的平方米用量和万元用量。如表 3-6 所示。

表 3-6　　每一报告期的平方米用量和万元用量

报告期	施工面积（万 m^2）	施工产值（万元）	钢材			水泥		
			报告期耗用（t）	t/m^2	t/万元	报告期耗用（t）	t/m^2	t/万元
1	125	87500	97520	0.078	1.11	257000	0.206	2.94
2	155	108500	126872	0.082	1.17	396787	0.256	3.66
3	156	109200	132428	0.085	1.21	401190	0.257	3.67
4	143	99400	102908	0.072	1.04	326009	0.228	3.28
5	122	85400	87533	0.072	1.02	271970	0.223	3.18
6	178	124600	131099	0.074	1.05	374224	0.210	3.00
7	180	126000	162907	0.091	1.29	429211	0.238	3.41
8	208	145600	170814	0.082	1.17	520933	0.250	3.58

（2）计算总平均数。

①钢材平方米用量总平均数：

$$\frac{0.078+0.082+0.085+0.072+0.072+0.074+0.091+0.082}{8}=0.0795\text{t/m}^2$$

②钢材每万元用量总平均数：

$$\frac{1.11+1.17+1.21+1.04+1.02+1.05+1.29+1.17}{8}=1.133\text{t/万元}$$

③水泥平方米用量总平均数：

$$\frac{0.206+0.256+0.257+0.228+0.223+0.210+0.238+0.250}{8}=0.235\text{t/m}^2$$

④水泥每万元用量总平均数：

$$\frac{2.94+3.66+3.67+3.28+3.18+3.00+3.41+3.58}{8}=3.34\text{t/万元}$$

（3）计算平均平均数，作为万元定额和平方米定额。

①钢材平方米定额：

$$\frac{0.078+0.072+0.072+0.074}{4}=0.074\text{t/m}^2$$

②钢材万元定额：

$$\frac{1.11+1.04+1.02+1.05}{4}=1.055\text{t/万元}$$

③水泥平方米定额：

$$\frac{0.206+0.228+0.223+0.210}{4}=0.217\text{t/m}^2$$

④水泥万元定额：

$$\frac{2.94+3.28+3.18+3.00}{4}=3.10\text{t/万元}$$

本章小结

物资消耗定额在物资计划、采购、运输、供应、使用等工作中起着重要的作用。物资定额是否先进合理，不仅反映了生产技术水平，同时也反映了生产组织管理水平。

本章主要介绍物资消耗定额的含义、物资消耗定额的构成、物资消耗定额分类以及物资消耗定额的管理。

物资消耗定额是指一定条件下，为完成单位合格产品（或单位工程量）而合理消耗物资的数量指标。

物资消耗定额是编制各项物资计划的基础、是确定工程造价的主要依据、是推行经济责任制的重要手段、是搞好物资供应及企业实行经济核算和降低成本的基础、是推动企业提高生产技术和科学管理水平的重要手段。

按照物资消耗定额的用途，可分为物资消耗预算定额、物资消耗施工定额、物资消耗概算定额。

物资消耗预算定额一般以分部分项工程为单位确定物资的消耗量。物资消耗预算定额是编制工程安装施工图预算的法定依据，是进行工程物资结算、计算工程造价的依据，是计取各项费用的基本标准。

物资消耗施工定额是由施工企业自行编制的物资消耗定额。物资消耗施工定额反映了企业管理水平、工艺水平和技术水平。物资消耗施工定额是物资消耗定额中最细的定额，物资消耗施工定额是建设项目施工中编制物资需用计划、组织定额供料的依据，是企业内部实行经济核算和进行经济活动分析的基础。

物资消耗概算定额是在物资消耗预算定额基础上以扩大的结构项目形式表示的一种定额，以某建筑物每平方米建筑面积某种物资消耗量或每完成万元建筑安装工作量某种物资消耗量来表示。

物资消耗定额是对物资在消耗过程中进行科学分析和提炼的结果，它的构成包括净用量、工艺操作损耗定额和非工艺操作损耗定额。物资消耗与物资消耗定额之间是既有联系又有区别的两个不同概念。二者共同包括了构成工程实体的净用量和工艺操作及非工艺操作中的合理损耗，但物资消耗定额中不包括在物资消耗过程中的不合理损耗。

制定物资消耗定额常用的方法有技术分析法、标准试验法、统计分析法、现场测定法、经验估计法。

物资消耗定额管理对物资消耗定额的制定、审查、批准、执行、考核、修订等技术经济活动进行计划、组织、指挥、监督等一系列工作的总称。

使用物资消耗定额时应特别注意工程项目设计的要求、使用物资的质量规格、工程内容及工艺要求，以防误用。

复习思考题

1. 简述物资消耗定额的基本概念及种类。
2. 简述物资消耗定额有哪些作用？
3. 简述物资消耗及物资消耗定额的构成。
4. 简述物资消耗定额的制定方法。
5. 简述物资消耗定额管理的主要工作内容。

第四章　物资计划管理

学习目标

1. 掌握物资计划管理的概念。
2. 了解物资计划管理的任务。
3. 熟悉物资计划的分类。
4. 了解物资计划的编制原则。
5. 熟悉物资计划的编制方法。
6. 掌握计划的编制程序。

第一节　物资计划管理概述

一、物资计划管理的概念

物资计划管理就是运用计划手段组织、指导、监督、调节物资的采购、供应、储备、使用等一系列工作的总称。

物资管理应确定一定时期内所能达到的目标，物资计划就是为实现物资管理目标所做的具体部署和安排。物资计划是企业物资部门的行动纲领，对组织物资资源，满足施工生产需要，提高企业经济效益，具有十分重要的作用。

第一，应确立物资供求平衡的观念。供求平衡是物资计划管理的首要目标。宏观上的供求平衡，必须使基本建设投资规模建立在社会资源条件允许情况下，才有物资市场的供求平衡，才可寻求企业内部的供求平衡。物资部门应积极组织资源，在供应计划上不留缺口，是企业完成施工生产任务有坚实的物质保证。

第二，应确立指令性计划、指导性计划和市场调节相结合的观念。市场的作用在物资管理中所占份额越来越大，编制计划、执行计划均应在这种观念的指导下，使计划切实可行。

第三，应确立多渠道、多层次筹措和开发资源的观念。多渠道、少环节是我国物资管理体制改革的一贯方针。企业一方面应充分利用市场，占有市场，开发资源；另一方面应狠抓企业管理，依靠技术进步，提高物资使用效能，降低物资消耗。

二、物资计划管理的任务

（一）为实现企业经济目标做好物质准备

建筑企业的经营发展，需要物资部门提供物质保证。物资部门必须适应企业发展的规模、速度和要求，只有这样才能保证企业经营顺利进行。为此物资部门应做到经济采购，合理运输，降低消耗，加速周转，以最少的资金获得最优的经济效果。

（二）做好平衡协调工作

物资计划的平衡是施工生产各部门协调工作的基础。物资部门一方面应掌握施工任务，核实需用情况，另一方面要查清内外资源，了解供需状况，掌握市场信息，确定周转储备，做好物资品种、规格，根据施工生产和经营对物资的需求，核定物资需用量，在掌握内外资源情况下，做好物资的综合平衡，正确编制各项物资计划，保证物资按期、按质、按量、配套地组织供应，以利于施工生产的顺利进行。

（三）贯彻增产节约原则，采取措施，促进物资的合理使用

建筑施工露天作业，操作条件差，浪费物资的问题长期存在。必须加强物资的计划管理，通过计划指标、消耗定额，控制物资使用，并采取一定的手段，如检查、考核、奖励等，提高物资的使用效益，从而提高供应水平。

（四）建立健全物资计划管理制度

物资计划的有效作用是建立在高质量的物资计划基础上的。建立科学、连续、稳定和严肃的计划指标体系，是保证计划制度良好运行的基础。健全计划流转程序和制度，可以保证施工有秩序、高效率地运行。

（五）总结经验教训，不断提高物资计划管理水平

经常检查物资计划的执行情况，随着情况的变化及时调整计划，采取积极措施，组织新的平衡，充分发挥计划的组织、指导和调节作用。了解核实实际供应和消耗情况，积累定额资料，总结经验教训，不断提高物资计划管理水平。

三、物资计划的分类

物资计划是编制各种计划的总称。由于物资计划的性质、范围和作用等不同，因此，物资计划有不同的分类。

（一）按照物资的使用方向划分

按照物资的使用方向，物资计划可分为生产用料计划和基建用料计划。

1. 生产用料计划

企业为完成计划期的生产任务而提出的产品需用的各类物资计划，称为生产用料计划。施工企业下属各类工业企业，如机械制造、制品加工、周转物资生产和维修、建材产品生产等，其所需物资数量一般是按计划生产产品的数量和该产品消耗定额进

行计算而确定的。

2. 基建用料计划

建筑施工企业为完成计划期基本建设任务所需的各类物资计划，称为基建用料计划。包括自身基建项目和对外承包基建项目的物资计划。其计划的编制，通常根据承包协议和分工范围及供应方式编制。

（二）按照物资计划的用途划分

按照物资计划的用途，物资计划可分为需用计划、申请计划、供应计划、加工订货计划和采购计划。

1. 物资需用计划

物资需用计划是物资计划中最基本的计划，是编制其他计划的依据。物资需用计划应根据施工生产、维修、制造及技术措施等不同的使用方向，按设计图或施工图和技术资料，结合物资消耗定额逐项计算，列出需用物资的品种、规格、质量、数量，最后汇总成物资需用计划。

2. 物资申请计划

物资申请计划是根据物资需用计划，经过项目或部门内部平衡后，分别向有关供应部门提出物资申请的计划。

3. 物资供应计划

物资供应计划是企业的物资供应部门，为完成供应任务，组织供需衔接的实施计划。物资供应计划应包括物资品种、规格、数量、质量、使用项目及供应时间。物资供应计划是组织、指导物资供应业务活动的具体行动计划。

4. 物资加工订货计划

物资加工订货计划是项目或物资供应部门为获得某种物资或产品面向生产厂家订货或委托厂家代为加工产品而编制的一种计划。计划中应包括供应物资的品种、规格、质量、数量、型号、技术要求及交货时间等，其中若属非定型产品，应附有加工图纸、技术资料或提供样品。

5. 物资采购计划

物资采购计划是企业为了向物资市场采购物资而编制的计划。计划中应包括物资品种、规格、数量、质量、预计采购厂商名称及需用资金。

（三）按照计划的期限划分

按照计划的期限，物资计划可分为年度物资计划、季度物资计划、月度物资计划、一次性用料计划、临时追加物资计划。

1. 年度物资计划

年度物资计划是建筑施工企业为完成全年施工任务而确定的年度需用的主要物资计划。是保证年度施工生产任务如期完成的基础，它是核算年度各项物资的全面计划，是指导全年物资供应与计划管理活动的重要依据，也是企业向有关部门、经营单位提出申请、组织订货、安排采购和储备的依据。因此，年度计划必须与年度施工生产任务密切结合，年度计划质量的好与坏，对全年施工、生产的各项指标能否实现，有着密切的关系。年度计划质量是指反映施工、生产任务落实的准确程度。

年度计划编制范围应包括全部工程用料，以及施工设备、施工机械制造和维修、技术革新等用料中的主要物资。

2. 季度物资计划

季度物资计划是年度物资计划的具体化，是为了均衡地组织物资供应，保证季度施工生产任务完成的重要环节，也是为适应情况变化作为订货采购与平衡及修正年度供应计划的依据。根据企业施工任务落实和安排的实际情况编制季度计划。随着施工任务和财务计划的进一步明确，对年度物资计划中预测不确切的部分做出必要调整；或者由于施工任务中工程结构、施工进度和物资供应的变化，对物资需用量、供应进度和物资储备量做出相应调整。

3. 月度用料计划

月度用料计划是基层单位根据当月施工、生产进度安排编制的需用物资计划。它比年度计划和季度计划更细致、更全面、更及时、更准确。它是以单位工程为对象，按形象进度实物工程量逐项分析计算汇总的，内容包括使用项目和物资名称、规格、型号、质量、数量等，是供应部门组织配套供料、安排运输，基层安排收料的具体行动计划。凡列入月份计划的需用物资，都要逐项落实，当个别品种、规格有缺口时，要采取紧急措施，如借、调、改、代、加工及利用库存等办法，进行平衡，确保按计划供应。

4. 一次性用料计划

一次性用料计划，也叫单位工程用料计划。它是根据经济承包合同或协议书，按规定时间要求完成的单位工程施工生产任务而编制的需用物资计划。它的用料时间，与季度、月份计划不一定吻合，但在月份计划内要列为重点，专项平衡安排。因此，这部分物资需用计划要提前编制，交给供应部门。并对需用物资的品种、规格、型号、颜色、时间等详细说明。供应部门应保证供应。内包工程也可采取签订供需合同的办法。

5. 临时追加物资计划

由于设计修改或任务调整，原物资计划中出现品种、规格、数量的错漏，施工中采取临时技术措施，机械设备发生故障需及时修复等原因，需要采取临时措施而制订的物资计划，叫作临时追加用料计划。列入临时计划的一般都是急用物资，要作为重点供应。如费用超支和物资超用，应查明原因，分清责任，办理签证，由责任方承担经济损失。

第二节　物资计划的制订

一、物资计划的编制原则

（一）综合平衡的原则

综合平衡是计划管理工作的一个重要内容，包括产需平衡、供求平衡、各供应渠道间平衡、各施工单位间的平衡等。坚持综合平衡原则，按计划做好控制协调工作，促使物资合理使用。

（二）实事求是的原则

物资计划的科学性就在于实事求是，积极深入调查研究，掌握正确数据，使物资计划可靠合理，切实可行，在保证生产建设需要的前提下，防止积压浪费。同时又要考虑客观因素，组织合理储备，防止停工待料。所谓积极，就是说，指标要先进，要在充分发挥主观能动性的基础上，经过认真的努力能够完成的；所谓可靠，就是说，必须经过认真的核算，有科学依据。留有余地，就是说在分配指标的安排上，要保留一定数量的储备。这样就可以随时应付执行过程中临时增加的需要量。

（三）留有余地的原则

编制物资计划要瞻前顾后，留有余地，不能只求保证供应，扩大储备，形成物资积压。物资计划不能留有缺口，避免供应脱节，影响生产。只有供需平衡，留有余地，才能确保供应。

（四）严肃性和灵活性统一的原则

物资计划对供、需两方面都有严格的约束作用，同时建筑施工受多种主客观因素的制约，出现变化情况，也是在所难免的，所以在执行物资计划中，既要讲严肃性，又要适当重视灵活性，只有严肃性和灵活性统一，才能保证物资计划的实现。

（五）坚持勤俭节约和先利库，后订货、采购的原则

充分挖掘和利用内部物资潜力，发挥修旧利废、改制代用的作用，贯彻就地取材原则，以降低供料成本。

（六）保证重点，照顾一般的原则

没有重点，就没有政策。一般来说，重点部门、重点企业、重点建设项目是对全局有巨大而深远影响的，必须在物资上给予切实保证。但一般部门、一般企业和一般建设项目也应适当予以安排，在物资分配与供应计划中，区别重点与一般，正确妥善地安排，是一项极为细致、复杂的工作。

二、物资计划的编制准备

编制物资计划前，首先要做好准备工作，主要是准备可靠的数据资料，具体有以

下几项工作。

（一）要有正确的指导思想

建筑企业的施工生产活动与国家各个时期国民经济的发展有着密切的联系，为了很好地组织施工，必须学习党和国家有关方针政策，掌握相关政府管理部门制定的有关物资管理经济政策，使企业物资管理工作沿着正确方向发展。

（二）收集资料

编制物资计划要建立在可靠的基础上，因此要收集各项有关资料数据。

1. 收集并核实施工生产任务、施工设备制造、施工机械制造、技术革新等情况

虽然施工生产用料是建筑安装企业用料的主要部分，但为配合施工顺利进行而确定的施工设备、施工机械制造及维修等方面的用料也不能忽视。

2. 弄清物资家底，核实库存

编制物资计划需要一段时间，尤其是编制年度物资计划，需要的时间较长。编制计划时，不仅要核实当时的物资库存，分析库存升降原因，而且要预测本期末的库存。

3. 收集和整理分析有关物资消耗的原始统计资料

除物资消耗外，还包括工具及周转物资消耗情况资料，门窗五金物资消耗资料等，并调查各种消耗定额的执行情况，确定计划期内各类物资的消耗定额水平。有些新物资、新项目还要修改补充定额。

4. 检查上期施工生产计划和物资计划的执行情况

分析研究计划期内有利因素和不利因素，总结经验教训，采取有效措施，改进物资供应与管理工作。

5. 了解市场信息资料

市场资源是目前建筑企业解决需用物资的主要渠道，编制物资计划时，必须了解市场资源情况、市场供需平衡状况。

三、编制物资计划的步骤

施工企业常用的材料计划，是按照计划的用途和执行时间编制年、季、月的材料需用计划、申请计划、供应计划、加工订货计划和采购计划。在编制材料计划时，应遵循以下步骤。

首先，各建设项目及生产部门按照材料使用方向分单位工程做工程用料分析，根据计划期内完成的生产任务量及下一步生产中需提前加工准备的材料数量，编制材料需用计划。

其次，根据项目或生产部门现有材料库存情况，结合材料需用计划，适当考虑计划期末周转储备量，按照采购供应分工，编制项目材料申请计划，分报各供应部门。

再次，负责某项材料供应的部门，汇总各项目及生产部门提报的申请计划，结合供应部门现有资源，全面考虑企业周转储备，进行综合平衡，确定对各项目及生产部

门的供应品种规格、数量及时间，并具体落实供应措施，编制供应计划。

最后，按照供应计划所确定的措施，如采购、加工订货等，分别编制措施落实计划，即采购计划和加工订货计划，确保供应计划的实现。

四、编制物资需用计划

（一）物资需要量计划的目标

物资需要量计划的目标是确定完成计划任务所必须消耗的（或投入使用的）既是最低的又是足够的物资数量。物资需要量计划是否正确，是能否保证及时、齐备、经济、合理地进行供应和顺利完成生产计划的前提。如果计划确定的物资需要量偏低，则不能保证生产任务的需要，影响生产过程的正常进行；如果计划确定的物资需要量偏高，则会造成物资的积压和浪费，影响资金周转，增加供应费用．提高基建工程和产品的生产成本。

物资需要量计划是整个物资计划的开端和基础。因为其他物资计划如物资采购计划、物资申请计划、物资的供需平衡计划、物资分配计划、供应计划等，都是直接或间接地以物资需要量计划所确定的物资需要量为基础来制定的。因此这一计划的质量如何，将在很大程度上影响其他各种物资计划的正确性，进而影响到整个物资供应工作。

由于各项生产任务的性质不同，各种物资在各项生产任务中的地位和作用不同，因而各种物资的需用量的确定方法也不相同。即使同一类型的生产任务使用同一种物资，由于生产水平与使用条件不同，所需要的物资数量也不尽相同，因此物资需要量计划是一项比较复杂的工作，在确定需要量时，应根据不同生产与用料条件，采用不同的核算方法，对影响需用量的各种因素进行全面考虑。

（二）确定物资需要量计划的依据

确定物资需要量的主要依据是任务量、物资消耗定额、物资消耗历史资料与实际调查资料。

1. 任务量

建筑企业的任务包括施工生产任务、构配件生产任务、设备维修任务以及技术组织措施任务等。在社会主义市场经济条件下，建筑企业的任务有的是主管部门下达的指令性计划，有的是自己确定的，有的则是通过市场竞争获得的。如果在计算物资需要量时，有些任务还不明确，可以运用预测方法根据计划期内影响有关任务的各种因素分析研究来测算。

2. 物资消耗定额

物资消耗定额种类比较多，在计算物资需要量时，要根据各种具体任务的情况，选用与之相匹配的消耗定额进行计算。

3. 物资消耗的历史资料

有的单位有些基建工程或工业生产项目还没有制定物资消耗定额，这种情况下，可以将物资消耗的历史资料作为确定物资需用量的重要依据。同时物资消耗定额应有相对稳定性，是在计划期以前某一时期制定的，有些影响需用量增减变化的因素在制订定额时尚未发现，不可能全部反映在定额之内。根据某一段时期的消耗资料制定的消耗定额，就不一定与计划期的需求相吻合，还需要参考计划期前一定时期的实耗情况所反映的消耗趋势，对原定定额加以调整后再应用。各级物资机构要善于积累和利用物资消耗的历史资料，从中掌握消耗规律，提高物资计划水平。

4. 实际调查资料

实际调查资料包括施工、生产写实资料和实地查勘资料等。通过深入实际调查研究，掌握某些施工或生产项目的实际消耗或应该消耗的第一手资料，更有利于正确确定物资需用量。

（三）确定物资需要量计划的程序

1. 计算需用量

计算计划期内工程材料需用量，一般由基层施工用料单位提出，但是由于年度计划下达较迟，基层单位任务尚不明确，因此往往由建筑企业材料部门负责计算，具体计算方法有下列三种。

第一，单位工程物资分析表，又称单位工程物资预算，属于施工组织设计的一部分，根据预算工程量及概算定额，全面计算一个单位工程的全部物资，是物资计划中一项最基本的计划，是编制各类物资计划的原始依据，是单位工程核算以及竣工决算对比的标准数量。由于单位工程物资分析要求在开工前已编好，但是施工过程中的变更经常发生，尚须随时按规定进行调整，务必使物资分析符合实际。

第二，施工作业计划物资分析，常用于月度和季度物资计划，根据施工作业计划的计划工程量，套用概算定额，计算物资需用量。在进行施工作业计划物资分析时，要注意和上期作业的衔接，即确定上期计划工程量是超额完成，还是没有按计划完成。防止列入上月计划的项目没有完成，而在编制本月计划时，又没有列入计划，从而造成计划缺项，影响物资供应，同样也要防止计划工程项目重复而二次供料。总之，上下期的计划衔接是十分复杂的，有的上期计划项目施工没有供料，而另一些计划项目虽然没有施工，却已供过料，所以深入调查，摸清情况就显得十分重要。

第三，概算定额计算物资需用量，一般运用于年度计划，根据已确定的施工任务，套用平方米概算定额和万元工作量概算定额，计算物资需用量，如果没有适当的概算定额，也可根据本单位的历史统计资料，测定物资概算定额。

（1）计划期内工程物资需用量计算。

工程物资需用量一般由基层施工用料单位提出，年度计划由企业物资部门提出。

由于各项需要的特点不同，其确定需要量的方法也不同。通常用以下几种方法确定。

①直接计算法。就是用直接资料计算物资需要量的方法，依据计划任务量和物资消耗定额来确定物资需要量。当施工图纸已到达时，做工料分析应根据施工图纸计算

分部分项工程实物工程量，并结合施工方案及措施，套用相应定额，编制物资分析表。在进行各分项工程物资分析后进行汇总，就可以得到单位工程物资需用量。当编制月、季度物资需用计划时，再按施工部位要求及形象进度分别切割编制。

某种物资计划需用量＝建筑安装实物工程量×某种物资消耗定额（预算定额和施工定额）（4-1）

上式中建筑安装实物工程量是通过图纸计算得到的；物资消耗定额，根据所编制的物资分析用途不同，分为物资消耗施工定额和概算定额。

②间接计算法。当工程任务已基本落实，但设计图纸尚未出来、技术资料还不全的情况下，需要编制物资需用计划时，可根据工程投资、工程造价和建筑面积匡算主要物资需用量，做好备料工作，这种间接使用经验估算指标预计物资需用量的方法，叫作间接计算法。以此编制的物资需用计划可作为备料依据。但待图纸齐备，施工方案及技术措施落实后，应用直接计算法核对，对用间接计算法得到的物资需用量进行调整。

间接计算法根据不同的已知条件有以下两种计算方法。

第一，已知工程类型、结构特征及建筑面积的项目，选用同类型按建筑面积平方米消耗定额计算，其计算公式如下：

某种物资计划需用量＝某类工程建筑面积×该类工程每平方米建筑面积某种物资消耗定额×调整系数（4-2）

这种计算方法因为考虑了不同结构类型工程物资消耗的特点，因此计算比较准确。但是当设计所选用物资的品种出现差别时，应根据不同物资消耗特点进行调整。

第二，当工程任务不具体，没有施工计划和图纸而只有计划总投资或工程造价，可以使用每万元建筑安装工作量某种物资消耗定额来测算，其计算公式为：

某种物资计划需用量＝工程项目总投资（造价）×每万元工作量某种物资消耗定额×调整系数（4-3）

这种计算方法综合了不同结构类型工程物资消耗水平，能综合体现企业生产的物资耗用水平。但由于只考虑了投资和报价，而未考虑不同结构类型工程之间物资消耗的区别，而且当价格浮动较大时，易出现偏差，应将这些因素折成系数，予以调整。

（2）周转物资需用量必须结合工程特点分析计算得出。

周转物资需用量＝总需用量/周转次数（4-4）

（3）施工设备和机械制造的物资需用量，建筑企业自制施工设备，一般没有健全的定额消耗管理制度，而且产品也是非定型的多，所以可按各项具体产品，采用直接计算法，计算物资需用量。

（4）辅助物资及生产维修用料的需用量计算，这部分物资数量较小，有关统计和物资定额资料也不齐全，其需用量可采用间接计算法计算。

2. 确定实际需用量

根据各工程项目计算的需用量，进一步核算各个项目的实际需用量，核算的依据有以下几个方面。

（1）对于一些通用性物资，在工程进行初期阶段，考虑到可能出现的施工进度超额因素，一般都略加大储备，其实际需用量就略大于计划需用量。

（2）在工程竣工阶段，因考虑到工完料清场地净，防止工程竣工物资积压，一般是利用库存控制进料，这样实际需用量要略小于计划需用量。

（3）对于一些特殊物资，为保证工程质量，往往要求一批进料，所以计划需用量虽只是一部分，但在申请采购中往往是一次购进，这样实际需用量就要大大增加。

实际需用量的计算公式如下：

实际需用量＝计划需用量＋计划储备量－期初库存量　　（4－5）

3．物资需要量计划实例

【例4－1】　某施工队物资组负责两个项目物资管理，一项为宿舍工程，处于基础部位，另一项为教学楼工程，处于结构部位，本月生产计划下达任务且分别如下，试编制物资需用计划。

项目一

宿舍工程，某月计划完成基础工程部分施工。其中M5混合砂浆砌砖200m^3，C10碎石混凝土垫层100m^3。

第一步：查砌砖、混凝土工程定额得普通砖512块/m^3，砂浆0.26m^3/m^3，混凝土用量1.01m^3/m^3。

第二步：计算混凝土、砂浆及砖工程量。

（1）砌砖工程。

普通砖量＝512块/m^3×200m^3＝102400块

砂浆量＝0.26m^3/m^3×200m^3＝52m^3

（2）混凝土工程。

混凝土量＝1.01m^3/m^3×100m^3＝101m^3

第三步：查砂浆、混凝土配合比可知，C10碎石混凝土用水泥198kg/m^3，砂子777kg/m^3，碎石1360kg/m^3；M5砂浆用水泥320kg/m^3，石灰0.06kg/m^3，砂子1599kg/m^3。

混凝土中各种物资需用量：

水泥＝198kg/m^3×101m^3＝19998kg

砂子＝777kg/m^3×101m^3＝78477kg

碎石＝1360kg/m^3×101m^3＝137360kg

砂浆中各种物资需用量：

水泥＝320kg/m^3×52m^3＝16640kg

石灰＝0.06kg/m^3×52m^3＝3.12kg

砂子＝1599kg/m^3×52m^3＝83148kg

项目一的工程物资分析如表4－1所示。

表 4-1　　分项工程物资分析（一）

单位工程名称：某宿舍
计算部位：基础工程

工程名称	单位	工程量	水泥	砂子	石灰	砖	碎石
			kg	kg	kg	块	kg
M5 混合砂浆砌砖	m^3	200	83.2	415.74	0.06	512	—
			16640	83148	3.12	102400	
C10 碎石砼垫层	m^3	100	199.98	784.77	—	—	1373.6
			19998	78477			137360
基础工程小计			36638	161625	3.12	102400	137360

项目二

某教学楼工程，某月计划完成结构过梁安装、空心板堵眼等施工项目。其中生产计划下达的任务量如表 4-2 中所列，按照“项目一”的计算方法，可以得出下列物资分析，如表 4-3 所示。

表 4-2　　分项工程物资分析（二）

单位工程名称：某教学楼
计算部位：结构工程

工程名称	单位	工程量	水泥	砂子	石灰	砖	碎石
			kg	kg	kg	块	kg
过梁安装	根	43	10.44	415.74	0.56	512	—
			449	17877	24	22016	
空心板堵眼	块	249	199.98	784.77	—	—	1373.60
			49795	195408			342026
结构工程小计			50244	213285	24	22016	342026

表 4-3　　某队某月物资需用计划

序号	单位工程名称	施工部位	水泥	砂子	石灰	砖	碎石
			kg	kg	kg	块	kg
1	××宿舍	基础	36638	161625	3.12	102400	137360
2	×教学楼	结构	50244	213285	24	22016	342026
合计			86882	374910	27	124416	479386

五、编制物资申请计划

（一）物资申请计划编制步骤及实例

根据项目或生产部门现有物资库存情况，结合物资需用计划，并适当考虑计划期末周转储备量，按照采购供应的分工，编制项目物资申请计划，分报各物资供应部门。

物资申请计划的主要指标为：物资需要量、计划期初库存、期末储备。

$$物资申请量=实际需用量+计划储备量-期初库存量 \tag{4-6}$$

【例 4-2】 某工程项目提供了各种物资需用量计划以及各种物资现库存及计划周转量，如表 4-4 和表 4-5 所示，该施工队钢材、水泥属企业物资分公司负责供应，其他由项目物资组自采，试编制申请计划。

表 4-4　　某队某月物资需用计划

单位工程名称	施工部位	水泥	砂子	石灰	砖	碎石
		kg	kg	kg	块	kg
××宿舍	基础	36638	161625	3	102400	137360

表 4-5　　材料库存情况

水泥（kg）		砂子（kg）		砖（块）		石灰（kg）		碎石（kg）	
期初	期末	期初	期末	期初	期末	期初	期末	期初	期末
1050	1500	0	7500	0	0	0	2	0	0

根据上述两项目期初和期末库存情况，分别编制出水泥申请计划和其他物资申请计划。表 4-6 为两个工程项目的水泥申请计划；表 4-7 为其他物资申请计划。

表 4-6　　项目的水泥申请计划

材料名称	规格	单位	项目名称	期初库存量	本期需用量	期末库存量	申请量	需用时间	备注
水泥	42.5	kg	××宿舍	1050	36638	1500	37088	×年×月×日	

表 4-7　　工程其他材料申请计划

序号	材料名称	规格	单位	项目名称	期初库存量	本期需用量	期末库存量	申请量
1	砂子		kg	××宿舍	0	161625	7500	169125
2	砖		块	××宿舍	0	102400	0	102400
3	石灰		kg	××宿舍	0	3.12	2	5.12
4	碎石		kg	××宿舍	0	137360	0	137360

（二）物资申请计划编制注意事项

物资申请计划必须提前一个月或者更早上报，由于甲控或者甲供物资是主材，数量比较大，这期间有组织供应的备货期和运输时间。

物资申请计划中的物资应该予以分类，申请部门和时间都要注明，特别是比较紧急需要的物资要特别说明。

考虑到物资在运输或者使用过程中的损失，物资申请还应该根据工程技术部门提供的设计需求量再加上一定比例的备用量。

物资申请计划应该使用统一规范而完整的申请表格。

六、编制物资供应计划

（一）物资供应计划编制步骤

物资供应计划是物资供应机构通过采购、订货、加工等方式取得物资以后编制的最终确定供应用料单位多少物资的计划。它通常是季度分月计划或半年度分月计划，按具体品种、规格编制。

物资供应计划综合性强，涉及面广，一般应按以下步骤编制。

1. 准备工作

在编制计划前，必须做好下列准备工作。

（1）明确施工任务和生产进度安排，核实项目物资需用量；掌握现场交通地理条件，堆放位置及现场布置。

（2）调查掌握情况，收集信息资料。包括建筑安装工程合同（协议）和有关供应分工；气大构件加工所需原物资的品种、规格型号；施工图预算分部分项物资需用量和经营维修物资需用量的品种、规格、型号、颜色、供应时间，施工生产进度、技术要求和施工组织设计；现场交通地理条件，堆放、布置等；物资质量标准以及市场供需动态，商品信息资料等。

（3）分析上期物资供应计划执行情况。通过供应计划执行情况与消耗统计资料，分析供应与消耗动态，检查、分析订货合同执行情况、运输情况、到货规律等，以确定本期供应间隔天数与供应进度。分析库存多余或不足，以确定计划期末周转储备量。

2. 确定物资供应量

应认真核实汇总各项目物资申请量，了解编制计划所需的技术资料是否齐全；定额采用是否合理；物资申请是否合乎实际，有无粗估冒算、计算差错；物资需用时间、到货时间与生产进度安排是否吻合、哪种规格能否配套等。

预计供应部门现有库存量。由于计划编制较早，从编制计划时间到计划期初的这段预计期内，物资仍然不断收入和发出，因此预计计划期初库存量十分重要。一般计算方法为：

$$计划期初库存量=编制计划时的实际库存量+预计期计划收入量-预计期计划发出量 \tag{4-7}$$

计划期初库存量预计的正确性，对平衡计算供应量和计划期内的供应效果有一定影响。预计量少了，会因数量不足造成供需脱节，而影响施工生产；预计量多了，会造成物资超储而积压资金。所以必须对现场库存资源、订货、调剂拨人、采购收入、在途物资、待验收以及施工进度预期消耗、调剂拨出等数据，认真核实。

在预计计划期初库存量的同时，还要根据生产安排和物资供应周期计算计划期末库存量，即周转储备量。

根据生产安排和物资供应周期计算计划期末周转储备量。

合理地确定物资周转储备量，即计划期末的物资周转储备，是为考虑下一期期初的物资确定物资供应量。其计算公式为：

物资供应量＝物资申请量－期初库存资源量＋期末周转储备量　　(4－8)

上述四个数量也称为编制供应计划的四要素。

根据物资供应量和可能获得资源的渠道，确定供应措施，如申请、订货、采购、建设单位供料、利用库存、加工等，并与资金进行平衡，以利于计划实现。

（二）物资供应计划编制实例

【例 4－3】　某施工队两个项目的月物资供应计划编制实例。某月物资库存情况见表 4－8，物资申请计划见表 4－9。

表 4－8　某月库存报

物资名称	水泥	砂子	石灰	砖	碎石
单位	t	t	kg	块	t
期初库存	11.3	78.5	84	37510	36.8
期末库存	22.6	65.25	86	24200	47.7

表 4－9　某队某月物资申请计划

序号	单位工程名称	施工部位	水泥	砂子	石灰	砖	碎石
			kg	kg	kg	块	kg
1	××宿舍	基础	36638	161625	3	102400	137360
2	×教学楼	结构	50244	213285	24	22016	342026
合计			86882	374910	27	124416	479386

计算各种物资供应量，将其列入表 4－10。

表 4－10　　物资供应量

物资名称	单位	物资申请量	期初库存量	期末库存量	物资供应量
水泥	t	87	11.3	22.6	98.3
砂子	t	375	78.5	65.25	361.75
石灰	kg	27	84	86	29
砖	块	124416	37510	24200	111106
碎石	t	479	36.8	47.7	489.9

编制物资供应计划，见表 4－11。

表 4－11　　物资供应量计划

<table>
<tr><th rowspan="2">物资名称</th><th rowspan="2">单位</th><th rowspan="2">期初库存</th><th colspan="3">计划需用量</th><th rowspan="2">期末库存</th><th rowspan="2">供应量合计</th><th colspan="6">其中供应措施</th><th rowspan="2">备注</th></tr>
<tr><th>合计</th><th>×工程</th><th>×工程</th><th>市场采购</th><th>招标采购</th><th>加工订货</th><th>补偿贸易</th><th>联合开发</th><th>其他</th></tr>
<tr><td>水泥</td><td>t</td><td>11.3</td><td>87</td><td>37</td><td>50</td><td>22.6</td><td>98.3</td><td>99</td><td></td><td></td><td></td><td></td><td></td><td></td></tr>
<tr><td>砂子</td><td>t</td><td>78.5</td><td>375</td><td>161</td><td>213</td><td>65.25</td><td>361.75</td><td>62</td><td>300</td><td></td><td></td><td></td><td></td><td></td></tr>
<tr><td>石灰</td><td>kg</td><td>84</td><td>27</td><td>3</td><td>24</td><td>86</td><td>29</td><td>29</td><td></td><td></td><td></td><td></td><td></td><td></td></tr>
<tr><td>砖</td><td>块</td><td>37510</td><td>124416</td><td>102400</td><td>22016</td><td>24200</td><td>111106</td><td></td><td></td><td></td><td>111106</td><td></td><td></td><td></td></tr>
<tr><td>碎石</td><td>t</td><td>36.8</td><td>479</td><td>137</td><td>342</td><td>47.7</td><td>489.9</td><td></td><td>490</td><td></td><td></td><td></td><td></td><td></td></tr>
</table>

七、编制物资采购计划、加工订货计划

物资采购及加工订货计划是物资供应计划的具体落实计划。按照供应措施，完成采购及加工订货任务，其编制程序如下。

（1）了解供应项目需求特点及质量要求，确定采购及加工订货物资品种、规格、质量和数量，了解物资使用时间，确定加工周期和供应时间。

（2）确定加工图纸或加工样品，并提出具体加工要求。如果必要，可由加工厂家先期提供加工试验品，在需用方认同情况下再批量加工。

（3）按照施工进度和经济批量的确定原则，确定采购批量需资金及到位时间。

表 4－12 为物资采购及加工订货计划。

表 4－12　　采购（加工订货）计划

材料名称	规格	计量单位	需用数量	需用时间	采购批量	需用资金

第三节　物资计划的实施

一、物资计划实施工作内容

物资计划的编制只是计划工作的开始，而更重要的工作在计划编制以后，就是物资计划的实施。物资计划的实施，是物资计划工作的关键。

（一）组织物资计划的实施

物资计划工作是以物资需用计划为基础，物资需用计划是企业物资经济活动的主导计划，可使企业物资系统的各部门，不仅了解本系统的总目标和本部门的具体任务，而且了解各部门在完成任务中的相互关系，组织各部门从满足施工需要总体要求出发，采取有效措施，保证各自任务的完成，从而保证物资计划的实施。

（二）协调物资计划实施中出现的问题

物资计划在实施中常因受到内部或外部的各种因素的干扰，影响物资计划的实现，一般有以下几种因素。

1. 施工任务的改变

计划实施中施工任务改变主要是指临时增加任务或临时削减任务等，任务改变后物资计划应作相应调整，否则就要影响物资计划的实现。

2. 设计变更

施工准备阶段或施工过程中，往往会遇到设计变更，影响物资的需用数量和品种规格，必须及时采取措施，进行协调，尽可能减少影响，以保证物资计划执行。

3. 采购情况变化

到货合同或生产厂的生产情况发生了变化，影响物资的及时供应。

4. 施工进度变化

施工进度计划的提前或推迟，也会影响物资计划的正确执行。在物资计划发生变化的情况下，要加强物资计划的协调作用，做好以下几项工作。

（1）挖掘内部潜力，利用库存储备以解决临时供应不及时的矛盾。

（2）利用市场调节的有利因素，及时向市场采购。

（3）同供料单位协商临时增加或减少供应量。

（4）与有关单位进行余缺调剂。

（5）在企业内部有关部门之间进行协商，对施工生产计划和物资计划进行必要地修改。为做好协调工作，必须掌握动态，了解物资系统各个环节的工作进程，一般通过统计检查，实地调查，信息交流等方法，检查各有关部门对物资计划的执行情况，及时进行协调，以保证物资计划的实现。

（三）建立物资计划分析和检查制度

为了及时发现计划执行中的问题，保证计划的全面完成，建筑企业应从上到下按照计划的分级管理职责，在计划实施反馈信息的基础上进行计划的检查与分析。一般应建立以下几种计划检查与分析制度。

1. 现场检查制度

基层领导人员应经常深入施工现场，随时掌握生产进行过程中的实际情况，了解工程形象进度是否正常，资源供应是否协调，各专业队组是否达到定额及完成任务的好坏，做到及早发现问题，及时加以处理解决，并按实际向上一级反映情况。

2. 定期检查制度

建筑企业各级组织机构应有定期的生产会议制度，检查与分析计划的完成情况。一般公司级生产会议每月 2 次，工程处一级每周 1 次，施工队则每日应有生产碰头会。通过这些会议，检查分析工程形象进度、资源供应、各专业队组完成定额的情况等，做到统一思想、统一目标，及时解决各种问题。

3. 统计检查制度

统计是检查企业计划完成情况的有力工具，是企业经营活动的各个方面在时间和数量方面的计算和反映。它为各级计划管理部门了解情况，决策、指导工作，制订和检查计划提供可靠的数据和情况。及时准确地反映计划完成的程度和计划执行中的问题，反映基层施工中的薄弱环节，是揭露矛盾、研究措施、跟踪计划和分析施工动态的依据。

（四）计划的变更和修订

实践证明，物资计划的变更是常见的、正常的。物资计划的多变，是由它本身的性质所决定的。计划总是人们在认识客观世界的基础上制定出来的，它受人们的认识能力和客观条件所制约，所编制出的计划的质量就会有差异，计划与实际脱节往往不可能完全避免，重要的是一经发现，就应调整原计划。物资计划涉及面广，与各部门、各地区、各企业都有关系，一方有变，牵动他方，也使物资资源和需要发生变化。这些主客观条件的变化必然引起原计划的变更。为了使计划更加符合实际，维护计划的严肃性，就需要对计划及时调整和修订。

1. 变更或修订物资计划的一般情况

物资计划的变更及修订，除了上述基本原因以外，还有一些具体原因。一般来讲，出现了下述情况，也需要对物资计划进行调整和修订。

(1) 任务量变化。任务量是确定物资需用的主要依据之一，任务量的增加或减少，都将相应地引起物资需要的增加和减少，在编制物资计划时，不可能将计划任务变动的各种因素都考虑在内，如果问题出现后，通过调整原计划来解决。

(2) 设计变更。

设计变更分以下三种情况。

①在项目施工过程中，由于技术革新，增加了新的物资品种，原计划需要的物资出现多余，就要减少需要；或者根据用户的意见对原设计方案进行修订，则所需物资的品种和数量将发生变化。

②在基本建设中，由于编制物资计划时，图纸和技术资料尚不齐全，原计划实属匡算需要，待图纸和资料到齐后，物资实际需要常与原匡算情况有所出入。这时也需要调整物资计划。同时，由于现场地质条件及施工中可能出现的变化因素，需要改变结构，改变设备型号，物资计划调整不可避免。

③在工具和设备修理中，编制计划时很难预计修理需要的物资，实际修理需用的物资与原计划中申请物资常常有所出入，调整物资计划完全有必要。

(3) 工艺变动。设计变更必然引起工艺变更，需要的物资当然就不一样。设计未变，但工艺变了，加工方法、操作方法变了，物资消耗可能与原来不一样，物资计划也要做相应调整。

(4) 其他原因。如计划期初预计库存不正确，物资消耗定额变了，计划有误等，都可能引起物资计划的变更，需要对原计划进行调整和修订。根据我国多年的实践，物资计划变更主要是由生产建设任务的变更所引起的。其他变更对物资计划当然也发生一定影响，但变更的数量远比生产和基建计划变更少。

由于上述种种原因，必须对物资计划进行合理的修订及调整。如不及时进行修订，将使企业发生停工待料的危险，或使企业物资大量闲置积压。这不仅会使生产建设受到影响，而且也直接影响企业的财务状况。

2. 物资计划的变更及修订

物资计划的变更及修订主要有如下三种方法。

(1) 全面调整或修订。全面调整或修订是指物资资源和需要发生了大的变化时的调整，如前述的自然灾害，战争或经济调整等，都可能使资源和需要发生重大变化，这时需要全面调整计划。

(2) 专案调整或修订。专案调整或修订是指由于某项任务的突然增减，或由于某种原因，工程提前或延后施工，或生产建设中出现突然情况等，使局部资源和需要发生了较大变化，一般用待分配物资或当年储备解决，必要时通过调整供应计划解决。

(3) 临时调整或修订。如生产和施工过程中，临时发生变化，就必须临时调整，这种调整也属于局部性调整，主要是通过调整物资供应计划来解决。

3. 物资计划的调整及修订中应注意的问题

(1) 维护计划的严肃性和实事求是地调整计划。在执行物资计划的过程中，根据实际情况的不断变化，对计划做相应的调整或修订是完全必要的。但是要注意避免轻易地变更计划，无视计划的严肃性，认为有无计划都得保证供应，甚至违反计划、用计划内物资搞计划外项目，也通过变更计划来满足。当然，不能把计划看作是一成不变的，在任何情况下都机械地强调维持原来的计划，明明计划已不符合客观实际的需要，仍不去调整、修订、解决，这也和事物的发展规律相违背。正确的态度和做法是：在维护计划严肃性的同时，坚持计划的原则性和灵活性的统一，实事求是地调整和修订计划。

(2) 权衡利弊和尽可能把调整计划压缩到最小限度。调整计划虽然是完全必要的，但许多时候调整计划总要或多或少地造成一些损失。所以在调整计划时，一定要权衡利弊，把调整的范围压缩到最小限度，使损失尽可能地减少。

(3) 及时掌握情况。及时掌握情况归纳起来有以下三个主要方面。

①做好物资计划的调整或修订工作，物资部门必须主动和各方面加强联系，掌握计划任务安排和落实情况，如了解生产建设任务和基本建设项目的安排与进度；了解主要设备和关键物资的准备情况；对一般物资也应按需要逐项检查落实，如果发生偏差，迅速反馈，采取措施，加以调整。

②掌握物资的消耗情况，找出物资消耗升降的原因，加强定额管理，控制发料，防止超定额用料而调整申请量。

③掌握资源的供应情况。不仅要掌握库存和在途物资的动态，还要掌握供方能否按时交货等情况。

掌握上述三方面的情况，实际上就是要求做到需用清楚，消耗清楚和资源清楚，以利于物资计划的调整和修订。

(4) 应妥善处理、解决调整和修订物资计划中的相关问题。物资计划的调整或修订，追加或减少的物资，一般以内部平衡调剂为原则，减少部分或追加部分内部处理不了或不能解决的，由负责采购或供应的部门协调解决。要特别注意的是，要防止在调整计划中拆东墙补西墙，冲击原计划的做法。没有特殊原因，追加物资应通过机动资源和增产解决。

(五) 考评执行物资计划的经济效果

物资计划的执行效果，应该有一个科学的考评方法，一个重要内容就是建立物资计划指标体系，它包括下列指标。

(1) 采购量及时到货率。

(2) 供应量及配套率。

(3) 自有运输设备的运输量。

(4) 占用流动资金及资金周转次数。

(5) 物资成本的降低率。

(6) 物资的节约率和节约额。通过指标考评，激励各部门认真实施物资计划。

二、物资计划实施实例

【例 4-4】 某工程队下个月的施工任务及相关的定额如表 4-13 所示，求：

(1) 各种材料的合计需用量；

(2) 根据上述资料编制下个计划期材料需用计划表。

解：

(1) 各种材料合计需用量如表 4-14 所示。

(2) 表 4-15 为下个计划期材料需用计划。

表 4－13 分部分项工程材料用量审核

单位工程	项目施工任务	工程量（m^3）	定额编号	砖（千块）		水泥（kg）		黄沙（kg）		石灰（kg）	
				定额	用量	定额	用量	定额	用量	定额	用量
某学生楼	M5 砂浆砖基础	63		0.528		43		357		19	
	M2.5 砂浆砌砖外墙	156		0.53		33		369		20	
	M2.5 砂浆砌砖内墙	200		0.528		32		361		20	
某 2 号车间	水泥地坪	200				12		35			
某 2 号宿舍	砖墙面抹灰	500				4.3		32.7		2.7	

表 4－14 各种材料合计需用量

单位工程	项目	砖（千块）	水泥（kg）	黄沙（kg）	石灰（kg）
学生楼	M5 砂浆砖基础	33.26	2709	22491	1197
	M2.5 砂浆砌砖外墙	82.68	5148	57564	3120
	M2.5 砂浆砌砖内墙	105.6	6400	72200	4000
某 2 号车间	水泥地坪		2400	7000	—
某 2 号宿舍	砖墙面抹灰		2150	16350	1350
合计		221.54	18807	175605	9667

表 4－15 下个计划期材料需用计划 单位：千块，t

序号	材料名称	规格	本月合计	单位工程需用量（t）	
				某校工程	某 2 号工程
1	砖	标准砖	22.2	22.2	—
2	水泥	32.5 级普通水泥	19	14.4	4.6
3	黄沙	中粗	176	152.5	23.5
4	石灰	三七灰	10	8.5	1.5

【例 4－5】 某单位本月 15 日开始编制下个月的材料供应计划。本月 16 日查库时水泥库存量为 22t，现场库存 24t，至本月底尚有 30t 水泥按合同的约定到货。本月份平均日耗用水泥 4t，预计下月平均每日需用水泥比本月每日需用量增加 25%，水泥平均供应间隔天数为 12 天，保险储备天数为 3 天，验收入库需 1 天，月工作日按 30 天计算。求：

(1) 下月的期初库存量。

(2) 下月平均每日水泥需用量。

(3) 下月期末储备量。

(4) 下月水泥计划供应量。

解:

(1) 期初库存量=22+24-15×4+30=16t。

(2) 下月水泥平均每日需用量=4×(1+25%)=5t。

(3) 下月期末储备量=4×(1+25%)×(12+3+1)=80t。

(4) 下月水泥计划供应量=4×(1+25%)×30-16+80=214t。

【例4-6】 某施工单位全年计划进货水泥282700t,其中合同进货212025t,市场采购42405t,建设单位来料28270t。最终实际到货的情况是:合同到货201427t,市场采购36045t,建设单位来料16962t。

问题:

(1) 分析全年水泥进货计划完成情况。

(2) 激励各部门实施材料计划的手段是什么,指标有哪些?

解:

(1) 水泥进货计划完成情况分析。

①总计划完成率=(201427+36045+16962)/282700×100%=90%;

②合同到货完成率=201427/212025×100%=95%;

③市场采购完成率=36045/42405×100%=85%;

④建设单位来料完成率=16962/28270×100%=60%。

(2) 激励各部门实施材料计划的手段是考核各部门实施材料计划的经济效果,主要指标有:

①采购量及时到货率;

②供应量及配套率;

③自有运输设备的运输量;

④占用流动资金及资金周转次数;

⑤材料成本降低率;

⑥三大材料的节约额和节约率。

本章小结

物资计划管理就是运用计划手段组织、指导、监督、调节物资的采购、供应、储备、使用等一系列工作的总称。

物资计划按照物资计划的用途可分为需用计划、申请计划、供应计划、加工订货计划和采购计划。按照计划的期限可分为年度计划、季度计划、月计划及临时追加计划。这几种计划之间是相互联系而又相互制约的。

物资计划的编制必须本着综合平衡，实事求是，留有余地，严肃性和灵活性统一，坚持勤俭节约和先利库、后订货、采购，以及保证重点、照顾一般的原则做好编制准备，按程序编制物资计划。

物资计划的编制只是计划工作的开始，更重要的工作还是在计划编制以后，就是物资计划的实施，要组织物资计划的实施，协调物资计划实施中出现的问题，建立物资计划分析和检查制度，及时适时变更和修订计划，并对物资计划的经济效果物资计划的执行效果进行考评。

复习思考题

1. 物资计划管理的主要任务是什么？
2. 建筑企业常用哪几种物资计划？各类物资计划之间有什么关系？
3. 简述编制物资计划的程序、方法。
4. 如何编制项目物资需用计划和申请计划？
5. 在实施物资计划的过程中应做好哪些管理工作？

第五章　物资市场调查与预测

学习目标

1. 理解市场调查的概念和作用，认识市场调查的内容与分类，了解市场调查的原则。

2. 了解市场调查的程序，能够对市场调查的类型进行判断。

3. 理解并掌握市场调查方案设计的内容，了解市场调查方案的评价。

4. 了解和掌握文案调查、实地调查、问卷调查、抽样调查的具体方法。

5. 学习和掌握调查资料整理与分析的相关概念、内容和要求。

6. 学习和掌握市场预测的含义、基本原理、分类以及内容，能用所学知识指导相关认知活动。

7. 了解市场调查报告的作用、结构和内容，学会撰写市场调查报告。

第一节　市场调查的概念及内容

一、市场调查的概念

市场＝消费者＋购买能力＋购买动机……以上三个因素缺一不可，因此要分析市场，就必须从消费者、购买能力、购买动机三个方面同时入手。

美国市场调查营销协会（American Marketing Association）给市场调查下的定义是：市场调查是一种通过信息将消费者、顾客和公众与营销者连接起来的职能。这些信息用于识别和确定营销机会及问题，产生、提炼和评估营销活动，监督营销业绩，改进人们对营销过程的理解。市场调查规定了解决这些问题所需的信息、设计收集信息的方法、管理并实施信息收集过程、分析结果，最后要沟通所得的结论及其意义。

二、市场调查的内容

市场调查包括以下内容。

（一）产品研究

产品研究包括新产品的开发、测试，现有产品的研发、诊断和改造等。

（二）消费者研究

消费者研究主要包括消费者行为研究和消费者满意度研究两个方面。

1. 消费者行为研究

（1）消费者购买行为研究。

6W：买什么（what），购买者或者使用者是谁（who），为什么买（why），何时购买（when），购买地点（where1），产品信息的来源（where2）。

2H：购买量（how1），如何决策（how2）。

（2）消费者使用行为研究。消费者使用行为研究主要包括消费者使用产品的经验、方式等方面的内容。

2. 消费者满意度研究

（1）对产品或服务的满意度。

（2）满意的原因或不满意的原因。

（3）对改进产品或服务质量的具体建议。

（4）对同类产品或服务满意度评价的比较。

（三）企业和品牌研究

企业和品牌研究主要包括企业和品牌的知名度、喜好度，消费者对企业和品牌的认知程度和认知途径，对企业和品牌的新名称、新标志的评价和喜好等。

（四）广告研究

广告研究主要包括了解广告对象的消费行为、广告效果等。

（五）营销环境研究

营销环境研究主要包括内在环境研究和外在环境研究两个方面。

（1）内在环境研究：主要针对企业自身的管理和销售情况。

（2）外在环境研究：人口、经济、社会环境和市场研究，竞争对手分析等。

第二节　市场调查的基本流程与设计

一、市场调查的基本流程

市场调查主要由计划准备、实施和分析报告三个阶段构成，具体分七步。

第一步：确定调查问题和目标——明确

确定调查问题和目标，需要经过下面五个步骤。

（1）发现寻找信息的原因。

①确定要解决什么问题；

②将问题列出优先顺序，挑出最核心的问题；

③用几种不同方式反复表述问题，并讨论它们的区别。

（2）确定信息是否已经存在：借助以往的调查结果，或者依赖二手资料。

（3）确定问题是否可以得到答案：凭借经验和可获知的信息来判断。

(4) 明确调研主题：将收集的二手资料和小范围的定性研究进行整理、分析，并且要避免问题定义得过宽或过窄。

(5) 确定调查目标：就是明确调查中要解决哪些问题，通过调查获得什么样的数据资料，取得这些资料有什么用途等。调查目标应尽可能具体和切实可行。

第二步：调查方案设计——详尽可行

调查方案是确立和开展调查项目的一个框架和蓝图。

第三步：抽样——科学

在界定样本框后，使用随机抽样或非随机抽样的方法进行抽样。

第四步：收集数据——求实

收集数据是市场调查的具体执行环节。

第五步：分析数据——有理有据

解释所收集的大量数据并得出结论。

第六步：撰写报告——客观

第七步：跟踪——坚持

跟踪调查调研成果的有效性以及调研意见的实施情况，从而为今后的市场调查累积经验。

二、市场调查的方案设计

市场调查的方案设计通常是由计划书来体现的。一般来说，一份计划书主要包括调查目的、调查内容、调查对象和范围、调查方法、调查日程以及调查预算等方面，设计方案的同时需要权衡调查成本和调查质量的关系。

(一) 调查目的和内容

确定调查目的，就是明确调查中要解决哪些问题，通过调查获得什么样的数据资料，取得这些资料有什么用途等问题。

在确定调查目的的基础上，确定调查的内容，以避免列入无关紧要的调查项目，或者漏掉重要的调查内容。

衡量一个调查方案设计是否科学的标准，主要看调查的方案设计是否体现调查目的的要求，并符合客观实际。

(二) 调查的对象和范围

调查的对象和范围一般来讲就是决定调研信息的来源。

(三) 抽样设计

选取受访者，需要做到科学，且有说服力。在需要的情况下，可以介绍一些有关抽样的基本知识。

(四) 调研方法

调研方法包括研究方法和收集数据的方法。在大多数的市场调查中，往往会采用两种以上的调查方法来收集市场信息。

研究方法的分类如下所述。

1. 探索性研究

探索性研究的目的是提供资料和数据以帮助研究者认识和理解所面对的问题，常常用于大规模的正式调查之前，帮助研究者将问题定义得更准确，为调查方案设计、问卷设计提供更为明确的思路。

2. 描述性研究

描述性研究的目的是描述总体市场的特征和功能，一般以有代表性的大样本为调查基础。

3. 因果关系研究

因果关系研究的目的是获取有关起因和结果之间关系的证据，管理部门常常根据一些假设的因果关系来做决策。

假设，指的是在对问题进行分析后提出的猜想，假设需要通过研究来检验其是否成立。

4. 预测性研究

预测性研究的目的在于掌握市场机会，制订有效的营销计划。

在大多数的市场调查中，往往会采用两种以上的调查方法来收集市场信息。

（五）调查日程

制订整个调查工作完成的期限，以及各阶段的日程安排。日程安排可以是连续的，也可以是同步进行的。在可能的情况下，调查期限应尽可能缩短。

（六）调查预算

进行调查预算安排的原则：尽可能将预算使用在最恰当的方法中，也要将可能需要的费用尽可能考虑全面。

（七）其他

包括二手资料的收集思路、出处、内容概要，问卷设计思路、质量控制方法、统计分析采用的软件，以及调查机构的介绍、人员的分工和访员的管理、培训等内容。

三、问卷设计

（一）问卷设计的程序

1. 确定调查目的

2. 收集二手资料

（1）加深对调研主题的认识。

（2）为问题设计提供问题和答案的素材。

3. 探索性研究

探索性研究即问卷设计者带着问题访问个别受访者。

(1) 了解受访者的经历、习惯、文化水平，从而确定问卷问题的表达方式，使问卷更切合受访者心理。

(2) 了解受访者关心什么，对哪些问题思考得比较多，从而把握问题和答案的合理性、全面性。

4. 编制问卷初稿

(1) 编制原则：切合调查目的；考虑受访者；易于访问、统计和分析。

(2) 检查问题是否切合调查目的的方法：确定以后将如何分析某一问题，结果将用于何处，如何使用。

(3) 检查问题是否切合受访者的方法：找一位对调查领域比较熟悉的人，让他审查问卷并提出意见。

5. 编排题目

按问题之间的逻辑性、作答的难易程度来合理排列，并要注意问卷的整体视觉效果。

6. 试调查

问卷初稿设计完成后，可能存在着设计者没有发现的问题，需要接受试调查的检查。试调查应该允许和鼓励受访者批评指正问卷。在这个阶段，调查的设计者需要考虑问题是否必要，问题措辞、问题次序，不恰当、不充分、多余或混乱的答案，问卷是否过长。

7. 修改问卷

(1) 如果有两个以上的受访者对同一题目有同样的批评，那么就应该修改或删除该题目。

(2) 如果有个别题目有很多受访者没有回答，要寻找出原因并修改。

8. 编制正式问卷

由于流程内容较简单，此处不赘述。感兴趣者可查阅相关资料。

(二) 问卷的类型

按照问卷的填答方式，可以把问卷分为自填式问卷和访问式问卷。

1. 自填式问卷

自填式问卷由受访者本人填写的问卷。一般匿名，受受访者本人文化程度、情绪等主观因素的限制，回收率很难保证。

2. 访问式问卷

访问式问卷由访问员对受访者进行访问，由访问员填写的问卷。这种问卷不便于敏感性问题的提问，但可以进行及时的追问，回收率较高。

（三）问卷的结构

一般来说，一份标准的问卷包括卷首语、指导语、问题及答案、其他资料四部分。

1. 卷首语

卷首语包括称呼、问候；访问员介绍；简单描述调查目的；说明作答的意义；说明作答对被调查者无负面作用；致谢；署名和日期。

2. 问卷填答指南

问卷填答指南是用来指导被调查者填答问卷，或用来指导访问员如何正确进行访谈的各种解释与说明，其作用类似于产品的使用说明。

（四）问题与答案

1. 问题的形式

问题主要有三种问题类型：开放式问题、封闭式问题和量表式问题。

（1）开放式问题。开放式问题是一种被调查者可自由回答和解释有关想法的问题类型。

疑问题通常提出一个问题，让受访者作答，旨在了解受访者的看法、意见或有关情况。投射题让受访者完成某种作业，如字词联想、完成句子、编故事等，通过受访者的回答，分析答案中隐含的态度或动机。

优点在于能为调查人员提供大量丰富的信息，在分析数据的过程中，开放式的问题可以成为解释封闭式问题的工具。缺点在于在编码方面费时费力，难以做定量分析，另外可能使被调查者产生厌烦心理，拒绝回答，降低问卷的有效性和回收率。

（2）封闭式问题。封闭式问题是一种需要受访者从备选答案中做出选择的问题。一般包括二项选择题和多项选择题，问题的答案包括单选题，即要求问题答案的设计必须是穷尽的并互相排斥；无限多选题，即不限制受访者选择答案的最多数目；限制多选题，即限制受访者选择答案的最多数目，让受访者做出主要的选择。

封闭式问题的优点在于受访者容易作答，有利于提高问卷回收率，问题和答案的标准化，便于编码和统计。不足在于如果问卷中没有适当的答案，受访者难以作答，有些受访者误解题目或随便乱答，但只看答案难以发觉。

（3）量表式问题。量表式问题是对受访者的态度、意见等心理活动进行判断和测定的问题。

①评比量表。选项的两端是极端性的答案，中间的选项分为 3～5 个等级。

②李克特量表。用 5 级计分方式来测量人们对某说法的同意程度，或对某事物的满意程度。

③语意差别题。首先确定描述、判断或评价所研究对象时使用的重要属性，然后确定描述这些属性的语意相反的形容词，将各对形容词置于 7 个等级的两端，中间的等级表示中立。

④配对比较量法。配对比较量法是通过配对比较的方法来测量人们态度的一种

量表。

2. 答案的设计

答案的设计一定要注意答案的穷尽性和互斥性。答案的穷尽性指的是现有答案中包括了所有可能的情况。答案的互斥性指的是答案之间不交叉重叠或相互包容。

3. 相倚问题

在问卷中，有些问题只适用于调查样本中的一部分人，而且受访者是否应该回答这个问题，常常要根据他对前面某个问题的回答结果来判定。这样的问题，我们称之为相倚问题，而前面的那个问题称为过滤问题或筛选问题。

4. 问题的措辞

问题的措辞必须准确清楚，避免使用冗长复杂的语句，避免使用难懂的专业词汇，避免问题带有诱导性，要考虑敏感问题的提问。一般来讲，对敏感问题的处理方法包括使用第三人称的方式询问，在问题前声明这种行为或态度是很平常的。

5. 问题的数量

一般来说，问题不宜太多，可视研究内容的多少设计 10～30 个问题，受访者的答题时间尽量不超过 15 分钟。问题的数量不要使被调查者感到厌烦。

6. 问题的排序

(1) 要考虑问题的逻辑关系，先易后难。

如果需要筛选受访者，过滤性问题应放在问卷的最前面。在找到符合要求的受访者后，以一个能引起受访者兴趣且易于回答的问题开始访问，并使受访者开始考虑关于调查主题的事宜。需要受访者思考的问题放在问卷中间。

(2) 按类别次序排列题目，同样内容的问题放在一起。

(3) 敏感性问题和人口统计问题置于问卷最后。例如用年龄、收入或婚姻状况作为第一个问题是一大错误。

(五) 其他资料

其他资料包括问卷的名称、问卷编号、受访者姓名、联络方式、调查地点、问卷发放、回收的时间、调查员姓名、督导员姓名、统计员姓名等。

四、抽样设计

(一) 普查与抽样

普查是指对总体中的每一个个体进行调查。抽样调查是按照一定的程序，从所研究对象总体中抽出部分样本进行调查，并运用数理统计的原理和方法，对总体的特征进行估计和推断。

(二) 抽样设计的基本概念

1. 总体和样本

总体是所要研究对象的全体。而样本是由总体中抽取的部分个体构成，每一个被抽到的个体或单位就是一个样本。

2. 抽样框和抽样单元

(1) 抽样框：用以代表总体，并从中抽选样本的一个框架。在大部分情况下，调研人员无法获得完整的抽样框，只能用现有成员名单、住户登记表、电话号码簿等来代替；调研人员应尽量避免抽样框中有重复、遗漏的情况发生，以提高抽样框对总体的代表性。

(2) 抽样单元：为了便于抽样，通常将总体划分为有限个互不重叠的部分，每个部分叫作一个抽样单元。

3. 抽样误差和非抽样误差

(1) 抽样误差：从样本得到的结果来估计总体所引起的误差。为了使抽样误差减小，要尽可能使样本结构与总体结构相一致。

(2) 非抽样误差：在抽样调查中由人为因素造成的误差。

4. 随机性原则和效果最佳原则

(1) 随机性原则：在进行抽样的时候，总体中的每一个个体被抽取的可能性是相等的，而不是由调查人员主观决定的。

(2) 效果最佳原则：在一定调研经费的情况下，选取抽样误差最小的抽样方案；或者在所要求的精度确定的情况下，使调查费用最少。也就是说，在尽量节省人力、费用的同时，保证调查结果的准确性、科学性。

(三) 抽样方法

(1) 随机抽样：总体中的每个单位被抽中的可能性是均等的。优点在于调查的结果可以用来推断总体，能够估算抽样误差。局限性在于费用较高，比较耗时。

①简单随机抽样。此种方法简单易行，对于分布均匀的总体比较适用，并具有较高的可靠性。常用的包括抽签法和随机数字表法。

②系统抽样，又叫等距抽样，从总体中等距离地抽取样本。

抽样距离＝总体数量/样本量

具体操作是：编号；决定抽样距离；随机抽取第一个编号；每隔抽样距离抽取一个编号，如果抽取的编号超出最大编号，则把它们分别减去抽样距离，得到最后的编号。

③分层抽样。该方法是指按总体已有的某些特征，将总体分成若干个层，再从各层中分别随机抽取一定的单元构成样本。特点在于分层抽样要求层内差异要小，层与层之间的差异要大。具体步骤包括：确定分层的特征，如地区、年龄、性别、收入、文化程度等；将总体分成若干个互不重叠的部分，每一部分是一个层；根据各层占总体的比例确定各层应抽取的样本量；采取简单随机抽样或等距抽样的方法，从各层中抽取相应的样本，这些样本也叫子样本，子样本之和为总样本。

④整群抽样。该方法是指将总体分成若干个群，再从所有的群中随机抽取若干个群，这些群内所有的单元构成样本。特点在于整群抽样要求群内差异要大，群与群之

间的差异要小。步骤包括：确定分群的标准，如班级等自然构成的团体；将总体分成若干个互不重叠的部分，每一部分为一个群；根据总样本量，确定应该抽取的群数；采取简单随机抽样或等距抽样的方法，从所有的群中抽取确定的群数。

⑤多级抽样。在大规模的市场调查中，抽样不是一次性完成的，而是采用二级或者多级抽样的方法。步骤是将总体分成大的抽样单元；在大单元中抽取小单元；再在小单元中抽取更小的单元。

（2）非随机抽样：从总体中非随机地选择特定的单位。优点是费用较低，耗时较少。局限性是不能估算出抽样误差以及样本的代表性差。

①偶遇抽样。街头随访、拦截式访问、杂志内问卷调查等都属于偶遇抽样方法。偶遇抽样比较节省经费，实施方便，速度也快。但抽样误差很大，结果可靠性差。

②判断抽样。基于调研者对总体的了解和经验，从总体中抽选“有代表性的”“典型性的”样本。判断抽样的优点是研究人员可运用自己的技能、知识和经验去选择受访者，抽样过程简单，但容易因研究人员的主观判断偏差而导致严重的误差。小组访谈常常利用判断抽样而不是随机抽样。

③配额抽样。配额抽样类似于随机抽样中的分层抽样，实际上是一种分层判断抽样。区别在于配额抽样的调查人员不是按随机抽样的原则抽选出来的，而分层抽样必须遵守随机抽样的原则。

④滚雪球抽样。通过使用初始受访者的推荐来选取更多受访者的抽样方法。

（四）抽样的基本步骤

1. 定义总体

定义总体是指给研究对象一个明确、可以操作的定义，明确区分开研究对象和非研究对象。

2. 确定抽样方法

一项研究采用什么样的抽样方法，要综合各种因素来考虑，主要取决于总体的规模、调查方法、抽样框资料、置信度和精度、调查费用等方面。置信度是指由抽样调查结果来推断总体情况的可信程度。最大允许误差是被允许的最大抽样误差。

3. 确定样本量

（1）样本量与研究经费成正比关系：样本量越大，经费越多；样本量越小，经费也越少。

（2）样本量与抽样误差存在反比关系：样本量增大，误差减小；样本量减少，误差增大。

（3）有效问卷的回收率。

对“大样本”的界定原则：样本量达到总体单位数的5%或以上的称为大样本；样本量虽然不足总体单位数的5%，但是大于5%的也算作大样本。

4. 制定抽样框

调查人员依据已经明确界定的总体范围，收集总体中全部抽样单位的名单，并通过对名单进行统一编号来建立供抽样使用的抽样框。在实际调查中，要获得一份完整的抽样框是非常困难甚至是不可能的。

5. 抽取样本

由于流程内容较简单，此处不赘述，感兴趣者可查阅相关资料。

第三节　市场调查的实用方法

一、二手资料的收集

二手资料是指既存的资料和数据。二手资料有助于明确调研主题，提供解决问题的方法，提醒市场调查者注意潜在的问题和困难，使调查报告更具说服力，它一方面能够提供大量的背景资料即阐明为什么这样做调查，另一方面能够提供对调查资料的进一步分析，是一手资料的支持和补充。

二手资料的来源包括图书馆，校园网—数字图书馆—中文数据库—中国知网，互联网（公开信息和收费信息），企业内部资料等。

二、原始资料的收集方法——观察法

观察法指不通过提问或交流而系统地记录人、物体或事件的行为模式的过程。

（一）观察法的使用条件

所需要的信息必须是能观察到的；所要观察的行为必须是重复性的；所要观察的行为必须是相对短期的。

（二）有效且有趣的观察方法

有效的观察法：要争取在自然的状态下进行，最好不让被观察者有所察觉；调查人员要尽量排除主观偏见，耐心观察，且掌握一定的记录技巧。包括追踪法、单向镜、垃圾箱和扫描仪。

（三）观察法的优点和缺陷

观察法避免了在面对面人员调查的过程中由于调查人员的主观态度和问题结构中存在的缺陷而导致的误差。缺陷在于往往停留在对表面现象的观察，无法深入探究人们的动机、态度、想法和情感；被观察者的随意性使观察到的行为不具有代表性。

三、原始资料的收集方法——定量调查法之面访法

定量调查：指利用封闭式的问卷，依据标准化的程序来收集数据，然后对这些数据进行整理和分析，描述、解释和预测调查对象的方法。定量调查主要包括：面访法、电话访问法和邮寄调查法。

(一) 拦截访问

拦截访问是指在指定地点，访员拦住受访者进行问卷调查的方法。

(1) 拦截访问的两种方法：街头拦截法、中心地调查。

(2) 拦截访问的基本过程如下图所示。

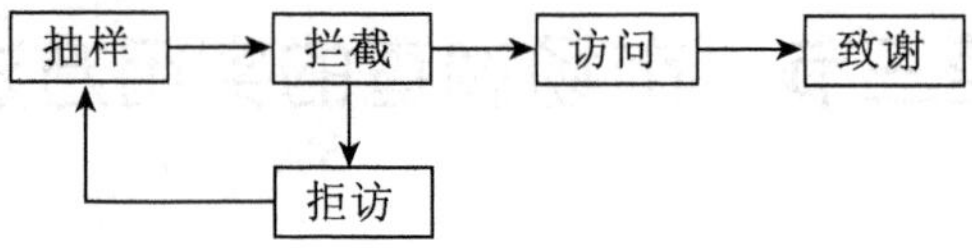

拦截访问的基本过程

(3) 访问员的注意事项。

①检查受访者是否是合适的调查对象，要婉言谢绝热心肠但不符合要求的人。

②如果受访者要求自己填答问卷，访员不能自作主张，必须严格按要求执行。

③如受访者自填问卷，访员需站在受访者的左后方，既不要让受访者有被监督的感觉，又要扫视受访者作答的情况。

④避免在场的其他人包括受访者的同伴影响受访者作答。

⑤访员要对问卷十分熟悉，便于随时指导受访者填答问卷。

⑥如果受访者对问题或答案不理解，访员不要自作解释。

⑦试调查时，访员要认真记录受访者不理解的问题、无法作答的答案等有疑问的地方。

⑧访员应当回答受访者提出的与问题无关的提问，以建立与受访者的融洽关系，给受访者留下良好印象。

(4) 督导员的职责。

①督导要亲自做一部分访问，以帮助访员解答问题、顺利完成调查。

②督导需采取公开或隐蔽的方法监督访员每天的工作，发现问题及时纠正。

③督导对访员的帮助应该是正面的反馈，并对访员给予适当的鼓励和安慰。

④督导应每天回收当天发放的问卷，并对每份问卷进行检查，查看是否所有该回答的问题都回答了，字迹是否清楚，跳答的问题是否按要求进行等。

⑤督导要抽查10%～25%的被访者，进行回访，以检查调查的质量。

⑥督导应每天记录访员所做的工作，包括完成的访问数或访问的小时数，以及问卷完成质量。

⑦督导要对所有的调查材料和结果保密，不准随意给非组员看。

(5) 拦截访问的优缺点。

优点在于节省费用，便于监督访员。缺点在于抽取的样本不具有随机性，拒访率较高。

(二) 入户访问

入户访问是指在受访者家里进行一对一的访问。

1. 入户访问的实施过程

寻找访问家庭⟶入户⟶抽取受访者⟶访问⟶致谢。

(1) 寻找访问家庭。如果抽样方案中已经详细给出了被访问家庭的地址和名单，那么访员必须严格按照名单上的地址进行访问，不得随意更换。抽样方案中还要给出受访者不在或拒访的处置办法。找不到访问家庭的原因可能是地址不详或访问家庭搬迁。

(2) 入户。要注意微笑，交代身份如大学生，说明调研目的如研究（论文）等。

(3) 抽取受访者。根据调查目的选择抽样对象。当对受访者没有严格界定时，可以采取 KISH 表抽取受访者。如果抽取的受访者不在家，需要另约访问时间。

(4) 访问。态度谦和，表述清晰，随机应变；非常熟悉问卷，察言观色辨真伪；适时追问，准确记录，用受访者措辞。

(5) 致谢。必须在访问结束后赠送礼品，以示感谢。

2. 入户访问的优缺点

(1) 优点。

①访员容易建立与受访者之间的信任和合作关系，一些敏感问题也容易进行询问。

②访员可以使用其他辅助工具。

③可以避免有意漏答题目的现象。

④减少受访者因不理解题意而随意作答。

⑤访员可以通过观察受访者的非语言行为，来判断答案的真实性。

(2) 缺点。

①访员一一访问受访者，耗费大量人力和时间，费用也较大。

②难以监督访员的访问过程。

③受访者对陌生人的戒备心理较强，访员入户有困难。

④访员的询问态度和语气难免影响受访者，容易出现访问偏见。

⑤个别受访者相当热情，影响访员工作效率。

(三) 留置式访问

访员将问卷发放到受访者家中，让受访者自行填答，过一段时间后再将问卷收回来。

1. 步骤

抽取访问家庭⟶入户⟶抽取受访者⟶详细说明⟶问卷留置⟶检查回收问卷⟶致谢。

2. 优缺点

(1) 优点。

①受访者有充分的时间回答，适合问题较多的问卷。

②能够保证问卷的有效回收。

③克服漏答造成无效问卷。

④受访者作答更自由，易获得配合。

⑤克服访员造成的种种负面影响。

(2) 缺点。

①难以了解问卷是否由受访者亲自作答，也无法确认作答是否受到他人影响。

②访问两次以上，耗时也耗费。

(四) 计算机辅助面访 (Computer Assisted Personal Interviewing，CAPI)

计算机辅助面访是指受访者直接面对计算机上的问卷接受访问。

(1) 优点。

①具有趣味性和时尚感，可吸引受访者作答。

②保密性好，受访者感觉安全，容易敞开心扉作答。

③具有时效性，省却数据录入工序。

(2) 缺点。

①耗费较高，不适合大面积推广。

②对样本要求较高，必须具备一定计算机操作知识，不适合在人群中广泛推广。

四、原始资料的收集方法——定量调查法之其他方法

(一) 互联网调查

互联网调查是指通过互联网从受调查者那里获取信息的市场调查方法。20 世纪 90 年代以来，随着互联网的迅速发展，互联网调查的作用越来越被看好。

1. 基本过程

(1) 建立抽样框。互联网调查的关键问题是样本的真实性和代表性。很多网民在上网时通常使用假身份，一人注册多个用户名或者多人使用一个用户名的情况也较普遍。所以，互联网调查要找到真实身份的网上用户，否则调查结果的可靠性就值得怀疑。通常情况下，门户网站都有大量注册用户，其中有些网站通过身份证或其他证件的核实来验证用户身份，这些用户的资料就是互联网调查的优质抽样框。

(2) 抽取调查样本。随意性样本，在没有抽样框的条件下，互联网调查可以在人流量较大的网站进行，也就是说网上的任何人都可以填写问卷。但这并不代表是在所有网民中随机性抽取样本，因而属于非随机性调查。为防止同一人重复填写问卷，可以锁住已填答问卷的网民的 IP 地址。

过滤性样本是指通过样本特征的配额挑选出的代表性样本。这些特征通常是一些统计特征，如性别、年龄、收入、地理位置或与产品有关的标准等。为过滤样本，问卷通常设计过滤性问题，以确定调查对象是否适宜回答问卷或者问卷的全部问题。

(3) 邀请调查对象或发送问卷。调查者可以通过网页或者 E-mail 邀请调查对象在特定时间内接受调查。为了鼓励网民积极参与调查，除调查内容要有趣、易答外，还应适当使用物质奖励。目前，一些互联网调查采取各种奖励措施，吸引网民参与调查。在经济利益的刺激下，互联网调查可以通过过滤性问题严格筛选调查对象，并获取调查对象的真实信息。

(4) 问卷回收和统计。调查对象可以直接在指定的网页上回答问题，在提交问卷

后，答案将直接录入数据库进行统计和分析。有的互联网调查还设置了查看调查结果的功能，调查对象可以通过点击查看调查的当前或最终结果。

(5) 致谢。向参与调查的对象表示感谢，向用户提供之前承诺的奖励。

2. 形式

(1) 电子邮件调查。电子邮件调查是一种通过电子邮件方式获取信息的资料收集方法。其步骤如下：先将调查问卷和调查说明以电子邮件发送给目标受调查者，请他们收到邮件后填答并寄回填答完的问卷。电子邮件调查与邮寄问卷调查基本相似，不同的是电子邮件调查比邮寄问卷调查的速度要快、费用更省，受调查者填答问题和寄回问卷更加方便。但电子邮件可能在目标受调查者接收之前就被识别为垃圾邮件，或者目标受调查者长时间不登录电子邮箱，或者出于不了解调查者的背景而不愿填答问卷，从而延误了调查数据的收集。

(2) 网页调查。网页调查是目前互联网调查的主要方法，即在网站上制作好电子问卷，并邀请受调查者在特定的网站填答问卷。网页调查与电子邮件调查的区别在于，前者是在线回答，远程计算机可以根据受调查者的回答自动筛选问题，并通过逻辑查错及时了解受调查者是否认真填答。电子邮件调查的受调查者可以在离线的情况下作答，但不能对作答情况进行及时反馈。

(3) 优缺点。优点在于速度快，只要受调查者能连接到互联网就可以填答问卷，因而互联网调查可以在短时间内收集到信息。成本低，互联网调查可以节省大量的访员劳务费、差旅费等，而且有些网站还提供免费的调查服务。减少数据录入的工序，在网页调查中，受调查者的回答直接进入数据库，无须重新录入。这也方便调查者随时统计调查结果。便于形象的展示，互联网调查可以向受调查者展示产品包装、产品实物等图片，这一优点比访问员携带图片进行拦截访问、入户访问还方便。不受地域限制，不管受调查者在北京、上海、广州，还是新疆、西藏、海南，也不管他们在国内还是国外，只要他们能上网，就能接受调查。

缺点在于调查对象有一定局限性，受调查者容易拒绝回答，网民可以对网页调查或E-mail调查置之不理，也可能在填答问卷的中途退出，导致问卷的回收率较低。问卷回答质量无保证，由于互联网调查没有访问员的指导和监督，受调查者可能出于赢得获奖机会而随便填答问卷，造成问卷的回答质量不高。

(二) 电话调查

电话调查需要一个安静、光线充足、通风良好、无外界干扰、安装有若干部电话的办公室，每一部电话最好配备一台录音机、若干访问问卷和访问记录用纸笔。

1. 适用范围

①媒介或节目传播效果调查。

②广告效果调查。

③突发事件或热点话题的快速调查。

2. 基本过程

(1) 抽取样本户。电话调查常用的抽样方法是电话簿抽样和随机拨号法。电话簿抽样可能由于新增电话没有列入电话簿以及用户不愿意公开电话号码等缘故而使得抽样框不够完整。随机拨号法可以克服电话簿抽样中不能涵盖所有电话用户的缺点，但是常常会拨到空号。

(2) 拨号。电话响铃六次之后才能断定样本户家中无人。选择替代样本，一般来说，选取好的样本不要轻易替换，但遇到电话打不通时，寻找替代样本也是不得已的事情。寻找替代样本的方法，通常采取阶层取样，方法是将抽到的号码及其前一个号码和后一个号码一起抄下来。当该号码拨不通时拨打前一号码，再不通就拨打后一号码。

(3) 介绍说明。电话拨通之后，访问员应先自我介绍，说明调查的目的和所需时间，取得受访户的信任和接受。如果受访户拒绝接受访问，以电话接通三次来决定放弃对该样本户的访问。当受访户愿意配合调查时，进一步抽取受访者。

(4) 选择受访者。抽出一个样本户后，还要决定访问户内哪一位成员，常用的选择方法有两种：任意法，抽取户内的任何一位成人；随机法，跟入户调查抽取受访者的方法原理相同。抽取受访者后，要求被抽到的受访者接电话，再次简单说明调查目的。如果受访者拒绝访问，就重新拨号；如果受访者不能立即接受访问，跟他预约一个时间，届时再访问。

(5) 访问。

(6) 致谢。

3. 提高访问完成率的方法

(1) 插足。在正式访问之前，先给受访者寄去一封短函、短信或打一个简短的电话，告诉他们有这么一个访问并预约好正式访问的时间。

(2) 酬赏。允诺受访者，如果他们肯合作，访问后将送给他们一些小礼物，或一笔酬金。

(3) 追踪。如果电话访问遭到拒绝，就寄出一封信解释访问目的，再打电话去联系。

4. 优缺点

(1) 优点。

①节省费用和时间。研究显示，电话调查比入户调查可节省60%以上的经费。访问一个样本，电话调查只包括与受访者对话的时间，而入户调查则需要加上交通的时间。如果样本比较分散，那么电话调查在时间上的优势就更明显。

②抽样过程相对简单。电话调查一般采用系统抽样，比起入户调查的分层抽样方法简单多了。电话调查的抽样框也是现成的，无须再花时间去建立抽样框。

③比较容易接触到受访者。在入户调查中，有的人从门镜中看见外面站着陌生人，可能闭而不纳，但是人们听到电话铃声都会接听。

（2）缺点。

①容易遭受拒访。不愿意接受访问的受访者，不必找什么理由，只要把电话挂断就可以拒绝访问。

②询问的问题不能提供太多答案。电话调查的问卷要尽可能简单一些，否则会导致受访者遗忘答案或者反感，甚至拒绝完成访问。

③无法判断受访者作答的真实性。面对面的访问，访问员可以根据受访者的表情、动作等来判断回答的真实性。在电话调查中，即使受访者跟访问员开玩笑，访问员也难以明察。

5. 技术发展

（1）计算机辅助电话调查（Computer Assisted Telephone Interviewing，CATI）。

（2）全自动电话调查（Interactive Voice Response，IVR）。

（三）邮寄调查

邮寄调查是将设计好的问卷制成邮件，附上回邮信封寄给受访者，由受访者填写好后再寄回给研究者的资料收集方法。作为一种资料采集方法，邮寄问卷调查早就为人们所使用，但由于回收率较低，我国的传播学研究已较少使用。

1. 基本过程

（1）准备邮件。在邮寄调查中，研究者和受访者之间的关系是借助邮件建立起来的，邮件的内容很重要。标准的调查邮件通常包括一份问卷、一封介绍信、一个回邮信封和一个精美的信封。

问卷的设计要注意以下几点。

①注明每一道题的作答方法。是单选还是多选，答案填在何处，打钩还是画圈。

②尽量减少或避免使用开放性问题。

③避免复杂难答的问题。

④问题表述要简洁、明了。

⑤避免跳答的题目。

⑥前后题目不能相互提示。

介绍信的内容一般包含以下要点。

①研究目的和研究的重要性。

②为什么受访者的意见值得重视。

③由谁完成问卷。

④如有疑问、怎样寻求解答。

⑤告诉受访者若不及时寄回，还会有催复信函随后寄到。

（2）寄出邮件。邮件准备好就可以在同一时间一起寄出，也可以根据不同受访者的回程时间先后寄出，以便保证在相对集中的时间回收。

（3）回收邮件。邮件寄出后，要等待受访者的回复。受访者接到邮件后，通常愿意回答的会马上作答并且在两三天内邮出。如果放置太久，回答的可能性就大为降低，所以邮件寄出去一段时间之后，就要考虑对没有寄回问卷者给予催复。

（4）催复。催复的方法有电话催复和邮寄催复，目的在于唤起受访者回答问卷的兴趣，催复应再度提示问卷的重要性并阻止受访者丢掉问卷，在催复信中不能表示不悦或不耐烦。催复信的内容包括提醒受访者有关邮寄问卷之事，叙述再寄这封信的理由，对已寄出问卷的受访者表示感谢，对没受到邮件者解释理由（如可能是误投或其他人拿走），并请他在随信寄出的问卷上作答并尽快寄出。

（5）寄出谢礼。估计能回收到的问卷都收到了之后，礼品就可以寄出，也可以在收到问卷时及时寄出，或者同问卷一起寄出。

2. 优缺点

（1）优点。

①节省费用。一般而言，由访员个别访问受访者，费用包括访员劳务费、差旅费、问卷印刷费和访员培训费等。每次成功访问花费少则几元，多则几十元。而邮寄调查以同样数量的样本计算，费用也比入户访问少。电话调查的费用也相对较少，但电话费和访问总费用分摊在每个样本上，仍然高于邮寄调查。

②调查区域广泛。调查区域不受调查者所在地的限制，邮政所达地区均可列为调查区域。

③避免访员偏见。访员现场访问可能产生多种误导，如通过声调变化来提示或将自己的看法告诉受访者等。邮寄调查能够克服这一问题。

（2）缺点。

①回收率低。由于没有访员在场催促，受访者容易因为对调查不感兴趣，不愿意回答某些问题，或因问卷过长、过于复杂等原因拒绝作答。

②问卷质量难以控制。由于没有访员的监督、检查，受访者常会有意无意地漏掉某些问题，还可能误解了问题而无法得到及时纠正，也无法通过观察受访者的非言语行为来判断答案的真实性。有时受访者没有时间或其他原因，让旁人代为回答，或者受访者认为自己不属于调查对象，而找一位他认为适合的人作答，这样也会损害样本代表性。

③花费时间长。邮寄问卷虽然可以要求受访者在指定时间内完成，但受访者能否按期完成并寄回问卷，研究者无法把握。邮寄调查无法胜任那些需要在短时间内获得资料的研究任务。

五、原始资料的收集方法——定性调查法

定性调查是以小样本为基础的探索性的调查研究方法。

（一）小组访谈

小组访谈指经过训练的主持人以一种自然的形式与一个小组的被调查者交谈，主持人负责组织讨论，从而深入了解被访者对某一种事物或观念的看法。

1. 小组访谈的实施流程

（1）前期准备。

①访谈人数和时长。小组访谈的人数控制在 8～10 个人最佳，访谈的时间一般应限制在 1.5～2 小时。同一小组的受访者以相同性质者为佳。

②访谈时间。访谈时间应尽量选择受访者便于参加的时间。

③访谈环境。访谈环境包括专门的测试室、单向镜、观察或录像、会议室（教室）、桌椅的设置、家居式的环境等。

④访谈提纲。访谈提纲包括和小组人员建立友好关系的开场白，说明小组访谈的规则，访谈中需要逐步深入讨论的问题，总结访谈，再次对受访者表示感谢。

（2）募集受访者。

①抽取受访者：可以从以前掌握的一些基本资料中筛选符合调查要求的目标人群或采用街头拦截或者随机选择一些电话号码来挑选访谈对象。

②电话预约受访者，与受访者的电话沟通用于解释电话号码的由来，介绍小组访谈的目的和内容，若受访者同意参加，告知访谈的时间、地点、路线和报酬。需要注意的是，预约工作在小组访谈前两周开始，预约的人数要比实际参加小组访谈的人数多三至四名，在小组访谈正式召开的前一天晚上与受访者进行确认和提醒。

（3）实施访谈。主持人是小组访谈的核心和灵魂人物。

对主持人的要求：掌握与调查内容相关的丰富的专业知识，具有良好的沟通技巧，表达清楚——不要谈论自己对问题的看法，善于倾听——听出潜台词，可适当记录，善于观察——发现细节，理解肢体语言，组织协调——善于把握讨论的主题、进程和时间分布，能处理冷场和争论，访谈结束后，向受访者发放礼金或纪念品。

对记录的要求：2 名记录员做记录。记录时使用第一人称，按照受访者当时的语气和说话方式记录，可增加总结性和浓缩过的语言，可全程录音，在有单向镜的测试室可全程录像。

（4）整理分析。主持人和记录员一同整理访谈记录，将各组中受访者的回答进行归类，根据客户要求可撰写访谈报告。

2. 小组访谈的优缺点

（1）优点。

①小组访谈收集信息迅速，成本较低，执行相对简单。

②小组访谈能获得大量意见、看法或观点，受访者的回答不受答案类型的限制。

③群体动力使小组访谈成为激发受访者产生新观念、新思想的最佳方式。

（2）缺点。

①小组访谈的抽样人数少，缺乏对调查总体的代表性，不能把访谈结果作为决策的唯一依据。

②小组访谈所得到的回答大多是无结构性的，不易于编码，难以量化统计。

③小组访谈要求主持人具有较高的访谈技巧，访谈结果的质量在很大程度上取决

于主持人。

（二）深度访谈

由掌握高级访谈技巧的访问员与受访者进行面对面、一对一的交谈，用以揭示对某一问题的潜在动机、态度等。

1. 深度访谈的特点

适合了解抽象和复杂的问题，刺探受访者的真实想法，了解受访者复杂的行为，适合了解不便于公开的问题，访问专业人士、竞争对手等特殊人群。

2. 深度访谈的用途

正式调查前的探索性研究和正式调查后有关问题的深入探讨。

3. 深度访谈对访问员的要求

(1) 能够让受访者轻松地接受访问。

(2) 态度中立、客观，不表露自己的观点。

(3) 能够巧妙地刺探受访者真实的想法。

(4) 能控制访谈主题和进度。

4. 深度访谈的优缺点

(1) 优点。

①可以获得比较全面的资料。

②有较多机会评价所得资料的效度和信度。

(2) 缺点。

①样本量小，误差较大。

②所得资料难以量化统计和推论。

③对访问员的素质和访问技巧要求较高。

（三）投射法

投射法是让受访者完成一定的作业，使受访者在没有心理防御的情况下将自己的真实态度或动机，投射到作业的情境中，然后分析作业以了解受访者的动机和态度。具体包括词语联想法，句子和故事完整法，图画测试法和图片归类法等。

六、原始资料的收集方法——实验法

实验法是指调研人员改变一些因素，用以观察由它而引起的其他因素的变化。

（一）实验法的基本概念

(1) 自变量指由实验者控制的变量或因素。常见的自变量有价格、包装、广告。

(2) 因变量指通过实验观测的变量。常见的因变量有销售量、市场份额、满意度。

(3) 外部变量指影响实验主体反应的除自变量之外的其他所有变量。包括可控的外部变量如商场规模、消费者购买力等；难控的外部变量如气候、季节、商业状况等。

（二）实验法的使用条件

自变量 A 与因变量 B 必须符合以下条件：A 的变化引起 B 的某种变化，A 在 B 之前发生，B 发生的变化不是 A 以外的其他因素引起的。

（三）实验法类型

实验法包括实验室实验和现场实验。现场实验可以提供许多信息，如评估市场份额和容量，用以推测整个市场；新产品的上市对已上市的同类产品的影响；购买产品的消费者特征；测试竞争者的行为反应等。

（四）实验法不被经常使用的原因

（1）实验的高昂成本。

（2）保密问题。

（3）实施的问题：外部变量难于控制，无法准确测试自变量和因变量的关系；实验市场的合作问题；测试市场与总体市场之间的差异。

第四节　市场预测

一、市场预测的概念及作用

（一）市场预测的定义

市场预测是指在市场调研已获资料的基础上，运用科学的方法，对市场未来一定时期的变化发展趋势所做的估计和推断，为营销决策者制定决策提供可靠的依据。

（二）市场预测的内容

由于市场预测是建立在市场调查的基础上，因此，预测的内容与市场调查的内容相近。具体包括市场需求预测、市场供应预测、市场商品销售情况预测、科技发展前景预测、经济政策调整动向预测、外贸进出口的发展和变化预测。

（三）市场预测的作用

市场预测的作用主要表现在以下四个方面：市场预测是企业营销活动的起点；市场预测是企业提高应变能力的有力手段；市场预测是提高企业经济效益和经营管理水平的基本途径之一；市场预测有利于提高政府的宏观管理水平。

二、市场预测的种类

市场预测的种类较多，不同的标准有不同的划分，常见于以下几种类型。

（一）按预测期的时间长短划分

1. 短期预测

短期预测是指以日、周、旬、月为单位，预测期在一年以内的预测。此预测由于预测的时间短、目标明确、背景资料接近市场现状，受外界因素干扰少，所以预测的结果准确度较高。因此，企业常根据预测的结果安排制定短期内的任务或具体实施方案及措施。如年度计划、季度计划等。

2. 中期预测

中期预测是指以年为单位，预测期在一年以上五年以内的预测。此预测由于预测期为1～5年的不长时间，预测中的不确定因素不会太多，而其准确度又稍比短期预测要差些，因此，企业常利用中期预测来考察：市场潜力、价格变化、商品供求等变化趋势的情况。如制订中期经营发展战略和经济发展五年计划。

3. 长期预测

长期预测是指以年为单位，预测期在五年以上的预测。此预测由于预测时间跨度大，不确定的因素较多，结果的准确性太差，因此，企业在经营活动中不常使用。一般在制定企业长期发展规划、产品开发计划、投资计划、生产规模扩充计划等时采用。

（二）按市场预测的空间划分

市场预测可分为国际市场预测和国内市场预测两种预测方法。

（三）按市场预测的范围划分

市场预测可分为宏观市场预测和微观市场预测两种预测方法。

（四）按预测方法划分

市场预测可分为定性预测与定量预测两种预测方法。

（五）按市场预测对象划分

市场预测可分为产业用品预测和消费品预测两种预测方法。

1. 产业用品预测

产业用品预测主要是对初级产品市场和中间产品市场，以及涉及生产领域和流通领域的用品市场进行的预测。主要包括：市场商品供应量、产品生命周期、商品流通渠道的预测等。

2. 消费品预测

消费品预测即对最终消费品市场的预测。其目的主要是为了估计消费品市场的需求量、结构及其变化的方向。

三、市场预测的原则与步骤

（一）市场预测的原则

市场预测的原则包括连贯性原则、类推原则、相关性原则、系统性原则和概率推断原则。

（二）市场预测的步骤

确定预测目标⟶拟订预测计划⟶收集整理资料⟶选择适当的预测方法⟶建

立预测的模型──→分析、评价预测结果──→撰写市场预测报告。

1. 确定预测目标

预测目标是预测的主题，确定预测目标就是要规定预测的内容、范围、要求、期限。

确定预测目标是市场预测的首要阶段，也是一项十分重要的工作。整个市场预测都是围绕预测目标展开的，目标确定的好坏直接影响到预测的结果。因此，目标确定要求做到：准确、清楚和具体。

2. 拟订预测计划

拟订预测计划即根据预测目标的内容和要求，对整个预测工作的总体设计。拟订的内容包括预测的项目、预测信息的来源、预测的时间安排、预测的预算估计、预测的分析方法、预测的人员安排及预测结果的提交方式等。

3. 收集和整理资料

收集和整理资料即通过各种调查形式，收集、整理、筛选、分析与主题有关的各种资料。这是进行市场预测的一项重要的基础工作，收集的资料可以是原始资料，也可以是二手资料，在收集整理资料时要注意资料筛选的三个原则：即相关性原则、可靠性原则、时效性原则。

4. 选择适当的预测方法

市场预测的方法较多，但并不是每一种方法都适合所有的预测问题，方法的选用是否得当，将直接影响到预测结果的精确性和可靠性。因此，在方法的选择上要根据预测的目的、费用、时间、设备和人员等条件选择合适的方法。

在市场预测中，常采用的预测方法主要有两大类，即定性预测法和定量预测法。每一类又有许多具体的方法。而每一种方法都有着各自的特点和适用范围。

5. 建立预测模型

建立预测模型是定量预测的关键，是根据已获得的数据资料，运用选定的预测方法，先求出参数估计值，再建立预测模型（即预测方程式）。通过这个模型就可以分析各种变量间的关系，得出初步的预测值（即将有关的数据资料代人方程式中，就可求出初步的预测值）。建立预测模型有以下三种类型：表示预测对象与时间之间的时间关系模型；表示预测对象与影响因素之间的相关关系模型；表示预测对象与其他预测对象之间相互关系的结构关系模型。

6. 分析、评价预测结果

分析、评价预测结果也就是对初步预测结果的可靠性和准确性的验证。以此来估计预测误差的大小。

对于定性预测，可分别采用多种定性方法来验证；对于定量预测，则须采用一些专门的检验方式，如 R 检验、R^2 检验、F 检验、$D-W$ 检验等，来分析预测对象的影响因素是否有显著变化，过去和现在的发展趋势和结构是否延续到未来。如果判断是肯定的，就可以基本确定预测结果，若判断是否定的，则应分析原因，修改预测模型再次预测。

7. 撰写市场预测报告

根据前面所做的工作撰写并提交预测报告，其主要内容包括列出预测目标、预测对象、预测时间、参加人员、参考的资料、具体的预测方法、建立的预测模型，相关因素的分析结果，对预测值的误差大小进行的控制和检验过程、确定的最终预测值以及实现预测结果的建议和补充。最后是附件部分。

第五节　市场调查报告的撰写

一、市场调查报告的概念和功能

撰写市场调查报告是市场调查的最后一步，也是十分重要的一步。调查研究的结果只有用文字形式表现出来，不仅能够发挥市场调查的作用，而且还能帮助企业解决实际营销问题。

（一）含义

市场调查报告是调查结果的集中表现，市场调查报告通过文字、图表等形式将调查的结果表现出来，以使人们对所调查的市场现象或问题有一个全面系统的了解和认识。

能否撰写出一份高质量的市场调查报告，是决定调查本身成败的重要环节。

（二）作用和功能

市场调查报告主要具备三大功能：一是描述调查结果，二是充当参考文件，三是证明所做工作的可行度。

具体表现在以下几个方面。

1. 调查报告必须表述研究的细节

市场调查报告应是对已完成的调研项目完整而又准确的描述，也就是说，调查报告的内容必须详细，完整地表达如下内容：调查目的，主要背景信息，调查方法的评价，以表格或图形的方式展示调查结果，调查结果摘要，结论和建议。

2. 调查报告必须像参考文件一样发挥作用

市场调查报告要能使决策者经常阅读和研究，以帮助其做出正确的决策。因此，市场调查报告应该具有较高的使用价值。

3. 调查报告必须建立并保持研究的可信度。

二、市场调查报告的结构及类型

（一）市场调查报告的格式

一份完整的调查报告可分为三大部分：前文、正文和结尾，其具体格式主要包括标题、目录、摘要、正文、结论与建议、附件等几部分。

1. 标题

标题包括市场调查标题、报告日期、委托方、调查方，一般应打印在扉页上。

市场调查报告的标题有以下三种类型。

直叙式标题是反映调查意向或指出调查地点、调查项目的标题。如《北京市中高档商品房需求的调查》，其特点是简明、客观。推荐采用。

表明观点式标题是直接阐明作者的观点、看法，或对事物做出判断、评价的标题。如"对当前的需求不旺不容忽视"。其特点是表明了作者态度又揭示了主题。因此具有很强的吸引力。

提问式标题是以设问、反问等形式突出问题的焦点和尖锐性、吸引读者阅读、思考的标题，如《北京市房地产二级市场为什么寥寥无几?》。

有的调查报告还采用正、副标题形式（双行标题），一般正标题表达调查的主题，副标题则具体表明调查的对象和内容。如《消费者眼中的〈海峡都市报〉》。

2. 目录

如果调查报告的内容、页数较多，为了方便读者阅读，应当使用目录或索引形式列出报告所分的主要章节和附录，并注明标题、有关章节号码及页码，一般来说，目录的篇幅不宜超过一页。

3. 摘要

摘要是报告中的内容提要，是全文精华的浓缩，它主要阐述课题的基本情况，它是按照市场调查课题的顺序将问题展开，并阐述对调查的原始资料进行选择、评价、作出结论、提出建议的原则等。主要包括三方面内容。

第一，简要说明调查目的。即简要地说明调查的由来和委托调查的原因。

第二，简要介绍调查对象和调查内容，包括调查时间、地点、对象、范围、调查要点及所要解答的问题。

第三，简要介绍调查研究的方法。介绍调查研究的方法，有助于使人确信调查结果的可靠性，因此对所用方法要进行简短叙述，并说明选用方法的原因。例如，是用抽样调查法还是用典型调查法，是用实地调查法还是文案调查法，这些一般是在调查过程中使用的方法。另外，在分析中使用的方法，如指数平滑分析、回归分析、聚类分析等方法都应做简要说明。如果部分内容很多，应有详细的工作技术报告加以说明补充，附在市场调查报告最后部分的附件中。

4. 正文

正文是市场调查分析报告的主体部分。这部分必须准确阐明全部有关论据，包括问题的提出到引出的结论，论证的全部过程，分析研究问题的方法，还应当有可供市场活动的决策者进行独立思考的全部调查结果和必要的市场信息，以及对这些情况和内容的分析评论。

5. 结论与建议

结论与建议是撰写综合分析报告的主要目的。这部分包括对引言和正文部分所提出的主要内容的总结，提出如何利用已证明为有效的措施和解决某一具体问题可供选择的方案与建议。结论和建议与正文部分的论述要紧密对应，不可以提出无证据的结论，也不要没有结论性意见的论证。

6. 附件

附件是指调查报告正文包含不了或没有提及，但与正文有关必须附加说明的部分。它是对正文报告的补充或更详尽说明。包括数据汇总表及原始资料背景材料和必要的工作技术报告，例如为调查选定样本的有关细节资料及调查期间所使用的文件副本等。

（二）市场调查报告的类型

由于市场调查的内容极为广泛，不同的调查所解决的问题不同，因而，调查结果报告的表现形式就具有不同的类型。调查报告的分类方法较多，一般根据调查报告的内容，可分为以下两种。

1. 专题报告

专题报告主要是针对某个问题或侧面而撰写的调查报告。

2. 综合报告

综合报告是以全面反映整个调查过程的全貌的调查报告。详细地给出了调查结果和调查发现。它是以资料的分析和研究为主，通常以文字、图表等形式将调查过程、方法及分析结论表现出来，目的是使人们对该项调查及结论有一个全面的了解。我们所说的调查报道主要是此类。

三、撰写调查报告应注意的问题

报告不仅显示调查的质量，也反映作者本身的知识水平和文字素养。因此，在撰写报告时要注意以下几点。

（1）考虑谁是读者。

（2）力求简明扼要、删除一切不必要的词句。

（3）行文流畅、易读易懂。

（4）内容客观，资料的解释要充分和相对准确。

（5）报告中引用他人的资料，应加以详细注释。

（6）打印成文、字迹清楚、外观美观。

（7）切忌将分析工作简单化，应尽量做到从各个层面来考虑问题，即要透过现象看本质。数据的分析应包括三个层次：说明、推论和讨论。

（8）提出的建议应该是积极的、正面的。

本章小结

21 世纪是信息时代，信息更新之速度，令人应接不暇。越来越多的企业认识到及时获得准确信息的重要性。市场调查和预测就是解决信息问题的有效手段之一，其任务就是运用科学方法，系统、有效率地收集和分析市场信息，以得到经营管理和市场营销的科学的决策依据。本章系统地介绍了市场调查和预测的方法。首先阐述了市场调查的基本理论；其次介绍了市场调查的程序、调查方案的设计、资料的获得方法、调查问卷的设计程序、抽样技术、实地调查方法和技术、预测的方法和调查报告的撰写要点等；最后进一步阐述了如何计划、组织、协调和控制一项市场调查活动，以及如何开展市场调查活动。

复习思考题

1. 什么是市场调查？为什么要进行市场调查？
2. 市场调查的基本流程是什么？
3. 选择某一商品或事件，拟定调查方案，并进行问卷设计。
4. 市场调查的几种方法应如何进行选择？
5. 简述市场预测的原则与步骤。
6. 组织一次市场调查，并撰写调查报告。

第六章　物资采购管理

学习目标

1. 了解采购对于施工企业物资管理和项目管理的重要意义，能够正确理解现代采购管理的相关概念。

2. 了解集中与分散采购的利弊、掌握电子采购和招标采购方式的步骤和内容。

3. 熟悉供应商选择技术和供应商分类管理、了解采购合同的基本内容和条款，初步具备从事企业采购工作能力。

4. 熟悉采购工作的标准和规范，为从事采购管理实践工作奠定理论基础。

第一节　物资采购管理概述

一、采购及采购管理的定义

（一）采购的定义

采购（purchasing），是指企业在一定条件下从供应市场获取产品或服务作为企业资源，以保证企业生产及经营活动正常开展的一项企业经营活动。

采购应当包含着两个基本意思：一是“采”，二是“购”。“采”，采集、采摘也，是从众多的对象中选择若干个之意。“购”，购买也，是通过商品交易手段把所选定的对象从对方手中转移到自己手中之意。所谓采购，一般是指从多个对象中选择购买自己所需要的物品。这里的对象，既可以是市场、厂家、商店，也可以是物品。从学术的角度看，采购是比购买的含义更广泛、更复杂的概念。

（二）采购与供应

采购和供应是相通的，但又不尽相同。采购和供应其实是一个连贯的动作，一个对外一个对内，采购只不过是从企业外部获得资源，而供应就是将这些资源供给给内部客户。采购的前提必须是内部供应的需要，也就是采购计划，而采购计划的满足就是采购工作按时按质按量以最小成本完成。在实际应用中，有时把采购与供应等同使用。或者从供应商的角度理解，就是供应，从需求方理解，就是采购。

（三）物资采购管理

物资采购管理是指为了保障物资供应而对企业采购进货活动所进行的管理，是对整个企业采购活动的计划、组织、指挥、协调和控制活动，包括物资采购计划下达、采购单生成、采购单执行、到货接收、检验入库、采购发票的收集以及采购结算的全过程。对物资采购过程中物流运动的各个环节状态进行严密地跟踪、监督，实现对企业物资采购活动执行过程的科学管理。

二、物资采购管理的内容

为了实现物资采购的基本职能，物资采购管理需要有一系列的业务内容和业务模式。

（一）物资采购管理组织

物资采购管理组织是采购管理最基本的组成部分，为了做好物资采购管理，需要有合理的管理机制和精悍的管理组织机构，以及能干的管理人员和操作人员。

（二）需求分析

需求分析就是要弄清楚企业需要采购什么、采购什么品种、什么时候需要等问题。作为企业的物资采购供应部门，应当掌握企业的物资需要情况，制订物料需求计划，从而为制订科学合理的采购计划做准备。

（三）资源市场分析

资源市场分析就是根据企业所需要的物资品种，分析资源市场的情况，包括资源分布情况、供应商情况、品种质量、价格情况、交通运输情况等。资源市场分析的重点是供应商分析和品种分析，分析的目的是为制订采购计划做准备。

（四）制订物资采购计划

制订物资采购计划是根据需要品种情况和供应商的情况，制订出切实可行的物资采购订货计划，包括选定供应商、供应品种、具体的订货策略、运输进货策略以及具体的实施进度计划等，解决什么时候订货、订购什么、订多少、向谁订、如何订、如何进货、如何支付等一些具体的问题，为整个采购订货、进货规划制订一个蓝图。

（五）物资采购计划实施

制订物资采购计划实施就是把上面制订的采购计划分配落实到个人，根据既定的进度实施，具体包括联系确定的供应商、进行贸易谈判、签订订货合同、运输进货、到货验收入库、支付货款以及善后处理等。

（六）采购评价和分析

物资采购评价与分析就是在一次物资采购完成以后对这次采购的评估，或月末、季末、年末对一定时期内的物资采购活动的总结评估，主要在于评估物资采购活动的效果、总结经验教训、找出问题、提出改进方法等。通过总结评估，可以肯定成绩、发现问题、制定措施、改进工作，不断提高采购管理水平。

(七) 物资采购监控

物资采购监控是指对采购活动进行的监控活动，包括对物资采购的有关人员、物资采购资金、物资采购事务活动的监控。

(八) 物资采购基础工作

物资采购基础工作是指为建立科学、有效的物资采购系统而建立的一些基础建设工作，包括管理基础工作、软件基础工作和硬件基础工作。

三、物资采购管理的原则

物资采购管理在实践中不是简单地追求最低价采购，而是要全方面把握适当的原则，具体来讲，要把握五个原则，称之为“5R”。

(1) 适当的供应商 (Right Supplier)；

(2) 适当的质量 (Right Quality)；

(3) 适当的时间 (Right Time)；

(4) 适当的价格 (Right Price)；

(5) 适当的数量 (Right Quantity)。

四、物资采购管理的目标

在物资采购实践中，因为采购的多元化，采购管理的目标也不是单一的，既要考虑短期的经济效益，又要考虑长期的物资供应保证。

(1) 提供不间断的物料流和物资流，以便使整个组织正常运转。

(2) 使存货投资和损失保持最小。

(3) 保持并提高质量。

(4) 发现或开发有竞争力的供应商。

(5) 当条件允许的时候，将所购物料标准化。

(6) 以最低的总成本获得所需要的物资和服务。

(7) 提高公司的竞争地位。

(8) 在企业内部与其他部门建立和谐而富有成效的工作关系。

(9) 以最低水平的管理费用完成采购目标。

五、传统采购管理与现代采购管理的主要区别

随着企业环境的变化和竞争的加剧，企业采购工作的要求也在逐步发生变化，这就要求采购管理工作也要进行创新和变革。下表显示了现代采购管理相对于传统的采购管理在双方关系、合同期限、采购批量、对库存的认识等方面已经发生了很大的变化，这就要求我们在今后的物资采购工作中，坚持运用现代采购管理的理念和思想武装自已，积极地采用现代采购方法和技术，提高采购效率。

传统采购管理与现代采购管理的对比

对比因素	传统采购管理	现代采购管理
供应商/买方关系	相互对立	合作伙伴
合作关系	可变的	长期的
合同期限	短	长
采购数量	大批量	小批量
运输策略	单一品种整车发送	多品种整车发送
质量问题	检验/再检验	无须入库检验
与供应商的信息沟通	传统媒介	网络
信息沟通的频率	离散的	连续的
对库存的认识	资产	祸害
供应商数量	多，越多越好	少，甚至一个
设计流程	先设计产品后询价	供应商参与产品设计
产量	大量	少量
交货安排	每月	每周或每天
供应商地理分布	很广的区域	尽可能靠近
仓库	大	小

第二节　采购流程管理

现代采购管理有规范的采购流程，虽然每个施工企业的情况不同，需根据自己的情况设计具体的采购流程，但基本的采购程序是一样的。

一、物资采购的基本流程

采购的一般程序是：第一步，制订采购计划，包括采购认证计划和采购订单计划；第二步，进行采购认证；第三步，进行采购订单；第四步，进货管理；第五步，采购管理的绩效评价。根据这五个基本步骤，有更详细的物资采购流程，如图 6－1 所示。

其中，提出需求和发现需求就是制订采购计划的过程。而对供应商的评价和选择就是采购认证的过程。后面的订单过程和进货过程就显而易见了，最后的绩效评价是对整个采购工作的总结。

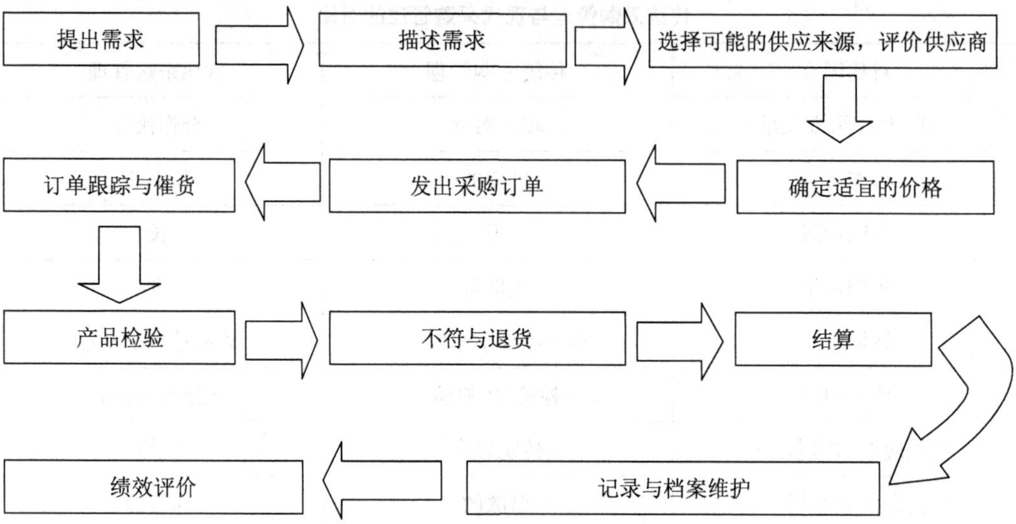

图 6-1　物资采购的基本流程

二、采购计划的制订

采购计划是指根据市场需求、企业生产能力和采购环境容量等确定采购时间、采购数量以及如何采购的作业。采购计划制订分为两个方面：采购认证计划和采购订单计划。

（一）采购认证计划的制订

1. 准备认证计划

第一步，接受由开发部门提交的开发批量计划。余量需求产生的两种情况：市场需求的增加，使采购环境容量不足以支持物料需求；采购环境呈下降趋势，该物料的采购环境容量在缩小，满足不了需求。

第二步，接受生产余量需求计划。

第三步，熟悉并准备供应商群体认证环境信息资料。

第四步，拟订认证计划说明书。

2. 评估认证需求

评估认证需求包括分析开发批量需求、分析余量需求、确定认证需求三个步骤。

3. 计算认证容量

计算认证容量包括分析项目认证资料、计算供应商群体总体认证容量、确定社会供应群体的可利用认证容量（承接认证量）、确定总剩余认证容量四个步骤。

剩余认证容量＝供应商群体总体认证容量－承接认证量

4. 制订认证计划

具体来讲，制订认证计划包括对比认证需求量与认证容量、综合平衡、确定认证余量认证计划和制订认证计划四个步骤。通过这些步骤，可以确定认证物料数量和开始认证时间。

认证物料数量＝开发样件需求数量＋检验测试需求数量＋样品数量＋机动数量

开始认证时间＝要求认证结束时间－认证周期－缓冲时间

（二）采购订单计划的制订

1. 准备订单计划

准备订单计划包括了解市场需求；了解生产需求；准备订单背景资料；制定订单计划说明书四个分步骤。

2. 评估订单需求

订单需求的评估包括分析市场需、分析生产需求、确定订单需求。

3. 计算订单容量

订单容量的计算是在分析供应资料、计算总体订单容量、计算承接订单容量的基础上来确定剩余订单容量的过程。

4. 制订订单计划

在确定了订单需求和订单容量的基础上，订单计划的制订只要按照对比需求与容量，综合平衡、确定余量计划，制订订单计划的顺序进行就可以了。由此可以确定下单数量和下单时间。

下单数量＝生产需求量－计划入库量－现有库存量＋安全库存量

下单时间＝要求到货时间－认证周期－订单周期－缓冲时间

三、采购认证的过程

采购认证是指采购人员对采购环境进行考察并建立采购环境的过程。认证的目的是建立和维护企业的采购环境，为企业提供物料项目的供应商群体，满足采购对象质量、成本、供应、服务等方面的要求。采购认证包括六个过程：认证准备、初选供应商、试制认证、中试认证、批量认证、认证供应评估。

（一）认证准备

（1）熟悉需要认证的物料项目；

（2）价格预算：物料的成本价格；

（3）研究项目质量需求标准；

（4）了解项目的需求量；

（5）准备好物料认证所需的资料。

（二）初选供应商

（1）确定社会供应群体范围；

（2）了解供应商：研究供应商提供的资料；向相关供应群体发放调查问卷；实地考察、向其他人了解；购买资料；

（3）与供应商进行谈判；

(4) 发放认证说明书；

(5) 供应商提供供应报告；

(6) 选出三个以上的供应商。

(三) 试制认证

(1) 签订试制合同；

(2) 向初选供应商提供项目试制资料；

(3) 供应商提供样品；

(4) 样品评估；

(5) 确定物料样品供应商。

(四) 中试认证

(1) 签订中试合同；

(2) 向样品供应商提供项目中试资料；

(3) 供应商提供小批件；

(4) 中试评估；

(5) 确定物料中试供应商。

(五) 批量认证

(1) 签订批量合同；

(2) 向中试供应商提供项目批量生产资料；

(3) 供应商提供批量件；

(4) 批量评估；

(5) 确定物料批量供应商（两家以上）。

(六) 认证供应评估

在以后的供应过程中，供应商是否能够严格按照认证合同供货以及绩效如何，需要定期对物品的供应状况进行评估。定期评估的环节包括制订供应评估计划；部门绩效评估和采购人员绩效评估；供应商绩效评估；建立和调整采购环境。

四、采购订单

1. 订单准备

订单准备包括熟悉需要订单操作的物料项目；价格确认；确认项目质量需求标准；确认项目的需求量；制订订单说明书。

2. 选择供应商

选择供应商包括查看采购环境；分析供应商现实供应情况；供应商确认；发放订单说明书；确定物料供应商。

3. 签订订单合同

签订订单合同包括采购订单（合同）制作；订单合同提交审批；与供应商签订订

单合同。

4. 订单合同跟踪

订单合同跟踪包括跟踪供应商工艺文件的准备；确认原材料的准备；跟踪加工过程进展状态；跟踪组装调试检测过程进展状态；确认包装入库。

5. 物料检验

物料检验包括确定检验日期；通知检验人员；物料检验；处理检验问题。

6. 物料接收

物料接收包括与供应商确认物料送货日期；与仓储部协调送货事务；通知供应商送货；库房接收及物料入库；检验问题处理。

7. 付款操作

付款操作包括查看物料检验入库信息；准备付申请单；主管审批；资金平衡；向供应商付款；供应商收款。

8. 供应订单评估

供应订单评估包括制订供应评估计划；订单部门绩效评估；订单人员绩效评估；供应商供应绩效评估；建议调整采购分配比例。

第三节　物资采购方式

物资采购方式是指物资企业作为需方同供货单位建立买卖关系，实现物资购销所采取的交货形式和组织方法。物资采购方式从物资采购实现的程度、市场经济环境、企业人力、物力、财力消耗大小及企业经济效益等方面选择交货形式和组织方法。不同的物资采购方式具有不同的特征和实现条件，在决策物资采购方式时应具有针对性。

一、集中采购与分散采购

物资采购按照完成采购任务的组织形式不同，分为集中采购和分散采购。随着项目制、连锁经营、特许经营、外包制造模式的增加，集中采购将成为未来企业采购的主要方式，具有很好的发展前景。

（一）集中采购

1. 集中采购的含义

集中采购是指企业在核心管理层建立专门的采购机构，统一组织企业所需物品的采购业务。跨国公司的全球采购部门是集中采购的典型应用，它以组建内部采购部门的方式，来统一管理分布在世界各地的分支机构的采购业务，减少采购渠道，通过批量采购获得价格优惠。

2. 集中采购的优势

集中采购的优势主要体现在以下几个方面：①有利于获得采购规模效益，降低进货成本和物流成本，争取主动权；②易于稳定本企业与供应商之间的关系，得到供应商在技术开发货款结算、售后服务支持等诸多方面的支持与合作；③采取公开招标、集体决策的方式，可以有效地制止腐败；④有利于采购决策中专业化分工和专业技能的发展，同时有利于提高工作效率；⑤采购决策集中控制，所购物料就比较容易达到标准化，减少了管理上的重复劳动；⑥可以节省运费和获得供应商折扣；⑦推动供应商有效管理。

3. 集中采购的缺点

集中采购的主要缺点：①采购流程过长，延误实效，零星、地域性及紧急采购状况难以适应；②非共同性物料集中采购，并无数量折扣利益；③采购与使用单位分离，规格确认、物品转运等费事、耗时。

4. 集中采购适用的采购主体

（1）集团范围实施的采购活动。

（2）跨国公司的采购。

（3）连锁经营、原始设备制造商（Original Equipment Manufacturer，OEM）、特许经营企业的采购。

5. 集中采购适用的采购客体

（1）大宗或批量物品，价值高或总价多的物品。

（2）关键零部件、原材料或其他战略资源，保密度高、产权约束多的物品。

（3）容易出问题的物品。

（4）最好是定期采购的物品。

（二）分散采购

1. 分散采购的含义

分散采购是由企业下属各单位实施的满足自身生产经营需要的采购，是集团将权力分散的采购活动。分散采购的基本特点如下。

（1）批量小或单件物品，且价值低、开支小。

（2）过程短、手续简、决策层次低。

（3）问题反馈快，针对性强，方便灵活。

（4）占用资金少，库存空间小，保管简单、方便。

2. 分散采购的优势

分散采购可以对利润中心直接负责；对于内部用户有更强的客户导向；较少的官僚采购程序；较少需要内部协调，与供应商直接沟通。

3. 分散采购的缺点

分散采购缺乏规模经济性；缺乏对供应商的统一的态度；分散的市场调查；在采购和物料方面形成专业技能的可能性有限；对不同的经营单位可能存在不同的采购条件。

4. 分散采购适用的采购主体

（1）二级法人单位、子公司、分厂、车间。

（2）离主厂区或集团供应基地较远，其供应成本低于集中采购成本。

（3）异国、异地供应。

5. 分散采购适用的采购客体

（1）小批量、单件、价值低、总支出在产品费用中所占比重小的物品。

（2）分散采购优于集中采购的物品。

（3）市场资源有保证，易于送达，较少物流费用的物品。

（4）分散后，各基层有这方面的采购与检测能力的物品。

（5）产品开发研制、试验所需的物品。

二、联合采购

联合采购是指多个企业之间的采购联盟行为。联合采购的目的是获得采购环节的规模经济。

1. 联合采购的优点

（1）在采购环节，联合采购可以批量采购降低采购单价，使各企业的采购费用相应降低。

（2）在管理环节，联合采购可以分担管理费用。

（3）在仓储环节，通过实施各企业库存资源的共享和器材的统一调拨，减少备用物资积压和资金占用，提高各企业的紧急需求满足率，减少因器材供应短缺造成的停产损失。

（4）在运输环节，联合采购可以使运输费用降低。

2. 联合采购的形式

（1）采购战略联盟，这是指两个或两个以上的企业出于对整个市场的预期目标和企业自身总体经营目标的考虑，采取一种长期联合与合作的采购方式。

（2）通用材料的合并采购，主要用于互相有竞争关系的企业之间，通过合并通用材料的采购数量和统一归口采购成本来获得大规模采购带来的低价优惠。

三、询价采购

所谓询价采购，就是采购者向选定的若干个供应商发出询价函，让供应商报价，然后根据各个供应商报价而选定供应商的方法。

询价采购的特点：不是面向整个社会的所有供应商，而是在充分调查的基础上，筛选了一些比较有实力的供应商；采购过程比较简单、工作量小；邀请性采购。

四、电子采购

所谓电子采购就是用计算机系统代替传统的文书系统，通过网络支持完成采购工作的一种业务处理方式，也称网上采购。

（一）传统模式采购的劣势

（1）一系列没有增值作用的文书工作；

（2）过多的单证操作；

（3）处理内部和外部订单消耗大量时间；

（4）纯文本工作耗费大量成本。

（二）电子采购的优点

（1）节省采购时间，提高采购效益；

（2）采购成本显著降低；

（3）优化了采购及供应链管理；

（4）加强了对供应商的评价管理；

（5）增强了服务意识，提高了服务质量；

（6）增加交易的透明度，减少“暗箱操作”。

（三）电子采购的过程

（1）确定采购过程；

（2）初始化订货申请；

（3）批准订货申请；

（4）订购所需的货项。

（四）电子采购的模式

1. 卖方一对多模式

供应商在互联网上发布其产品在线目录，采购方通过浏览来取得所需商品的信息，以作出采购决策，并下订单。这种模式对供应商十分有益，供应商很容易对目录内容进行更新，省去了做广告的成本以及销售方面的成本，对采购方也很方便，可以随时访问目录获取信息，非常方便快捷地订购所需的产品。

该模式的不足：对采购方来讲，可能没有时间去访问供应商的网站；采购员可能会变得过分依赖某些特定的供应商；当一个产品对不同的采购方价格可能不同的时候，就需要采用个性化的、有限制的、有预先谈判的目录，或者采用加密的目录。

2. 买方一对多模式

买方一对多模式是指采购方在互联网上发布所需采购产品的信息，供应商在采购方的网站上登录自己的产品信息，供采购方评估，并通过采购方网站双方进行进一步的信息沟通，完成采购业务的全过程。

在买方一对多模式下，采购方承担建立、维护和更新产品目录的工作，需要投入大量的资金，承担系统维护成本，采购方可以更好地控制整个采购流程。员工只需要一个界面就可以了解到所有可能的供应商的产品信息，并能方便地进行对比和分析。采购网站与采购方信息系统之间的无缝链接将使这些文档流畅地被后台系统识别并处理。

从供应商角度分析，想要进入该模式的供应商需要以标准格式提供他们的内容，那些会涉及大量采购方的供应商，要为每一个在线目录提供规定格式的内容，工作负荷可能难以承受。

买方一对多模式适合大企业的直接物料采购。因为大企业一般已运行着成熟可靠的企业信息管理系统；往往处于供应链的核心地位，供应商数量少且关系稳定；有足够的能力担负建立、维护和更新产品目录的工作。

3. 第三方系统门户

门户是描述在互联网（Internet）上形成的各种市场的术语，也称为电子市场。电子市场是一个网站，多个买方和卖方能够在网站相遇，并进行各种商业交易。基于电子市场，采购员的工作变得较为自如，采购方很容易针对某一特定产品或服务来评估所有的潜在供应商，然后做出决定。

电子市场范围特别大，要发现合适供应商的搜寻和检索成本太高。同时产品技术规格和有关信息的变化、更新快，由于产品的特点和特性太多，采购员对不同供应商的同类产品进行比较太困难，对供应商工作表现的定级、鉴定或评估的成本太高。

电子市场的类型有垂直门户和水平门户。垂直门户是经营专门产品的市场，通常由一个或多个本领域内的领导型企业发起或支持。水平门户集中了种类繁多的产品，其主要经营领域包括维修和生产用的零配件、办公用品、家具、旅行服务等。

五、反向拍卖

（一）反向拍卖的含义

一般拍卖指供应商提供商品参加拍卖，购买方进行竞价购得商品，此时一般采用加价式竞价决定最终购买方和购买价格。反向拍卖是指购买方到网站登记需求进行拍卖，而供应商进行竞价来争取订单。一般采用减价式竞价决定最终供应商和价格。

（二）反向拍卖的优缺点

反向拍卖具有提高速度和节约成本的优点，大多数反向拍卖用于现货购买，这样省去了选择供应商、征询报价和比较收到的报价这些费时的非现场处理工作。缺点是：过分关注价格，忽视与供应商的关系；预测困难。

（三）反向拍卖特别适合的情况

（1）在市场规模和提供某一产品的卖家意愿不太确定的情况下；

（2）在所采购的货项数量特别大而且它的规格有可能制定的十分清楚的情况下；

（3）在剩余物资或资产出售的情况下；

（4）对某些服务，例如汽车租赁、运输服务、宾馆住宿等。

第四节　供应商管理

一、供应商管理的概念

供应商管理，是在新的物流与采购经济形势下所提出的管理机制。供应链管理环境下的客户关系是一种战略性合作关系，提倡一种双赢（Win－Win）机制。从传统的非合作性竞争走向合作性竞争，合作与竞争并存是当今企业关系发展的一个趋势。

二、供应商管理的意义

供应商管理的重要意义可以从两个层面来考虑，即技术层面和战略层面。

（一）从技术层面意义分析

1. 供应商管理有利于降低商品采购成本

根据美国先进制造研究报告表明，采购成本在企业总成本中占据着相当大的比重，对美国制造企业而言，原材料采购成本一般占产品单位成本的40%～60%，大型汽车制造企业更高。研究报告指出，采购成本所占比例将随着核心能力的集中和业务外包比例的增加而增加，因此，供应商作为供应链中的结盟企业直接关系着产品的最终成本。美国采购经理们预测，未来几年，竞争压力将迫使制造商每年降低5%～8%的产品成本（除去通货膨胀因素）。但这仅仅依靠制造商是无法实现的，制造商必须与供应链另一生产型企业——供应商联合，才能实现产品成本的降低。

2. 有利于提高产品质量

有研究表明，30%的质量问题是由供应商引起的。因此，提高原材料、零配件的质量是改进产品质量的有效手段。

3. 从降低库存的角度

减少库存的压力使制造商将前端库存转嫁到供应商身上，将后端库存转嫁到销售商身上，不利于合作伙伴关系的建立，针对于此，供应商管理可以进行协调库存管理。

4. 从缩短交货期的角度

据统计，80%的产品交货期延长是由供应商引起的，缩短产品交货期应从源头做起。

（二）从战略层面意义分析

信息技术和计算机网络技术，尤其是全球性网络 Internet 的迅速发展为现代制造企业跨地域、跨行业实现信息和技术的实时传递与交换提供了必要条件。制造业面临的是全球性的市场、资源、技术和人员的竞争，制造资源市场已成为一个开放型的大市场。制造资源应被集成起来发挥作用早已是人们在制造生产中达成的共识。

1. 从集成供应链的角度

从集成供应链的角度即将供应商放在供应链网络结构模型中考虑，供应链是由节点企业组成的，节点企业在需求信息的驱动下，通过职能分工与合作实现供应链的价值过程。从系统论的角度来看，制造资源是整个制造系统的输入，而供应商的行为和要素市场的规范与制造资源的质、量密切相关，所以供应商管理问题是制造的出发点，也是制造成败的关键因素之一。

2. 从提升核心能力的角度

随着企业越来越注重核心能力的培养和核心业务的开拓，从外部获取资源，通过供应商介入进行新产品开发以提升自身的核心能力的情况也逐渐增多。

3. 从新产品开发的角度

据美国采购经理们预测，未来几年，新产品上市时间将缩短40%～60%，仅仅依靠制造商或核心企业的能力是远远不够的，与供应商合作已势在必行。

三、供应商管理基本环节

供应商管理基本环节包括供应商调查、供应商开发、供应商考核、供应商选择、供应商使用、供应商激励与控制等几个基本环节。

第一，供应商调查。供应商调查的目的，就是要了解企业有哪些可能的供应商，各个供应商的基本情况如何，为企业了解资源市场以及选择正式供应商做准备。

第二，资源市场调查。资源市场调查的目的，就是在供应商调查的基础上，进一步了解并掌握整个资源市场的基本情况和基本性质：是买方市场还是卖方市场？是竞争市场还是垄断市场？是成长的市场还是没落的市场？此外，还需要了解资源生产能力、技术水平、管理水平以及价格水平等，为制定采购决策和选择供应商做准备。

第三，供应商开发。在供应商调查和资源市场调查的基础上，可能会发现比较好的供应商，但是还不一定能马上得到一个完全合乎企业需求的供应商，还需要在现有的基础上进一步加以开发，从而得到一个基本合乎企业需求的供应商。将一个现有的原型供应商转化成一个基本符合企业需求的供应商的过程，就是一个开发过程，具体包括供应商深入调查、供应商辅导、供应商改进、供应商考核等活动。

第四，供应商考核。供应商考核是一项很重要的工作。它分布在各个阶段，在供应商开发过程中需要考核、在供应商选择阶段需要考核、在供应商使用阶段也需要考核。不过每个阶段考核的内容和形式并不完全相同。

第五，供应商选择。在供应商考核的基础上，选定合适的供应商。

第六，供应商使用。与选定的供应商开展正常的业务活动。

第七，供应商激励与控制，是指在使用供应商过程中的激励和控制。

四、供应商管理的目标和战略

（一）供应商管理的目标

（1）获得符合企业质量和数量要求的产品或服务；

（2）以最低的成本获得产品或服务；

（3）确保供应商提供最优的服务和及时地送货；

（4）发展和维持良好的供应商关系；

（5）开发潜在的供应商。

（二）供应商管理的战略

（1）设计能最大限度地降低风险的合理的供应结构；

（2）采用能使采购成本最低的采购办法；

（3）与供应商建立一种能促使供应商不断降低成本，提高质量的长期合作关系。

五、供应商的评估和选择

（一）供应商选择的步骤

（1）建立供应商评估和选择小组；

（2）确定全部的供应商名单；

（3）列出评估指标并确定权重；

（4）逐项评估每个供应商的履行能力；

（5）综合评分并确定供应商。

（二）供应商评估的因素

（1）技术水平。评估内容主要包括供应商提供的技术参数是否达到要求，是否拥有技术队伍有能力去制造或供应所需的产品，是否有产品开发和改进项目的能力，是否能帮助改进产品。

（2）产品质量。供应商的产品必须能够持续稳定地达到产品说明书的要求，必须要有良好的质量控制体系，对供应商提供的产品除了要做好工厂内部质量检验外，还要考虑实际使用效果，即检查在实际环境中使用的质量状况。

（3）供应能力与生产能力。企业需要核准供应商是否具有相当的生产规模与发展潜力，这就意味着供应商的制造设备必须在数量上达到一定的规模，能够保证供应所需数量的产品。

（4）价格。供应商应该能够提供有竞争力的价格，这并不意味着必须是最低的价格，这个价格是考虑了供应商要满足所需要的时间，所需的数量、质量、服务后确定的，此外，供应商还应该有能力向购买方提供改进产品成本的方案。

（5）地理位置。供应商的位置对库存量的管理有相当大的影响，如果物品单价较高，需求量又大，距离近的供应商有利于管理，因此购买方总是期望供应商距离自己近一些，或至少要求供应商在当地建立库存，地理位置近送货时间就短，这意味着紧急缺货时，可以快速送到。

（6）可靠性。在选择供应商时，应该选择一些有较高声誉，经营稳定以及财务状况良好的供应商，同时双方应该相互信任，讲究信誉，并能把这种关系保持下去。

（7）提前性。为了应对紧急缺货的发生，不论在传统条件下还是在供应量管理条件下，供应商的供货都应当有合理的提前期。

（8）快速响应能力。根据客户要求及时反应，适应客户的能力。

六、供应商关系管理

供应商关系管理的重点是分类管理。根据不同的分类标准，由于供应商的不同分类，其关系管理的重点也不同。分类的标准很多，这里只讲最主要的分类标准，那就是企业与供应商彼此的重要性。根据这种分类标准，供应商可以分为四类，见图 6-2。

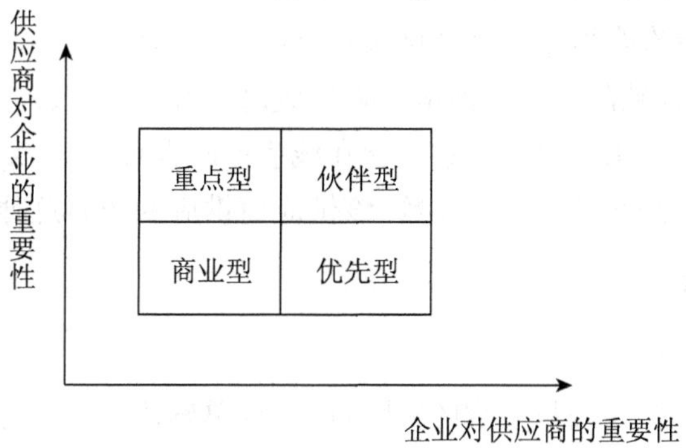

图 6-2　企业与供应商彼此重要性的供应商分类

（一）伙伴型供应商

伙伴型供应商是供应商在一个特定长的时间内与其客户就某些产品和服务达成一定的承诺和协议，包括信息共享，分享和分担由于伙伴关系带来的利益和风险。伙伴型供应商关系是企业与供应商之间达成的最高层次的合作关系，它是指在相互信任的基础上，供需双方为了实现共同的目标而采取的共担风险、共享利益的长期合作关系。

通过与供应商建立长期合作伙伴关系，可以缩短供应商的供应周期，提高供应商的灵活性；可以降低企业的原材料、零部件的库存水平，降低管理费用、加快资金周转，提高原材料、零部件的质量；可以加强与供应商的沟通，改善订单的处理过程，提高材料需求准确率；可以共享供应商的技术与革新成果，加快产品开发速度，缩短产品开发周期；可以与供应商共享管理经验，推动企业整体管理水平的提高。

（二）优先型供应商

优先型供应商是指那些企业对于供应商重要，而供应商对企业却不重要的供应商。因为企业的采购对于该供应商至关重要，所以，对该供应商的采购业务对于企业是非常有利的，应优先考虑，可以获得价格或交货期等方面的优惠。

（三）重点型供应商

重点型供应商是指供应商对企业很重要，而企业对供应商不重要。这样的供应商对双方关系不太在意，如果关系处理不好，对企业的影响很大。所以，这样的供应商需要重点注意改进与提高其关系，以保证企业的物资需求。

（四）商业型供应商

商业型供应商是最普通的关系，双方彼此都不重视关系建设，双方的关系是纯粹的市场交易关系，供应商可以很随意地选择和更换。

七、供应商绩效考评的指标体系

（一）质量指标

质量指标是最基本的指标，主要包括以下具体指标。

来料批次合格率＝（合格来料批次/来料总批次）×100%

来料抽检缺陷率＝（抽检缺陷总数/抽检样品总数）×100%

来料在线报废率＝［来料总报废数（含在线生产时发现的）/来料总数］×100%

来料免检率＝（来料免检的种类数/该供应商供应的产品总种类数）×100%

（二）供应指标

1. 准时交货率

准时交货率＝（按时按量交货的实际批次/订单确认的交货总批次）×100%

2. 交货周期

交货周期是指自订单开出之日到收货之时的时间长度，通常以天为单位。

3. 订单变化接受率

订单变化接受率＝（订单增加或减少的交货数量/订单原定的交货数量）×100%

（三）经济指标

经济指标主要包括价格水平，与同本公司所掌握的市场行情比较价格的高低；报价是否及时，报价单是否客观、具体、透明；降低成本的态度及行动；分享降价成本；付款条件等。

（四）支持、配合与服务指标

反应表现：对订单、交货、质量投诉等的反应。

沟通手段：是否有合适的人员与本公司沟通，沟通手段是否符合要求。

合作态度：是否将本公司看成重要客户。

共同改进：是否积极参与本公司相关的质量、供应、成本等改进项目或活动。

售后服务：售后服务是否及时、维修是否方便、维修费用和零配件价格水平等。

第五节　招标采购

一、招标采购的含义

招标采购是指采购方作为招标方，事先提出采购的条件和要求，邀请众多企业参加投标，然后由采购方按照规定的程序和标准一次性地从中择优选择交易对象，并与提出最有利条件的投标方签订协议等过程。整个过程要求公开、公正和择优。适用于重大的建设工程项目，政府采购或批量采购等。

二、招标采购的原则

（一）公平

公平原则要求招标人和投标人在集中招标采购过程中的权利义务关系平等，双方作为平等的民事主体分别承担义务并享有权利。

公平竞争原则是指在政府采购中引入竞争机制，实现机会均等、待遇均等，使政府采购主体采购到优质价廉的商品和服务；公平意味着招标采购的每一阶段、每一环节均应坚持和体现这一原则，其中，确保合同签订、履约验收等采购活动最后阶段公平至关重要。

（二）公正

公正原则要求评标时按事先公布的评标标准和方法对待所有合格投标人，对所有合格投标人一视同仁，不歧视任何投标人。采购人应该按照事先公布的原则对待所有的供应商，不偏袒和歧视任何供应商，不得滥用手中的权力。

（三）公开

公开原则要求集中招标采购活动具有较高的透明度，招标信息、招标程序、评标标准和方法、评标定标结果等都要公开，使所有投标人获得信息的机会均等。

广义的公开原则是指与政府采购立法，以及政府采购活动有关的所有信息原则上都应当公开。正是在这个意义上，世界贸易组织《政府采购协议》规定，所有有关政府采购的法律、规章、程序和活动都应当透明化。狭义的公开原则是指政府采购主管机关或其委托的政府采购业务代理机构应当依据法定的条件和要求，向作为投标人与潜在投标人的供应商及社会公众真实、全面、充分、及时地披露与政府采购活动有重大关系的有关信息。

三、招标采购的方式

（一）公开招标

公开招标，也称无限竞争性招标，《招标投标法》第十条第二款规定，其是一种由招标人按照法定程序，在公开出版物上发布招标公告，所有符合条件的供应商或承包商都可以平等参加投标竞争，从中择优选择中标者的招标方式，具体可分为国际竞争性招标（最主要方式）和国内竞争性招标。

公开招标需符合如下条件。

第一，招标人需向不特定的法人或者其他组织（有的科研项目的公开招标还可包括个人）发出投标邀请。招标人应当通过为社会所熟悉的公共媒体发布其招标项目、拟采购的具体设备或工程内容等信息，向不特定的人提出邀请。任何认为自己符合招标人要求的法人或其他组织、个人都有权向招标人索取招标文件并进行投标。采用公开招标的，招标人不得以任何借口拒绝向符合条件的投标人出售招标文件，依法必须进行招标的项目，招标人不得以地区或者部门不同等借口违法限制任何潜在投标人参加投标。

第二，公开招标须采取公告的方式，向社会公众明示其招标要求，使尽量多的潜在投标商获取招标信息，前来投标，从而保证公开招标的公开性。实际生活中人们经常在报纸上看到“×××招标通告”，此种方式即为公告招标方式。采取其他方式如向个别供应商或承包商寄信等方式招标的都不是公告招标方式，不应为公开招标人所采纳。招标公告的发布途径有多种，如通过报纸、广播、网络等公共媒体。公开招标的优点在于能够在最大限度内选择投标商，竞争性更强，择优率更高，同时也可以在较大程度上避免招标活动中的贿标行为，因此，国际上政府采购通常采用这种方式。

（二）邀请招标

邀请招标又称为有限竞争性招标或选择性招标，是由招标单位以投标邀请书的形式邀请3～10家供应商参加投标的采购方式。邀请招标也称有限竞争性招标或选择性招标，即由招标单位按照邀请招标流程选择一定数目的企业，向其发出投标邀请书，邀请他们参加招标竞争。一般选择3～10个参加者较为适宜，实际情况要视具体的招标项目的规模大小而定。

公开招标虽然是最能体现充分竞争和“三公原则”的采购方式，但是也存在着程序环节多、采购周期长、费用较高等缺陷。而邀请招标不仅能够在一定程度上弥补上述缺陷，而且能相对充分发挥招标优势，特别是在投标供应商数量不足的情况下作用尤其明显。因此，邀请招标也是一种使用较普遍的政府采购方式。

1. 邀请招标采购方式的特点

（1）发布信息的方式为投标邀请书。

（2）采购人在一定范围内邀请供应商参加投标。

（3）竞争范围有限，采购人只要向三家以上供应商发出邀请标书即可。

（4）招标时间大大缩短，招标费用也相对低一些。

（5）公开程度逊色于公开招标。

2. 采用邀请招标的条件

符合下列情形之一的，经批准可以进行邀请招标。

（1）项目技术复杂或有特殊要求，只有少量几家潜在投标人可供选择的。

（2）受自然地域环境限制的。

（3）涉及国家安全、国家机密或者抢险救灾，适宜招标但不宜公开招标的。

（4）法律、法规规定不宜公开招标的。

国家重点建设项目的邀请招标，应当经国务院发展计划部门批准；地方重点建设项目的邀请招标，应当经各省、自治区、直辖市人民政府批准。全部使用国有资金投资或者国有资金投资控股或者占主导地位的需要审批的工程建设项目的邀请招标，应当经项目审批部门批准。但项目审批部门只审批立项的，由有关行政监督部门审批。

四、招标采购的特点

（一）招标程序的公开性

公开性有时也指透明性，是指整个采购程序都在公开的情况下进行。公开发布投标邀请，公开开标，公布中标结果，投标商资格审查标准和最佳投标商评选标准要事先公布，采购法律也要公开。美国采购学者亨瑞芝将招标程序的公开性比喻为“如在金鱼缸中”，人人都可洞察一切。

（二）招标程序的竞争性

招标是一种引发竞争的采购程序，是竞争的一种具体方法。招标的竞争性充分体现了现代竞争的平等、信誉、正当和合法等基本原则。招标作为一种规范的、有约束的竞争，有一套严格的程序和实施方法。政府采购机关通过招标程序，可以最大限度地吸引和扩大投标人竞争，从而使招标方有可能以更低的价格采购到所需的物资或服务，更充分地获得市场利益，有利于政府采购经济效益目标的实现。

（三）招标程序的公平性

供应商、承包商和服务提供者都可以进行投标，并且地位一律平等，不允许对任何投标商歧视；评选中标商应按事先公布的标准进行；投标是一次性的并且不准同投标商进行谈判。所有这些措施既保证了招标程序的完整，又可以吸引优秀的供应商来竞争投标。

（四）编制招投标文件与一次成效

在一般的交易活动中，买卖双方往往要经过多次谈判后才能成交，招标则不同。在投标人递交投标文件到确定中标人之前，招标人不得与投标人就投标价格等实质性内容进行谈判。也就是说，投标人只能一次报价，不能与招标人讨价还价，并以此报价作为签订合同的基础。

五、招标采购的一般程序

（一）策划

招标活动，是一次涉及范围很大的大型活动。因此，开展一次招标活动，需要进行认真的周密策划，招标策划主要包括以下工作。

第一，明确招标的内容和目标，对招标采购的必要性和可行性进行充分的研究和探讨。

第二，对招标书的标底进行初步估算。

第三，对招标的方案、操作步骤、时间进度等进行研究。例如，是采用公开招标还是邀请招标，是自己亲自主持招标还是请人代理招标，招标分成哪些步骤、每一步怎么进行等。

第四，对评标方法和评标小组进行讨论研究。

第五，把以上讨论的方案计划形成文件，交由企业领导层决定，取得企业领导决策层的同意和支持，有些甚至可能还要经过公司董事会的同意和支持。

策划活动有很多诀窍，有些企业为了慎重起见，特意邀请咨询公司代理策划。

（二）招标

在招标方案得到公司的同意和支持以后，就要进入实际操作阶段。招标的第一个阶段就是招标阶段，招标阶段的工作主要有以下几部分。

第一，形成招标书。招标书是招标活动的核心文件，要认真起草。

第二，对招标书的标底进行仔细研究。有些要召开专家会议，甚至邀请一些咨询公司代理。

第三，招标书发送。采用适当的方式，将招标书传送到所希望的投标人手中。例如，对于公开招标，可以在媒体上发布；对于选择性招标，可以用挂号信或特快专递直接送交所选择的投标人。许多标书是要花钱买的，有些标书规定是要交一定的保证金的，这种情况下要交钱以后才能得到招标书。

1. 招标公告的内容

招标公告的内容包括招标人的名称和地址；采购代理机构招标货物的名称、数量、技术规格、资金来源；交货的地点和时间；获取招标文件或者资格预审文件的地点和时间；对招标文件或者资格预审文件收取的费用；提交资格预审申请书或者投标文件的地点和截止日期；对投标人的资格要求。

2. 标底

标底是项目产品在市场交易中的一种预期价格，是招标者对招标项目所需费用的自我测算和控制。标底是确定投标单位能否中标的重要依据，根据有关规定，投标单位的报价最高不应超出标底的10%，最低不应低于标底的20%。标底可以有效防止盲目投价，是抑制低价抢标的重要手段，是控制投资额、核实采购规模的文件。

3. 投标文件的内容

招标文件的主要内容包括招标公告或投标邀请书；投标人须知；评标标准和评标方法；技术条款（含技术标准规格/使用要求及图纸等）；投标书的格式和编制要求；拟签订合同主要条款和合同格式；附件和其他要求投标人提供的材料。

4. 投标须知的内容

投标须知一般包括资金来源；投标商的资格要求；货物原产地要求；招标文件和投标文件的澄清程序；投标文件的内容要求；投标语言；投标价格和货币规定；修改和撤销投标的规定；标书格式和投标保证金的要求；评标的标准和程序；国内优惠的规定；投标程序；投标有效期；投标截止日期；开标的时间和地点。

（三）投标

投标人在收到招标书以后，如果愿意投标，就要进入投标程序。其中，投标书、投标报价需要经过特别认真地研究，详细地论证。这些内容是要和许多供应商竞争评比的，既要先进又要合理，还要有利可图。投标文件要在规定的时间内准备好，一份正本、若干份副本，并且分别封装签章，信封上分别注明“正本”“副本”字样，寄到招标单位。

（四）开标

招标方收到投标书后，不得事先开封。只有当招标会开始，投标人到达会场，才可将投标书文件交投标人检查，签封完后，当面开封。

开标应按招标通告中规定的时间、地点公开进行，并邀请投标商或其委派的代表参加。开标前，应以公开的方式检查投标文件的密封情况，当众宣读供应商名称、有无撤标情况、提交投标保证金的方式是否符合要求（在有保证金的前提下）、投标项目的主要内容、投标价格及其他有价值的内容；开标时，对于投标文件中含义不明确的地方，允许投标商做简要解释，但所做的解释不能超过投标文件记载的范围，或实质性地改变投标文件的内容。以电传、电报方式投标的，不予开标。开标要做开标记录，其内容包括项目名称、招标号、刊登招标通告的日期、发售招标文件的日期、购买招标文件单位的名称、投标商的名称及报价、截标后收到标书的处理情况等。在有些情况下，可以暂缓或推迟开标时间，如招标文件发售后对原招标文件做了变更或补充；开标前发现有足以影响采购公正性的违法或不正当行为；采购单位接到质疑或诉讼；出现突发事故；变更或取消采购计划，等等。

（五）评标

1. 评标委员会

评标由招标人依法组建的评标委员会。评标委员会由招标人的代表和有关技术、经济等方面的专家组成，成员人数为 5 人以上的单数，其中技术、经济等方面的专家不得少于成员总数的 2/3。一般招标项目可以采取随机抽取方式选择，特殊招标项目可以由招标人直接确定。与投标人有利害关系的人不得进入相关项目的评标委员会，已经进入的应当更换。评标委员会成员的名单在中标结果确定前应当保密。招标人应当采取必要的措施，保证评标是在严格保密的情况下进行的，任何单位和个人不得非法干预、影响评标的过程和结果。评标委员会可以要求投标人对投标文件中含义不明确的内容做必要的澄清或者说明，但是澄清或者说明不得超出投标文件的范围或者改变投标文件的实质性内容。

2. 评标方法

（1）以最低评标价为基础的评标方法。在采购简单的商品、半成品、原材料以及其他性能、质量相同或容易进行比较的货物时，价格可以作为评标考虑的唯一因素。如通用物资和标准货物。

（2）综合评标法。综合评标法是以价格另加其他因素为基础的评标方法。除价格外，应考虑下列因素：内陆运费和保险费、交货期、付款条件、零配件供应和售后服务情况、货物的性能、生产能力及配套性和兼容性、技术服务和培训费用。

（3）以寿命周期成本为基础的评标方法。以寿命周期成本为基础的评标方法适用于整套厂房、生产线、设备和车辆运行期内的各项后续费用很高的设备采购，评标时在标书报价的基础上，加上一定的运行期内的各项费用，再减去一定年限后的设备残值，即扣除这几年折旧费用后的设备残余值，并按投标书中规定的贴现率折算成净现值。

（4）综合打分法。打分考虑的要素包括：投标价格；内陆运费、保险费及其他费用；交货期；偏离合同规定的付款条件；备件价格及售后服务；设备性能、质量、生产能力；技术服务和培训。

在实践中，综合打分考虑的因素一般包括三类。

①技术因素：货物的质量性能；货物的技术经济指标；货物的配套性和兼容性；货物的使用寿命；货物营运的节能和环保指标；其他技术因素。

②价格因素：货物本体价格及构成；技术服务和培训费用；运输保险费用；运行和维护成本；支付方式和进度。

③商务因素：资质业绩和质量保证体系；履约信誉和财务状况；其他因素。

3. 评标报告的内容

评标委员会应当按照招标文件确定的评标标准和方法，对投标文件进行评审和比较。设有标底的，应当参考标底。评标委员会完成评标后，应当向招标人提出书面评标报告，并推荐合格的中标候选人。招标人根据评标委员会提出的书面评标报告和推荐的中标候选人确定中标人，招标人也可以授权评标委员会直接确定中标人。

评标报告的内容主要有基本情况和数据表；评标委员会成员名单；开标记录；符合要求的投标一览表；废标情况说明；评标标准、评标方法或者评标因素一览表；经评审的价格或者评分比较一览表；经评审的投标人排序；推荐的中标候选人名单及排序；澄清、说明、补正事项纪要。

投标人就投标价格、投标方案等实质性内容进行谈判，评标委员会成员不得私下接触投标人，不得收受投标人的财物或者其他好处。评标委员会成员和参与评标的有关工作人员不得透露对投标文件的评审和比较、中标候选人的推荐情况及与评标有关的其他情况。

（六）定标

在全体评标人员投票或打分选出中标人员以后，交给投标方，通知中标方。同时，对于没有中标者也要明确通知他们，并表示感谢。

招标人应当从评标委员会推荐的中标候选人中确定中标人。中选的投标者应当符合下列条件之一：第一，满足招标文件各项要求，并考虑各种优惠及税收等因素，在合理条件下所报投标价格最低的；第二，最大满足招标文件中规定的综合评价标准的。

在最后确定中标人以后，招标单位应立即向中标人发出“中标通知书”，投标人中标以后随即变成了供应商，应立即向需方提交履约保证书和保证金（合同金额的10%）。中标人在接到正式的中标通知书后，应在规定期限内（30 个工作日之内）和需方签订合同。

第六节　物资采购合同管理

一、工程物资采购合同的概念

工程物资采购合同，是指平等主体的自然人、法人、其他组织之间，为实现建设工程物资买卖，设立、变更、终止相互权利义务关系的协议。

1. 建设工程物资采购合同属于买卖合同，具有买卖合同的一般特点

第一，出卖人与买受人订立买卖合同，以转移财产所有权为目的。

第二，买卖合同的买受人取得财产所有权，必须支付相应的价款；出卖人转移财产所有权，必须以买受人支付价款为对价。

第三，买卖合同是双务、有偿合同。所谓双务有偿是指合同双方互负一定义务，出卖人应当保质、保量、按期交付合同订购的物资、设备，买受人应当按合同约定的条件接收货物并及时支付货款。

第四，买卖合同是诺成合同。除了法律有特殊规定的情况外，当事人之间意思表示一致，买卖合同即可成立，并不以实物的交付为合同成立的条件。

2. 建设工程物资采购合同与项目的建设密切相关

第一，建设工程物资采购合同的当事人。建设工程物资采购合同的买受人即采购人，可以是发包人，也可以是承包人，采购合同的出卖人即供货人，可以是生产厂家，也可以是从事物资流转业务的供应商。

第二，物资采购合同的标的。建设工程物资采购合同的标的品种繁多，供货条件差异较大。

第三，物资采购合同的内容。建设物资采购合同视标的特点，合同涉及的条款繁简程度差异较大。建筑材料采购合同的条款一般限于物资交货阶段，主要涉及交接程序、检验方式和质量要求、合同价款的支付等。大型设备的采购，除了交货阶段的工作外，往往还需包括设备生产阶段、设备安装调试阶段、设备试运行阶段、设备性能达标检验和保修等方面的条款约定。

第四，货物供应的时间。建设物资采购供应合同与施工进度密切相关，出卖人必须严格按照合同约定的时间交付订购的货物。

二、材料采购合同的主要内容

按照《合同法》的分类，材料采购合同属于买卖合同。国内物资购销合同的示范文本规定，合同条款应包括以下几方面内容：产品名称、商标、型号、生产厂家、订

购数量、合同金额、供货时间及每次供应数量；质量要求的技术标准、供货方对质量负责的条件和期限；交（提）货地点、方式；运输方式及到站、到港费用的负担责任；合理损耗及计算方法；包装标准、包装物的供应与回收；验收标准、方法及提出异议的期限；随机备品、配件工具数量及供应办法；结算方式及期限；如需提供担保，另立合同担保书作为合同附件；违约责任；解决合同争议的方法；其他约定事项。

三、施工企业物资采购合同的特征

1. 订立的前提是施工合同

施工企业物资采购合同订立的前提是施工合同已经订立，施工项目已被批准。

2. 以转移财物和支付价款为基本内容

出卖人按时、按质、按量将物资所有权转归买受人；买受人按时、按量支付货款，这两项主要义务构成物资采购合同最主要的内容。

3. 标的品种繁多，供货条件复杂

标的是建筑材料和设备，其品种、质量、数量和价格差异较大，根据工程的需要，有的数量庞大、有的技术要求较高，因此，在合同中必须对各种所需物资逐一明细，以确保工程施工的需要。

4. 严格的卖方责任

物资采购合同的履行直接影响施工合同的履行，因此对卖方有严格的责任要求。第一，卖方必须严格按照合同约定的时间交货；第二，卖方应实际履行合同，其义务一般不能解除。

5. 应采用书面形式

《合同法》规定施工企业物资采购合同应采用书面形式。原因是标的物用量大，质量要求复杂，物资需分批分期供应，合同履行周期长。

四、采购合同的主要条款

1. 当事人

签订合同的当事人一定要具体明确，写明全称，并且其主体资格也要进行确认。

2. 标的物

签订合同的标的物也要具体明确，物资一定要经过合法性确认。

3. 包装

《合同法》156 条（出卖人的包装义务）规定：出卖人应当按照约定的包装方式交付标的物。对包装方式没有约定或者约定不明确的，依照《合同法》61 条仍不能确定，应当按照通用的方式包装。没有通用方式的，应当采取足以保护标的物的包装方式。

4. 产品的交付

（1）交付方式包括送货、自提、代运。《合同法》142 条规定：标的物毁损、灭失的风险，在标的物交付之前由出卖人承担，交付之后由买受人承担。因此不同的交付方式风险承担不同，为了明确货物的运输责任，应在相应的条款中写明交货方式、地点、接货单位的名称。

(2) 交货期限。《合同法》138 条规定：出卖人应当按照约定的期限交付标的物。交货期限关系到合同是否能按期履行及出现货物意外灭失或损坏时的责任承担。合同内应写明具体的时间（日）。对于水泥、钢材等分批交货的材料需要注明各批次交货的时间。

5. 验收

(1)《合同法》157 条（标的物的检验）规定：买受人收到标的物时应当在约定的检验期内检验。没有约定检验期间的，应当及时检验。检验既是买受人的权利也是买受人的义务。

(2) 验收依据包括采购合同，发货单、计量单、装箱单，合同中约定的质量标准（写明标准名称、标准代号），合格证、检验单，图纸样品、其他技术证明文件，双方当事人共同封存的样品（样品买卖合同）。

(3) 买卖合同验收的管理包括数量检验和质量检验。

6. 支付结算管理

(1) 货款结算。合同内需明确是验单付款还是验货后付款，结算方式和结算时间。结算方式可以是现金支付、转账结算、异地托收承付。分别适用于不同的情况。

(2) 拒付货款。只有在特定情况下，采购方才有权部分或全部拒付货款。

7. 违约责任

当事人任何一方不能正确履行合同义务时，均应以违约金的形式承担违约赔偿责任。供货方承担违约责任的情形包括：未能按合同约定交付货物；产品的质量有缺陷；运输责任。采购方的违约责任：不按合同约定接收货物；逾期付款；货物交接地点错误。

五、施工企业订购产品的交付

（一）产品的交付方式

订购物资或产品的供应方式，可以分为采购方到合同约定地点自提货物和供货方负责将货物送达指定地点两大类，而供货方送货又可细分为将货物负责送抵现场或委托运输部门代运两种形式。

为了明确货物的运输责任，应在相应条款内写明所采用的交（提）货方式、交（接）货物的地点、接货单位（或接货人）的名称。

（二）交货期限

货物的交（提）货期限，是指货物交接的具体时间要求。它不仅关系到合同是否按期履行，还可能会出现货物意外灭失或损坏时的责任承担问题。合同内应对交（提）

货期限写明月份或更具体的时间（如旬、日）。如果合同内规定分批交货时，还需注明各批次交货的时间，以便明确责任。

合同履行过程中，判定是否按期交货或提货，依照约定的交（提）货方式的不同，可能有以下几种情况。一是供货方送货到现场的交货日期，以采购方接收货物时在货单上签收的日期为准。二是供货方负责代运货物，以发货时承运部门签发货单上的戳记日期为准。三是采购方自提产品，以供货方通知提货的日期为准。但供货方的提货通知中，应给对方合理预留必要的途中时间。采购方如果不能按时提货，应承担逾期提货的违约责任。当供货方早于合同约定日期发出提货通知时，采购方可根据施工的实际需要和仓储保管能力，决定是否按通知的时间提前提货。他有权拒绝提前提货，也可以按通知时间提货后仍按合同规定的交货时间付款。实际交（提）货日期早于或迟于合同规定的期限，应视为提前或逾期交（提）货，由有关方承担相应责任。

（三）交货检验

1. 验收依据

按照合同的约定，供货方交付产品时，可以作为双方验收依据的资料包括以下内容。

（1）双方签订的采购合同。

（2）供货方提供的发货单、计量单、装箱单及其他有关凭证。

（3）合同内约定的质量标准，应写明执行的标准代号、标准名称。

（4）产品合格证、检验单。

（5）图纸、样品或其他技术证明文件。

（6）双方当事人共同封存的样品。

2. 交货数量检验

（1）供货方代运货物的到货检验。由供货方代运的货物，采购方在站场提货地点应与运输部门共同验货，以便发现灭失、短少、损坏等情况时，能及时分清责任。采购方接收后，运输部门不再负责。交运前出现的问题，由供货方负责；运输过程中发生的问题，由运输部门负责。

（2）现场交货的到货检验。

①数量验收的方法。主要包括三种。第一，衡量法。即根据各种物资不同的计量单位进行检尺、检斤，以衡量其长度、面积、体积、重量是否与合同约定一致。如胶管衡量其长度；钢板衡量其面积；木材衡量其体积；钢筋衡量其重量等。第二，理论换算法。如管材等各种定尺、倍尺的金属材料，量测其直径和壁厚后，再按理论公式换算验收。换算依据为国家规定标准或合同约定的换算标准。第三，查点法。采购定量包装的计件物资，只要查点到货数量即可。包装内的产品数量或重量应与包装物标明的一致，否则应由厂家或封装单位负责。

②交货数量的允许增减范围。第一，供货方的责任。第二，运输部门的责任。这两种情况要追究有关方的责任。第三，运输过程中的合理损耗。这一情况则应控制在

合理的范围之内。有关行政主管部门对通用的物资和材料规定了货物交接过程中允许的合理磅差和尾差界限，如果合同约定供应的货物无规定可循，也应在条款内约定合理的差额界限，以免交接验收时发生合同争议。

③注意事项。第一，交付货物的数量在合理的磅差和尾差内，不按多交或少交对待，双方互不退补。第二，超过界限范围时，则按实际交货数量计算。第三，不足部分由供货方补齐或退回不足部分的货款。第四，采购方同意接受的多交付部分，进一步支付溢出数量货物的货款。第五，在计算多交或少交数量时，应按订购数量与实际交货数量比较，均不再考虑合理磅差和尾差因素。

3. 交货质量检验

(1) 质量责任。不论采用何种交接方式，采购方均应在合同规定的由供货方对质量负责的条件和期限内，对交付产品进行验收和试验。某些必须安装运转后才能发现内在质量缺陷的设备，应在合同内规定缺陷责任期或保修期。

第一，在此期限内，凡检测不合格的物资或设备，均由供货方负责。

第二，如果采购方在规定时间内未提出质量异议，或因其使用、保管、保养不善而造成质量下降，供货方不再负责。

(2) 质量要求和技术标准。产品质量应满足规定用途的特性指标，因此合同内必须约定产品应达到的质量标准。约定质量标准的一般原则如下所述。

①按颁布的国家标准执行。

②无国家标准而有部颁标准的产品，按部颁标准执行。

③没有国家标准和部颁标准作为依据时，可按企业标准执行。

④没有上述标准，或虽有上述某一标准但采购方有特殊要求时，按双方在合同中商定的技术条件、样品或补充的技术要求执行。

(3) 验收方法。合同内应具体写明检验的内容和手段，以及检测应达到的质量标准。对于抽样检查的产品，还应约定抽检的比例和取样的方法，以及双方共同认可的检测单位。质量验收的方法可以采用以下方法。

①经验鉴别法。即通过目测、手触或以常用的检测工具量测后，判定质量是否符合要求。

②物理试验。根据对产品的性能检验目的，可以进行拉伸试验、压缩试验、冲击试验、金相试验及硬度试验等。

③化学实验。即抽出一部分样品进行定性分析或定量分析的化学试验，以确定其内在质量。

(4) 对产品提出异议的时间和办法。合同内应具体写明采购方对不合格产品提出异议的时间和拒付货款的条件。

第一，采购方提出的书面异议，应说明检验情况，出具检验证明和对不符合规定产品提出具体处理意见。凡因采购方使用、保管、保养不善原因导致的质量下降，供货方不承担责任；在接到采购方的书面异议通知后，供货方应在10天内（或合同商定的时间内）负责处理，否则即视为默认采购方提出的异议和处理意见。

第二，如果当事人双方对产品的质量检测、试验结果发生争议，应按《标准化法》的规定，请标准化管理部门的质量监督检验机构进行仲裁检验。

六、经济仲裁

经济仲裁是指经济合同当事人双方发生争议时，如果通过协商不能解决，当事人一方或双方自愿将有关争议提交给双方所同意的第三者，依据专门的裁决规则进行裁决，裁决的结果对双方都有约束力，双方必须依照执行。

1. 仲裁的受理机构

(1) 国内经济仲裁的受理机构：工商局下设的仲裁委员会。

(2) 涉外经济仲裁的受理机构：中国国际贸易促进委员会下设的对外经济贸易仲裁委员会和海事委员会。

2. 仲裁的程序

(1) 提出仲裁申请。

仲裁申请一般包括：①申诉人名称、地址、法人代表姓名、职务；②被诉人名称、地址、法人代表姓名、职务；③申请的理由和要求；④证据、证人姓名和住址。

(2) 立案受理。

(3) 调查取证。

(4) 先行调解。

(5) 开庭裁决。

本章小结

本章解释了采购的定义、采购管理的定义，采购管理的原则和目标，并对现代采购与传统采购的区别进行了分析。介绍了物资采购的基本流程，并在此基础上分别介绍了采购计划的制订步骤，采购认证的步骤和采购订单的八个步骤。分析了集中采购与分散采购的优缺点、适用范围，并介绍了联合采购、询价采购、电子采购等采购方式。介绍了招标采购的方式、程序，其中重点阐述了招标文件的内容、招标须知的内容、评标的方法等。解释了供应商管理的定义和意义，介绍了供应商调查的内容、供应商选择评估的标准、供应商关系管理的分类方法、供应商绩效考核的指标。介绍了物资采购合同的内容、条款和物资交付以及经济仲裁的含义和程序。

复习思考题

1. 什么是物资采购管理？现代采购管理与传统采购管理有何异同？

2. 你认为施工企业物资采购适合采用集中采购吗？为什么？

3. 在供应链管理环境下，施工企业应如何进行供应商管理？

4. 招标采购的程序是怎么样的？招标文件应该包括哪些内容？
5. 采购的基本流程是什么？
6. 物资采购合同的内容有哪些？如何解决施工企业合同纠纷？
7. 如何防止和惩处采购中的腐败问题？

第七章　物资运输管理

学习目标

1. 熟悉物资运输方式的类型。
2. 掌握甲供、甲控、自购物资设备在运输管理方面的不同之处。
3. 掌握施工企业物资运输经营方式的选择决策的内容。
4. 理解施工企业对物资运输服务商的选择决策依据。
5. 熟悉施工企业运输方式及运输路线的选择决策的三种类型。

第一节　物资运输方式

从不同的角度，施工企业物资运输可以划分为不同的类型。主要运输方式有如下几种。

一、按照运输工具划分

按照运输设备及运输工具，物资运输可以分为五种基本运输方式。

（一）公路运输

公路运输是主要使用汽车，也使用其他车辆（如人、畜力车）在公路上进行货客运输的一种方式。在我国，长期以来对于公路运输的界定是主要承担距离较近、批量较小的物资运输项目，以及水路和铁路难以到达地区的运输。另外，对于铁路、水运难以实现其优势的运输间隔一般也选择公路运输。一般来讲，公路运输的经济半径为200千米。然而，随着我国高速公路建设步伐的逐渐加快，公路运输的经济里程也在不断增长。随着我国公路建设速度的不断提高，公路运输的各种优点也将不断地体现出来。

公路运输具有运输速度较快、灵活性强的优点，而且公路建设的投资较低，建设周期相对较短，对运输设施的要求不高，是实现门到门运输的最好方式之一。也正因为如此，公路运输是门到门运输的主要承担者，这样，从发货者到收货者，既不需要转运，也不需要反复地装卸搬运，对于提高运输质量和运输速度都有明显的好处。

（二）铁路运输

铁路运输是使用铁路列车运送物资的一种运输方式。铁路运输主要承担长距离、大数量的货运，在没有水运条件地区，几乎所有大批量货物都是依靠铁路，是在干线运输中起主力运输作用的物流运输方式。铁路是施工企业物资运输的主要承担者，如钢材、水泥等。铁路运输的优点明显，具体表现为如下方面。

(1) 速度快。由于铁路列车是在专用轨道上行驶，基本不受其他外部因素干扰。近几年，在我国铁路连续几次提速的情况下，铁道列车速度有了显著的提高，最高时速达到 200～350 千米的列车已经不断地投入商业运行。

(2) 基本不受自然条件的限制。铁路运输能够在大多数气候条件下正常运行，这样可以保证运输的连贯性，而这是其他运输方式所不能比拟的。

(3) 运载量大。铁路运输依靠大动力机车牵引，可以轻松拖挂多节车皮，铁路货车运载量一般为 60～100t，而专用车皮的运载量可能会更大，一般的货物运输列车可以同时拖挂 50～70 节车皮，并且铁路运输部门可以根据运输量的大小，随时增加或减少运力安排，这样，能够在满足运输的前提下，尽量节约成本。由于铁路运输运量大、可调节等优点，其成本相对较低。

当然，铁路运输也有不足之处，主要缺点是灵活性差，只能在固定线路上实现运输，需要与其他运输手段配合和衔接。在衔接的过程中，必然会带来很多的不便之处，比如运输速度减缓，在装卸的时候会出现货物的损失等。一般认为，铁路运输的经济里程在 200 千米以上。

我国铁路上运用的货车类型较多，主要有棚车、敞车、煤车、平车、砂石车、罐车和保温车等，其基本符号和主要用途见表 7-1。

表 7-1　铁路货车的主要类型、基本符号和主要用途

主要类型		基本符号	主要用途
棚车类	棚车类	P	装运较贵重和不能受潮的货物，如水泥
	通风车	F	装运蔬菜、新鲜水果等货物
敞车类	敞车	C	装运一般货物，如砂石、石、木、生铁、钢材
	煤车	M	装运煤炭
	矿石车	K	装运矿石
平车		N	装运钢轨、汽车、大型机械设备和长大货物
罐车		G	装运液体货物
保温车		B	装运保持一定温度的货物
砂石车		A	装运砂石
其他	长大货物车	D	装运长大货物
	散装水泥车	K_{15}	装运散装水泥
	毒品车	PD	毒品专用车
守车		S	供货运列车长和有关人员办公用

（三）水路运输

水路运输是使用船舶在通航水道进行物资运输的运输方式。水路运输因为运量大，成本低，所以发展很快。20世纪80年代以来，我国的水运货物周转量已逐渐上升到各种运输方式中的第一位，是干线运输中的主要运力。水路运输有以下四种形式。

（1）沿海运输。是使用船舶通过大陆附近沿海航道运送客货的一种物流运输方式，一般使用中、小型船舶。

（2）近海运输。是使用船舶通过大陆邻近国家海上航道运送客货的一种物流运输方式，视航程可使用中型船舶，也可使用小型船舶。

（3）远洋运输。是使用船舶跨大洋的长途运输形式，主要依靠运量大的大型船舶。如果是专业运输，要选用大型专业运输船舶，比如集装箱船，冷冻船、油船、矿石船、液化气船、载驳船等。

（4）内河运输。是使用船舶在陆地内的江、河、湖、川等水道进行运输的一种物流运输方式，主要使用中、小型船舶。

水路运输的主要优点是成本低，能进行低成本、大批量、远距离的运输，是在干线运输中起主力作用的运输形式。在内河及沿海，水路运输也常作为小型运输工具使用，担任补充及衔接大批量干线运输的任务。

但是水路运输也有显而易见的缺点，主要是运输速度慢，受港口、水位、季节、气候影响较大，因而一年中中断运输的时间较长。水路运输因为能以较低的成本进行远距离、大批量的运输，自古就被人类加以利用，但水路运输的缺点也是比较明显的。首先，水路运输只能在有水道的地方以及沿海加以利用，而在内陆地区，尤其是大陆性干旱地区就没有可用资源（比如我国的西北内陆地区以及华北平原就基本没有可用航道），这就使得水路运输的适用性降低，并且水路运输必须要靠其他运输手段加以配合、衔接才能够实现完整的运输。其次，水路运输的运输速度较慢，且受季节、气候的影响较大，在枯水的季节，航道会影响大吨位的船舶运行，有些航道甚至因此停航。在高纬度地区，冬季会遇到河流结冻，使得航行中断，比如我国的黑龙江、乌苏里江流域等。

（四）航空运输

航空运输是指使用各种航空器进行客货运输的运输形式，目前使用的最主要的航空器是飞机。航空运输因其速度快、效率高，在运输行业中所占比例越来越高。航空运输优势明显，除了运输速度快、效率高（目前的航空技术可以在24小时内到达世界上任何地方）外，航空运输还可以不受各种地形的限制，这对很多交通不发达地区尤其适合。另外，航空运输还具有运载货物破损率小，节省包装、保险和储存费用的优点，附加值高的货物在一定运行里程以上，选择航空运输能更多的节省成本。

从另一个角度看，航空运输在运输行业中所遇到的最大限制是运输成本很高。由于飞机的载重有限，这样分担到每一件运输物品的单位成本也较高。因此，一般意义认为，航空运输是用来运载那些价值高、体重轻、易损、鲜活的商品以及一些急需的货物。比如精密仪器，保鲜期短的农副产品，急需商品和救灾物资等。

（五）管道运输

管道运输是在现代物流中发展越来越快的一种运输方式。管道运输是指利用管道输送气体、液体的一种运输方式。其机理是运输货物在管道内顺着压力方向不断流动，以实现输送目的的过程。比如石油或天然气运输，有些国家也开展煤浆管道运输。与其他运输方式相区别，管道运输最大的不同之处在于其运输载体是静止不动的。

管道运输的优点非常明显，由于运输管道属于封闭设备，这样可以避免在一般运输过程中出现的丢失、散失等问题，同样也可以避免其他运输设备经常遇到的回程空驶等无效运输问题，这样无形中节约了成本。同时，管道运输具有运输速度快、流量大、环节少、运费低等优点，非常适合连续不断地输送相应物资。

当然，管道运输也有局限性。能适合管道运输的物品不多，仅仅适用于流体物质，并且管道铺设的成本很高，一般需由政府出面，才能实现输送管道的铺设，由个人或企业直接铺设或经营可能性不大。当然，随着国家对基础设施投入的不断加大，以及与世界运输业的逐渐接轨，各种运输管道的铺设已经越来越多，距离也越来越长，也只有这样，管道运输的效益才能越来越明显。

各种运输方式的特点比较，如表 7－2 所示。

表 7－2　各种运输方式的特点比较

运输方式	铁路运输	公路运输	水路运输	航空运输	管道运输
运量	大	小	大	很小	大
运行速度	快	较快	较慢	最快	快
运输费用	低	较低	较高	很高	低
气候影响	一般不受影响	除大雾、大雪外一般不受影响	受大风、台风、大雾影响，并受水位、潮期限制	受一定影响	一般不受影响
适用条件	长途运输大宗材料	短途运输、市内运输	大、中型船舶宜长途运输，小型船舶宜短途运输	急用材料、救灾抢险材料的运输	气体、液体及粉状、粒状材料

二、按运输路线划分

（1）直达运输。指材料从起运点直接运到目的地的运输方式。它的运输时间短，不需中转，装卸损耗及费用少。施工企业物资运输应尽量选择这种方式，以节约运输成本。

（2）中转运输。指材料从起运点到中转仓库，再由中转仓库到目的地的运输方式。施工企业施工点多，分布面广，物资材料品种、规格复杂，需要再次分配物资；零星、易耗、量小而集中采购的材料需要再次分配；受现场保管条件限制，有些近期不用的材料也需要中转运输。

在选择具体运输线路时，应根据运输条件、流向等合理选择运距短的线路，缩短运输时间，节约运输费用，并且应尽量避免对流运输、重复运输、迂回运输和过远运输。

三、按装载方式和运输途径划分

（1）集装箱运输。指把适于装箱的货物装入集装箱，并以集装箱作为基本装卸、搬运作业单元的一种运输方式。

（2）散装运输。指粉（粒）状货物或液体货物不易进行包装，直接用适当的装载工具进行运输的一种运输方式。

（3）混装运输。也称杂货运输，指同一运输工具同时装载各类包装货物（如桶装、袋装、箱装、捆装等）的一种运输方式。

四、按运输条件划分

按照物资运输条件，可将物资运输分为普通物资运输和特种物资运输。

（1）普通物资运输。不需要特殊运输工具的运输，如砂、石、标砖的运输等。这些物资的运输可使用铁路的敞车、水路的普通船队或货驳及一般载重货车装运。

（2）特殊物资运输。用特殊结构的车船，采取特殊措施，运输特种物资。包括超限物资运输、危险品运输等。对于施工企业而言，特殊运输主要是超限物资运输。

长度、宽度或高度的任何一个超过运输部门规定的标准尺度的物资被称为长大物资，如大型钢管、钢梁等。质量超过运输部门规定标准质量的物资称为笨重物资，如大型预制构件和大型机械设备等。

铁路运输方面，一件（捆、箱、包）物资装车后，在平直线上停留时，物资的高度和宽度超过机车车辆界限的，则该物资被称为超限物资；一件物资的长度超过所装平车的长度，需要使用游车或跨装运输的物资称为超长物资；一件物资的质量大于应装平车负重面长度的最大载重量的物资称为极重物资。

水路运输方面，件重或长度超过规定标准的物资，应按笨重或长大物资托运。

超限、超长和极重物资的运输应按照中国铁路总公司、交通运输部颁发的超限、超长和极重物资运输规则办理。

汽车在市区运送超高、超长、超重的特殊物资，必须经公安、市政工程、车辆管理部门审查并领取准运证，在规定的线路和时间行驶，同时在物资末端悬挂标志（夜间挂红灯，白天挂红旗）。特殊超高物资的运输要派专门车辆在前面引路，以便排除障碍。

五、各种运输方式的合理分工与协调

各种运输方式的合理分工与协调主要有以下几个方面。

（一）货物流向流量和运输路线的协调

在考虑运输方式分工时，第一，必须研究国民经济对运输需求的总运量同运输通道上的总运输能力是否协调。第二，要研究具体货物的流向及流量同运输方式及运输路径是否协调。第三，对运输网络通道上能承担运量的不同运输方式应该进行技术经济比较，既要对几种可能承担的运输方式从适应需要方向进行比较，又要从不同运输方式的物资消耗及建设投资、营运费用、货物在途时间及损耗方面进行比较。

（二）各种运输方式设备能力的协调

每种运输方式都有自己的设备特色，如铁路有编组站、线路、机车、车辆、通信设备等，水运有港口、船舶、装卸设备、堆场、仓库等。这些设备除了内部协同合作外，还要保证不同运输方式之间设备最大可能的协调。

（三）各种运输方式组织工作的协调

不同的运输方式，运输组织工作是不同的。运输组织工作对运输分工和运输方式选择有很大的影响。两种或者两种以上的运输工具（方式）联合完成全程运输任务时，要加强组织工作。如多式联运中各种运输方式的合理协调就非常重要。

（四）运价和运输费用的协调

运价和运输费用在货主选择运输方式方面占有很重要的地位。当运输方式的运输能力都能够满足需求时，货主将从本身需要出发，如从运输速度、安全、方便、及时、运价和运输费用等方面综合考虑选择运输方式。

第二节　物资运输管理的原则和类型

一、施工企业物资运输管理的原则

施工企业组织物资运输必须贯彻“遵守规程、及时准确、安全运输、经济合理”的管理原则。

（一）遵守规程

承托运双方必须按照《货物运输规程》所规定的要求办理货物运输。

《货物运输规程》所规定的主要内容有：货物的托运、受理和承运，货物的装货和卸货，货物的到达和交付，货物的到达期限，货运事故、赔偿和运输费用的追补，承运部门与收货、发货人责任的划分，货物的运输价格以及其他货物运输的规定。

《货物运输规程》的各项规定是运输部门和收、发货人之间划分权利和义务的依据，是运输契约的基本条款，承托运双方必须履行。

（二）及时准确

及时准确运输物资材料指的是将采购的物资材料迅速运往目的地。准确运输物资材料包括物资材料的品种、规格和数量准确，按指定的地点装卸物资材料，准确预报车船到达时间，是保证物资材料运输质量的标志之一。

（三）安全运输

确保安全运输、安全生产是运输、装卸和收发货单位的一项十分重要的工作，务必重视，否则就有可能发生严重的安全事故，给人民生命和国家财产造成损失。在材料运输、装卸、中转和保管等过程中，必须做好货运安全工作。

（四）经济合理

施工企业必须经济、合理地组织物资运输，选择最经济的运输路线和运输工具，加强装卸和中转管理，采取措施降低物资运输损耗，加强材料运杂费的审核，避免不合理的费用支出。

二、施工企业物资运输管理的类型

施工企业物资分类有多种，分为甲方供应物资设备（以下简称甲供物资设备）、甲方控制物资设备（以下简称甲控物资设备）和自购物资设备三类。甲供物资设备是由建设单位负责招标采购和供应的物资设备。按照招标采购和供应的主体不同，又可分为由铁道部组织建设单位采购供应的物资设备（简称部管物资）和建设单位直接采购供应的物资设备两类。甲控物资设备是指在建设单位监督下，由工程承包单位采购供应的物资设备。自购物资设备是指在工程招标文件和合同中约定，由工程承包单位自行采购的物资设备。总体来说，施工企业物资设备管理的目的是坚持节约原则，降低工程成本。不同种类的物资在运输管理上要求也不一样。具体而言如下所述。

（一）甲供物资设备的运输管理

铁路建设项目甲供物资设备的管理主体，具体包括铁路建设项目甲供物资设备管理领导小组、铁路建设项目甲供物资设备管理领导小组办公室、物资代理公司、各建设单位、工程设计单位、工程承包单位、监理（咨询）单位和生产商。在这些机构中，一般由专门的物资代理公司为物资管理办和建设单位提供专业的甲供物资管理服务，按合同约定提供甲供物资采购、组织供应，包括生产过程监控、督促供货、质量追踪等工作。

对于甲供物资设备，其运输成本一般包含在物资价格以内，由供应商负责运送。物资代理公司负责甲供物资设备组织供应过程的质量监控，负责督促甲供物资设备生产商按供应订单要求将部管物资送达指定地点，及时向建设单位通报部管物资生产和发货情况，对供应异常情况协助建设单位制订应急解决方案或启动应急预案。

（二）甲控物资设备的运输管理

甲控物资设备是在施工合同中由甲方明确甲控物资设备、指定暂定价的材料，由建设单位负责物资设备进场前指定物资品牌、价格，施工企业依据建设单位指定的品牌或供应商签订供货合同组织进货。建设单位不得指定甲控物资设备和自购物资设备的供应商和生产厂家，不得在物资设备管理方面向工程承包单位收取费用。

甲控物资设备由供应商按照投标承诺组织供应，物资设备采购价格中一般都包括运输成本。建设单位不负责甲控物资设备供应的具体组织工作，不设立专门协调小组和统一仓储基地，必要时可协调甲控物资设备的运输、厂家供货、施工单位之间的调剂。工程承包单位按程序向供应厂商提供执行计划，并负责组织甲控物资的催货、接运。物资设备的运输过程由供应商来完成。甲控物资设备到达现场后，报请监理单位按照相关技术标准和规定，及时检查验收并按有关规定对该批物资进行检验。在检验过程中做好原始记录。检验不合格及时进行退场处理。

对供应商的考核评价中，运输组织与交货情况是一个重要指标，优秀的供应商应该具有以下特点。

（1）运输保障能力强，没有因为运输问题影响交货。

（2）按计划装车，在途料实施监控。

（3）按期交货，品种、规格、型号、数量无差错。

（4）包装符合要求，防护加固得当。

（5）物证相符，技术资料齐全。

（三）自购物资设备的运输管理

自购物资设备由施工企业负责采购、供应、资金结算、质量监控等工作。对于施工企业自购物资设备，其经营决策相对有较大的自主权，施工企业可以自主选择物资设备的品牌和供应商。在物资设备的运输问题上，可以根据物资设备的情况、建设项目的需要及成本方面的需要选择运输的责任方。具体包括三种情况。

1. 物资设备供应商送货方式

施工企业自购物资设备种类需要在工程承包合同中明确，一般而言，自购物资设备主要包括主要材料、中小型专用机械及小五金、配件、燃润料、木材类、化轻产品、安全劳保材料及辅助性材料等零星材料。具有种类多，采购次数多，单位价格不高的特点。

施工企业物资管理部门应制订采购计划，审核选定供应商，建立合格的供应商目录，对供应商进行考核，签订供货合同，确保供应工作质量和材料质量。在供货合同中需要明确物资设备购买价格是否包括运输费用，如果已经包括运输费用，则要求供应商按照合同规定的时间、地点将物资设备送达，施工企业负责接运和验收。这种方式对施工企业而言比较简单易行，但采购价格可能要高一些。

2. 施工企业自提方式

施工企业在挑选确定自购物资设备供应商的基础上，如果施工企业自己拥有自己的运输资源，能够以较低的成本和较高的质量完成货物的运输，则可以选择自提物资设备的方式，以降低物资设备的购买价格和更灵活地安排物资的运送，控制起来也更为容易。但是，采用这种自提物资设备方式一个重要前提就是施工企业要有自己充足的物流运输资源，包括车辆和人员等。这是典型的自办物流的方式。

3. 第三方运输方式

第三方运输方式是将自购物资设备的运输业务外包给专业的第三方物流企业。物资设备由第三方物流企业运输至现场，卸车前施工应检查物资运输过程中的有关情况，发现有损坏和丢失，应及时向运输部门索取商务记录办理索赔。物资到达现场后的卸车和场内转运，严格按照卸、装、运的操作规程进行，确保材料设备的安全和质量。

第三方运输由专业的物流企业承担了运输功能，物流企业可以凭借其资源、信息方面的优势为施工企业和供应商提供专业化的服务，相对于前两种方式，更能提高运输效率，节约运输成本，是社会资源优化配置的重要体现。

当前，我国第三方物流公司的兴起和发展，为施工企业的发展提供了大好机遇，依据第三方物流企业可以改变施工企业“大而全”的局面，一方面可以把许多下属单位的小型车队剥离出来，组建自身的第三方物流公司；另一方面可以进行业务转换，员工转岗或脱离公司，通过第三方物流公司提供的服务满足自身业务发展的需要，提升施工企业的核心竞争力。

第三节　物资运输决策

对于大多数物资来说，运输成本要占到物流总成本的35%～50%；对许多商品来说，运输成本要占商品价格的4%～10%，也就是说，运输成本占物流总成本的比重比其他物流活动大。运输决策包含的范围很广泛，其中主要是运输自营或外包决策，运输方式的选择，运输服务商的选择，运输路线的选择，运输计划编制及运输能力配备等。

一、施工企业物资运输经营方式决策

运输经营方式的决策是指施工企业对于物资的运输是选择自营的模式还是将运输业务外包出去。因为甲控和甲供物资都是由甲方监督供应商送货，所以这一决策仅限于施工企业自购物资。

对于自购物资而言，究竟是采取自营运输还是将运输业务外包是施工企业需要做的一个重要决策。随着现代物流理念在中国的传播，许多物流思想在国内企业管理中得到运用和实践。运输外包作为一种管理思想，被国内的第三方物流和商贸流通企业广泛采用，正越来越多的出现在我国市场经济社会里。对采用运输外包模式的施工企业而言，运输外包业务相对于传统的自营运输业务，具有明显的优势，能使施工企业将并不擅长的运输业务剥离，将宝贵的企业资源投入生产、采购、财务等其他更需要关注的方面。同时，善于为施工企业提供运输外包服务的专业物流运输企业一般都有比较健全的物流网络、丰富的车辆和人力资源，以及专业的施工企业物流管理优势。因此当其将施工企业的运输部门托管下来，承担起施工企业物资运输管理和货款回收任务时，施工企业就有了坚强的后盾，施工能力将有明显的提高。

从形式上，对于施工企业而言，运输外包意味着在不改变人事关系的前提下，物

流服务商会派出管理专家进驻施工企业主持运输部门的管理工作，原运输部门的员工（如运输主管、调度、司机、送货员等）将在这些物流专家的指导下开展工作，不但能学到更多的先进理念和物流技能，也有助于企业整体物流管理水平的提高。

当然，不同的施工企业具有不同的实际情况，有些企业业务量不是特别大，与供应商的业务关系比较简单，自身也具有一定运输实力，这种情况可以采用自营模式。一句话，运输经营方式的选择要服务于降低物流成本、提高效率的目标。

如果施工企业自购物资运输选择外包给第三方，则要面临运输服务商的选择问题，如果是选择自营方式，需要做的决策则是运输方式、运输路线的选择。

二、施工企业对运输服务商的选择决策

如果施工企业将自购物资运输的业务外包，则必须面临运输服务商的选择问题。只要运输业没有垄断存在，对于同一种运输方式，托运人或货主就有机会自主选择运输服务商。当然，不同的客户会有不同的决策标准和偏好，但总体而言，可以从以下几个角度来考虑。

（一）服务质量比较法

客户在付出同等运费的情况下，总是希望得到好的服务，因此，服务质量往往成为客户选择不同运输服务商的首要标准。

1. 运输质量

运输所体现的价值是把货物从一个地方运送到另一个地方，完成地理上的位移，而无须对货物本身进行任何加工。但如果运输保管不当，就会对货物的质量产生影响。因此，客户在选择运输服务商时会将其运输质量作为一个重要的因素来考虑。以公路运输为例，客户通常从以下几个方面来考虑运输质量。

（1）该运输公司提供运输的工具，如卡车类型、集装箱新旧程度等。

（2）该运输公司所委托的装卸公司的服务质量。货物在装卸过程中是比较容易造成货损货差的，因此装卸工人的服务质量会直接影响到货物的运输质量。

（3）该运输公司的员工的经验及工作责任心，员工丰富的经验及高超的驾驶技术是保证货物安全运输的首要条件。员工承担着驾驶车辆、照料货物的责任，因此员工行为在很大程度上影响着货物的运输质量。

（4）该运输公司的货物运输控制流程，良好的运输控制流程将保证货物及时准确的发运、转运和卸载，减少货物的灭失、错卸、短卸和溢卸以及错误交付等，从而保证运输质量。

2. 服务理念

随着各服务商运输质量的提高，客户对服务的要求也越来越高，于是客户在选择不同的运输服务商时还会考虑其他的服务理念，如下所述。

（1）运输的准班率，较高的准班率可以方便客户对货物的库存和发运进行控制，当然也为安排其接运等提供了便利。

(2) 运输公司发货的时间间隔，合理的间隔同样也将方便客户选择托运的时间及发货的密度等。

(3) 运输单证的准确率。

(4) 信息查询的方便程度，不同的服务商除了提供运输以外还在附加服务上进行投入，如价格查询、航班查询以及货物跟踪等服务。

(5) 货运纠纷的处理，无论服务商如何提高运输质量，改进服务水平，货运纠纷总难免会发生，发生后如何及时圆满地处理是客户所关心的。

由于运输技术及运输工具的发展，目前各运输服务商之间的运输质量差异正在缩小，而为了吸引客户，服务商不断更新服务理念，以求与其他服务商有服务差异，为客户提供高附加值的服务，从而稳定自己的市场份额，增强竞争力。这也就为客户选择不同的服务商提供了更多空间，客户可以根据自己的需求确定选择目标。

(二) 运输价格比较法

各运输服务商为了稳定自己的市场份额，都会努力提高服务质量，而随着竞争的日趋激烈，对于某些货物来说，不同的运输服务商所提供的服务质量已近乎相同，因此运价很容易成为各服务商的最后竞争手段。于是客户在选择时，如果面对几乎相同的服务质量，或有些客户对服务质量要求不高时，运输价格便成为了另一个重要的决策准则。

(三) 综合选择

当然，会有更多的客户在选择运输服务商时会同时考虑多种因素，如同时考虑服务质量和运输价格，以及服务商的品牌、经济实力、服务网点数量等。如果以公式来表示：

$$S=\frac{k_1Q}{k_2P}+k_3B+k_4C+k_5N+\cdots+k_nO \tag{7-1}$$

其中：S——综合因素；

k_n——不同因素的权数，$n=1, 2, 3, \cdots$；

Q——服务质量；

P——运输价格；

B——运输服务商的品牌；

C——运输服务商的总资产状况；

N——运输服务商的网点数；

O——其他因素。

客户可以根据自己的需要，调整不同因素的权数，然后做出决策。

三、运输方式的选择

在各种运输方式中，如何选择适当的运输方式是物流合理化的重要问题。一般来讲，应从物流系统要求的服务水平和允许的物流成本来决定。可以使用一种运输方式，也可以使用联运方式。

（一）运输方式选择的考虑因素

决定运输方式，可以在考虑具体条件的基础上，对下述五个具体项目认真研究考虑。

1. 货物品种

货物品种及性质、形状，应在包装项目中加以说明，选择适合这些货物特性和形状的运输方式，并对货物运输费用进行认真考虑。

2. 运输期限

运输期限必须与交货日期相联系，应保证运输时限。必须调查各种运输工具所需要的运输时间，根据运输时间来选择运输工具。运输时间的快慢顺序一般情况下依次为航空运输、汽车运输、铁路运输、船舶运输。各运输工具可以按照它的速度编组来安排日程，加上它的两端及中转的作业时间，就可以算出所需的运输时间。施工企业在选择运输方式时，要研究这些运输方式的现状，进行有计划的运输，提供准确的交货日期是基本的要求。

3. 运输成本

运输成本因货物的种类、重量、容积、运距不同而不同。而且，运输工具不同，运输成本也会发生变化。在考虑运输成本时，必须注意运费与其他物流子系统之间存在着互为利弊的关系，不能只考虑运输费用来决定运输方式，要由全部总成本来决定。

运输费用在材料价格中占有很大的比重，关系到物资的成本，同时关系到能否保证施工进度按期进行，所以必须对工程项目所在地的交通状况进行认真调查。对于物资运输路线的选择，一般说来主要是铁路运输、水路运输、公路运输、人力运输等，调查的重点是运输能力。铁路与水运具有运输能力大，公路运输具有灵活快捷，人力运输具有解决机械所不能到达的优势特性；但铁路与水运有很大的计划限制性，公路远距离不能满足大批量施工物资的需要，人力运输只能承担零星物资的运输。根据供货商所在地点，调查各项目运输的承载能力及价格。根据项目进度的需要，在进行物资运输成本分析的基础上，选择既能保证工程进度需要，且运输费最低的运输方式。

4. 运输距离

从运输距离看，一般情况下可以依照以下原则：300 千米以内，选择汽车运输；300～500 千米，选择铁路运输；500 千米以上，选择船舶运输。采取这样的选择是比较经济合理的。

5. 运输批量

运输批量的影响，因为大批量运输的成本低，应尽可能使商品集中到最终消费者附近，选择合适的运输工具进行运输是降低成本的良策。一般来说，20t 以下的商品用汽车运输；20t 以上的商品用铁路或船舶运输。

综上所述，选择运输方式时，通常是在保证运输安全的前提下在衡量运输时间和运输费用，当到货时间得到满足时再考虑费用低的运输方式。当然，计算运输费用不能单凭运输单价的高低，而应对运输过程中发生的各种费用以及对其他环节费用的影响进行综合分析。

在选择运输方式时，不能仅仅考虑费用，还应该考虑发送方式。不同的发送方式不仅运输费用相差较大，而且运输的安全程度和在途的时间差别也很大。如铁路运输有整列、成组、整车、零担、包裹等发送方式，成组、整车运输由于配车编组，在途停滞时间长，而零担、包裹运输费用则较高。

（二）运输方式选择的方法

运输方式选择的方法有很多种，但原则上应根据运输环境、运输服务的目标要求，采取定性分析与定量分析两种方法。

1. 定性分析法

定性分析法主要是依据完成运输任务可用的各种运输方式的运营特点及主要功能、货物的特性以及用户的要求等因素对运输方式进行直观选择的方法。单一运输方式的选择，就是选择一种运输方式提供运输服务。公路、铁路、水路、航空和管道五种基本运输方式各有优点与不足，可以根据五种基本运输方式的优势、特点，结合运输需求进行恰当的选择。多式联运的选择，就是选择两种以上的运输方式联合起来提供运输服务。

2. 定量分析法

运输方式选择的定量方法有综合评价法、成本比较法、考虑竞争因素的方法等多种方法，应用时可根据实际情况选择其中的一种进行定量分析。下面以综合评价法为例进行说明。

运输方式的选择应满足运输的基本要求，即经济性、迅速性、安全性和便利性。由于运输对象、运输距离和用户对运输时限要求不一样，对经济性、迅速性、安全性和便利性的要求程度也不同，因此可以采取综合评价的方法来进行运输方式的确定。

在实践中，由于货物单元、价格、交货日期、运输批量和收货单位的不同，使得这些运输工具的评价指标也必然不同。我们在进行比较之前，必须把各评价尺度标值统一化，假设各尺度标值分别为：W_1，W_2，W_3，W_4，则运输工具的综合评价值 F 可以表示为：

$$F=W_1F_1+W_2F_2+W_3F_3+W_4F_4 \tag{7-2}$$

其中：$W_1+W_2+W_3+W_4=1$

现在可供选择的运输工具有：火车 T、汽车 M、轮船 V、飞机 A，那么它们的综合评价值分别用 $F(T)$，$F(M)$，$F(V)$，$F(A)$ 来表示，则：

$$\begin{aligned}
F(T)&=W_1F_1(T)+W_2F_2(T)+W_3F_3(T)+W_4F_4(T)\\
F(M)&=W_1F_1(M)+W_2F_2(M)+W_3F_3(M)+W_4F_4(M)\\
F(V)&=W_1F_1(V)+W_2F_2(V)+W_3F_3(V)+W_4F_4(V)\\
F(A)&=W_1F_1(A)+W_2F_2(A)+W_3F_3(A)+W_4F_4(A)
\end{aligned} \tag{7-3}$$

目前还没有绝对行之有效的方法来量化 F_1，F_2，F_3，F_4。这里采用相关因素进行量化。

（1）经济性。运输工具的经济性是由运费、包装费、装卸费和设施费等有关运输费用合计来表示的。很显然费用越高，经济性越差；设各运输工具所需成本分别为：$C(T)$，$C(M)$，$C(V)$，$C(A)$。其平均值为：

$$C=\frac{C(T)+C(M)+C(V)+C(A)}{4} \tag{7-4}$$

为了更清楚地突出各运输工具之间的差异性，我们用相对值来考察。运输经济性相对值为：

$$F_1(T)=\frac{C(T)}{C} \qquad F_1(M)=\frac{C(M)}{C}$$

$$F_1(V)=\frac{C(V)}{C} \qquad F_1(A)=\frac{C(A)}{C}$$

（2）迅速性。运输工具的迅速性用从发货地到收货地所需的天数（或时间）来表示。所需的时间越长则迅速性越低，各运输工具所需时间数分别为：$H(T)$，$H(M)$，$H(V)$，$H(A)$。

平均值为：

$$H=\frac{H(T)+H(M)+H(V)+H(A)}{4} \tag{7-5}$$

运输工具的迅速性相对值为：

$$F_2(T)=\frac{H(T)}{H} \qquad F_2(M)=\frac{H(M)}{H}$$

$$F_2(V)=\frac{H(V)}{H} \qquad F_2(A)=\frac{H(A)}{H}$$

（3）安全性。运输工具的安全性要根据过去一段时间内的货损、货差率（有时通过实验数据）来确定，一般实行计量化较为适合。破损率越高安全性越差，平均值为：

$$D=\frac{D(T)+D(M)+D(V)+D(A)}{4} \tag{7-6}$$

运输安全性的相对值为：

$$F_3(T)=\frac{D(T)}{D} \qquad F_3(M)=\frac{D(M)}{D}$$

$$F_3(V)=\frac{D(V)}{D} \qquad F_3(A)=\frac{D(A)}{D}$$

（4）便利性。单以便利性计量化作为评价尺度是比较困难的，因为究竟达到何种程度才能算是便利，这是很难确定的，因此，比较妥善的办法是根据具体情况具体分析。以代办货物运输为例，在考虑货物运到代办运输点所需时间和距离等问题时，通常用代办点的经办时间与货物运到代办点所需时间差来衡量，可以看出时间差越大，便利性越低。所以时间差越小，则是有利因素。

设运输工具的时间差是：$V(T)$，$V(M)$，$V(V)$，$V(A)$，则平均值为：

$$V=\frac{V(T)+V(M)+V(V)+V(A)}{4} \tag{7-7}$$

运输工具的便利性相对值为：

$$F_4(T)=\frac{V(T)}{V} \qquad F_4(M)=\frac{V(M)}{C}$$

$$F_4(V)=\frac{V(V)}{V} \qquad F_4(A)=\frac{V(A)}{V}$$

值得注意的是，在以上的讨论中，四项指标中有三项与我们的目标追求是相反的，即费用越高经济性越差；迅速性中，所需时间越长迅速性越低；破损率越高安全性越差；第四项时间差越大便利性越差也是负向的，统一评价标尺，根据以上的讨论，我们得出运输工具的综合评价值：

$$F(T)=-W_1\frac{C(T)}{C}-W_2\frac{H(T)}{H}-W_3\frac{D(T)}{D}-W_4\frac{V(T)}{V}$$

$$F(M)=-W_1\frac{C(M)}{C}-W_2\frac{H(M)}{H}-W_3\frac{D(M)}{D}-W_4\frac{V(M)}{V}$$

$$F(V)=-W_1\frac{C(V)}{C}-W_2\frac{H(V)}{H}-W_3\frac{D(V)}{D}-W_4\frac{V(V)}{V}$$

$$F(A)=-W_1\frac{C(A)}{C}-W_2\frac{H(A)}{H}-W_3\frac{D(A)}{D}-W_4\frac{V(A)}{V} \tag{7-8}$$

根据以上的计算结果，其数值最大者为优。

四、运输路线选择

运输路线的选择影响到运输设备和人员的利用，正确地确定合理的运输路线可以降低运输成本，因此，运输路线的确定是运输决策的一个重要领域。运输路线决策就是，找到运输网络中的最佳路线，尽可能缩短运输时间或运输距离，达到降低运输成本、改善运输服务的目标。尽管路线选择问题种类繁多，但我们可以将其归纳为三个基本类型：一是起点和终点不同的单一路径规划，二是多个起点和终点的路径规划，三是起点和终点相同的路径规划。

（一）起点和终点不同的单一路径规划

对于自购物资设备比较简单、施工点比较单一的小型施工企业就面临着这种规划。此类问题可以描述为在一个已知交通运输网络中，寻找从出发地到目的地的最佳路线。这里的“最佳”可以指距离最短、时间最省或是费用最少。数学模型为求网络图中两点之间的最短路问题。采用网络规划中求最短路 Dijkstra 算法（标号算法）。除了距离以外，还需要考虑通过交通网络的时间长短。

计算方法如下。

（1）第 n 次迭代的目标。寻求第 n 次最近始发点的节点，重复 $n=1，2，\cdots$，直到最近的节点是终点为止。

（2）第 n 次迭代的输入值。$(n-1)$ 个最近始发点的节点是由以前的迭代根据离始发点最短路线和距离计算而得的。这些节点以及始发点称为已解的节点，其余的节点是尚未解的点。

（3）第 n 个最近节点的候选点。每个已解的节点由线路分支通向一个或多个尚未解的节点，这些未解的节点中有一个以最短路线分支连接的是候选点。

（4）第 n 个最近的节点的计算。将每个已解节点及其候选点之间的距离和从始发点到该已解节点之间的距离加起来，总距离最短的候选点即是第 n 个最近的节点。也就是始发点到达该点最短距离的路径。

（二）多个起点和多个终点的路径规划问题

对于大型施工企业，施工点比较多，地域分布比较分散，采购的货物也可能来自多个供应商，则需要面临多起点和终点的路径规划问题。多个起点和终点的路径优化需要确定各供求地点之间的最佳供应关系。运用线性规划，数学模型可以描述为：有 m 个产地 A_i，$i=1$，2，…，m，可供应量分别为 a_i，$i=1$，2，…，m；有 n 个销地 B_j，$j=1$，2，…，n，需要量分别为 b_j，$j=1$，2，…，n。产销平衡，从 A_i 到 B_j 运输单位货物的运价（也可以是时间或距离）为 c_{ij}。问如何调运这些货物使得运费（或时间、吨公里数）最少（最短）？常见的解决方法有单纯形法、图表分析法、图上作业法、表上作业法等。单纯形法、表上作业法主要是运筹学方面的知识，图上作业法相对比较简单灵活，下面以图上作业法为例说明如何解决此类问题。

1. 图上作业法的基本思想

图上作业法是利用货物的生产地和销售地的地理分布和交通路线示意图，采用图解的形式规划商品的运输方案，以求得货物运输吨公里最小的方法。图上作业法适用于运输过程中同一种运输工具进行运输的状况，适用于交通线路为线状、圈状，而且对产销地点的数量没有严格限制的情况。图上作业法的核心就是规划出货物的最优流向，其原则可归纳如下。

（1）流向画右方，对流不应当。

（2）里圈、外圈分别算，要求内圈和外圈都不能超过半圈长。

（3）如若超过半圈长，应甩运量最小段。

（4）反复求算，直到通过检验，找到最优方案。

2. 例题

某施工企业物资发运点 A、B、C、D 四处，接收点 a、b、c、d 位于圈上，其距离及供需量如表 7－3 及图 7－1 所示，试求最优运输线路。图 7－1 中每个需求点与两个供应点连接、每个供应点与两个需求点连接。

表 7－3　施工企业物资供需数据　单位：t，km

	a	b	c	d	供应量
A	65			80	800

续 表

	a	b	c	d	供应量
B	180	220			1500
C		90	75		1700
D			60	70	1000
需求量	1300	1000	1600	1100	5000

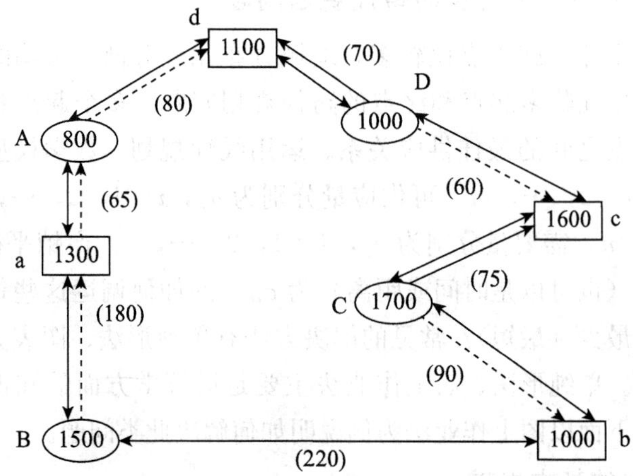

（ ）内数为距离 ○、□为运输数量

图 7－1 施工企业物资运输交通示意

求解步骤如下。

(1) 假定里程最长的一段没有货流通过，使圈状线路变成非圈状线路，其中 B→b 应甩去。此时转化为交通示意图成线状的情况。

(2) 按照“首先抓两端”和“近产近销”的原则安排初始调运方案。经图上作业确定初始方案，即从 B 运 1500t 到 a，再从 a 运 200t 到 A，A 运 1000t 到 d。此外，从 D 运 900t 到 c，从 C 运 700t 到 c，同时，运 1000t 到 d。如图 7－1 所示。

(3) 对初始方案进行检验。根据图 7－1 中虚线所示，将内外圈货流里程汇总，检查是否超过全圈长的一半。

无论内圈 L 大于全圈长的一半，不是最优方案，应重新甩段破内圈，寻找最优方案。

$1/2L=(220+180+65+80+70+60+75+90)=120$

$L_{内}=180+65+80+60+90=475>1/2L$

$L_{外}=75+70=145<1/2L$

$L_{内}$ 大于半圈长，而内圈运量最小段为 a→A，因此，重新甩段破圈时，应甩 a→A，补上无货流的 B→b 区，重新做出流向圈，如图 7－2 所示。

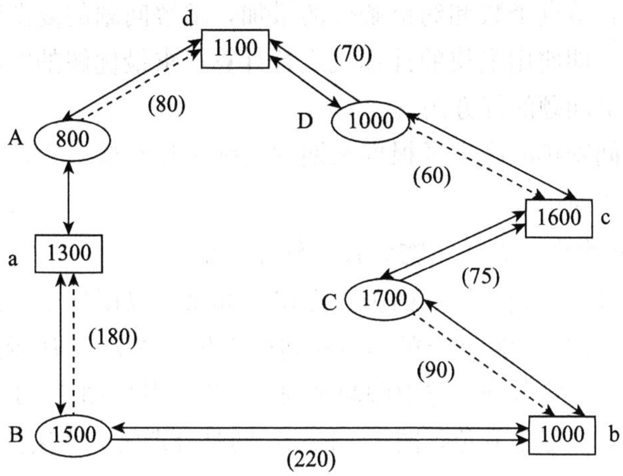

图 7－2　调整后的运输流向

（4）计算内外圈长。

$L_{内}=180+80+60+410<1/2L$

$L_{外}=75+70+225=365<1/2L$

（5）将上述结果填入平衡表，便可得到最优运输路线。

表 7－4　　　　**物资调运方案**　　　　单位：t，km

	a	b	c	d	供应量
A				80	800
B	180	220			1500
C		90	75		1700
D			60	70	1000
需求量	1300	1000	1600	1100	5000

（三）起点和终点相同的路径规划问题

起点和终点相同的路径规划问题也是大型施工企业物资配送业务中的常见问题。由于要求车辆必须返回起点，问题的难度提高了。解决这类问题的目标是找出途中经过的点的顺序，使运输工具依次经过所有送货点并满足各点对送货时间的要求，且总出行时间或总距离最短。旅行推销员问题，属于 NP（非确定性多项式问题）难题。

运输计划编制，即车辆运行路线和时间安排，是车辆运行路线选择问题的延伸，它受到的约束条件更多，诸如：①每个停留点规定的提货数量和送货数量；②所使用的多种类型的车辆的载重量和载货容积；③车辆在路线上休息前允许的最大的行驶时间；④停留点规定的在一天内可以进行的提货的时间；⑤可能只允许送货后再提货的时间；⑥司机可能只能在一天的特定时间进行短时间的休息或进餐。这些约束条件大大地使问题复杂化，甚至使人们难以去寻求最优化的解。

随着问题中包含节点个数和约束条件的增加，求解问题的复杂程度增加，要找到最优路径非常困难。即使用最快的计算机进行计算，求最优解的时间也非常长。启发式求解法是求解这类问题的好方法。

运行路线和时间安排的决策者根据长期的实际工作经验，为较好安排运行路线和时间提炼出下列八条原则。

1. 将相互接近的施工点的货物装在一辆车上运送

车辆的运行路线应将相互接近的施工点串联起来，以便施工点之间的运行距离最小化，这样也就使总的运输路线上的运行时间最小化。图 7－3 所示的是将有关施工点的货分配给车辆，从而将各施工点串联起来的示意图。其中图 7－3（a），串得不合理，车辆的运行路线长，要尽量避免，图 7－3（b）则是合理的串联法。

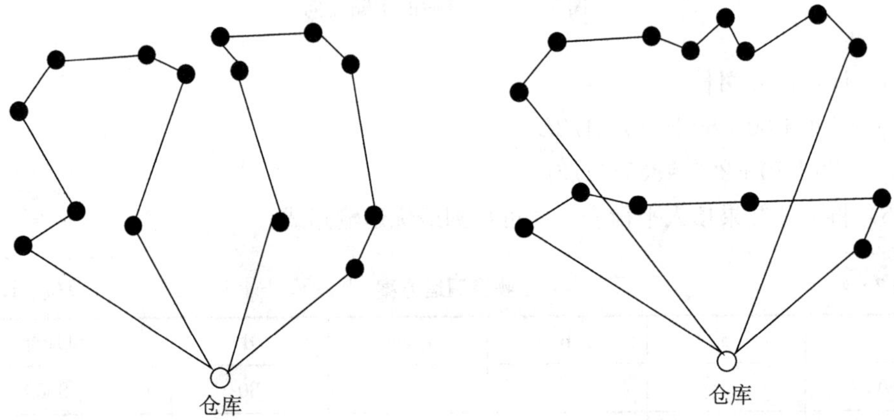

（a）差的串联　　（b）更好的串联

图 7－3　车辆将施工点串联起来的示意

2. 集聚在一起的施工点安排同一天送货

如果大型施工企业的施工点的送货时间是定在一周的不同天数进行时，合理的安排是将积聚在一起的施工点安排在同一天送货，要避免不是同一天送货的施工点在运行路线上重叠，这样可有助于使所需的服务车辆数目最小化以及一周中的车辆运行时间和距离最小化。

3. 运行路线从离仓库最远的施工点开始

合理的运输路线应从离仓库最远的施工点开始将该区域的施工点串起来，然后返回仓库。一旦确认了最远的停留点之后，送货车辆应满载贴邻这个关键施工点的一些施工点的货物。这辆运货车满载后，再选择另一个最远的施工地点，用另一辆运货车转载贴邻第二个最远施工点的一些停留点的货物，按此程序进行下去，直至所有施工地点的货物都分配给运货车辆。

4. 一辆运输车辆顺次途经各施工点的路线要成凸状

运输车辆顺序途经各施工点的路线不应交叉，而应成凸状。不过，在实际中难免出现由于施工点工作时间的约束和在施工点送货后再提货的要求导致的路线交叉。

5. 使用大载重量的送货车辆提高运输效率

最好是使用一辆载重量大到能将路线上所有施工地点所要求运送的货物都装载的送货车，这样有利于总的运行距离或时间最小化。因此在多种规格车型的车队中，应优先使用载重量最大的送货车。

6. 提货应混在送货过程中进行，而不要在运行路线结束后再进行

提货应尽可能在送货过程中进行，以减少交叉路程量，而在送货结束后再进行提货经常会发生交叉路程。提货混在送货过程中进行，究竟能做到什么程度，则取决于送货车辆的形状、提货量以及所提的货物对车辆内后续送货通道的影响程度。

7. 对偏离集聚施工点路线远的单独的停留点可应用另一个送货方案

有些施工地点位置比较偏远，对于这些偏远的施工地点，特别是那些送货量小的施工点，使用小载重量的车辆专门为这些施工点送货是经济的，其经济效益取决于该施工点的偏离度和送货量。偏离度越大，送货量越小，使用小载重量的车辆专门为这些施工点送货越经济。另一个可供选择的方案是租用车辆为这些施工点送货。

8. 应当避免施工点工作时间太短的约束

施工点工作时间太短常会迫使途经施工点的顺序偏离理想状态。由于施工点的工作时间约束一般不是绝对的，因此如果施工点的工作时间确实影响到合理的送货路线，则可以与施工点协商沟通，调整其工作时间或放宽其工作时间约束。

上述原则可以帮助运输决策者制订出满意的（不一定必须是最优的）、现实可行的合理路线和时间安排。当然，上述原则也仅是合理路线设计的指引，因为运作人员面对的车辆运作的许多复杂情况并不是上述原则所能全部包容的。遇到特殊的约束条件，运作人员要根据经验灵活处理。

本章小结

物资运输的基本方式有铁路运输、公路运输、航空运输、水路运输和管道运输。这五种基本运输方式各有特点，需要在货物流向流量和运输路线、各种运输方式设备能力、各种运输方式组织工作、运价和运输费用等方面相互协调才能形成高效率的运输系统。

施工企业物资分为甲供物资、甲控物资和施工企业自购物资设备三种基本类型。这三种物资在运输管理模式上差别很大。甲供、甲控物资都是在甲方监督控制下由供应商直接送货，只有施工企业自购物资设备才面临运输经营方式等方面的选择决策。

对于施工企业自购物资设备，可以结合物资特点、施工企业自身设施设备条件，在综合比较成本和收益的基础上，在自营运输和将运输业务外包这两种经营方式中进行选择。如果选择将运输业务外包，施工企业需要综合考虑服务成本与服务质量，选择性价比最高的供应商。如果施工企业对自购物资自营运输，则需要结合物资的特点

及自身实力选择合适的运输方式，并规划好最合适的运输路线。

复习思考题

1. 运输方式中，适合施工企业采用的运输方式是哪几种？

2. 施工企业的物资设备中，甲供物资和甲控物资在运输方面的共同之处是什么？

3. 施工企业自购物资设备运输的基本方式有哪几种？

4. 对于自购物资设备，施工企业在选择自营运输和外包运输问题上需要考虑哪些因素？

5. 施工企业应如何选择运输方式？

6. 施工企业应如何规划运输路线？

第八章　物资储备及仓库管理

学习目标

1. 理解并掌握施工企业物资储备定额及制定方法。

2. 掌握施工企业物资仓库建造与使用注意事项。

3. 熟练掌握仓库管理流程以及操作注意事项，并能因地制宜、灵活应用。

4. 理解、掌握并能灵活应用ABC分类法、经济批量法、零库存管理等库存控制方法。

第一节　物资储备定额

一、施工企业物资储备

（一）施工企业物资储备概念

物资储备，是指社会生产过程中储存备用的生产资料。它是生产资料产品脱离一个生产过程但尚未进入另一个生产消费过程时，而以储备形式暂时停留在生产领域和流通领域某一个环节上。企业生产所需物资有时可以在本地采购，但大量物资需要从外地乃至国外采购。由于供需双方不在一个地方，物资从供应商的产地运到需求地的生产企业，实现物资的空间转移，就需要有一定的在途物资和待运物资。

施工企业物资储备就是在施工过程中为保证施工进度正常进行而做的物资准备。物资离开生产过程进入再生产消耗过程前，以在途、在库、待检、再加工等形态停留在流通领域和生产领域，这就形成了材料储备。

（二）施工企业物资储备的必要性

1. 调节物资生产企业生产特点与施工企业物资消耗特点的矛盾

施工物资的生产是连续不断进行的，具有周期性、批量性，而物资消耗既有不均衡性，又有不确定性，但又是成套性消耗，这就需要储备作以调节。

2. 解决物资采购时间及数量与投入生产的时间及数量不一致的矛盾

物资采购通常是按一定时间间隔分期、分批地进行。由于采购与投入在时间和数量上存在不一致，必然需要有一定量的物资作为周转储备，以确保施工生产的连续进行。

3. 解决由于物资使用方与上游供应商在空间不一致的矛盾

仓储在物流体系中是唯一的静态环节，也有人称之为时速为零的运输，起到缓冲与调节的作用。

4. 缓解因物资品种规格不全带来的使用困难

根据生产的特点和要求，有的物资在投入使用前，必须先经过整理加工等准备工作，因而必然需要相应的数量储备，以保证投产前准备工作的顺利进行，缓解因物资品种规格不全带来的使用困难。例如钢筋根据需求型号而提前进行的切割工作。

5. 施工企业物资储备可以有效预防不确定因素的发生

由于物资供应过程中受上游供应商和发运能力等多方面不确定性因素限制，如供应商不能按时供货，供货商品质量不符合使用要求，运输能力紧张或由于天气、交通因素等不能如期送达而导致工期延误，企业为有效预防由于这些事故的发生而停工待料，建立安全保险储备是非常必要的。

总之，生产储备是为了确保企业生产正常进行而建立的，是用来协调解决生产与供应之间矛盾所必需的。

（三）影响施工企业物资储备的因素

1. 施工工程各作业段单位时间内物资需要量

由于在物资管理上要求企业的物资储备量与其所能保证的生产、建设的消费规模基本上成正比，因此，在其他条件不变的情况下，单位时间内物资需要量越大，需要的储备物资数量就越大。

2. 物资供应商企业经营水平

物资供应商企业经营水平具体包括生产能力和设备的完好程度，生产计划与管理水平等。物资供应商生产能力充足，设备的完好程度高，生产材料供应及时，售后服务质量好，就可以降低物资储备水平，否则就要加大物资储备量。物资供应商的管理水平直接影响着其生产计划的准确性，进而影响物资的储备量。如果生产计划准确、管理水平高、供应方式合理，物资储备就可以相对降低，否则，物资储备就要增大。

3. 供货距离及运输条件

物资供应商与施工企业施工现场距离越长，各中转站到各施工现场之间的距离越远，交通条件越差，运输过程中经过编组站越多，生产企业、中转仓库、施工现场需要的成品储备就越大。

4. 仓储能力及资金情况

企业资金充裕、仓储能力强，就可能支持较大的物资储备，反之，则只能保持较少的物资储备。当然，这只是一个制约条件，而不是决定条件。在资金及仓储条件允许的前提下，还应以经济合理为前提确定物资的储备量。

二、物资储备定额

（一）物资储备定额概念

物资储备是企业生产不可缺少的必要条件，但要占用企业大量的流动资金，使企业资金流动速度减慢，降低企业的经济效益。因此，物资储备的理想目标应该是保持与生产需要相适应的储备数量。储备过多，会占用大量资金和库存场地，造成物资的积压和浪费，储备过少，又会造成停工待料，影响正常施工进度。因此，要保证施工工程的顺利进行，就必须制定科学合理的物资储备定额。物资储备定额，是指在一定的管理条件下，为保证施工生产顺利进行所必需的、经济合理的物资储备数量标准。确定物资储备定额取决于两个因素，即物资周转期和周转量。

（二）物资储备定额作用

物资储备定额是施工企业物资管理工作的重要基础资料和依据，作用体现在：第一，是施工企业编制物资供应计划、采购计划、运输计划的依据，是采购计划中确定具体采购量、订购批量和进货点的重要依据；第二，是施工企业控制和调节库存量变化，保障经济合理储备，避免缺货或超储的重要依据；第三，是确定物资仓储条件，设计物资仓容、进行仓库规划的主要依据；第四，是财务部门核定储备资金的重要依据，准确设定物资储备定额是施工企业经营管理的重要体现。

（三）物资储备定额的分类

物资储备定额根据具体作用和运用环境的不同，可分为以下几类。

1. 根据定额计算单位分

根据定额计算单位将其分为相对储备定额和绝对储备定额。

（1）相对储备定额。相对储备定额以储备天数为计算单位，表明应储备可供多少天使用的物资，单位为天。此种分类便于比较不同物资、不同单位的储备水平。

（2）绝对储备定额。绝对储备定额是按实物量或价值为计量单位，如件、套、台、吨、方等。此种分类多用于物资计划编制、库存量控制和仓库保管面积的计算等领域。

二者之间可以互相换算，即用平均一天需要量乘以储备天数就可以得出绝对储备定额。

【例 8-1】 某施工企业某种物资一年需用量为 36000 件，相对储备定额为 35 天，求绝对储备定额。

解：

绝对储备定额＝平均日需要量×储备天数

＝36000 件÷360 天×35 天

＝3500 件

2. 根据定额综合程度分

根据定额综合程度，物资储备定额可分为个别储备定额和类别储备定额。

（1）个别储备定额。个别储备定额是按物资如水泥、钢材等具体规格型号设定的，主要用于编制具体的物资计划细目以及库存量管理。

（2）类别储备定额。类别储备定额是根据物资目录的类别设定的储备定额，如金属材料、电工器材、轨道材料等。主要用于编制类别物资计划，总体上确定物资仓库保管面积和仓库设施，以及类别物资的库存量控制。类别物资包括若干个具体规格物资，类别储备定额是从总体上反映各种具体规格物资自储备状态，反映整个类别物资的平均储备水平。

3. 根据定额作用分

根据定额作用，物资储备定额可分为经常储备定额、保险储备定额、季节储备定额等。

（1）经常储备定额。经常储备定额是指施工企业在供应商正常供应条件下，两批物资送达的供应间隔期内，为保证工程正常进行所需的储备数量。经常储备是动态的，当第一批物资送达时，达到最高储备量，称为最高经常储备；随着施工的进展，物资不断消耗，物资储备量逐渐减少，直到下一批物资送达前的瞬间，物资储备量降到最低点，即最低经常储备。当下一批物资送达时，物资储备又达到最高储备量。物资随着工程进度，不断补充、消耗，再补充、再消耗，不断循环往复，使企业物资储备始终在最大值和最小值之间变动，便形成物资的经常储备。均衡消费、等供应间隔期、等批量物资送达是一种理想的物资库存状态，实际上，施工企业物资消耗是随机型消耗，即消耗具有不均衡性和不确定性，供应间隔期、到货批量均不均等。

（2）保险储备定额。保险储备又称安全储备，是为了预防物资在供应过程中，因物资生产、运输、气候等因素造成的误期、延期，或物资质量、品种、规格不符标准及计划超产等异常情况下，为保障施工生产连续进行所必须储备的物资数量。保险储备一般不动用，在非常时期才动用，一经动用，在下次进货时应首先将动用的保险储备部分及时补足。它是一种后备性质的物资储备。供应稳定和就近易购的物资，可以不建立保险储备。

（3）季节性储备定额。季节性储备定额是指企业为了克服某些物资生产、运输、消耗的季节性因素影响，如北方冬季的砖瓦生产、南方夏季洪水期间的河砂、河卵石生产等，为保障施工生产正常进行而建立的物资储备数量。所以一般会在物资生产中断前一次或分批购进储备起来，保障不能进料期间的消耗，直到季节因素消除恢复正常。

三、物资储备定额的制定

（一）几个需要明确的名词

1. 平均每日需要量

物资全年需用量除以 360 天即该物资的平均每日需要量。

2. 储备天数

储备天数即所储备物资要保障施工不间断的天数。通常包括供应间隔天数、验收入库天数、使用前准备天数三个方面。

3. 供应间隔天数

两批物资送达之间的间隔天数称为供应间隔天数，每批到货量称为到货批量。由于每次购入的数量，必须满足下批物资运达前的消耗需要，所以在物资的平均日需要量一定的情况下，供应间隔天数是决定经常储备的主要因素。

4. 验收入库天数

验收入库天数指物资抵达后的搬运、整理、检验和入库等所需要的时间。

5. 使用前准备天数

使用前准备天数指经过一定的加工或技术处理所需的时间。如原木加工成板材，加工板材后的干燥处理，钢筋的后期加工等。但并不是每一物资都必须具有的因素。

（二）基本关系

物资储备定额的制定取决于物资周转期和周转量两个基本要素。

物资储备定额＝平均每日耗量×物资储备天数

经常储备定额＝平均日耗量×(供应间隔天数＋验收入库天数＋使用前准备天数)

保险储备定额由平均日耗量与保险储备天数两个因素决定。保险储备天数，一般根据历史统计资料以加权平均计算出到货的误期天数，有时经验阅历对于保险期的估计也很重要。

保险储备定额＝平均日耗量×保险天数

物资储备定额一般由经常储备定额与保险储备定额所组成，所以：

物资储备定额＝平均日耗量×（供应间隔天数＋验收入库天数＋使用前准备天数＋保险天数）

经常储备定额是经常变动的，所以物资储备定额有它的上限和下限。上限为经常储备与保险储备之和，即最高储备定额，下限就是保险储备，即最低储备定额。

（三）计算

【例 8－2】　某施工企业 2012 年某物资实际进货记录如表 8－1 所示，2013 年该物资计划需用量 3600t，设定验收入库、使用前准备时间近似为 0 天，每月按 30 天计算，进货单位为 t，根据表 8－1 所示资料计算 2013 年该物资的物资储备定额。

表 8－1　　　　**进货统计资料**　　　　单位：t

进货日期	1月10日	2月18日	3月15日	4月25日	5月28日	6月15日	7月8日	8月12日	9月20日	10月22日	11月20日	12月31日
进货量	290	350	380	320	310	360	400	380	320	340	380	—

解：

(1) 计算供应间隔期，结果如表 8－1 所示。

(2) 计算加权平均供应间隔期，以进货量为权数。

平均供应间隔期＝(290×39＋350×28＋380×41＋320×34＋310×18＋360×24＋400×35＋380×39＋320×33＋340×29＋380×42) ÷ (290＋350＋380＋320＋310＋360＋400＋380＋320＋340＋380)

＝34 (d)

(3) 计算计划年度内平均日耗量。

平均日耗量＝3600/360＝10 (t/d)

(4) 计算经常储备定额。

经常储备定额＝平均日耗量× (供应间隔天数＋验收入库天数＋使用前准备天数)

＝34×10

＝340 (t)

(5) 计算加权平均误期时间。

以进货量计算平均误期天数，如表 8－2 所示。

表 8－2　物资储备定额计算

进货日期	进货量 (t)	供应间隔天数 (d)	误期时间 (d)	加权数
1月10日	290			
2月18日	350	39	5	1450
3月15日	380	28		
4月25日	320	41	7	2660
5月28日	310	34		
6月15日	360	18		
7月8日	400	24		
8月12日	380	35	1	400
9月20日	320	39	5	1900
10月22日	340	33		
11月20日	380	29		
12月31日		42	7	3040
合计	3830			9450

平均误期时间＝9450÷ (290＋380＋400＋380＋380)

＝5.16 (d)

(6) 计算保险储备定额。

保险储备定额＝平均日耗量×保险天数

＝10×5.16

＝51.6 (t)

（7）计算物资储备定额。

物资储备定额＝经常储备定额＋保险储备定额

＝340＋51.6

＝391.6（t）

第二节 物资仓库与使用

一、仓库的分类

（一）按储备材料种类分

1. 综合性仓库

综合性仓库指在一个仓库内存放多种类别物资的仓库，如同时存放金属材料、机电设备、建材等。要求同处在一个仓库内的物资的物理、化学性质互不影响。

2. 专业仓库

专业仓库指专门用于储存某一种或某一类物资产品的仓库，如钢材库、设备库、建材库、危险品库、火工品库等。该仓库物资单一、量大，或者具有较大的危险性，在建筑材料、设备选型上都是根据所保管物资的养护要求而建立的，具有专业性。

（二）按仓库形式分

1. 封闭式仓库——库房

（1）一般库房：没有特殊储存条件要求的物资均可存放在一般库房中。

（2）保温库房：如精密仪器库、刀具库、量具库等。

（3）高级精密仪器库房：高精度的电子元件、仪器、仪表库等。

（4）危险品库房：易燃、易爆、有毒、有腐蚀、放射性的物资的库房。

（5）爆破材料库房：如煤矿的炸药、雷管、导火线库等。

（6）储罐：液体化工产品的罐状器，可分为室内和露天储罐两类。

2. 半封闭式仓库——货棚（料棚）

货棚用以储存受温湿度影响不太大，但受雨水侵袭易产生质量变化的物资或者超长、超重不易进库保管的物资，如中型钢材、钢轨配件、优质木材、耐火砖、大直径电缆及构造简单、精度不高的机械产品等。

3. 露天仓库——露天货场、料场

露天货场是指经过适当处理、整修的，上部没有任何建筑物的储存物资的场地，场地一般铺有混凝土、沥青、碎石或其他铺面材料，用来存放形体较大且笨重，受自然因素影响不大的物资，如大型钢材、生铁、铸铁管、钢轨、中厚钢板、原木、粗加工配件、砖、瓦、砂石等。

（三）按管理权限分

由于企业规模大小和管理体制不同，可分为三类。

1. 一级仓库

一级仓库即企业（公司、厂矿）的总库，负责整个企业生产、基建、经营、维修等所需的各种物资，某些企业在一些车间、井口、工地比较集中的地方设立的供应站或分库，都是一级仓库的一部分。

2. 二级仓库

二级仓库即分厂或二级公司的仓库，未设分厂的车间仓库也在此列，只负责供应分厂、二级公司或相应级别的单位或部门所需物资。

3. 三级仓库（分库、临时仓库）

三级仓库即基层仓库，包括分厂下属车间及基建企业工程队一级的仓库。一般只存放少量的生产用料和零星的常用维修材料，以及工具、备件等。

二、仓库的选址与总体布局

（一）仓库的选址依据

1. 交通方便、地理位置适当

仓库的交通道路畅通，便于运输装卸，适应货物的合理流向。铁路、水路运输仓库应邻近车站、码头，或具有修建专用线和专用码头的可能性。一般仓库应邻近公路，出入道路应有足够的通过能力。

2. 地势较高

要求地形平坦，便于排水、防洪、防潮。基地平均标高一般应在当地最高洪水位以上；地质较好，地基土承载能力较强，地下水位较低。

3. 电源和水源充足

附近应有满足用电负荷的电源、可靠的消防和生活水源，以及满足排水量的城市排水管网或天然河沟。

4. 周围环境良好

一般仓库不应建在居民密集的住宅区、附近有易爆易燃、腐蚀污染的工矿区以及严重雷击发生地区。仓库建设应本着节约用地，优先利用现有仓库或建筑进行改建和扩建的原则，尽量少占耕地，不占良田，少迁建筑。

（二）仓库合理的总体布局

1. 分区布置

储运作业区（包括库房、货场、站台、专用线和码头等）应与辅助生产建筑和办公、生活建筑分区布置。

2. 建筑间距

库房间、库房与货场和其他建筑之间以及各区之间间距应符合防火规范的规定。在满足防火安全的条件下，平面布置力求紧凑合理。

3. 车道交通

库区车流要方便畅通。车道的宽度和最小转弯半径要适应库区车流的密度和出入载货汽车的类型。

4. 给排水

库区应按防火规范的要求，设置消防水管、室外消火栓和消防水池。库区应采取有组织排水系统。多雨和河海地区，应设置防汛和防涝设施。

5. 围墙

库区四周应设置实体围墙，高度不低于 2.5 米。

6. 分区

各库内设有待验区、合格区、不合格品区，并分别以不同色标做标志。对于待检品存放于待检区挂黄色标志，合格品存放于合格品区挂绿色标志，不合格品存放于不合格品区挂红色标志。

三、仓库的建造要求

（一）露天料场的建造要求

1. 总体要求

露天料场建造的总体要求是地势高亢、排水良好、地面坚实、交通方便、设备齐全、环境适宜。

2. 以砂石料场选址与布局为例说明

（1）料场应选在搅拌机附近，不能超过 50m，方便搅拌作业，道路应直达砂石料的堆放地点，防止二次搬运。

（2）地面应平整夯实，尽可能做到有 5°坡度、四周设有排水沟，地面有足够的承载力。

（3）堆放的高度一般为 5～10m，应准确测算堆放面积。

（4）施工物资按不同型号与批次分别堆放，并设置物资标志牌。

（5）有一定照明设备，保障必要时夜间施工和生活照明，同时设有消防设施，保障安全。

（二）料棚的建造要求

料棚均设有棚顶，但其围护结构不同，可分为全敞开式、两侧敞开式（长度方向）和单侧敞开式。料棚可以防止大气的降水及日照对物资的影响。但对温度、潲雨、日光的斜射无法控制。料棚适用的物资是受日晒雨淋易变质损坏，而温湿度的变化对品质影响不大的物资，或在库房内存放不方便，露天存放又怕损坏的物资，如各种钢材

（圆钢、螺纹钢、线材等），各种水泥，优质木材，电缆、钢轨配件等。

1. 料棚在建造方面应具备的条件

通过大跨度或双跨、低柱头、长挑檐、高屋脊、半围护、靠围墙来增加安全面积，减少由于淋雨、日照引起的损失面积。

2. 钢材库的选址和布局

（1）选址时要注意不得与酸、碱、盐、有害气体及粉尘等物资混存。

（2）钢材库应选在洁净干燥位置，场地要做硬化，且准备一些衬垫物，防止钢材受潮。

（3）钢材库一般没有墙体，设有加工设备，钢材的加工与保管同在一地，但不同种类的钢材在同一地点存放，也应有一定的间隔距离。

（4）保证道路畅通，运输车辆可直达堆放地点，并有调车作业的空间，防止二次搬运。

（5）有一定照明设备，保障必要时夜间施工和生活照明，同时设有消防设施，保障安全。

3. 水泥库的选址和布局

（1）水泥仓库应选在搅拌机附近，在 50m 以内，方便搅拌作业，并远离石灰等易飞扬的粉粒物资。

（2）注意地面应做防潮处理，并做适当硬化，准备一些衬垫物，保证地面的干燥。

（3）库房应建有站台，方便装运，库门尺寸应留有机械作业空间。

（4）水泥垛堆高度以 10 袋为宜，垛宽以 5～10 袋为宜，垛堆之间应留有一定的通道。

（5）不同生产厂家，不同规格，不同批次的水泥应分别堆放，避免混淆。

（6）水泥保质期为六个月，发放遵循先进先出原则。

（三）普通库房的选址建造要求

1. 库房的基本要求

（1）要满足物资保管的要求：储存、保管物资。

（2）要满足仓库作业的要求：便于搬运设施、车辆、人员作业。

（3）要满足防火安全的要求。施工物资量大，价值高，仓库的防火安全就非常重要。一般可根据物资发生火灾的危险程度，分为甲、乙、丙、丁、戊五个级别，甲乙两类主要是自燃、易燃和易爆炸物资，丙类主要是可燃液体和固体，丁类为难燃烧物资，戊类为非燃烧物资。建筑物的耐火等级根据其燃烧性和耐火等级，可分为一、二、三、四、五五个等级。建筑物各部构件的耐火极限，是指任何建筑物构件（梁、柱、楼板、墙等），从受到火的作用时起，到失去支持能力、稳定性，或发生穿透性裂缝，或与火对立面的背面温度升高到 150℃时止，这一段对火的抵抗时间，以小时计。二者匹配程度如表 8－3 所示。

表 8-3 库存物资类别与建筑物耐火等级匹配

库存物资类别	甲	乙	丙	丁	戊
建筑物耐火等级	一、二	一、二	一、二、三	一、二、三、四	一、二、三、四

一级耐火等级建筑是钢筋混凝土结构或砖墙与钢混凝土结构组成的混合结构；

二级耐火等级建筑是钢结构屋架、钢筋混凝土柱或砖墙组成的混合结构；

三级耐火等级建筑物是木屋顶和砖墙组成的砖木结构；

四级耐火等级是木屋顶、难燃烧体墙壁组成的可燃结构。

2. 普通库房的选址

(1) 应选择在物资办公室附近，便于收发业务。

(2) 房屋应有严密门窗并防盗，避免材料的丢失。

(3) 库内应有货架，物资上架保管，可以充分利用库内面积，改善保管环境。

(4) 屋外应有照明设备，夜间起到防盗作用。

(四) 油料库的选址和布局

油料库属于特种仓库。主要储存汽油、柴油、煤油及各种润滑油、工作油等。这些都属于易燃、易爆危险物品，需要特殊的保管条件，因此需要建立特种库房保管这些材料。

1. 选址

油料库选址应远离住地、人群，与其他建筑物保持足够的距离。在工地应设在工地的一角或一端，与其他库房隔开一定的距离。

2. 设计

油料库可以是地下、半地下、地上仓库。其中地下或半地下仓库，受大气温度变化的影响小，冬暖夏凉，可减少易燃液体的挥发。同时地下或半地下仓库引起燃烧、爆炸的危险系数比较小，一旦发生意外事故，波及面也比较小，可减少损失和危害。油料库如是地下或半地下，地坪和墙壁应加防水层，地面铺垫河砂；如是地上，可采用轻型隔热库顶，门窗向外开启。

3. 消防安全

油料库消防安全属于甲、乙类，耐火等级不应低于一、二级。所有结构部分都应是非燃烧体，通常采用砖石和钢筋混凝土结构。

4. 附属装置

油料库的附属装置还应有消防、通风、照明等系统。通风设备最好采用吸入式强迫通风。照明系统应用防爆灯，开关安装在库外，库内不布明线，有条件的库房还可安装自动报警和自动灭火系统，还应备有铁桶、塑料桶等容器和储油罐。

(五) 火工品（炸药库）建造的要求

火工品包括各种炸药、雷管、导火线、导爆线等，属于易燃易爆危险物品。作为受控危险品，对于其保管和使用过程中的安全工作，各级管理部门都非常重视，成为严格监督检查的对象。所以，对于火工品的管理成为项目安全管理的重点工作之一。

1. 选址

各级管理部门都应高度重视，选址是当地公安机关验收炸药库的关键因素，选址不合适，将导致炸药库半途而废。一是应选择在偏僻之处。远离城镇人口稠密区、风景名胜区、水利设施、交通要道、高压电线、通信线路、地下输油管道等区域。亦应避开不良地质、地貌环境，防止洪水、泥石流、危岩、落石等意外自然灾害的破坏。二是施工现场炸药库一般修建在山坡上、山脚下、干枯的河床边、山谷里，也可利用干燥通风的自然山洞。如有闲置的民居、厂房等能够满足安全要求的，也可改造后使用。仓库距驻地、居民点的距离在300m以上；距公路、铁路的距离在200m以上；距工点也不宜太远。本着既便于施工生产，又能确保安全的原则。

2. 临建工作

库房临建包括炸药库房、雷管库房、警卫室、库房隔离网、避雷针、进场便道等，且各临建设施布局都有一定要求。对于库房临建设施，如果地方有闲置的民居、厂房等能够满足上述要求的，可以将其改造后使用，否则还需重新修筑。

3. 具体要求

（1）基本设施。基本设施包括围墙、排水沟、炸药库、雷管库、警卫室、避雷针、消防器材、警示牌、报警器。

（2）警戒标志。库房周围应设置明显的警戒标志，如闲人免进、严禁烟火等。悬挂警示标志，入库须知等。进入库区的便道需开阔平整，以防止炸药、雷管运输过程中颠簸剧烈发生意外。

（3）库房安全。库房墙体应为24cm以上的砖混水泥结构；库顶应采用混凝土浇筑或涂抹厚10cm以上的混凝土加固层。炸药库四周要修建2m以上的围墙，墙上铺设玻璃碴或架设铁丝网。炸药库四周要修建排水沟或铺设排水管。仓库内地面要做防潮处理（做成水泥或木质地面），门窗避免阳光直射；库内湿度控制在45%～70%的范围内；温度控制在15℃～30℃，可增设抽湿机、空调等；合理预留通风口。

（4）布局安全。雷管库和炸药库相隔50m，炸药库和雷管库周围要用铁丝网等全封闭隔离，设库区大门。火工产品在保管时也不能随意共存。库区应安装独立避雷针或架空避雷线，其接地电阻应不小于$10\times10^{8}\Omega$，并接线入地；库内须装防爆灯。警卫室设在库房隔离网外面远离雷管一侧，与炸药库和雷管库之间也要留出安全距离，相距10～20m即可，并保证一天24小时有人看管。储存爆炸物品的库房应具备较好的防盗功能，窗内应安装防盗铁栏杆或金属防护网，还可安装报警器系统。炸药库要有完善的消防设施，如灭火剂、消防水池、消防沙、消防工具等，做到防火等级一级。

4. 安全消防设施配置

做到人防、狗防、技防、消防工作全面到位。库区设管理人员2名，属于项目部正式员工，且需接受当地公安机关的安全管理培训并取证；库区喂养警卫犬 1～2 只，加强戒备。

5. 公安局验收

公安机关对于炸药库的验收基本上就是按照上述准备工作的相关要求进行的。验收合格，治安大队给予核发爆炸物品储存许可证和使用许可证，并在储存许可证上明确标注各类爆炸物品的最大库存容量。临时性炸药库最多储存炸药 10t、雷管 2 万发、导火线 10000m。公安局验收后就可以投入使用。

四、仓库的设置与货堆的安排

（一）货道设置

1. 走道的设置

走道也称固定通道，是根据库房的建筑状况和实际面积，为方便货物出入所必须设置的。它的宽度应根据货物和装卸设备的体积以及消防要求决定。

2. 支道的设置

支道的多少，主要取决于储存货物的批量大小和吞吐特点。一般是储存货物批量越小，支道越多。支道的宽度应与储存货物的体积和装卸设备大小相适应，库房一般不少于 1m；货场一般不少于 1.5m。支道的部位根据库房的条件决定，一般应该对准窗门设置，以利库房通风和采光。

3. 货位画线

在货棚、货场的货位上，因铺垫枕木、花岗石等垫垛用品，一般不再画线；在水泥、木板地坪的库房内，货位画线是严格区分货位与走道、支道、墙距的界限。因此，货位画线要做到：一要画线保持径直，画线的径直程度直接关系到货物堆垛的整齐性，画线时可先用线绳拉直，再以粉笔沿线绳画出线条，然后按线条刷上白漆；二要注意画线的宽度，以 3cm 为宜；三要画线应刷置在走道、支道或墙距的地面上，并要求货垛不压货位画线。

（二）货垛安排

货垛安排遵守“五距”原则，即货垛不能倚墙靠柱，相互间不能挤轧得太紧，不能与屋顶和照明设备太靠近。

1. 墙距

墙距具有防止墙壁的潮气对货物产生影响，便于开关窗户，通风散潮，检点货物，进行消防工作和防止货垛挤靠墙壁而影响仓库建筑安全等作用。墙距可分为外墙距和内墙距两种。墙外无其他建筑物的称外墙；墙外有其他建筑物与之相连的称内墙。墙距一般规定为：库房外墙距 0.3～0.5m；内墙距 0.1～0.2m。货场不分内外，一般掌握在 0.8～3m。

2. 柱距

柱距能够防止货物受柱子潮气影响，一般掌握在 0.1～0.3m。

3. 顶距

顶距能起到通风散潮，查漏接漏，隔热散热，便于进行消防工作和装卸操作等作用。顶距一般规定为：平房仓库 0.2～0.5m，人字形库房以屋架下弦底为货垛的可堆高度，多层建筑库房底层与中层 0.2～0.5m，顶层不得低于 0.5m。

4. 垛距

垛距是指货垛与货垛之间的必要距离。留出垛距，能够方便进出，避免包装受损，还可起到通风、散热等作用。通常是以支道作为垛距。

5. 灯距

灯距的作用主要是防止照明灯接近货物而引起火灾事故，并使货物在正常温度下储存，确保安全。灯距必须严格规定不少于 0.5m。如果走道、支道的宽度不能保证留足灯距，则应将货垛上端灯距范围内的物资搬开。

第三节　仓库业务流程管理

仓库业务流程管理，如图 8-1 所示。

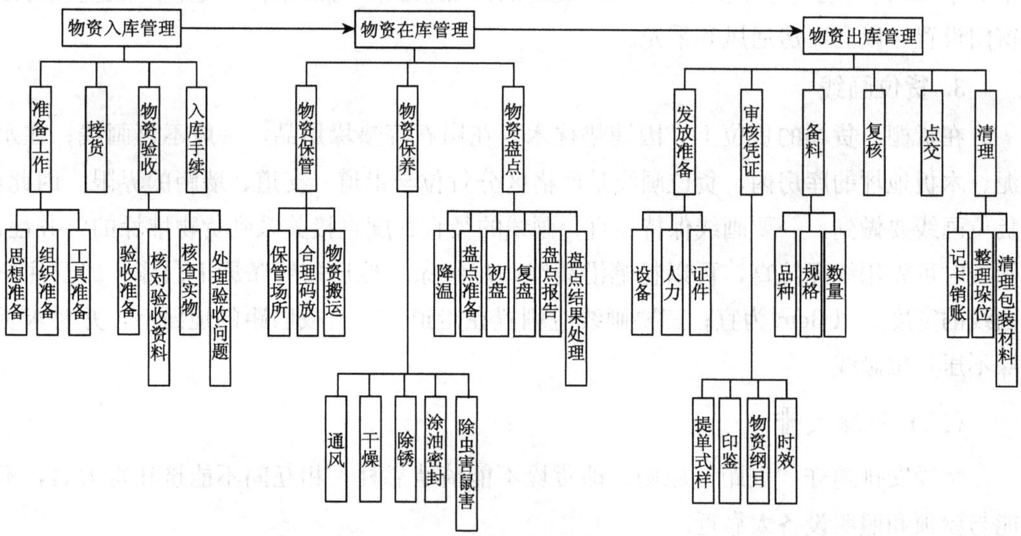

图 8-1　仓库业务流程管理

一、物资入库管理

（一）物资入库前的准备工作

1. 思想准备

仓库主管业务组长或经理根据任务，对作业人员进行政治思想动员，讲明任务的意义与要求。

2. 组织准备

对作业人员进行合理分工，指定专人统一指挥，确保人员和物资的安全，避免窝工浪费。组织有关人员熟悉到货合同的内容，明确存放的位置和垛型。

3. 工具准备

检查作业工机具，必要时申请补充部分机械设备。

（二）接货

1. 接货

接货指到火车站、码头、机场提货，包括铁路专用线接货、供货方送货到现场仓库、到供货方库房提货等。

2. 接货方式

（1）工厂、购销业务单位送货。是指当地货物，由工厂或购销业务单位持入库凭证，自备运输工具，把货物送到仓库。特点是单货同行，随到随收，仓库交接。

（2）外地到货。是指通过铁路、水路等运输方式到达的外地或进口的货物，由运输人员接运并组织运输工具从车站、码头或专用线直接下站入库。特点是先与运输人员凭运单交接件数，待正式入库凭证到库后，经过验收，再办理正式入库手续。

（3）过户。是指货物已存入仓库，通过购销业务使货物所有权发生转移，但仍要求在原处储存。特点是单据交割，更换户名。

（4）移仓（转库）。是指由于某种原因须改变储存地点，虽未通过购销业务，但必须通过正式入库手续，组织运力把货物从甲库运到乙库。特点是单货同行，随到随收，仓库交接。

（三）物资验收

验收入库是把好入库物资质量的第一关，是划分物资采购环节与物资保管环节责任的分界线。物资验收要求做到以下几点。

1. 物资验收要求

（1）准确。对入库材料的品种、规格、质量、数量、包装、价格、成套产品的配套性要严格核对，准确无误。可按照采购合同和有关标准严格验收。

（2）及时。材料验收应及时在规定时间内完成。一方面使验收合格的材料可以及时办理结算，及时入账；另一方面对于验收中发现的问题可以迅速提出异议，及时办理拒付或索赔，避免超过复议期限而造成损失。

2. 验收准备

材料到达之前，必须做好各项验收准备工作。包括准备验收资料，如合同、质量标准等，准备验收材料的各类工具，安排库内堆放位置，准备支垫材料，准备搬运工具及人员，准备危险品的防护措施等。

3. 核对验收资料

核对发票、货票、合同、质量证明书、说明书、化验单、装箱单、磅码单、发票明细表、运单、货运记录等。必须做到准确、齐全，否则不予验收。

4. 检查实物

检查实物包括数量检查和质量检查两部分，同时还有一些需要注意的事项。

（1）数量检查。按规定的方法检尺、验方、称重等，清点到货数量。

（2）质量检查。按规定分别检验包装质量、材料外观质量和内在质量。

（3）注意事项。施工物资品种繁多，质量检验标准也很多，检验方法各异，材料验收人员必须熟悉各种标准和方法，必要时可请有关技术人员参与。外观初验要注意有无外包装破损，货物有无被盗，发现问题与承运人联系，做好记录。委托实验人员进行检验，通知监理单位按规定监督抽验，按照有关技术标准、材料批次和质量要求进行认真验收，并如实填写验收单，如表 8－4 所示。

表 8－4　　物资验收单

<table>
<tr><td>供货单位</td><td colspan="2"></td><td colspan="3" rowspan="2">物资验收单</td><td colspan="2">收料仓库</td><td colspan="2"></td></tr>
<tr><td>发票字号</td><td colspan="2"></td><td colspan="2">验收单</td><td colspan="2">字　号</td></tr>
<tr><td>合同字号</td><td colspan="2"></td><td colspan="2">制单日期</td><td>年月日</td><td colspan="2">收料日期</td><td colspan="2">年　月　日</td></tr>
<tr><td colspan="2" rowspan="2">品名</td><td rowspan="2">规格</td><td rowspan="2">单位</td><td colspan="3">购入</td><td rowspan="2">实收数量</td><td rowspan="2">计划单价</td><td rowspan="2">金额</td></tr>
<tr><td>数量</td><td>单价</td><td>金额</td></tr>
<tr><td>购入</td><td></td><td></td><td></td><td></td><td></td><td></td><td></td><td></td><td></td></tr>
<tr><td>实收</td><td></td><td></td><td></td><td></td><td></td><td></td><td></td><td></td><td></td></tr>
<tr><td>质量验证</td><td colspan="6">质量证明编号：
验证结果：合格□</td><td>备注</td><td colspan="2"></td></tr>
</table>

验收：　　　　验证：　　　　采购：　　　　制单：

5. 验收中应注意的问题

一是数量不足、规格型号不符等应拒绝验收。验收人员要做好记录，及时报送业务主管部门处理。验收记录是办理退货、调换、赔偿、追究责任的主要依据，应严肃对待。做好记录的同时，应及时向供方提出书面异议，对于未验收的物资要妥善保管，不得随意动用。

二是凡证件不全的到库物资，均应作待验收处理，临时保管并及时与有关部门联系催办，等证件齐全后再验收。待验收物资记录如表 8－5 所示。

三是凡质量证明书或技术标准与合同规定不符的物资，均应报业务主管部门处理。

四是物资运输损耗在规定的损耗率以内的，应按数验收入库，损耗部分填报运输损耗报告单冲销；损耗超过规定损耗率的，应填写运输损耗报告单，经业务主管批准后再办理验收入库手续。表 8－6 所示为相关物资运输及操作损耗系数（部分）。

五是入库前已经发生短缺或破损的物资，并有承运方的记录，检验后据实做出“检验情况记录”交有关部门。

六是检验过程中发现不合格品时，应对不合格情况做出记录并上报相关部门，处理措施一般包括拒收、报废、降级等。物资报废报损申请单如表 8－7 所示。

表 8－5　　待验收物资记录

供应方名称：	发票号：		
到货日期：　年　月　日	发票日期：　年　月　日		
送货人姓名：	运货车号：		
物资名称	规格型号	数量	包装状况有无损坏
说明：			

收货人：

表 8－6　　相关物资运输及操作损耗系数（部分）

序号	名称	规格及施工为法	单位	单位质量（kg）	场内运输及操作损耗（%）
1	光圈钢筋（10m 以上）		t	1000	1.50
2	带肋钢筋	直径 15～24mm、25mm 以上	t	1000	1.50
3	带肋钢筋	套管连接	t	1000	0.00
4	钢筋网片	直径 5～8mm	t	1000	4.00
5	钢绞线	普通，无松弛	t	1000	4.00
6	环氧钢绞线	带环氧涂层的钢绞线	t	1000	4.00
7	镀锌钢绞线	混合规格（7 股，19 股，1.0～134.2mm^2）	t	1000	4.00
8	型钢	工字钢，角钢	t	1000	6.00
9	钢板	A_3＝3mm	t	1000	6.00
10	钢管	无缝钢管	t	1000	4.00

表 8-7　　物资报废报损申请单

单位名称：　　　　年　月　日　　　　单位：元　　　　第　页共　页

物资名称	规格型号	采购时间	单位	数量	单价	金额	原因	备注

批准人：　　　　物资部门：　　　　财务部门：　　　　材料质检员：　　　　保管：

（四）办理入库手续

到货物资经检查、验收合格后，按实收数及时办理入库手续。收料单如表 8-8 所示。

表 8-8　　收料单

收料单位：　　　　　　　　　　　　　　　　年　月　日

<table>
<tr><th>材料名称</th><th>规格型号</th><th>计量单位</th><th>单价</th><th>数量</th><th>金额</th><th>备注</th></tr>
<tr><td></td><td></td><td></td><td></td><td></td><td></td><td></td></tr>
<tr><td></td><td></td><td></td><td></td><td></td><td></td><td></td></tr>
<tr><td colspan="2">送货人：</td><td colspan="3">车号：</td><td>项目部收料人签字：</td><td>施工队收料人签字：</td></tr>
</table>

注：用项目部统一印制的收料单给供应商打收条，严禁在供应商的随货出库单上签字。

1. 交接手续

交接手续主要处理三件事，即接收物资、接受文件以及签署单证。

2. 登账

物资入库后应建立详细反映物品仓储的明细账。物资保管明细如表 8-9 所示。

表 8-9　　物资保管明细

货位号：库架层位

　　　　区点排位　　　　　　目录号：

物资名称：　　　　　　　　　机　型：

物资规格：　　　　　　　　　图　号：

计量单位：　　计划单价：　　单　重：

<table>
<tr><th colspan="2">年</th><th rowspan="3">凭证编号</th><th rowspan="3">摘要</th><th colspan="10">收入</th><th colspan="10">发出</th><th colspan="10">结存</th><th rowspan="3">稽核员签章</th></tr>
<tr><th rowspan="2">月</th><th rowspan="2">日</th><th rowspan="2">数量</th><th colspan="9">金额</th><th rowspan="2">数量</th><th colspan="9">金额</th><th rowspan="2">数量</th><th colspan="9">金额</th></tr>
<tr><th>百</th><th>十</th><th>万</th><th>千</th><th>百</th><th>十</th><th>元</th><th>角</th><th>分</th><th>百</th><th>十</th><th>万</th><th>千</th><th>百</th><th>十</th><th>元</th><th>角</th><th>分</th><th>百</th><th>十</th><th>万</th><th>千</th><th>百</th><th>十</th><th>元</th><th>角</th><th>分</th></tr>
<tr><td></td><td></td><td></td><td></td><td></td><td></td><td></td><td></td><td></td><td></td><td></td><td></td><td></td><td></td><td></td><td></td><td></td><td></td><td></td><td></td><td></td><td></td><td></td><td></td><td></td><td></td><td></td><td></td><td></td><td></td><td></td><td></td><td></td><td></td><td></td></tr>
<tr><td></td><td></td><td></td><td></td><td></td><td></td><td></td><td></td><td></td><td></td><td></td><td></td><td></td><td></td><td></td><td></td><td></td><td></td><td></td><td></td><td></td><td></td><td></td><td></td><td></td><td></td><td></td><td></td><td></td><td></td><td></td><td></td><td></td><td></td><td></td></tr>
<tr><td></td><td></td><td></td><td></td><td></td><td></td><td></td><td></td><td></td><td></td><td></td><td></td><td></td><td></td><td></td><td></td><td></td><td></td><td></td><td></td><td></td><td></td><td></td><td></td><td></td><td></td><td></td><td></td><td></td><td></td><td></td><td></td><td></td><td></td><td></td></tr>
</table>

3. 立卡

物资入库或上架后，将物品名称、规格、数量或出入状态等内容填在料卡上，称为立卡。料卡又称为货卡、货牌，插放在货架上物资下方的货架支架上或摆放在货垛正面明显位置。物资标签如表 8 - 10 所示。

表 8 - 10　　物资标签

品名	规格型号	单位	数量	生产厂家	状态
备注					

标志人：

二、物资在库管理

施工物资在库管理要做好物资“十防”：防雨、防潮、防锈、防火、防腐、防盗、防爆、防霉烂变质、防有害气体、防工伤事故；做到“三无”：无差错、无损坏、无丢失；“五清”：数量清、质量清、账卡清、规格清、用途清；“四对口”：账、卡、物、资金对口；以保证物资的质量和数量。

（一）物资保管

1. 选择物资保管场所

施工企业存放物资的场所有库房、库（货）棚和货（料）场。一般钢材中的镀锌板、镀锌管、薄壁电线管、优质钢材等，化工材料中的胶黏剂，溶剂、防冻剂等，五金材料中的各种工具、电线电料、零件配件等放在库房中。铸铁制品、卫生陶瓷、散热器、石材制品等有些材料按其特点本应存入库房内，但由于库房限制或材料周转较快，也可存放于库（货）棚内。钢材中大型型材、大部分钢筋及砂石、砖、砌块、木材等存放在露天货场。

另外有一部分物资对保管条件要求较高，如需要保温、低温、冷冻、隔离保管的物资，必须按保管要求存放在特殊库房内。汽油、柴油、煤油等燃料油必须低温保管，部分胶黏剂在冬季必须保温保管，有毒品必须单独保管。

2. 物资的合理码放

（1）对商品堆垛的基本要求。商品堆垛是一项技术性的工作，在堆垛设计中应满足基本要求：牢固安全、科学合理、整齐美观、简易方便、定量节约。

（2）堆垛设计内容。设计的内容应包括：垛基、垛型、堆码方式、料垛苫盖、料垛加固等。

①垛基。垛基是料垛的基础，其主要作用是承受整个料垛重量，将商品的垂直压力传递给地坪，将商品与地面隔离，起到防水、防潮和通风的作用，同时为搬运作业提供方便条件。

②垛基要求。将整垛商品的重量均匀地传递给地坪，垛基本身要有足够的抗压强度和刚度；保证良好的防潮和通风；保证垛基上存放的物品不发生变形。

③堆码方式。商品的堆码方式主要取决于商品本身的性质、形状、体积、包装等。一般情况下多采取平放（卧放），使重心最低，最大接触面向下，易于堆码，稳定牢固。

具体码放方法有四号定位法与五五摆放法。

四号定位法是在对仓库统一规划、合理布局的基础上进行货位管理的一种方法，要求每一种材料用四个号码表示所在的固定货位。仓库保管材料的四个号码分别代表仓库号、货架号、架层号、货位号（简称库号、架号、层号、位号）；料场保管材料的四个号码分别代表区号、点号、排号、位号。对库内材料实行定位存放管理，便于清点、发货。

"五五化"摆放法就是以五为基本计算单位，堆码成各种总数为五的倍数的货垛，以五或五的倍数在固定区域内堆放，使货物"五五成行、五五成方、五五成包、五五成堆、五五成层"，堆放整齐，上下垂直，过目知数，便于货物的数量控制、清点盘存。五五化的核心理念是将物资按照固定的数量进行堆码和捆绑，便于盘点、堆放，"五"最方便，但不拘泥于"五"。

（3）料垛苫盖。料垛苫盖主要是在露天堆垛的物资，为了防雨雪、防风吹日晒、防尘、防散失等，使用苫盖物进行苫盖。一般多使用篷布、油毡、苇席、塑料薄膜或铁皮制活动苫棚。注意排水良好，以免渗水浸湿商品。大力提倡活动料棚，这是一种代替苫盖的有效措施。

（4）料垛垫垛。垫垛是指在物品码垛前，在预定的货位地面位置，使用衬垫材料进行铺垫，使堆垛物品与地面隔开，防止地面潮气和积水浸湿物品，通过强度较大的衬垫物使重物的压力分散，避免损害地坪。常见的衬垫物有枕木、废钢轨、货架板、木板、钢板等。

（5）案例——钢材堆码。钢材堆码的原则是在码垛稳固、确保安全的条件下，做到按品种、规格码垛，不同品种的物资要分别码垛，防止混淆和相互腐蚀。

①堆放钢材要保障减少钢材的变形和锈蚀。钢筋和成型钢筋堆放场地必须要干燥，堆放场地要平整，并高于周围地面，四周有排水沟，雪后易于清扫，一般要用枕垫搁起堆放在离地 20cm 的架空设施上。堆放时尽量使钢材截面的背面向上或向外，以免积雪、积水。禁止在垛位附近存放对钢材有腐蚀作用的物品。

②堆放在有顶棚的仓库内时，可直接堆放在地坪上（下垫楞木），对小型钢材亦可堆放在架子上，堆间、垛间留有一定的通道，检查通道一般为 0.5m，出入通道视材料大小和运输机械而定，一般为 1.5～2.0m。

③堆放时每隔 5～6 层放置楞木，其间距以不引起钢材明显的弯曲变形为宜。楞木要上下对齐，在同一垂直平面内。露天堆放的型钢，下面必须有木垫或条石，垛面略有倾斜，以利排水，并注意材料安放平直，防止造成弯曲变形。

④可使钢材互相勾连以增强堆放钢材的稳定性，或采取其他措施。

⑤一堆内上、下相邻的钢材须前后错开，以便在其端部固定标牌和编号。标牌应表明钢材的规格、钢号、数量和材质验收证明书号，并在钢材端部涂上不同颜色油漆以区分钢号。

⑥堆垛高度，人工作业的不超过 1.2m，机械作业的不超过 1.5m，垛宽不超过 2.5m。垛底垫高，若仓库为朝阳的水泥地面，垫高 0.1m 即可；若为泥地，须垫高 0.2～0.5m。若为露天场地，水泥地面垫高 0.3～0.5m，沙泥面垫高 0.5～0.7m。

⑦露天堆放角钢和槽钢应俯放，即口朝下，工字钢应立放，钢材的 I 槽面不能朝上，以免积水生锈。

⑧在堆码好的物资前摆放“产品标志牌”，如图 8－2 所示，需要写清品名、批号、规格、入库（出库）时间，结余数，做到账、物、卡三者相符。物资标志要完整、清楚，摆放在明显的位置，不合格物资和半成品物资也要标志。

中国铁建　产　品　标　志　牌

产品名称	螺纹钢	数　量	20吨
规格型号	HRB335 Φ12	批号(炉号)	33229
厂家(产地)	鄂 钢	进货日期	3月26日
检验日期	3月30日	检验状态	合格

图 8－2　产品标志牌

3. 物资搬运

物资的堆码、搬运作业必须保证物资完好无损。严禁野蛮装卸。搬运、堆码危险或有毒物品必须使用相应的防护用品、用具，严格遵守有关安全操作规程。

（1）注意事项。搬运前要明确“谁搬运谁负责”原则，明确责任，根据物资特性和搬运要求，由物资员向搬运人员交底，大型物资必须由工程技术部制定搬运方案，由质检员向搬运人员交底。大型设备由材料设备部制定搬运作业指导书。搬运过程中要按规定采取妥当的保护措施，绑扎牢固，防止碰坏、受压变形及变质等，注意保护物资的标志和检验标记。对于危险品物资，应清晰注明相应的字样，并配置必要的预防保护设施。搬运到指定地点后，搬运人员应向物资人员做好交接手续。

（2）常用材料的搬运要求。

①水泥搬运时要采取防水措施，不同品种和标号的水泥应分别储存。

②砂石搬运时应防止混入杂物。

③钢材搬运前应了解其单捆重量和长度，以便安排运输工具。

④砖及砌块搬运时应注意轻拿轻放，严禁上下抛掷，不得用翻斗车运卸。装车时应侧放，并尽量减少砖堆或砌块间的空隙。空心砖、空心砌块更不得有空隙，如有空隙，应用稻草、草帘等柔软物填实，以免损坏。

⑤建筑防水涂料搬运时一般应平放，不得与有损卷材质量或使用性能的物资接触，并远离热源。同时严防日晒雨淋，禁止接近火源，防止碰撞，保持包装完好无损。

⑥油漆搬运时应轻取轻放，不得摩擦、碰撞或在地上滚。

（二）物资保养

物资保养的目的，就是采取各种措施控制仓库的湿度、温度，使金属防锈、防虫害，保证在库材料不变质或少变质，满足使用要求。商品保管应遵循的原则是质量第一、预防为主、讲究科学、提高效率、确保安全。

1. 物资质量变化的类型

（1）物资的物理机械变化。物理变化是指只改变物质本身的外表形态，而不改变其本质，没有新物质的生成，并且可以反复进行变化的现象。机械变化是指商品在外力的作用下，发生形态上的变化。物理机械变化后，结果不是数量损失，就是质量降低，甚至失去使用价值。常发生的物理机械变化，有物资的挥发、熔化、溶化、渗漏、串味、冻结与沉淀、破碎与变形等。

（2）商品的化学变化。化学变化是不仅改变物质的外表形态，也改变物质的本质，并生成新物质，且不能恢复原状的变化现象。商品发生化学变化，即商品质变的过程，严重时使商品完全丧失使用价值。常见的有化合、分解、氧化、聚合、老化、风化、陈化等。

埃菲尔铁塔始建于1887年，于1889年3月完工。埃菲尔铁塔共计用钢材8000多吨，铆钉多达250万个，由12000个部件组装而成。原来多用铅做色素原料，以防止铁生锈；现在则换成一种以锌为主要成分的磷酸来做色素原料。锌具有防锈功能，对大气污染更具抵御力。这种油漆的寿命比普通油漆更长，从而使铁塔每7年全面油漆一次的周期延长到每10年一次，但对铁塔1～3层最易老化的部位，仍将每5年油漆一次。

（3）物资的生理生化变化及其他生物引起的变化。生化变化是指有生命活动的有机体，在生长发育过程中，为了维持它们的生命，本身所进行的一系列生理变化，如粮食、水果、蔬菜、鲜鱼、鲜肉、鲜蛋等有机体商品，在储存过程中，受到外界条件的影响，和其他生物作用，往往会发生这样或那样的变化，主要有呼吸、发芽、胚胎发育、后熟、霉腐、虫蛀等。

2. 影响物资质量变化的因素

（1）影响物资质量变化的内因。商品在储存期间发生各种变化，起决定作用的是商品本身的内在因素。如化学成分、结构形态、物理化学性质、机械及工艺性质等。

（2）影响库存物资变化的外因。影响库存物资变化的外因主要包括自然因素、人为因素以及储存期。自然因素包括温度、湿度、日光、大气、生物和微生物等。

3. 物资保养

施工物资一般安排适应所储存材料性能要求的场所，堆放注意防风、防潮，对湿度、温度要求高的材料，仓库要有相应的设备及措施，做好仓库清洁卫生工作，清除虫害，建立定期检查维护制度，随时掌握材料质量变化情况，及时采取措施防止材料变质。具体方法有以下几种。

（1）除锈。当金属材料及金属制品因各种原因产生锈蚀时，可用油洗研磨、刮除等方法除掉锈渍恢复其原有性能。

（2）涂油密封。部分工具、用具、零件、仪表设备等需定期进行涂油养护，避免由于油脂干燥脱落而使其性能受到影响。部分仪表、工具经过涂油后还需进行密封，隔绝外部空气进入，减少油脂挥发。

（3）干燥。部分受潮材料应做干燥养护，可采用日晒、烘干、翻晾等方法，使吸入的水分挥发。通常在库房内放置干燥剂，如滑石粉、氯化钙等吸收潮气，降低环境湿度。应注意有些材料不宜日晒或烘干，如磨具（砂纸、砂轮等）日晒后会降低强度，影响性能。

（4）降温。怕高温的材料在夏季应做降温养护，可采用房顶喷水、室内放置冰块、夜间通风等措施改善环境温度。

（5）防虫害、鼠害。有些材料易受虫、鼠的侵害，可通过喷洒、投放药物来减少损害。如夏季棉、麻、丝制品及皮制品应放置樟脑丸以防止咬食受损，防鼠药则一年四季都应投放。

（三）物资盘点

物资盘点就是清查库存物资的数量、质量、保管条件等。通过盘点掌握实际库存情况，如是否积压和短货以及物资的质量现状。盘点是保证储存货物达到账、货、卡完全相符的重要措施之一。库存物资只有经常保持数量准确和质量完好，才能更有效地为正常施工提供可靠的库存依据。通过盘点应达到“三清”，即数量清、质量清、账表清；“三有”，即盈亏有分析、事故差错有报告、调整账表有依据；“三对口”，即账册、卡片、实物对口。

1. 盘点内容

（1）检查物资的账面数量与实存数量是否一致，即账实是否相符，记录为盘亏和盘盈。一般以“盘点盈亏率”作为考核指标。

（2）检查物资外观质量是否有变化，是否临近或超过保质期，是否已属于淘汰或限制使用的产品，一般以“货损货差率”或“质量完好率”作为考核指标。

（3）管理措施及其他。

①检查物资的堆放及维护情况。

②检查各种物资有无超储积压、损坏变质。

③检查对不合格品及呆废物资的处理情况。

④检查安全设施及安全情况、温湿度控制及货架，检查地面、门窗是否存在不良隐患、计量衡器是否校验标准。

2. 盘点方法

（1）定期盘点法。定期盘点法指月末、季末、年末等固定周期对仓库物资进行全面、彻底盘点，达到账物相符的方法。

（2）永续盘点法。永续盘点法指每日对有变动的材料及时盘点的方法。即当日对库房收入或发出的物资复查一次，核对账卡物和质量完好情况，做到账、卡、物相符。

（3）实地盘点法。实地盘点法指盘点人员逐一对库存材料进行清点、过磅计重，查明库存材料实有数量的方法。对物资的盘点一般采用实地盘点法。

（4）注意事项。

①物资保管人员必须在场，协助盘点人员盘点。

②按盘点计划有步骤地进行，防止重复盘点或漏盘。

③盘点过程一般采用点数、过秤、量尺、技术推算等方法来确定盘点。

3. 盘点程序

（1）盘点前的准备。确定盘点时间、盘点范围、盘点方式、盘点人员、盘点表单。一般每月下旬盘点，日期固定。

（2）初盘。盘点主持人以“永续盘存账”为基准，做出“初盘明细表”，交给仓管人员进行盘点，同时整顿仓位，挂上盘点单并进行相应数据记录，将初盘结果报送盘点主持人。盘点主持人负责盘点进度，并对初盘差异进行分析，并尽量采取补救措施。

（3）复盘。由盘点主持人指派或请与被盘点部门权责比较不相干的部门人员进行。复盘主要是根据初盘阶段的“盘存单”去复查。在实际工作中，复盘人员应进一步检查物资的品质状况、保管条件、使用有效期等。

（4）盘点报告。由盘点主持人根据盘点内容进行总结分析，写出书面分析报告。

（5）盘点结果处理。查明差异，分析原因；认真总结，加强管理；上报批准，调整差异。

4. 编制盘点报表

对盘点中发现的问题，如材料损失、失盗、盘亏、盘盈、变质、报废等应编制盘点报告。发生数量盈亏则编制盘点盈亏报告，凡发生质量降低、损坏则编制报损报废报告。然后按规定及时报上级主管部门处理，根据盘点报告批复意见调整账务并做好善后处理。物资清仓盘点报表如表8－11所示。

表8－11　　物资清仓盘点报表

填报单位：　　截止时间：　年　月　日

物资类别：　　单位：元　　第　页共　页

序号	物资名称	规格型号	单位	单价	账面数		清查数		质量状况	盘盈		盘亏		备注
					数量	金额	数量	金额		数量	金额	数量	金额	
本页小计														

单位主管：　　清查盘点人员：　　保管员：

5. 盘点中问题处理

（1）盘点中若发现数量盈亏，当其盈亏量在国家和企业规定的范围之内时，可在盘点报告反映，不必编制盈亏报告，然后经业务主管审批后据此调整账务；当盈亏量超过规定范围，除在盘点报告中反映外，还应填写盘点盈亏报告，经领导审批后再行处理。

（2）当库存材料发生损坏、变质、降等问题时，应填写材料报损报废报告并通过有关部门定降等、变质及损坏损失金额，经领导审批后，根据批示意见处理。

（3）当库房已被判明被盗，应针对丢失及损坏材料数量及相应金额撰写专项报告，并报告保卫部门认真查明，经批示后才能处理。

（4）当出现品种规格混串和单价错误时，可查实后经业务主管审批后进行调整。

（5）若库存材料在1年以上没有动态，则应列为积压材料，应编制积压材料清册，上报清理。

（6）代保管材料和外单位寄存材料应与自有材料分开，分别建账，单独管理。

三、物资出库管理

物资的发放是仓库管理工作的最后阶段。物资及时准确地发放是物资仓库管理的最终任务，也是物资部门监督用料部门按定额用料、节约用料的第一道关口，这项工作的好坏将直接影响企业生产和经济效益。凡属下列情况之一者，应拒发。

（1）没有验收入库的物资不发。

（2）超计划或超定额不发。

（3）白条、便条和借条不发。

（4）领料单涂改，印章不全不发。

（5）质量不合格的物资不发。

（6）有争议的物资暂不发。

（一）物资发放要求

材料出库应遵循“先进先出”的原则，做到及时、准确、力求节约。

1. 及时

及时包括及时审核发料单据中的各项内容是否符合要求，及时核对库存材料充足性，及时备料、安排送料、发放物资，及时下账改卡，及时复查发料后的库存量与下账改卡后的结存数是否相符，剩余材料（包括边角废料、包装物）及时回收利用等。

2. 准确

准确包括按发料单的品种、规格、数量准确备料、复查、点交，准确计量，准确下账、改卡，准确掌握送料时间，防止与施工活动争场地，避免材料二次搬运，防止材料供应不及时而使施工中断，停工待料等。

3. 节约

节约包括保存期限要求的材料应在限期内发放，对回收利用的材料，在保证质量的前提下先发旧的后发新的，能用次料不发好料，能用小料不发大料，凡规定交旧发新的，坚持交旧发新，不超值发料。

（二）物资出库程序

1. 发放准备

准备好工具、装卸倒运设备、人力及随货发出的有关证件。

2. 核对凭证

核对凭证主要是核对材料拨料单、限额领料单（如表8－12所示）和内部转库单发料等单据凭证细目，包括付货仓库的名称是否相符，提单式样是否相符，印鉴（货主的调拨章、财务章）是否齐全，物资编号、品名、规格、质量、等级或型号、应发数量、单位有无差错、涂改，是否超期等，以上内容有一项不符，仓库有权拒绝发货，待原开证单位更正并盖章后，才可继续发货。

表8－12　　限额领料单

施工单位：　　开工日期：

单位工程（工号）名称：　　计划竣工日期：

物资名称										
规格										
计量单位										
限额数										
月　日										
月　日										
节超情况										

业务主管：

注：此表由项目部委派的保管员填写。(1) 施工图变更时应及时修正。(2) 发料数量超过限额数的95%时应及时向使用单位预警，发施工队的材料要用此表进行登记，随时掌握材料的供应情况，如果是电脑登记，建议在Excel表里做。

3. 备料

根据出库凭证所列材料的品种、规格、数量准备物资。

4. 复核

仓库发料时要坚持四核对，即核对单据是否齐全；核对名称、规格、计量单位是否准确；核对所发物资的质量、等级是否相符；核对库存数量是否与账卡相符。包括个人复核，即由发货保管员自己发货、自己复核，并对所发物资的数量、质量负全部责任；相互复核，又称“交叉复核”，即两名发货保管员对对方所发物资进行照单复核，复核后应在对方出库单上签名以与对方共同承担责任；专职复核，即由仓库设置的专职复核员进行复核；环环复核，即发货过程的各环节，如查账、付货、检斤、开出门证、出库验放、销账等各环节，对所发货物的反复核对。

5. 点交

无论是内部领料还是外部提料，发放人与领取人应当面点交清楚。如果是一次未领完的物资，应做出明显标记，并得到领料人的确认，防止差错，分清责任。凡重量标准的、包装完整的、点件的物资，当场按件数点清交给提货人或承运部门，并随即开具出门凭证，应请提货人在出门凭证上签名；凡应当场过磅计量或检尺换算计量的，按程序和规定检斤、检尺，并将磅码单抄件、检尺单抄件及出门证一并交提货人，亦应请提货人在原始磅码单及出门凭证上签名。

6. 清理

物资发放出库后，应及时清理拆散的垛、捆、箱、盒，部分材料应恢复原包装要求，做好善后工作。

(1) 记卡销账。物资点交发出后，保管员应及时在该项物资保管卡上记录注销，并将出库凭证转料账员，及时核销保管账。

(2) 整理垛位。发剩的物资，要及时对垛位进行清理，该并的并、该移的移、尽量腾出货位，为新的物资入库做准备。

(3) 清理包装材料。对拆装腾空的包装材料要及时回收集中，妥善管理，以备回空或再用。

7. 注意事项

第一，按照先进先出的原则进行发放。对有保管期限要求的物资，应在保管期内投入使用。第二，物资出库时，领发双方应对出库物资数量、质量及相关凭证，技术资料进行签认。第三，牵涉领发料需要结算扣款的承包班组或分包单位，须指派专人领料，指派的领料人员必须有承包责任人的书面授权，只有被授权人在物资部门开具的发料凭据上签字才能生效。第四，发放物资，物资管理人员必须认真核对“单项工程物资定额供应、消耗、分析卡”，严格按定额发料，限额卡反映超用时，必须提出超用原因分析报告经项目经理批准，否则物资管理人员应拒绝继续发放物资。第五，不合格物资、未经检验的物资，以及已检待定的物资不得发放投入使用。因施工急需，来不及验收而需放行的物资经领料人员填写“紧急放行物资申请表”经用料单位主管领导批准后方可放行。同时，管库员必须在该物资上做好标示，以保证一旦发现不合格时能及时追回或更换。凡不能实现追回或更换的物资（如主体用的钢筋、水泥等主要材料），不得紧急放行。

第四节　库存控制

库存控制是对施工企业物资以及其他资源进行管理和控制，使其储备保持在经济合理的水平上。实物库存控制是库存控制的物质形式，通过对施工物资盘点、保管、发放等，实现物资防锈、防潮、防盗等质量和数量保障，达到使保管的实物库存保持最佳状态的目的。从广义上讲，库存控制是通过优化供应链管理流程，凭借信息处理工具，实现施工企业的财务运营目标，特别是现金流运作，以保证及时交货前提下，尽可能降低库存水平，减少库存积压与报废、贬值的风险。所以库存控制不仅是仓管部门的责任，也是供应链管理部门，甚至是公司的战略责任。

一、ABC分类法

（一）ABC分类法概念

ABC分类法是根据库存物资的品种、资金占用等因素，通过排队分类，确定出控制重点的管理方法，又称重点管理法。施工企业生产中所需材料的种类很多，但耗用量并不均衡，消耗量最多的往往只是少数品种的材料。这部分材料的品种少，但消耗量大、资金占用多，因此必须作为重点控制。ABC分类法就是从材料的品种和价值两个方面分析材料的重要程度，划分控制重点，把全部材料按一定标准分为A、B、C三类，实施分类管理。ABC分类法的分类标准如表8-13所示。

表8-13　　ABC分类法分类标准

分类	占总品种的比例（%）	占总价值的比例（%）
A类	5～15	70～90
B类	20～35	20～30
C类	60～80	5～15
合计	100	100

（二）计算步骤

第一步，计算每一种物资的金额。

第二步，按照物资金额由大到小排序并列成表格。

第三步，计算每一种物资金额占库存总金额的比率。

第四步，计算累计比率。

第五步，分类。累计比率为0～70%的，为最重要的A类材料；累计比率为70%～90%的，为次重要的B类材料；累计比率为90%～100%的，为不重要的C类材料。

（三）计算实例

【例8-3】　某施工企业要用12种工程物资，其中物资的有关资料如表8-14所示，请对这些物料进行ABC分类，比例为70：20：10。

表 8-14　　物资基本统计资料

编号	年用量	单位（元）
1	6580	1.25
2	371	8.6
3	1295	13.15
4	62	91.8
5	12667	6.4
6	9625	10.18
7	7010	1.27
8	5100	0.88
9	258	62.25
10	862	18.1
11	1940	0.38
12	967	2.2

解：

表 8-15　　ABC 分类法计算过程

编号	年耗用金额（元）	占总金额比重（%）	累计百分比（%）	分类结果
6	97982.5	37.53	37.53	A类
5	81068.8	31.05	68.58	
3	17029.25	6.52	75.10	B类
9	16060.5	6.15	81.25	
10	15602.2	5.98	87.23	
7	8902.7	3.41	90.64	
1	8225	3.15	93.79	C类
4	5691.6	2.18	95.97	
8	4488	1.72	97.69	
2	3190.6	1.22	98.91	
12	2127.4	0.81	99.72	
11	737.2	0.28	100	
合计	261105.75	100		

由表 8-16 可知 5 号、6 号物资为 A 类物资，3、7、9、10 号物资为 B 类物资，1、2、4、8、11、12 号物资为 C 类物资。

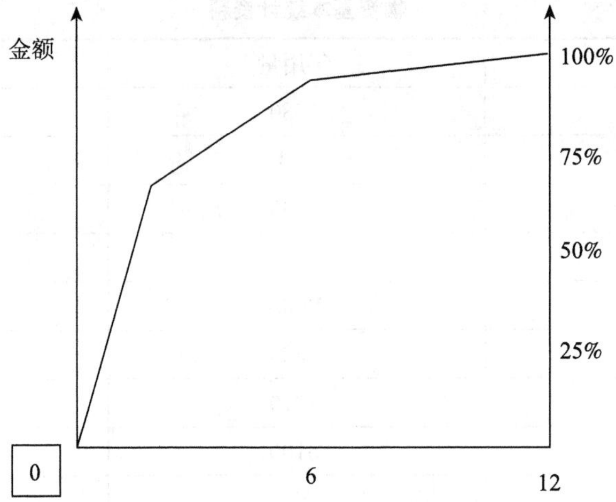

图 8-3　ABC 分类法比例示意

（四）库存控制方法

A 类：重点管理对象，要进行经常性盘点，随时清点库存，掌握库存资金占用的具体情况；建立完善、快捷的信息反馈制度，提供及时准确的数据，减少积压物资现象，加速库存资金的周转。严格控制库存量，尽量以经济批量进货。A 类材料控制得好，对降低资金占用将起到重要的作用。

B 类：一般管理对象，虽然对总库存量及总库存资金影响不大，但还是有必要建立完善快捷的信息反馈制度，提供及时准确数据。可定期检查，适度减少 B 类物资的库存量，有利于资金周转。按定额控制库存量，以定量订购的批量或定期订购的批量进货。

C 类：非重点管理对象，管理和控制可减少时间，对库存量不进行严格控制，可以进行集中大量采购，加长采购时间间隔，减少运输次数，也就是减少运输费用，如有必要，库存数允许适当高于定额。

二、经济订货批量法

经济订货批量非常重要的一个判断指标就是存货总成本。存货总成本一般包括订货成本、储存成本和缺货成本。物资的储存成本指仓库及设施的折旧、维修费及材料保管费、维修费、装卸堆码费、库存损耗、通风照明费、仓库职工工资和办公费等。储存成本随着储备量的增加而上升，即与订购批量的大小成正比。物资的订购费指采购人员的工资、差旅费、检验费等。材料订购费随订购次数的增加而上升，在总用量不变的条件下，与订购的批量成反比。缺货成本是指由于物资外部和内部中断供应致使存货量不足带来的损失。外部短缺、内部短缺将最终导致工期延误，停工待料。缺货成本包括停工损失、拖欠发货损失、由于工期延误造成的罚金、商誉损失等。其计算具有较大的估计性。

经济订货批量法是从经济成本角度出发，通过经济订购批量的计算来确定每次进货量、间隔期和订货储存费用，从而实现采购费用和储存费用最低。计算方法见采购一章。

三、零库存管理

（一）零库存管理的含义

零库存是对库存量很小的一种描述。零库存包括库存实物为零；库存实物不为零，库存资金为零；库存期中物资不为零，期末库存资金为零几种情况。零库存是库存控制的特殊状态，零库存管理的重点是从实物管理过渡到资金管理，包括两个方面内容：一是通过采取各种行之有效的管理措施，使企业库存达到零的管理过程，如减少储备品种，降低储备数量，优化储备分布等；二是企业库存在达到零库存目标的过程中，甚至在为零的情况下，通过各种途径保证生产所需物资及时、齐备、质量良好地满足生产所需的过程。

（二）零库存管理的意义

零库存管理一是无库存积压，不占压资金，减少利息支出；二是不需要大量库存保管人员、保管场地和设备，节约了项目成本；三是容易采用新材料和新产品，改进项目施工工艺；四是避免库存管理中的安全隐患。

在市场经济相对发达的国家，生产物资比较丰富，价格也相对较低，为项目实现零库存管理提供了良好的基础条件，很多国际承包工程项目物资已经采取零库存管理。但在市场经济相对不发达的国家，生产物资，特别是紧缺物资，价格昂贵，供应困难，这样项目必须保持一定库存，以保障施工顺利进行。

（三）零库存管理的实现形式

1. 委托保管方式

施工企业支付一定数量的代管费用，委托物资供应单位或其他单位代存代管施工材料，使施工企业不再有材料库存，从而实现零库存。

2. 准时供应系统

施工企业与材料供应单位依靠有效的衔接和计划达到工位之间、供应与生产之间的协调，从而实现零库存。

3. 看板方式

施工企业与材料供应商之间或施工项目内部各工序之间，以固定格式的卡片为凭证，由下一环节根据自己的生产节奏，沿着生产流程相反方向，向上一个环节指定供应，从而协调关系，做到同步准时，实现供应零库存。

4. “水龙头”方式

这是一种像打开自来水管的水龙头就可以取水而无须自己保有库存的零库存形式。主要是由供货者以自己的库存和有效供应系统承担即时供应的责任，从而使施工企业实现零库存。

5. 配送方式

施工物资由专门的物资配送企业供应，从而使施工企业实现零库存。

本章小结

物资储备是指社会生产过程中储存备用的生产资料，是为了确保企业生产正常进行而建立的，是用来协调解决生产与供应之间矛盾所必需的。受到施工工程各作业段单位时间内物资需要量、物资供应商企业经营水平、供货距离及运输条件、仓储能力及资金情况等因素影响。物资储备定额，是指在一定的管理条件下，为保证施工生产顺利进行所必需的、经济合理的物资储备数量标准。根据定额作用分经常储备定额、保险储备定额、季节储备定额。

根据仓库形式可将仓库分为库房、料棚、露天货场三种常见的形式。每种形式仓库选址时都应遵循交通方便、地理位置适当、地势较高、电源和水源充足、周围环境良好等原则，建造时应考虑到物资保管、仓库作业、防火安全等基本要求。货垛安排应注意“五距”。

物资仓库的业务流程包括三大块，即物资入库管理、物资在库管理以及物资出库管理。物资入库管理包括物资入库前的准备工作、接货、物资验收、办理入库手续；物资在库管理要做好物资“十防”（防雨、防潮、防锈、防火、防腐、防盗、防爆、防霉烂变质、防有害气体、防工伤事故），做到“三无”（无差错、无损坏、无丢失），“五清”（数量清、质量清、账卡清、规格清、用途清），“四对口”（账、卡、物、资金），以保证物资的质量和数量，包括物资保管、物资搬运、物资保养、物资盘点；物资出库管理应遵循“先进先出”的原则，做到及时、准确、力求节约，包括发放准备、核对凭证、备料、复核、点交、清理等。

库存控制是对施工企业物资以及其他资源进行管理和控制，使其储备保持经济合理的水平。可以通过 ABC 分类法、经济批量法、零库存管理理念进行具体的库存控制。零库存管理的实现形式包括委托保管方式、准时供应系统、看板方式、“水龙头”方式、配送方式等。

复习思考题

1. 影响施工企业物资储备的因素有哪些？
2. 仓库的选址依据有哪些？
3. 简述物资验收具体要求。
4. 施工物资在库管理要做好哪些最基本的事项？
5. 商品堆垛基本要求是什么？
6. 物资保养方法有哪些？

7. 简述盘点内容与程序。

8. 简述物资发放原则与要求。

9. 简述库存控制方法。

10. 零库存管理的实现形式有哪些?

第九章　物资供应管理

学习目标

1. 掌握物资供应管理的概念、原则与过程。
2. 掌握物资流通过程，了解影响材料供应方式选择的因素，掌握材料供应方式。
3. 熟悉掌握限额领料数量的形式、程序和核算方法。
4. 熟悉掌握物资配送与装卸的方法。

第一节　物资供应管理概述

材料供应管理指及时、齐备、按质按量地为施工生产提供材料的经济管理活动，包括核定资源与需要，进行综合平衡，确定分配数量三个基本环节，确定分配数量是主体。建筑施工计划一般有“打一、备二、看三四”的安排，即有主攻项目、预备项目和正在考虑的项目。在材料供应中也相应地有“供一、抓二、备三四”使之与施工协调。工作有主次之分，急缓之别，抓住主急，兼顾次缓，使材料供应与施工生产紧密配合，促进施工任务顺利完成。

一、物资供应遵循的原则

为了使企业物资供应保证施工项目的顺利进行，在物资供应管理过程中，必须遵守一定的原则，使供应工作始终建立在正确的方向上。这些原则，不论项目具体条件和材料来源怎样变化，供应工作所依据的原则不能有所改变。其基本原则归纳起来，主要有以下几点。

1. 统筹兼顾，综合平衡

统筹兼顾要求统一筹划，全面考虑，各方兼顾，而不是顾此失彼。综合平衡是对管辖内的材料资源量和需要量进行平衡，包括品种规格平衡、数量平衡、时间平衡、运输平衡、内外资源平衡等，是求得资源和需要之间的矛盾暂时相对统一的过程，是做好物资供应工作的基础。

2. 保证重点，兼顾一般

保证重点就是保证国家和地方安排的重点项目；确保收尾及企业安排的施工重点；确保材料配套，即有时用少量的材料配合使用，就可完成更多的任务。一般项目，根据施工任务的轻重缓急区别对待。这决不意味着不管一般，还是企业施工任务的重点部分，都应以积极的态度统筹兼顾。

3. 开源节流，留有余地

开源是开辟材料来源，积极寻找货源，特别是短线产品，充分使用库存资源以利用、代用、加工改制；组织横向联合等增加短缺物资，争取供应主动；节流就是节制使用，寻找进一步降低材料消耗定额的潜力及保证质量的前提下代用利用，采取有效的节约措施，减少或杜绝浪费。通过开源节流，缩小供需矛盾。材料分配时还要留有余地，所谓余地，就是材料计划分配时不要满打满算，留有一定剩余，急用时才有回旋余地，余地应当适当。一般不超过保险储备定额。

4. 平衡配套，不留缺口

材料供应的总要求是齐备配套。既要按所需的品种、规格、质量、数量等齐备，还要按需要时间配套供应。配套有大有小，大到建设项目，小到分部分项，应着眼于分部分项。时间有长有短，长则上年，短则当月当旬，应着手于当月当旬。

二、物资供应管理的过程

物资供应管理包括确定物资需用计划、编著物资申请计划、编制物资供应计划、物资供应计划的实施、物资供应情况的分析和考核五个环节。其中前四个环节见第四章物资计划管理，本部分主要阐述物资供应情况的分析和考核。

施工物资管理部门要经常对供应计划的执行情况进行检查分析，发现执行过程中的问题，采取对策，保证计划实现。检查的方法主要有经常检查和定期检查两种。

经常检查即在计划执行期间随时对计划进行检查，发现问题及时纠正。定期检查指如月度、季度和年度等固定时间进行的检查。

1. 材料供应计划完成情况的分析

将某种或某类材料实际供应数量与计划供应数量进行比较，可考核某种或某类材料计划完成程度和完成效果。其计算公式为：

$$\text{某种（类）材料供应完成率}=\frac{\text{该种（类）材料实际供应数量（金额）}}{\text{该种（类）材料计划供应数量（金额）}}\times 100\% \tag{9-1}$$

考核某种材料供应计划完成情况时，其实物量计量单位一致，可使用实物量指标；考核某类材料供应时，若其实物量计量单位有差异，则应使用金额指标。

考核材料供应计划完成率是从整体上考核材料供应计划完成情况，而对具体品种规格，特别是对未完成材料供应计划的材料品种，进行材料品种配套供应考核是十分必要的。

$$\text{材料供应品种配套率}=\frac{\text{实际满足供应的品种数}}{\text{计划供应品种数}}\times 100\% \tag{9-2}$$

【例 9－1】 第三分公司第三季度地方材料供应计划完成情况如表 9－1 所示。

表 9－1　材料供应计划完成情况

材料名称及规格		计量单位	计划供应量	实际进货量	完成计划百分比（%）
砖		千块	1300	1000	76.9
黏土瓦		千匹	400	500	125.0
石灰		t	4500	4000	88.0
细沙		m^3	3000	4000	133.3
石子	总量	m^3	3500	5000	142.9
	0.5～1.5	m^3	1200	1100	91.7
	3～7	m^3	300	500	166.7

从表 9－1 可以看出以下几点。

①砖实际完成计划 76.9%，与原计划供应量差距很大。砖目前仍是土建工程的主要材料，如果缺乏足够的储备，势必会影响施工计划的完成。

②石灰只完成了计划的 88.9%，石灰在主体工程和装饰工程中都是必需的材料，完不成供应计划，必将影响主体和收尾工程的完成。

③石子总量实际完成计划的 142.9%，超额较多。但是，其中 0.5～1.5 的石子只完成了计划的 91.7%，供应不足，混凝土构件的浇灌将受到影响。

④从品种配套情况看，六种材料中有三种没有完成供应计划，配套率只有 50%。

$$材料供应品种配套率=\frac{3}{6}\times100\%=50\%$$

这样的配套不但影响施工的进行，而且使已进场的其他材料形成呆滞，影响资金的周转使用。要认真查找计划未完成的原因，采取相应措施，力争按计划配套供应。

2. 材料供应及时性分析

在检查考核材料收入总量计划的执行情况时，还会遇到收入总量的计划完成情况较好，但实际上施工现场却发生停工待料的现象。即收入总量充分，但供应时间不及时，也同样会影响施工生产的正常进行。

分析考核材料供应的及时性，应把时间、数量、平均每天需用量和期初库存量等信息联系起来考察。例如表 9－2 中第三公司 8 月 p.o42.5 水泥完成情况为 110%，从总量上看满足了施工生产的需要，但从时间看供料很不及时，几乎大部分水泥的供应时间集中在中、下旬，影响了上旬施工生产的顺利进行。

表 9-2　　第三公司 8 月 p.o42.5 水泥及时性考核

进货批数	计划需用量（kg）		月初库存量（kg）	计划收入		实际收入		完成计划（%）	对生产保证程度		延误	
	本月	平均每日用量		日期	数量	日期	数量		按日计数	按数计量	时间	数量
	39000	1500	3000						2	3000		
第一批				1	8000	5	4500		3	4500	4	3500
第二批				7	8000	14	10500		7	10500	7	
第三批				13	8000	19	12000		8	12000	6	
第四批				19	8000	27	15900		3	4500	8	
第五批				25	7000							
总计	39000						42900	110	23	34500		

注：在计算全月工作天数时，一般以当月的日历天数扣除周末休假天数进行计算。8 月日历天数为 31 天，设 8 月 2 日为星期天，则全月共有 10 个休假天。

3. 材料消耗情况分析

按照施工生产验收的工作量，考核材料供应量是否全部消耗，分析所供材料是否适用，以指导下一步材料供应并处理好遗留问题。

$$\text{实际供应材料剩余量}=\text{实际供应量}-\text{实际消耗量} \tag{9-3}$$

式中，实际供应量是材料供应部门按项目申请计划所确定的数量而向项目供应的数量；实际消耗量是根据班组领料、退料、剩料和验收完成的工程量统计的材料数量。

第二节　材料供应方式

材料供应方式是指材料由生产企业向需用单位流通过程中所采用的方式。不同的材料供应方式对企业材料储备、使用和资金占用都有一定的影响。

一、材料的流通过程

由于材料流通过程的环节各不相同，材料供应方式有直达供应方式和中转供应方式两种。二者相辅相成，具体采取何种方式应根据当时当地的实际情况而定。

1. 直达供应方式

直达供应方式指由材料生产企业直接供给需用单位材料，而不经过第三者。这种供应方式减少了中间环节，缩短了材料流通时间，减少了材料的装卸、搬运次数，节省了人力、物力和财力支出，因此降低了材料流通费用和材料途中损耗，加速了材料周转和材料资金周转。

2. 中转供应方式

中转供应方式指材料生产企业供给需用单位材料时，由第三方衔接。由于通过第三方与生产企业和需用单位联系，故可以减少材料生产企业的销售工作量，同时也可以减少需用单位的订购工作量，使生产企业集中精力搞好生产。这种方式适用于消耗量少、通用性强、品种规格复杂、需求可变性较大的材料，如建筑企业常用的小五金、辅助材料、工具等。它虽然增加了流通环节，但从保证配套、提高采购工作效率和就地就近采购方面来看，是一种必不可少的材料供应方式。

但是，中转供应方式同样有它的局限性和缺陷，例如无法做到直达供应等，因此，中转供应方式也有一定的使用范围。

二、影响材料供应方式选择的因素

选择合理的供应方式，其目的在于实现材料流通的合理化。选择合理的供应方式能使材料用最短的流通时间、最少的费用投入使用、加速材料和资金周转，加快生产进程。选择供应方式时，主要应考虑如下因素。

1. 需用单位的生产规模

生产规模大，需用同种材料数量也大，其材料运输费用和中转费用比较高，适合采用直达供应方式；生产规模小，需要同种材料数量相对也少，为了节省人力、物力和财力支出，适宜采取中转供应方式。

2. 需用单位的生产特点

生产的阶段性和周转性往往使阶段性和周转性材料需用量较大，比如钢筋和砖，在生产中期需用量比较大，就可以采取直达供应方式，反之，在生产初期和末期，使用量比较小的材料就可以采取中转供应方式。

3. 材料的特性

材料性质的不同，材料普适性也会不同，同样就会采用不同的供应方式。专用材料使用范围狭窄，以直达供应为宜；通用材料使用范围广，当需用量不大时，以中转供应为宜。体大笨重的材料，如钢材、水泥、木材、煤炭等，以直达供应为宜；不宜多次装卸、搬运且储存条件要求较高的材料，如玻璃、化工原料等，宜采取直达供应方式；品种规格多且需求量不大的材料，如辅助材料、工具等，宜采取中转供应方式。

4. 运输条件

运输条件的好坏直接关系到材料的流通时间和费用。一次发货量不够整车的，一般不宜采用直达供应方式而宜采用中转供应方式。需用单位离铁路线较近或有铁路专用线和装卸机械设备等，宜采取直达供应方式。需用单位如果远离铁路线且在不同运输方式的联运业务广泛推行的情况下，宜采用中转供应方式。

5. 供销机构的情况

材料供销网点比较广泛和健全，离需用单位较近，库存材料的品种、规格比较齐全，能满足需用单位的需求，服务比较周到的，中转供应的比重就会增加。

6. 材料生产企业的订货限额和发货限额

订货限额是生产企业接受订货的最低数量，如钢厂的订货限额多以换辊定额为基础来制定。同时考虑使用情况，对一般规格的普通钢材，订货限额较高；对优质钢材和特殊规格钢材一般用量较小，订货限额也较低。发货限额通常是以一个整车装载量为标准，采用集装箱时，则以一个集装箱的装载量为标准。某些普遍用量较小的材料和不便中转供应的材料，如危险品、腐蚀性材料等，其发货限额可低于上述标准。订货限额和发货限额定得过高，会影响直达供应的比重。

三、材料供应方式

（一）根据材料成本核算责任划分

施工项目涉及建设单位、施工单位，而且施工单位根据管理的层级关系，涉及集团公司、公司、分公司和项目部，材料供应在这些单位和部门之间各分管哪些责任，这些责任如何进行划分，根据“既管供，又管用，供管并举”的原则，材料供应方式主要有以下几种。

1. 综合平衡计划供应

综合平衡计划供应即按企业内部材料供应分工范围，自下而上逐级将材料需用计划汇总上报，再自上而下逐级进行核实与平衡分配材料的办法。这种方式要求各级材料部门对供应管理工作有明确分工，各有侧重各负其责。如上一级材料部门以流通领域组织供应为主；下一级材料部门以生产领域里材料需用计划、现场管理（包括定额管理）为主。分工合作，互相支持，共同完成供应管理任务。

2. 施工预算包干

这种供应方式，突出一个“包”字，是降低材料消耗，提高经济效益的措施之一。施工预算包干，就是组织基层施工队伍，以单位工程为对象，施工预算为标准，按材料品种规格、数量及施工进度、竣工时间、工程质量等要求，一次包死，节约有奖，超耗受罚；实行定额供料，是指按工程分部分项工程量，结合材料施工消耗定额，计算定额需用量，实行限额供料，分部分项工程完成之后，办理结算退料，余料回收或结转，做到完一阶段，算一阶段，消一阶段，待工程竣工后加总计算奖（罚）金。

3. 内部材料供应合同制

施工企业内部材料部门，为了明确各层级之间经济责任、权利和义务，实现分工合作，互相制约，互相促进的目的会实行内部材料供应合同制。订立内部材料合同，一般以单位工程为对象，施工预算为标准。合同主要内容包括：需方在签订合同时提出的施工预算、施工组织设计、施工进度计划、按分部分项的材料需用量及使用时间，提出该工程全部材料计划并作合同附件；供方按需用材料计划组织按时、按质、按量保证供应，还有堆放场地、道路，送料退收、计划内或计划外余料转移的经济责任；设计修改、材料需用计划的修改、材料代用利用、供应计划的提前或推迟等工作程序，都应有明确的规定；违约的经济责任，处理处罚标准，内部签证、仲裁等问题也都应列入合同。责任分明，对违约者处理指出具体条款，使双方加强责任心，加强经济核算，提高管理水平。

4. 单位工程全面承包

全面承包，即以全优为目标，施工预算为标准，“五包”为内容，“三挂钩”为手段，成本票为依据的单位工程全面承包。

（1）五包。即包人工费、材料费、机械费、脚手架费、工具费。

①人工费。施工预算项目内的人工费（除外加工构件人工费），定额外的人工费，如机械故障、停电、停水、雨雪天气等造成的人工费；竣工时的修补、清扫；一天以内的待料等，按照人工费定额一次包死。

②材料费。施工定额内各种材料按施工预算的材料价格一次包死，包括周转材料、辅助材料，但不包括外加工构件的材料。

③机械费。按施工组织设计或施工方案规定的机械使用台班费，按内部收费标准（不含电费）承包。

④脚手架费。按施工组织设计或施工方案规定的搭设脚手架数置及安全网，按内部租赁标准承包。

⑤工具费。按施工预算的工程计算，例如砌体 30 元/100m^{2}包干使用。

（2）奖励。奖励有质量奖和费用节约奖两种。

①质量奖。以工程最终评定的质量等级为例，如民用建筑评为优良者每平方米奖 0.08 元，评为全优者每平方米奖 1 元；工业建筑评为优良者每平方米奖 1 元，评为全优者每平方米奖 1.12 元，构筑物按造价折算建筑物平方米计算。

②费用节约奖（奖罚相抵后的节约额）。费用节约奖的奖励标准，举下例说明。

材料费　按节约额奖 20%，按超耗额罚 10%；

机械费　按节约额奖 30%，按超耗额罚 15%；

脚手架费　按节约额奖 30%，按超耗额罚 15%；

工具费　按节约额奖 50%，按超耗额罚 50%。

（3）三挂钩。三挂钩是指质量、工期、安全互相挂钩。奖励额以费用节约奖为基础计算。

①质量。工程评为优良者费用节约奖加发 20%；

工程评为全优者费用节约奖加发 40%；

工程评为合格者费用节约奖扣发 40%。

②工期。以签订承包合同的工期为准，提前 5～10 天费用节约奖加发 10%，提前 10 天以上费用节约奖加发 20%，反之，按同等比率扣减。

③安全。全过程无安全事故，费用节约奖加发 10%，发生事故按情节另有规定。

（4）成本票核算。以施工预算为基础的“五包”中，按各种费用总金额发给等额的专用成本票（代金券），分人工费、材料费、机械费、脚手架费及工具费的专用票。所有上述各项费用一律用成本票支付。如领材料、工具就用专用成本票换取材料、工具，退料也相应退还成本票。机械、脚手架按租赁费标准支付成本票，工资按完成工作量计算工资额，以成本票兑换现金。最后竣工结算如节余成本票则为费用节约额。除工资外其余分别按比例计奖（罚），填制费用节约奖结算表，并交回全部成本票。成本票工程之间不准串用，平时一律不能兑换现金，不能挂失。

这种方法比较直观，适合工人使用，效果较好。但必须有正确的施工预算，已经制定了机械、脚手架及钢模租赁标准及管理办法，严格执行材料收发领退管理制度，并健全安全管理制度及违反制度发生事故的处理标准等。

（二）按照供应单位在建筑施工中的地位不同划分

按照供应单位在建筑施工中的地位不同，材料供应方式有甲方供应方式、乙方供应方式、甲乙双方联合供应方式和物资企业供应方式四种。

1. 甲方供应方式

甲方供应方式也称为建设单位组织供应方式，即建设单位按照建筑工程施工图纸预算的材料用量及施工单位有关材料品种、规格、使用时间的计划，将全部材料供应到施工现场，由施工单位负责验收。凡在使用过程中造成的损失和浪费，均由施工单位承担。

甲方供应物资，一般是工程项目所需关键的、价值较高的、用量较大的或生产工艺较复杂的物资。对于甲方供应物资，物资质量由甲方负责，如果在供应时间上与施工要求有出入，耽误工期，其工期和误工损失由甲方承担。

2. 乙方供应方式

乙方供应方式即建筑企业供应材料，由建筑企业组织全部材料的供应，材料质量完全由建筑企业负责。乙方供应方式，有利于建筑企业对材料进行统一管理和统一核算，有利于降低材料成本。

3. 甲乙双方联合供应方式

建设单位和建筑企业签订工程承包合同时，应签订材料供应分工协议，明确双方在材料供应中应承担的责任和拥有的权利。施工过程中，双方按照协议明确的分工范围分别组织材料的供应。建设项目开发部门或建设项目业主根据分工确定材料采购供应范围，实施材料供应。由于是甲乙双方联合完成一个项目的材料供应，因此在项目开工前必须就材料供应中的具体问题作出明确分工，并签订材料供应合同。在合同中应明确以下内容。

(1) 供应范围：包括项目施工用的主要材料、辅助材料、装饰材料、水电材料、专用设备、各种制品、周转材料、工具用具等的分工范围。应明确到具体的材料品种甚至规格。

(2) 供应材料的交接方式：包括材料的验收、领用、发放、保管、运输方式和分工及责任划分，还有材料供应中可能出现问题的处理方式和程序。

(3) 材料采购、供应、保管、运输、取费及有关费用的计取方式：包括采购保管费的计取、结算方式，成本核算方法，运输费用的承担方式，现场二次搬运费、装卸费、试验费及其他费用，材料采购中价差核算方法及补偿方式。

(4) 材料供应中可能出现的其他问题：如质量、价格认证及责任分工，材料供应对工期的影响等因素均应阐明要求，以促进双方的配合和协作。

甲乙双方联合供应方式在目前是一种较普遍的供应方式。这种方式一方面可以充分利用甲方的资金优势和采购渠道优势，又能使施工企业发挥其主动性和灵活性，提高投资效益。但是这种供应方式容易出现采购中必然产生的由交叉因素所带来的责任不清问题，因此必须用有效的材料供应合同做保障。

甲乙双方联合供应，甲方供应的物资一般是工程项目所需关键的、价值较高的、用量较大的或生产工艺较复杂的物资。乙方负责其他材料为主；也有所有材料以甲方或乙方为主，另一方为辅的分工形式。无论哪种供应方式，必定与资金、储备、运输的分工及利益发生关系。因此，建筑企业在进行材料分工的谈判前，必须确定材料供应的质量目标和时间目标，为建设项目的顺利进行和完成奠定基础。

4. 物资企业供应方式

物资企业供应是将材料供应业务发包给材料公司，由材料公司负责全部材料的供应工作。随着我国物流技术和物流行业的发展，许多物资销售中间商，根据区域划分，形成了集运输、储存、销售、包装、加工、配送于一体的物资供应企业，一般分专业建筑物资供应企业和综合物资供应企业。这些中间供应商，主要涉及从供应链的制造商到终端客户的运输和储存活动。运输的功能在于完成产品空间上的物理转移，克服制造商与客户之间的空间距离，从而产生空间效用；而储存的功能就是将产品保存起来，调节产品供应与需求在时间上的差距，创造时间效用。所以中间供应商主要创造了时间效用和空间效用。

物资供应企业是一种“中转”形式，是从物流节点至用户的一种特殊送货形式，其特殊性表现为：从事送货的是专职流通企业，而不是生产企业；是客户需要什么送什么。所以，要做到需要什么送什么，要什么时候送就什么时候送，物资供应企业就必须在一定中转环节筹集这种需要，从而使物资中间商必然以中转形式出现。

物资供应公司与物资生产企业和物资销售企业有一定区别。物资供应公司要有一定规模，一是使成本有效降低，二是物资品种品类齐全，这就需要物资供应公司具有集货、理货、加工、配送的功能，追求物资供应整个链条的优势，甚至承担了企业物资供应的任务，使企业做到物资零库存。

随着物流行业的发展，这种具有配送功能的物资供应企业会成为生产企业和建筑企业的桥梁，逐步将成为建筑市场上主要的物资供应模式。

（三）按照物资供应的数量管理

物资供应的数量管理主要是施工企业内部的物资供应方式的选择，一般有两种方式，一是限额供应方式，二是敞开供应方式。

1. 限额供应方式

限额供应也称定额供应，就是根据计划期内施工生产任务、材料消耗定额和技术节约措施等因素来确定的供应材料数量标准。材料部门依此作为供应的限制数量，施工操作部门在限额内使用材料。

限额供应方式分为定期和不定期两种，既可按旬、按月、按季限额，也可按部位、按分项工程限额。不论其限额时间长短，限额数量都可以一次供应，也可分次供应，但供应累计总量不得超过限额数量。限额的限制方法可以采取凭票、凭证方法，按时间或部位分别记账、分别核算。凡在施工中材料耗用已达到限额而未完成相应的工作量，需超限额使用时，均须经过申请和批准，并计入超耗账目。

2. 敞开供应方式

根据资源和需求供应，对供应数量不做限制、不下指标，材料耗用部门随用随要的供应方式即为敞开式供应。

敞开供应方式对施工生产部门来说，灵活方便，可减少现场材料管理的工作量，使施工部门集中精力搞生产。实行这种供应方式的材料必须是资源比较丰富、材料采购供应效率高且供应部门必须保持适量的库存。敞开供应容易造成用料失控，材料利用率下降，从而增加成本。故这种供应方式通常用于抢险工程和突击性建设工程的材料需用。

（四）按物资供应中实物到达方式不同进行划分

物资供应中实物到达主要集中在施工现场，对于施工项目部来说，物资实物到达可以分为领料供应方式和送料供应方式两种。

1. 领料供应方式

领料供应方式也称为提料方式，是由施工生产用料部门根据供应部门开出提料单或领料单，在规定的期限内到指定的仓库提取材料。提料过程中的运费、损失、人工费等由用料单位负责。

2. 送料供应方式

送料供应方式是由材料供应部门根据用料单位的申请计划负责组织运输，将材料直接送到用料单位指定地点。送料供应方式要求材料供应部门做到供货数量、品种、质量必须与生产需要相一致，送货时间必须与施工进度要求相协调，送货时间间隔必须与生产进度的延续性相平衡。送料过程中的运费、损失、人工费等由材料供应部门负责，如果因为材料质量差异或时间延迟给施工造成造价和工期损失，由材料供应部门负责。

第三节　材料定额供应方法

定额供应、包干使用是在实行限额领料的基础上，通过建立经济责任制，签订材料定包合同，以达到合理使用材料、提高经济效益的目的。限额领料指施工时必须将材料的消耗量控制在消耗定额之内。

一、限额领料的形式

1. 按分项工程限额领料

按分项工程限额领料指按工程进度领料，以班组为对象限额领料。

2. 按工程部位限额领料

按工程部位限额领料指按基础、结构、装饰等施工阶段，以混合队为对象进行限额。它是扩大了的分项工程限额领料。

3. 按单位工程限额领料

按单位工程限额领料指对一个工程从开工到竣工的用料实行限额。它是工程部位限额领料的扩大，适用于工期不太长的工程。

二、限额领料数量的确定

1. 限额数量的确定依据

(1) 正确的工程量是确定材料限额的基础。

(2) 定额的正确选用是计算材料限额的标准。

(3) 凡实行技术措施的项目，一律采用节约措施规定的单方用料量。

2. 实行限额领料应具备的技术条件

(1) 施工组织设计。施工组织设计是组织施工的总则，协调人力、物力，妥善搭配，根据施工的组织设计计划分流水段，搭接工序、操作工艺以及现场平面布置图和节约措施，用以组织管理。

(2) 施工预算。施工预算是根据施工图纸计算的分项工程量及施工定额计算来反映完成一个单位工程所花费的经济文件，见表 9-3。

表 9-3　　施工预算工程量人工材料分析

工程名称：　　　　年　月　日　　　　第　页　共　页

定额编号	工程项目	单位	数量	其中分层	劳动定额			材料分析					
					编号	时间定额	合计工日	( )	( )	( )	( )	( )	( )

①工程量：按施工图纸和施工定额的口径规定计算的分项、分层、分段工程量。

②人工数量：根据分项、分层、分段工程量及时间定额计算出用工量，最后计算出单位工程的总用工量和人工数。

③材料限额耗用数量：根据分项、分层、分段工程量及施工定额中的材料消耗数量，计算出分项、分层、分段的材料需用量，然后汇总成为单位工程材料用量，并计算出单位工程材料费。

(3) 班组作业计划。班组作业计划（班组任务书）主要反映施工班组在计划期内所施工的工程项目、工程量及工程进度要求，是企业按照施工预算和施工作业计划把生产任务具体落实到班组的一种形式，见表 9-4、表 9-5。

表 9-4　　　　班组作业计划

单　　位：

工程名称：　　　　　　　　　年　月　日　编号　　　下达日期：　　年　月　日

班　　组：　　　　　　　　　　　　　　　　　　　验收日期：　　年　月　日

<table>
<tr><td rowspan="5">施工定额编号</td><td rowspan="5">工程部位及项目</td><td rowspan="5">计量单位</td><td rowspan="5">工程量</td><td rowspan="5">每工产量</td><td rowspan="5">时间定额</td><td rowspan="5">定额用工</td><td rowspan="5">工程量</td><td rowspan="5">定额工日</td><td rowspan="5">实际用工</td><td rowspan="5">达到定额(%)</td><td>材料名称</td><td colspan="3"></td><td colspan="3"></td><td colspan="3"></td></tr>
<tr><td>规格</td><td colspan="3"></td><td colspan="3"></td><td colspan="3"></td></tr>
<tr><td>单位</td><td colspan="3"></td><td colspan="3"></td><td colspan="3"></td></tr>
<tr><td rowspan="2">配合比</td><td rowspan="2">单方</td><td colspan="2">数量</td><td rowspan="2">单方</td><td colspan="2">数量</td><td rowspan="2">单方</td><td colspan="2">数量</td></tr>
<tr><td>计划</td><td>实际</td><td>计划</td><td>实际</td><td>计划</td><td>实际</td></tr>
<tr><td></td><td></td><td></td><td></td><td></td><td></td><td></td><td></td><td></td><td></td><td></td><td></td><td></td><td></td><td></td><td></td><td></td><td></td><td></td><td></td><td></td></tr>
<tr><td></td><td></td><td></td><td></td><td></td><td></td><td></td><td></td><td></td><td></td><td></td><td></td><td></td><td></td><td></td><td></td><td></td><td></td><td></td><td></td><td></td></tr>
<tr><td></td><td></td><td></td><td></td><td></td><td></td><td></td><td></td><td></td><td></td><td></td><td></td><td></td><td></td><td></td><td></td><td></td><td></td><td></td><td></td><td></td></tr>
<tr><td></td><td></td><td></td><td></td><td></td><td></td><td></td><td></td><td></td><td></td><td></td><td></td><td></td><td></td><td></td><td></td><td></td><td></td><td></td><td></td><td></td></tr>
</table>

表 9-5　　　　班组用工记录表

单　　位：

工程名称：　　　　　　　　　年　月　日　编号　　　下达日期：　　年　月　日

班　　组：　　　　　　　　　　　　　　　　　　　验收日期：　　年　月　日

<table>
<tr><td>日期</td><td>1</td><td>2</td><td>3</td><td>4</td><td>5</td><td>6</td><td>7</td><td>8</td><td>9</td><td>10</td><td>11</td><td>12</td><td>13</td><td>14</td><td>15</td><td>16</td><td>实际耗用量</td></tr>
<tr><td rowspan="3">工数</td><td rowspan="3"></td><td rowspan="3"></td><td rowspan="3"></td><td rowspan="3"></td><td rowspan="3"></td><td rowspan="3"></td><td rowspan="3"></td><td rowspan="3"></td><td rowspan="3"></td><td rowspan="3"></td><td rowspan="3"></td><td rowspan="3"></td><td rowspan="3"></td><td rowspan="3"></td><td rowspan="3"></td><td rowspan="3"></td><td></td></tr>
<tr><td>节超分析</td></tr>
<tr><td></td></tr>
<tr><td>日期</td><td>17</td><td>18</td><td>19</td><td>20</td><td>21</td><td>22</td><td>23</td><td>24</td><td>25</td><td>26</td><td>27</td><td>28</td><td>29</td><td>30</td><td>31</td><td>合计</td><td>原因分析</td></tr>
<tr><td>工数</td><td></td><td></td><td></td><td></td><td></td><td></td><td></td><td></td><td></td><td></td><td></td><td></td><td></td><td></td><td></td><td></td><td></td></tr>
</table>

计划员：　　预算员：　　劳动定额员：　工长：　材料定额员：　材料员：　成本员：

(4) 技术节约措施。企业内部定额的材料消耗标准是在一般的施工方法、技术条件下确定的，为了降低材料消耗、保证工程质量，必须采取技术节约措施。

(5) 混凝土及砂浆的试配资料。定额中混凝土及砂浆的消耗标准是在标准材质下确定的，而实际采用的材质往往与标准相差较大。为了保证工程质量，必须根据进场的实际材料进行试配和试验。因此，混凝土及砂浆的定额用料数量要根据试配合格后的用料消耗标准计算，见表 9-6。

表 9－6　　　　混凝土配合比申请单

编号：__________

委托单位：__________　工程名称：__________　施工部位：__________

设计的强度等级：__________　申请强度等级：__________　坍落度要求：______

其他要求：____

搅拌方法：__________　振捣方法：__________　养护方法：__________

水泥品种及标号：______　厂别及牌号：______　进场日期：____　实验编号：______

砂子产地及品种：______　细度模数：______　含泥量：_____　试验编号：______

石子产地及品种：______　最大粒径：______　含泥量：_____　试验编号：______

其他材料：____

掺和料名称及掺量：__________________　外加剂名称及掺量：__________

申请日期：__________　使用日期：__________　申请负责人：__________

混凝土配合比通知单

标号	水灰比	砂率（%）	水泥（kg）	水（kg）	砂（m^3）	石（m^3）	掺和料	配合比	试配编号

备注：

负责人：________　审核：________　计算：________　试验：________

报告日期：　　年　月　　日

（6）有关技术翻样资料。有关技术翻样资料主要指门窗、五金、油漆、钢筋、铁件等。其中五金、油漆在施工定额中没有明确的式样、颜色和规格，这些问题需要和建设单位协商，根据图纸和当时资源情况来确定。门窗也可根据图纸、资料，按照有关标准图提出加工单。钢筋根据图纸和施工工艺的要求由技术部门提供加工单。所以，资料和技术翻样是确定限额领料的依据之一。

（7）补充定额。材料消耗定额的制定过程中可能存在遗漏，也可能随着新工艺、新材料、新的管理方法的采用，原制定的定额已不适用，因此使用中需要进行适当的修订和补充。

三、限额领料的程序

1. 限额领料单的签发

限额领料单的签发由计划统计部门按施工预算的分部分项工程项目和工程量编制班组作业计划，由劳动定额员计算用工数量，材料定额员按照企业现行内部定额扣除技术节约措施的节约量计算限额用料数量，并注明用料要求及注意事项。

在签发过程中要注意的问题是定额要选用准确，对于采取技术节约措施的项目应按实验室通知单上所列配合比单方用量加损耗签发。另外，装饰工程中采用新型材料时，定额中没有的项目一般采用的方法是参照新材料的有关说明书，协同有关部门进行实际测定，套用相应项目的预算。

2. 限额领料单的下发

限额领料单一般一式五份，一份交计划员作存根，一份交材料保管员做发料凭证，一份交劳资部门，一份交材料定额员，一份交班组作为领料依据。限额领料单要注明质量等部门提出的要求，由班组长向班组下达和交底，对于用量大的领料单应进行口头或书面交底。

用量大的领料单一般指分部位承包下达的混合队领料单，如结构工程既有混凝土又有砌砖及钢筋支模等，应根据月度进度做出分层次分项目的材料用量，这样便于控制用料及核算，起到限额领料的作用。

3. 限额领料单的检查

在限额领料方法应用过程中，会有许多因素影响班组用料，定额员要深入现场调查研究，会同有关人员从多方面检查，发现问题应帮助班组解决，使班组正确执行定额用料，落实节约措施，做到合理使用。检查内容主要有以下几点。

(1) 查项：检查班组是否按照用料单上项目进行施工，是否存在串料项目。在定额用料中，对班组经常进行检查和落实，主要有五个方面：检查设计变更的项目是否发生变化；检查用料单所包括的施工是否做、是否甩、是否齐；检查项目包括的工作内容是否都做完；检查班组是否做限额领料单以外的施工项目；检查班组是否有串料项目。

(2) 查量：检查班组已验收的工程项目的工程量是否和用料单上下达的工程量一致。

(3) 查操作：检查班组在施工中是否严格按照规定的技术操作规范施工。

(4) 查措施的执行：检查班组在施工中节约措施的执行情况。

(5) 查活完脚下清：检查班组在施工项目完成后是否做到“三清”及用料有无浪费现象。若材料超耗的因素是落地灰过多，则可以采取以下措施：一是少掉灰；二是及时清理，有条件的要随用随清；三是不能随用的应集中分拣利用。

材料员要协助做好班组计划用料，做到砂浆不过夜，灰槽不剩灰，半砖砌上墙，大堆材料清底使用，砂浆随用随清，运料车严密不漏，装车不要过高，运输道路保持平整，筛漏集中堆放，后台保持清洁，刷罐灰尽量利用。通过对活完脚下清的检查，达到利用现场废物和节约材料的目的。

4. 限额领料单的验收

班组完成任务后，应由班组长组织有关人员进行验收，工程量由主管领导审批验收签字、统计，预算部门把关、审核工程量，工程质量由技术质量部门验收并在任务书上签署检查意见，用料情况由材料部门签署意见，验收合格后办理退料手续。

5. 限额领料单的结算

班组长将验收件合格的任务书送交定额员结算。材料定额员根据验收的工程量和质量部门签署的意见计算班组实际应用量和实际耗用量并结算盈亏，最后根据已结算的定额用料单分别录入班组用料台账，按月公布班组用料节超情况，并作为评比和奖励的依据，见表 9-7。

表 9-7　　分部分项工程材料承包结算表

单位名称		工程名称		承包项目	
材料名称					
设计预算用量					
发包量					
实耗量					
实耗与设计预算比					
实耗与发包量比					
节超价值					
提供率					
提奖率					
主管领导审批意见			材料部门审批意见		
（盖章）　　年　月　日			（盖章）　　年　月　日		

在结算中应注意以下问题。

（1）班组任务书中若个别项目由于某种原因由班组长或计划员进行了更改，原项目未做或完成一部分而又增加了新项目，则需要重新签发用料单与实际消耗对比。

（2）若由上道工序造成下道工序用料超过常规，则应按验收的实际工程量计算材料用量。如抹灰班组施工的某一项目——墙面抹灰，定额标准厚度是 2cm，由于墙面不平整而增加了抹灰工序的抹灰厚度，应按照班组长实际验收的厚度换算单方用量后再进行结算。

（3）在要求结算的任务书中，材料耗用量与班组领料单实际耗用量及结算数字要相符。

6. 限额领料单的分析

根据班组任务结算的盈亏数量进行节超分析，主要是根据定额的执行情况分析材料节约和浪费的原因，堵塞漏洞，总结并交流节约经验，促使进一步降低材料消耗和工程成本，并为今后修订和补充定额提供可靠资料。

四、限额领料的核算

核算的目的是考核该工程的材料消耗是否控制在施工定额以内，同时也为成本核算提供必要的数据。

（1）根据预算部门提供的材料进行分析，做出主要材料分部位的两算对比。

（2）要建立班组用料台账，按月登记各工程材料耗用情况，竣工后进行汇总，并以单位工程形式做出总结，作为现场用料节约奖励和超耗罚款的依据。

第四节　物资配送与装卸

建筑物资在供应过程中离不开材料配送和装卸，如何运用市场供应商的实力，来保障材料的及时、配套供应，实现建筑物资生产、销售与使用之间的联系，同时以最少的活劳动和物化劳动消耗，及时、迅速、按质、按量和安全地完成物资供应任务。组织物资的配送与装卸的合理化，不仅可以节省施工企业储存成本、运输能力，还可以减少物资中转环节，减少装卸次数，减少物资损耗，缩短物资在途时间，加速物资周转、节省物资采购费用，提高经济效益和社会效益。

一、物资配送

物资配送是按照用户的要求，在物流据点进行物资配备，并以最合理的方式送达用户的短距离、多批次、小批量、多品种的物流活动。其主要特点是：严格按照用户要求的物资名称、品种、规格、数量、质量、时间、地点进行配送。物资配送既包括配又包括送，所谓“配”，包括集货、分货、配货、加工、配套、配装等内容；物资配送是以最经济、最合理的方式进行的；物资配送最适合短距离、多批次、小批量、多品种的物流活动。

（一）物资配送的优越性

1. 实施物资配送可压缩甚至取消用户的库存

任何生产企业为了确保物资供应，都必须建立必要的物资储备，即保持一定的库存。实施物资配送以后，配送单位有足够的库存，而用户则可大大降低库存，甚至实现零库存。从总体上看，可降低社会总库存，具有明显的经济效益和社会效益。

2. 实施物资配送有利于组织合理运输

实施物资配送后，由配送单位统一组织送货，使运输路径最短、环节最少、运力最省、运费最低，而且能按时送到指定地点。这比用户派车提货更为快捷、方便、经济。

3. 实施物资配送有利于提高物流现代化水平

物资配送是社会化大生产和商品经济高度发展条件下的一种先进的物流方式。物资配送需要现代化的物流设施和设备、完善的计算机管理及信息系统、高素质的技术与管理人员、科学的管理方法等，这有利于提高物流技术与管理的现代化水平。

4. 实施物资配送可方便用户，达到用户满意

因为物资配送是严格按照用户的要求进行的，送货上门，服务到家，能达到用户的最大满意程度。只要用户与配送单位签订了配送合同，物资供应的重任就交由配送单位承担。

（二）建筑企业的材料配送

物资配送按照配送主体的不同，可分为配送中心配送、中转仓库配送、工厂配送、

批发商配送等。物资配送可以是流通企业向生产企业配送、流通企业向流通企业配送、生产企业向生产企业配送，也可以是企业内部配送。建筑企业一般设有中心仓库，可实施由中心仓库向各施工现场的建材配送。

1. 建筑企业材料配送的要点

（1）计划配送。建筑企业的产品是建筑物，生产周期比较长，材料消耗时间性强。材料配送必须按照工程进度和材料需用计划组织配送，使配送材料的品种、规格、数量、时间、地点与工程进度需要相吻合。

（2）配套配送。施工材料消耗具有多样性，对于不同施工阶段的建材需求，可组织配套配送。根据施工实际，材料配送一般分为大配套和小配套配送。大配套配送以直达运输为主，配送大宗材料，如水泥、砖、砂、石、钢材、木材及预制构件、大型管道、钢模板、脚手架料等，这些材料品种不多，数量较大，要按照施工平面布置的位置一次就位，按要求堆码，认真办理交接手续，既方便生产使用又节约费用。小配套配送是除大宗材料以外的材料配送，如在房屋建筑的内装修阶段，可对所需的玻璃、油漆、涂料、电线、照明器材、小五金等配套配送。

这些材料品种多，数量不大，是施工生产不可缺少的，要精心计划，认真备料，合理配车，按部署时间，分别送至现场或仓库，并切实办好交接手续。

（3）加工配送。某些建筑材料在使用前需要进行简单的加工。如原木的加工、玻璃的划片、钢筋的下料与成形、油漆的配料、混凝土的搅拌、石灰的淋化等，都可以在配送仓库集中统一进行，然后进行配送。集中加工的优越性是可提高材料利用率，改善加工质量，提高加工效率，降低加工成本，方便现场施工。

2. 实施材料配送应具备的条件

实施材料配送是一项系统工程，必须具备以下基本条件。

（1）稳定的资源保障。为了做到现场需要什么送什么，需要多少送多少，什么时间需要就及时送到，就必须要有稳定的、充足的资源做基础。为此，必须建立必要的物资储备。这就需要相应的储备资金。

（2）齐备的配送手段。建材配送是一项综合物流活动，需要齐备、先进的物流设施和设备作为配送手段。除应有足够的场地和各种仓库建筑物外，同时还要配备检验、保管、装卸、搬运、加工、信息处理等设备，特别是要有足够数量的通用和专用运输设备。

（3）高效的信息系统。建材配送离不开信息。配送主体必须时时跟随建材市场信息，以便最经济地组织货源。配送主体更要掌握施工现场的用料信息，以便按照现场需求组织订货、进货、存货、配货和送货。可根据实际需要与可能建立材料配送信息网，做到信息的快速传递、实时处理和资源共享。

（4）高素质的配送队伍。建筑材料配送是一项比较复杂的技术组织工作，不但需要一定的物质基础，而且要求有一支高素质的职工队伍。这支队伍应具有现代思想观念、能运用现代化的管理方法和管理手段，能适应经常变化的情况。这就需要对配送队伍进行选拔、培训和考核。

二、物资装卸

物资装卸贯穿于整个物流过程。特别是对运输配送而言，没有装卸就没有运输配送。物资装卸作业直接影响到运输质量、效率和安全。组织装卸作业的核心问题是实现材料装卸的合理化。

（一）减少装卸次数

装卸次数是指材料从到达仓库卸车至发料装车，在仓库发生的装或卸的总次数。装卸次数最少为两次，由于物料检验、倒垛、二次搬运、出库入库等需要，会发生多次装卸，减少装卸次数就意味着减少装卸作业量，减少劳动消耗和物料损耗。为了减少装卸次数，仓库设备应合理选型与配套。如采用电子吊秤，使用叉车并配以托盘，安装龙门式起重机等。为了减少装卸次数，合理组织调度更为重要，可组织一次性作业、直放货位、减少二次搬运等。

（二）提高物料的活性

被装卸物料放置于什么状态，对装卸效率影响甚大。物料放置被移动的难易程度称为活载程度，亦简称为活性。在物料装卸过程中，总希望物料处于容易移动的状态。为了提高物料的活性可采用集装单元，特别是广泛使用集装箱和托盘。因为集装箱和托盘都能方便、快速地实现机械化作业，可大大提高装卸效率和质量。

（三）实现装卸省力化

装卸作业是一种沉重的体力劳动，应广泛采用机械化作业，在不能采用机械化作业的情况下，应实现装卸作业省力化。可利用力学的斜面原理，使用滑板、滑槽；利用杠杆原理，使用杠杆、千斤顶；利用滑轮组原理，使用手拉提升葫芦；利用势能原理，采用高站台低货位等。

（四）组织文明装卸

文明装卸是相对于野蛮装卸而言的。狭义的文明装卸是指装卸人员以高度的责任心，严格按照装卸作业操作规程进行作业，爱护物料，保持物料完好无损。广义的文明装卸除上述内容外还应包括：爱护运输工具及装卸设备；物料堆码整齐、稳固、无混淆；减轻劳动强度，改善劳动条件；加强劳动保护，确保安全生产等。文明装卸的核心是保质、保安全。组织文明装卸的主要措施是全面提高装卸人员的素质，提供必要的物质技术条件，建立健全各项规章制度等。

本章小结

物资供应管理指及时、齐备、按质按量地为施工生产提供材料的经济管理活动，包括核定资源与需要，进行综合平衡，确定分配数量三个基本环节，确定分配数量是主体。企业物资供应基本原则主要有：①统筹兼顾，综合平衡；②保证重点，兼顾一般；③开源节流，留有余地；④平衡配套，不留缺口。物资供应管理包括确定物资需用计划、编著物资申请计划、编制物资供应计划、物资供应计划的实施、物资供应情况的分析和考核五个环节。

材料供应方式是指材料由生产企业向需用单位流通过程中所采用的方式。按照材料流通过程的环节不同，材料供应方式有直达供应方式和中转供应方式两种。选择合理的供应方式主要应考虑如下因素：需用单位的生产规模、需用单位的生产特点、材料的特性、运输条件、供销机构的情况、材料生产企业的订货限额和发货限额。

材料供应方式根据材料成本核算责任来划分，有综合平衡计划供应、施工预算包干、内部材料供应合同制、单位工程全面承包四种。按照供应单位在建筑施工中的地位不同，材料供应方式有甲方供应方式、乙方供应方式、甲乙双方联合供应方式和物资企业供应方式四种。物资供应的数量管理主要是施工企业内部的物资供应方式的选择，一般有两种方式，一是限额供应方式，二是敞开供应方式。限额领料是施工企业材料领取的主要方式，限额领料的程序包括限额领料单的签发、限额领料单的下发、检查、验收、结算和分析。

建筑企业材料配送的主要模式有计划配送、配套配送和加工配送。物资装卸主要内容是使其活动合理化，包括减少装卸次数、提高物料的活性、实现装卸省力化和组织文明装卸。

复习思考题

1. 物资供应遵循的原则有哪些？

2. 物资供应管理过程包括哪几个环节？通常确定物资需用量的基本方法有哪些？

3. 确定物资资源量需要哪些数据？物资需要量、周转储备量、资源平衡量、申请量的计算方法是什么？

4. 编制供应计划的内容有哪些？

5. 材料供应计划的实施内容是什么？

6. 材料供应情况的分析和考核包括哪些指标？

7. 根据材料流通过程的环节不同如何划分不同方式？

8. 影响材料供应方式选择的因素有哪些？

9. 施工预算中物资“五包”“三挂钩”指的是什么？

10. 限额领料的形式主要有哪些？

第十章　周转材料与工具管理

学习目标

1. 掌握周转材料管理的内容和方法。
2. 熟练掌握常见的几种周转材料的管理方法。
3. 掌握降低周转材料租赁费的措施。
4. 了解施工现场工具的分类和管理任务。
5. 掌握工具管理内容、方法，熟悉工具摊销方法。

第一节　周转材料管理

周转材料是指在施工生产中可以反复使用而又基本保持其原有形态，有助于产品形成但不构成产品实体的各种特殊材料。

周转材料就其作用看属于劳动资料，在使用过程中不构成建筑产品实体，而是在多次反复使用过程中逐步磨损和消耗。周转材料是一种工具性质的特殊材料，因其在预算取费、财务核算及采购等管理上被列入“材料”项目，故称之为周转材料。

周转材料与一般建筑材料相比，其价值转移方式不同。建筑材料的价值是一次性全部转移到建筑产品中去，并从销售收入中得到补偿；周转材料依据在使用中的磨损程度，逐步转移到产品价格中，从销售收入中逐步得到补偿。垫支在周转材料上的资金，一部分随着价值转移脱离实物形态而转化为货币形态；另一部分则继续存在于实物形态中，随着周转材料的磨损，最后全部转化为货币准备金而脱离实物形态。

周转材料由于单位价值较低且使用周期短，故将其视为特殊材料归材料部门管理，而不列为固定资产进行管理。

一、周转材料管理的意义

建筑施工企业为了顺利地进行生产，必须具备劳动力和生产资料两大条件。而生产资料又分为劳动手段和劳动对象。周转材料就是有助于建筑产品的形成而必不可少的劳动手段，如预制或现浇混凝土所需的模板和配套件；施工中搭设的脚手架及其附件等。而建筑材料则是劳动对象。

在建筑施工企业中，主要考虑周转材料的有形损耗，参照使用年限、保管及维修状况以及本单位施工管理水平，确定储备额度，以保证施工生产过程连续不断的需要。

由于周转材料在施工过程中，周转程度大，占用资金多。特别是随着建筑业改革的深入，科学技术的发展，施工工艺不断创新，新型模板体系、新型架设工具不断涌现，周转材料的使用量也越来越大，其价值补偿中无形损耗的比重也越来越大。所以正确地较为接近实际地提取周转材料的摊销额，切实加强周转材料的管理与核算，对于加速周转、延长使用时间，提高使用次数，保证施工质量，确保施工安全，顺利完成施工生产任务和各项经济指标都具有较重大的意义。

在一些特殊情况下，由于受施工条件限制，有些周转材料也是一次性消耗的，其价值也是一次性转移到工程成本中去，如个别模板无法拆除，因特殊要求而加工制作的非规格化的特殊周转材料，只能使用一次。这些情况虽然核算要求同材料性质相同，实物也做销账处理，但必须做好残值回收，以改作他用，减少损耗，降低工程成本。周转材料管理的基本任务如下所述。

(1) 根据施工生产的需要，及时配套地提供足够的、先进适用的各种周转材料。

(2) 根据各种周转材料的不同性质和特点，建立和健全相适应的管理制度和方法，力求加快周转，提高效益。

(3) 加强维护保养，减少损耗，努力延长使用寿命，最大限度地增加效益。

二、周转材料的分类

施工生产中常用的周转材料包括定型组合钢模板、滑升模板、胶合板、木模板、竹木脚手架、钢管脚手架、安全网、挡土板等。

1. 按周转材料的自然属性分类

(1) 钢制品，如钢模板、钢管脚手架等。

(2) 木制品，如木脚手架、木跳板、木挡土板、木制混凝土模板等。

(3) 竹制品，如竹脚手架、竹跳板等。

(4) 胶合板，如竹胶合板、木制胶合板等。

2. 按周转材料的使用对象分类

(1) 混凝土工程使用周转材料，如钢模板、木模板、竹胶合板等。

(2) 结构及装饰工程用周转材料，如脚手架、跳板等。

(3) 安全防护用周转材料，如安全网、挡土板等。

三、周转材料管理的内容

1. 周转材料的使用管理

周转材料的使用管理指为了保证施工生产顺利进行或有助于建筑产品的形成而对周转材料进行拼装、支搭、运用及拆除的作业过程的管理。

2. 周转材料的养护管理

周转材料的养护管理指例行养护，包括除去灰垢及涂刷防锈剂或隔离剂，以保证周转材料处于随时可投入使用状态的管理。

3. 周转材料的维修管理

周转材料的维修管理指对损坏的周转材料进行修复，使其恢复或部分修复原有功能的管理。

4. 周转材料的改制管理

周转材料的改制管理指对毁坏或不再使用的周转材料，按照新的要求改变其外形的管理。

5. 周转材料的核算管理

周转材料的核算即对周转材料的使用状况进行反映和监督。按照材料管理工作的性质划分，包括会计核算、统计核算和业务核算三种方式。

（1）会计核算。会计核算以货币为尺度，是计算和考核材料供应和使用过程经济效果的重要工具。它的特点是后续性、系统性强，便于综合比较。会计核算通过记录、整理、汇总、决算程序反映材料资金的运动变化，考核材料资金的运用、费用开支及各种成本及利润的效果。它主要反映周转材料投入和使用的经济效果及摊销状况，是资金（货币）的核算。

（2）统计核算。统计核算一般采用实物形态，并借以数量来反映和监督材料供应和使用的经营活动情况，如材料供应量、库存量、节约量以及各种材料的节约率等。它主要反映数量规模、使用状况和使用趋势，是数量的核算。

（3）业务核算。业务核算是材料部门等根据实际需要和业务特点而进行的核算，它既有资金的核算，也有数量的核算。业务核算是一种局部核算，既可以采用价值形式，也可以采用实物形式，是会计核算和统计核算的基础，它比会计核算的范围、内容更加广泛，例如部门的指标分管、班组的工料核算等。

在实际工作中，无论是货币的会计核算还是实物的统计核算和业务核算，无论是供应过程的核算还是使用过程的核算，都必须互为条件、互相制约，形成一个有机的核算网，才能实现材料核算的目的，以最少的劳动消耗取得最大的经济效果。

四、周转材料的管理方法

周转材料的管理方法有很多，如租赁法、费用承包法、实物量承包法等。

（一）周转材料的租赁法

租赁是指在一定期限内，产权的拥有方向使用方提供材料的使用权，但不改变所有权，双方各自承担一定的义务、履行契约的一种经济关系。实行租赁制度必须将周转材料的产权集中进行统一管理，这是前提条件。

1. 周转材料租赁管理的内容

（1）确定租赁价格。根据周转材料的市场价格变化及摊销额度要求测算租金标准，使之与工程周转材料费用收入相适应。其测算方法是：

$$日租金=\frac{月摊销费+管理费+保养费}{月度日历天数} \tag{10-1}$$

式中，管理费和保养费均按周转材料原值的一定比例计取，一般不超过原值的2%。

(2) 签订租赁合同。租赁合同是明确双方责任和义务的书面凭证，具有法律效力。在合同中，应明确以下内容。

①租赁的周转材料品种、规格、数量，并附有租用品明细表以便查核。

②租用的起止日期、租用费用以及租金结算方式。

③使用要求、质量验收标准和赔偿办法。

④双方的权利和义务。

⑤违约责任的追究和处理。

(3) 考核租赁效果。租赁效果的考核是企业内部审核的内容，其目的是找到问题，采取措施提高租赁管理水平，考核指标一般如下：

$$某种周转材料的出租率=\frac{期内平均出租数量}{期内平均拥有量}\times100\% \tag{10-2}$$

其中：

$$期内平均出租数量=\frac{期内租金收入}{期内单位租金}\times100\% \tag{10-3}$$

式中，期内平均拥有量是以天数为权数的各阶段拥有量的加权平均值。

①损耗率。

$$某种周转材料的损耗率=\frac{期间损耗量总金额}{期内出租数量总金额}\times100\% \tag{10-4}$$

②周转次数（主要考核组合钢模板）。

$$年周转次数=\frac{期内钢模支模面积（m^2）}{期内钢模平均拥有量（m^2）} \tag{10-5}$$

2. 周转材料租赁核算的内容

(1) 周转材料的租用：项目确定使用周转材料后，应根据使用方案制订需求计划，由专人同租赁部门签订租赁合同，并做好周转材料进入施工现场的各项准备工作，如存放及拼装场地等。租赁部门必须按合同保证配套供应并登记“周转材料租赁台账”，见表10-1。

表10-1　周转材料租赁台账

租用单位：________　　工程名称：________

租用日期			名称	规格型号	计量单位	租用数量	合同中止日期	合同编号
年	月	日						

(2) 周转材料的验收与赔偿：租赁部门应对退库周转材料进行外观、数量、质量验收，如有丢失损坏应由租用单位按照租赁合同的规定赔偿。赔偿标准一般可参照以下原则：对丢失或严重损坏（指不可修复的，如管体有死弯、板面严重扭曲等）的，

按原值的50%赔偿；一般性损坏（指可修复的，如板面打孔、开焊等）的，按原值的30%进行赔偿；轻微损坏（指不需要使用机械修复的）的，按原值的10%进行赔偿。租用单位退租前必须清除混凝土灰垢，以便为验收创造条件。

（3）周转材料的租金结算：租金的结算期限一般自提运的次日起至退租之日止，租金按日历天数计取，按月结算。租用单位实际支付的租赁费用包括租金和赔偿费两项。

$$租赁费用=\sum（租用数量\times相应日租金\times租用天数+丢失损坏数量\times相应原值\times相应赔偿率）\quad(10-6)$$

根据结算结果由租赁部门填制“租金及赔偿结算单”，见表10－2。

表10－2　　租金及赔偿结算单

租用单位：____________

单位名称：______________

名称	规格型号	计量单位	租用数量	租金				赔偿费		金额合计（元）
				退库数量	租用天数	日租金	金额（元）	赔偿数量	金额（元）	
合计										

制表：　　　　　　租用单位经办人：　　　　　　结算日期：

（二）周转材料的费用承包法

周转材料的费用承包是适应项目法施工的一种管理形式，或者说是项目法施工对周转材料管理的要求。它以单位工程为基础，按照预定的期限和一定的方法测定一个适当的费用额度并交由承包者使用，实行节奖超罚管理。

1. 周转材料承包费用的确定

（1）周转材料承包费用的收入：即承包者所接受的承包额。承包额有两种确定方法，一种是扣额法，另一种是加额法。扣额法指按照单位工程周转材料的预（概）算费用收入，扣除规定的成本降低额后剩余部分费用收入；加额法是指根据施工方案所确定的使用数量，结合额定周转次数和计划工期等因素所限定的实际使用费用，加上一定的系数额作为承包者的最终费用收入。所谓系数额是指一定历史时期的平均耗费系数与施工方案所确定的费用收入的乘积。公式如下：

$$扣额法费用收入=预（概）算费用收入\times（1-成本降低率）$$

$$加额法费用收入=施工方案确定的费用收入\times（1+平均耗费系数）\quad(10-7)$$

其中：

$$平均耗费系数=\frac{实际耗用量-定额耗用量}{实际耗用量}\quad(10-8)$$

（2）周转材料承包费用的支出：在承包期限内所支付的周转材料使用费（租金）、赔偿费、运输费、二次搬运费以及支出的其他费用之和。

2. 周转材料费用承包管理办法的内容

（1）周转材料承包协议的签订。承包协议是对承包、发包双方的责、权、利进行约束的内部法律文件，一般包括工程概况、应完成的工程量、需用周转材料的品种、规格、数量及承包费用、承包期限、双方的责任与权力、不可预见问题的处理及奖罚等内容。

（2）周转材料承包额的分析。首先要分解承包额。承包额确定之后，应进行大略的分解，以施工用量为基础将其还原为各个品种的承包费用，例如将费用分解为钢模板、焊管等品种所占的份额。其次要分析承包额。实际工作中，常常是对承包效果进行预测，并根据预测结果提出有针对性的管理措施。

（3）周转材料费用承包的准备。根据承包方案和工程进度认真编制周转材料的需用计划，注意计划的配套性（品种、规格、数量及时间的配套），要留有余地，不留缺口。

根据配套数量同企业租赁部门签订租赁合同，积极组织材料进场并做好进场前的各项准备工作，包括选择、平整存放、拼装场地、开通道路等，对狭窄的施工现场应做好分批进场的时间安排，或事先另选存放场地。

3. 周转材料费用承包效果的考核

周转材料的承包期满后要对承包效果进行严肃认真的考核、结算和奖惩。

提高承包经济效果的基本途径有两条。

（1）在使用数量既定的条件下努力提高周转次数。

（2）在使用期限既定的条件下努力减少占用量，同时应减少丢失和损失数量，积极实行和推广组合钢模板的整体转移，以减少停滞、加速周转。

（三）周转材料的实物量承包法

周转材料实物承包的主体是施工班组，也称班组定包。它是指项目班子（项目经理部）或施工队根据使用方案按定额数量给班组配备周转材料，规定损耗率，由班组承包使用，实行节奖超罚的管理办法。

周转材料实物量承包是费用承包的深入和继续，是保证费用承包目标值的实现和避免费用承包出现断层的管理措施。

1. 定包数量的确定

下面以组合钢模板为例来说明定包数量的确定方法。

（1）模板用量的确定：根据费用承包协议规定的混凝土工程量编制模板配模图，据此确定模板计划用量，加上一定的损耗量即为交由班组使用的承包数量。公式如下：

$$模板定包数量（m^2）=计划用量（m^2）\times（1+定额损耗率） \quad (10-9)$$

式中，定额损耗率一般不超过 1%。

（2）零配件用量的确定：零配件定包数量根据模板定包数量来确定。每万平方米模板零配件的用量分别为：

U 形卡：140000 件；插销：300000 件；内拉杆：12000 件；外拉杆：24000 件；

三型扣件：36000 件；勾头螺栓：12000 件；紧固螺栓：12000 件。

$$\text{零配件定包数量（件）}=\text{计划用量（件）}\times(1+\text{定额损耗率})$$

其中：

$$\text{计划用量}=\frac{\text{模板定包数量}(m^2)}{10000(m^2)}\times\text{相应配件用量（件）}$$

2. 定包效果的考核和核算

定包效果的考核主要是损耗率的考核，即用定额损耗量与实际损耗量相比，如有盈余为节约，反之为亏损。若实现节约则全额奖给定包班组，若出现亏损则由班组赔偿全部亏损金额。公式如下：

$$\text{奖罚金额}=\text{定包数量}\times\text{原值}\times(\text{定额损耗率}-\text{实际损耗率})$$

其中：

$$\text{实际损耗率}=\frac{\text{实际损耗数量}}{\text{定包数量}}\times100\% \quad (10-10)$$

根据定包及考核结果填制“班组定包结算单”，见表 10－3，对定包班组兑现奖罚。

表 10－3　　班组定包结算单

单位：________　班组：________　编号：________

材料名称	规格型号	计量单位	计划单价	定包数量总金额	定额损耗总金额	实际损耗总金额	奖（＋）罚（－）金额（元）

主管：　　制表：　　财务：　　班组：　　制表日期：

（四）周转材料的租赁、费用承包和实物量承包之间的关系

周转材料的租赁、费用承包和实物量承包是三个不同层次的管理，它们是有机联系的统一整体。实行租赁办法是企业对分公司或施工队所进行的费用控制和管理；实行费用承包是分公司或施工队对单位工程或承包栋号所进行的费用控制和管理；实行实物量承包是单位工程或承包栋号对使用班组所进行的数量控制和管理，这样便形成了既有不同标高层次、不同对象，又有费用和数量的综合管理体系。因此，在降低企业周转材料费用消耗的同时应该做好这三个层次的管理。

限于企业的管理水平和各方面的条件，在管理初级阶段，可于三者之间任选其一。但如果实行费用承包则必须同时实行实物量承包，否则费用承包容易出现断层，进而出现“以包代管”的状况。

五、几种常见的周转材料管理方法

（一）木模板的管理

木模板也叫模型板，用于混凝土工程，它可按照设计要求拼装成各种几何形状的

组合体，以保证混凝土的浇捣密实，表面平整，外形尺寸正确，当混凝土达到一定强度后模板被拆除、回收，属于周转材料，具有工具性质。

模板的制作，过去习惯采用木材。随着生产的发展、技术的更新，建筑物也向高、大、精、尖发展，建筑施工所需的木模板量不断扩大。由于国家林业资源逐渐减少，木材供应匮乏，木模板所占的比重越来越小。随之而来的是以钢代木、以塑代木，使模板、脚手架的生产符合工厂化、定型化、工具化、配套化，能够更有效地提高工效、提高工程质量，减少工人的劳动强度，降低工程成本，如现在施工中广泛使用的钢模板、人造多层板、竹模板、塑料模壳等。这些定型化、工具化、配套化的模板，投资大，品种规格多，周转次数多，使用期限长，但必须加强管理，加强核算，才能收到应有的效果，否则，会造成更大的损失和浪费。

1. 木模板的管理形式

木模板在现阶段的模板工艺中还占有一定的比例，消耗木材的数量也较大，木模板的管理主要有以下几种形式。

(1)“四统一”集中管理。“四统一”集中管理方法，即集中设立木模配制厂，负责模板的统一管理、统一制模、统一配料、统一回收。工地使用模板时，事前向模板厂提出申请，由模板厂根据需求，按库存新旧木料合理选配、统一制作后，发给工地使用。工地负责模板的安装和拆除，工地用完，由模板厂统一回收整理。这样可以加速模板周转，便于正确核算模板摊销费用。同时可以促进工地加强对模板的核算.

(2) 模板专业队伍。成立模板专业队，实行统一集中管理模板的方法，是在集中制模、配料、回收基础上的扩大和发展。在统一制作、管理及回收的基础上，配备适当的施工力量，负责工地混凝土工程模板的制作、安装和拆除，并核算定额实行经济承包责任制。这种形式非常适合于项目经理部对工程项目的管理，尤其是那些混凝土工程量大，结构复杂，施工周期较长的项目。这种方法有利于模板的管理和使用。项目结束后，还可以将保管较好的旧木料折价调拨给其他项目经理部。

(3) 班组“四包”管理。木模板的“四包”是指包制作、包安装、包拆除、包回收。“四包”适用于工地的施工班组管理。管理部门在施工组织设计的基础上，根据模板施工工艺的要求，对木模板的使用量进行测算。项目经理部与施工班组签订木材使用量、周转次数、节约奖励办法的四包小合同。使施工班组在制作模板时就考虑到安装的需要，在安装时就考虑到方便拆除，在拆除时就考虑到继续使用。这样就互利于班组对模板制作、安装和使用的统筹安排，使模板能随拆随用，随修随用，有利于加强班组的责任心，做到合理使用，减少损耗，从而达到节约的目的。

2. 核算

木模板在使用过程中会产生一定数量的损耗，要按损耗程度计价核算。

(1) 定额摊销法：按完成的混凝土实物工程量和定额摊销计价。用这种核算方法一定要分清发放和回收的木模板的新旧成色，按新旧成色计价。

(2) 租赁法：按木模板的材质、规格、成色等分别制定租赁标准，使用单位租用期间按标准核算租赁费用，作为计价依据。

(3) 五五摊销法：即新木料制作的模板，第一次投入使用摊销原值的50%，余下的50%价值到报废时再行摊销。

另外还有原值摊销法、余额摊销法等。

(二) 组合钢模板的管理

组合钢模板是考虑模板各种结构尺寸的使用频率和装拆效率，采用模数制作设计的。同时还考虑了长度和宽度的配合，能任意横竖拼装，这样既可以预先拼成大型模板整体吊装，也可以按工程结构物的大小及其几何尺寸就地拼装。组合模板的特点是：焊缝严密，灵活性好，配备标准，通用性强，自重轻，搬运方便。

组合钢模板主要由钢模板和配套件组成。其中模板视其不同的使用部位，又分为平面模板、转角模板等。平面模板用于基础、墙体、梁柱和板等各种结构的平面部位；转角模板用于柱与墙体、梁与墙体、梁与楼板及墙体之间等的各个转角部位，有阴角模板、阳角模板和连接模板之分。

钢模的零配件使用较多的有U形卡、L形插销、钩头螺栓、对拉螺栓和扣件等。

1. 组合钢模板的管理

为保证工程质量，有利施工生产，组合钢模板应当规定统一质量标准和运输保管、保养要求。应成立相对独立的钢模板租赁业务专业分公司集中管理，办理统一出租，按租用日期长短计费，损坏或损失折价赔偿。租赁费的确定，可按预计使用年限和残值，考虑必要的保管和运输费用，计算单位用量的每天损耗费。实行租赁制，可以按照实际使用情况进行管理。比较合理地计算模板费用，有利于模板的加速周转，防止不必要的浪费和损耗。

钢模的管理有以下几项内容。

(1) 计划申请，要做到总量准确、规格配套、进场分期。

(2) 集装运输，按类、分规格装入集装箱内，零配件必须装入容器内不能散乱装运，组合大模板应平放装运，并应垫高。注意轻装轻卸，严禁整车倾卸及成箱成捆从车上直接推下，也不得拆散抛掷，最好采用机械吊装与卸车。

(3) 进场验收、堆放、保管。检验单据的流转是否合理，签证是否齐全，从质和量两方面进行清点验收。堆放场地平整坚实，疏通排水沟渠，露天堆放要上盖下垫，防止生锈。

(4) 模板安装要按图施工，爱护使用。严禁对钢模板乱开洞，即使遇到特殊工程必须割洞，也应在拆除模板后立即修补。

(5) 及时拆除，维修保养。模板拆除要注意安全，严防损坏，要轻拆轻卸，不能硬拆硬撬，不得从高处往下扔。及时清除模板上的残物，涂刷脱脂剂后码放整齐。

2. 组合钢模板的租赁

组合钢模板使用期限长、磨损小，在管理和使用中通常采用租赁的方法。租赁一般要进行以下工作：确定管理部门，一般集中在分公司一级；核定租赁标准，按日

（旬、月）确定各种规格模板及配件的租赁费用；确定使用中的责任，如使用者负责清理、整修、涂油、装箱等；制定奖惩办法。

租用模板应办理相应的手续，通常需要签订租用合同，见表 10－4。

表 10－4　　组合钢模板租用合同

供应方：　　　　　　　　　　　　　　年　　月　　日

品种	规格	单位	数量	起用日期	停用日期	租用天数	租用金额		备注
							单价（元/天）	合计（元）	

租方：　　　　　　　　　　　　　　供方：

经办人：　　　　　　　　　　　　　经办人：

注：本合同一式　份，双方签字盖章后生效。

租赁标准即租金，应根据周转材料的市场价格变化及摊销要求测算，使之与工程周转材料费收入相适应。测算公式为：

$$组合钢模板日租金=\frac{月摊销费+月管理费+月保管费}{月度日历天数} \quad (10-11)$$

（三）脚手架的管理

脚手架是建筑施工中必不可少的工具性周转材料，构造上包括立杆、横杆、扣件和跳板（地区消防部门采用毛竹编制安全底笆及木跳板）。按其制成材料分类，可分为钢脚手、竹脚手、木脚手架等；从使用上划分，可分为内脚手、外脚手、挑架、三角架、吊架等。以钢代木、以钢代竹是今后脚手工具发展的方向。钢脚手架应推广使用，木脚手架应逐渐淘汰，竹脚手架可根据各地的资源和自然条件适当选用。

脚手架工具的供应管理，一般的施工企业均采用统一购置、统一保管、统一调度的做法，有条件的施工企业，均已采用租赁方法。

1. 脚手架的作用

脚手架是建筑施工中又一种重要的周转性材料，它对建筑工程实体的形成有着不可或缺的作用。施工生产对脚手架的要求，一般需要满足以下几点。

（1）要满足建筑施工技术和生产进度的要求。为保证工程质量和施工工艺需要，以及为高速度施工提供良好的条件。

（2）要有足够的坚固性，必须在施工期内做到不变形、不倾斜，确保施工人员人身安全。

（3）要满足工人进行施工操作。

（4）尽量做到构造简单、拆装方便、周转使用效率高。

2. 脚手架的分类

（1）木脚手架。木脚手架是我国建筑施工生产中最古老的一种，它是由许多木杆用铅丝绑扎而成。由于国家建设规模的发展，木材供不应求，木脚手架用量受到很大影响，实际应用中在逐渐减少。

（2）竹脚手架。竹脚手架是由许多毛竹竿用竹篾绑扎而成的。由于使用寿命不能超过2年，所以耗量大。因资源紧张，也逐渐被钢脚手架所替代。

（3）钢脚手架。扣件式钢管脚手架是用钢管杆件同扣件连接而成，其优点是强度高，损耗小，使用寿命长，装拆方便、灵活、能够适应建筑物的造型变化。除搭设脚手架外，还可以指用于垂直运输的轻型井字架、上料平台、栈桥等。

门式脚手架是一种适用于高层建筑和室内装饰施工的脚手架，具有抗风性能好，承受能力大的特点。

钢脚手架中还有吊篮脚手架、挂篮脚手架、工具式脚手架、高凳子脚手架等。

3. 保养与维护

为了提高脚手架工具的周转使用率，必须重视保管与维护。钢管和扣件要分类堆放，钢管按长度分堆码放。堆放场地要平整坚实，排水畅通，扣件要用木箱等盛装器集中定量储存。现场材料员对进场脚手架的材料，不论新旧，一律按竹、木、金属管逐根分长、短、粗、细的规格尺寸进行验收。验收后应立即发用。要经常检查，防止用它来铺路造成损坏和丢失。有条件的工地，要设计脚手架存放场，无条件的工地，也要在使用工作中就近存放，但要整齐垛好，防止乱扔乱放，要制止乱锯架杆的现象。对钢脚手要加强保管保养。

（1）钢管脚手架要防止锈蚀，必须涂刷防锈涂料，使用一定时间回收后，应进行维护保养工作，清除污垢，发现有油漆脱落，要及时补刷防锈涂料。

（2）螺栓及配件最好加以镀锌，这样可以延长使用寿命，如无条件镀锌，则应每次使用后，用机油洗涤并涂油防锈。

（3）对弯曲更新的钢管，应及时进行矫正调直。

（4）搬运及拆卸时，不能抛丢，防止弯曲。

（5）堆放保管时，钢脚手架要求上盖下垫，按规格分类堆放。

（四）玻璃、油漆、涂料的管理

玻璃、油漆、涂料是专业施工队使用的材料，现行的供应方法是，玻璃是供应商提供的固定规格材料送到现场，油漆、涂料是调剂好的成品送到现场，这几种材料由专业施工队专职或兼职材料员直接与供应单位自行进行验收，现场材料员可以配合专业施工队办理保管消耗手续。

玻璃、油漆、涂料都是容易损坏、丢失的材料，都要设库保管，仓库内要摆列整齐，分别加上实物标签，记录收发数量，以便随时核对库存数量。玻璃要立着放，防止因横放而造成的玻璃破损。

（五）现场包装品的管理

包装品是指随施工用料而进场的材料包装物品，一般都具有利用价值，例如纸袋、布袋、麻袋、木箱、铁桶、瓷缸等。有的包装品要按规定退回生产厂，有的随料交付押金。因此，现场必须建立包装品的回收制度，加强包装品的管理，保持包装品的成套、完整，提高回收率和完好率，对包装品的使用要有明确的规定，例如，铁桶不开大口，盖子不离箱，线封的袋子要拆线，粘口袋子要用刀割等，要健全领用、回收的原始记录，对回收率、完好率进行考核，对用量大、易损坏的包装品，例如水泥纸袋等，可实行包装品回收奖励。

（六）劳动保护用品的管理

劳动用品是指在施工生产中为保护职工的安全健康所必需的用品，包括措施性用品，如安全网、安全带、绝缘鞋、绝缘手套等；个人劳保用品，如工作服、雨衣、雨鞋、手套等。由各省、市根据当地的劳动条件，制定发放标准。

在劳保用品管理上，应对使用小心爱护突出者予以表扬，对无故损坏或丢失者，予以批评教育和责令赔偿。

劳保用品的发放管理应采取记卡保管的办法，在核算上采用金额摊销、分次摊销或一次性列销等形式。一次性列销是指价值较低、易耗的手套、肥皂、口罩等。为了统一劳保用品的管理和核算，企业可以事先制订劳动用品的目录，确定其中一次性列销和分次摊销的劳保用品。对于采取分次摊销的物品，为简化核算手续，采用“五五”摊销法较好。

（七）其他材料的管理

其他材料包括圆钉、铁丝、小五金、建筑用化工材料，橡胶制品，金属制品，合成材料等，根据需要由供应单位凭计划送到工场，现场材料员要凭单验收，对于专用材料，特殊材料还要配合专业队或技术人员进行验收。验收时该过磅的过磅，该点数的点数，不能疏忽大意，如发现缺少，应立即通知发料部门查对急补，以明确责任。

小五金、圆钉、铁丝、化工材料等容易损毁丢失，要设库保管，库内要摆列整齐，分别加上实物标签，记录发放数量，以便随时核对库存数量。

第二节　工具管理

工具是人们用以改变劳动对象的手段，是劳动资料的重要组成部分。

由于工具具有多次使用及在劳动生产中能长时间发挥作用等特点，因此工具管理的实质是使用过程中的管理，是在保证生产使用的基础上延长使用寿命的管理。工具管理是施工企业材料管理的组成部分，工具管理的好坏将直接影响施工能否顺利进行及劳动生产率和成本的高低。

一、工具的性质

建筑施工所用的工具，虽然价值不高，使用时间较短，但品种较多，数量较大，在核算上为了区别于固定资产而列入低值易耗品，属于流动资金。一般由材料部门负责供应与管理。但工具与材料的核算和管理的办法是不同的，其主要区别有以下几点。

(1) 性质及作用不同。材料是劳动对象，是构成建筑产品实体或有助于产品的形成；工具是劳动资料，是用以改变劳动对象的手段。

(2) 价值补偿不同。材料一经投入使用，就可通过工程价款结算，给予价值全部补偿；工具是按照在使用中的磨损程度，通过摊销的办法，部分地摊入产品中去，分次实现价值补偿。

(3) 核算项目不同。材料消耗费用主要是工程直接费；工具摊销费是间接费。

(4) 管理方法不同。材料投入使用改变其原有形态，管理上是消耗一次销账，工具投入使用，未改变原有形态，管理上从“在库”转为“在用”，并建卡立账，直至报废或责任者赔偿才能销账。

二、工具管理的任务

及时齐备地向工人提供优良、适用的工具，并积极采用先进的新型工具，促进施工生产顺利进行，提高劳动生产率。采取有效管理方式，充分发挥工具效能，加速工具周转，延长工具使用寿命。定额供应，节约有奖，调动工人爱护工具的积极性。加强工具收、发、保管和维修管理，做到物尽其用，防止丢失毁坏，做好工具核算，节约工具费用。

三、工具的分类

目前建筑施工不少工种仍以手工操作为主，因此施工工具种类多、数量大，在工具管理核算中，采取适当分类。主要分类有以下几种。

1. 按工具的价值和使用年限分类

按工具的价值和使用年限分类，可分为固定资产性工具、低值易耗品工具和消耗性工具。

(1) 固定资产性工具。是指使用时间在一年以上，同时单位价值在规定限额（一般为 1000 元）以上的劳动工具，如 50t 以上的千斤顶、测量用的水准仪等。

(2) 低值易耗品工具。是指使用年限及价值低于固定资产的工具，如手钻、灰槽、苫布、扳手、灰桶等。这类工具量大复杂，占企业生产工具总价值的 60%以上。

(3) 消耗性工具。指价值较低（一般单价在 10 元以下）、使用寿命很短、重复使用次数很少且无回收价值的工具，如铅笔、扫帚、油刷、锹把、锯片等。

2. 按使用范围分类

按使用范围分类，可分为通用工具和专用工具。通用工具是使用广泛的定型产品，如各类扳手、钳子等。专用工具是根据生产特殊需要或完成特定作业项目所使用的工具，如公斤扳手、量卡具以及根据需要而自制或定制的非标准工具等。

3. 按使用方式和保管范围分类

按使用方式和保管范围分类，可分为个人随手工具、班组共用工具。个人随手工具是个人经常使用、体积较小、便于携带而交由个人保管的工具，如砖刀、抹子等。班组共用工具是在一定范围内，为一个或多个施工班组内共同使用、专人保管的工具。

它包括两种情况：一是在班组内共同使用的工具，如胶轮车、水桶等；二是在班组之间或工种之间共同使用的工具，如水管、搅灰盘、磅秤等。

4. 按工具产权分类

按工具产权分类，可分为公有工具、私有（个人）工具、租赁工具和借用工具等。

四、工具管理的内容

建筑施工是多工种协同生产，流水作业，生产人员除本企业工人外，还有临时工、合同工等多种形式。他们都要使用不同的工具，且进出频繁，使工具管理复杂化，若不加强管理，必然造成浪费。

1. 工具储存管理

（1）工具管理是仓库管理的组成部分。仓库建工具管理账，保管中严格区分工具新品和旧品，在库和在用，新品领出转入在用。账卡清楚，废品回收，修旧利费，执行“交废领新”制。

（2）工具领用要有定额，新品开领单，新旧都要上卡片，个人或班组分户设卡，所有的工具的品种、规格、数量、领退及报废日期、领用者（签字），都要在卡片上记载清楚，以便考核工具领用时间及占有数量。发放时，同规格的工具一人只能有一件，若须再领必须先清前账，前不清后不发。

（3）实行工具费定额包干方式的企业，仓库发放工具时按工具管理办法规定计价（旧工具按质论价），或租用工具按日租金标准收费，变无偿使用为有偿使用，并建立相应的账卡。

（4）工人调动时，在企业范围内（核算单位内）调动，随手工具可随同带走，及时将工具卡片转到调入单位去；如调出本企业应将全部工具退还清楚，了结手续。

2. 工具发放管理

工具发放管理根据不同的工具管理办法，其管理的内容也有很大不同，一般包括如下几种。

（1）实行工具津贴和学徒期发放工具。施工生产工人的生产工具是私有工具，按实际工作日发给工具津贴；学徒工在学徒期不享受工具津贴，由企业一次性发给必要的生产工具，学徒期满后将原领工具按质折价卖给本人，再享受工具津贴。工具津贴和学徒工发放工具标准，由企业根据施工方法和工艺要求，在测算分析历史消耗水平的基础上确定。对于津贴发放式，其主要内容是要做好工人性质、姓名登记就可，根据企业津贴指标进行核算、发放，注意领取津贴人的签字。

（2）按定额工日实行工具费包干。对土木建筑施工中任务较大的工种，如砖工、粉刷工、混凝土工、油漆、玻璃工等，在施工要求和测算中的历史消耗水平的基础上，制订定额工日工具费包干标准。在标准中还包括与该工种配合生产的平工用的全部工具。在按定额工日实行工具费包干的方法中，测算工程量和工具的品种、使用期限、单价是重点，关键是所用工具由领用变为“购买”，节约归己，超耗不补。由于各地施工方法、工具品种、质量、使用期限、价格等因素都有所不同，其标准应结合实际具体测定。

(3) 实行施工生产工具按“百元产值”包干。即“百元定额”，就是完成每百元工作量应耗费生产工具费定额。其主要工作内容是：一是在调查研究的基础上反复核算“百元定额”取费标准；二是根据不同工种核定不同的百元定额标准；三是实行节约奖超耗受罚。工具领发时计价“购买”或用“代金成本票”支付，以实际完成产值与百元生产工具费定额计算节约和超支。而工具费百元定额要根据企业的具体条件测定。

(4) 按分部工程对施工生产工具费包干。实行栋号工程全面承包或分部分项承包中工具费按定额包干，节约有奖，超支受罚。领发各种工具计价有偿使用，以“工具专用成本票”支付，按实际完成工程量核算。工具包干费节约或超支均按节约额或超支额领50%奖或罚。

(5) 按工种工具配备消耗定额对生产班组集体实行定包。工种工具配备消耗定额，是按工种应配备的常用工具品种、数量、单价、金额、使用期限，计算出每月该班组消耗工具费标准，按此标准为定额，对生产班组实行包干。这种办法有利于加强集体观念和发挥班组长及兼职材料员的管理作用。按实有出勤人数计算全年应耗工具全额，作为控制指标。领用新旧工具、租赁费和维修费，均按规定价格计算耗用金额，分户记账，每月结算一次，年终算总账。若节约，按节约额的50%～60%奖励班组，由班长按个人使用工具情况进行分配；若超耗，则罚款30%～50%。

3. 工具使用管理

工具使用要有正确的使用方法，并且要有监督和指导，来保障工具使用费确实在实际工作中消耗。这就要求企业根据不同工具的性能和特点制定相应的工具使用技术规范和规则，必要时在工具领用阶段进行使用培训。并且在日常工作中，材料人员要加强监督管理，对使用不当的人员进行现场指导或班组专人进行培训，保证工具的用途和性能得到合理使用。

4. 工具配备标准及消耗定额测算

施工工具配备标准及消耗定额测算，是各种形式工具费用包干的基础。由于涉及面广，在测算中要兼顾国家、集体、个人三者利益，使责权利相结合。一般的做法如下。

(1) 从工人“在用工具登记卡”中收集本企业各工种的工具配备现状，包括品种、规格、数量及使用年限，历史消耗水平，操作使用习惯等原始资料。

(2) 对生产经验丰富的工人进行分工种个别访问与召开座谈会相结合的方法，了解该工种所必需的工具品种、规格、数量，并估计平均使用期限。

(3) 根据掌握资料，在认真分析研究的基础上，初步提出工具配备标准，并计算消耗定额。再征求意见，进行修改定案，报企业领导批准后在企业内实施。

这里所指的配备标准是指普遍使用的各工种随手工具及班组必需的共用工具。其中个别工人使用工具多一些，如木工中各种线条的刨子、各种型号的凿子、锯子；电工中修理电工用的工具、仪表等，除个别情况特殊处理，不能包抵在配备标准内。即专业工种按常用主要随手工具配备；一专多能的按经常使用的工具配备。常用小型随手工具配备给个人专用；价值较高或大型的工具（电动工具、胶轮车等），配备给班组共用，组内有专人管理。

五、工具的管理方法

根据当前工具的管理方法，一般有租赁法、定包法、津贴法和临时借用法四种。

（一）工具租赁法

工具租赁是在一定的期限内，工具的所有者在不改变所有权的条件下，有偿地向使用者提供工具的使用权，双方各自承担一定的义务、履行一定契约的一种经济关系，工具租赁的管理方法适合除消耗性工具和实行工具费补贴的个人随手工具以外的所有工具品种。企业对生产工具实行租赁的管理方法需进行以下几步工作。

1. 建立正式的工具租赁机构

对于施工企业来说，一般在分公司范围内，在材料部门可以专门设置工具租赁管理组织，其组织工作主要是确定租赁工具的品种范围，制定相关的规章制度，并设专人负责办理租赁业务。班组也应指定专人办理租用、退租及赔偿事宜的规章制度。

2. 测算租赁单价

租赁单价可按照工具的日摊销费用（日租金额）确定。计算公式如下：

$$\text{某种工具的日租金}=\frac{\text{该种工具的原值}+\text{采购、维修、管理费}}{\text{使用天数}} \tag{10-12}$$

式中：采购、维修、管理费按工具原值的一定比例计算，一般为原值的1%～2%；使用天数可按本企业的历史水平计算。

3. 双方签订租赁协议

工具出租者和使用者应签订租赁协议（或合同），协议内容及格式见表10-5。

表10-5　　工具租赁合同

根据＿＿＿＿＿＿工程施工需要，租方向供方租用如下一批工具：

名称	规格	单位	需用数	实租数	备注

租用时间：自　　年　　月　　日起至　　年　月　日止，租金标准、结算方法及有关责任事项均按工具租赁管理办法办理。

本合同一式　　份（双方管理部门　　份；财务管理　份），双方签字盖章生效，退租结算清楚后失效。

租用单位：　　　　负责人：　　　　供应单位：　　　　负责人：

年　　月　　日

4. 登记租金结算台账

根据租赁协议，租赁部门将出租工具的有关事项登入“租金结算台账”，见表10－6。

表10－6　工具租金结算台账

施工队：　　　　建设单位：　　　　单位工程名称：

<table>
<tr><th rowspan="2">工具名称</th><th rowspan="2">规格</th><th rowspan="2">单位</th><th rowspan="2">租用数量</th><th colspan="2">计费时间</th><th rowspan="2">计费天数</th><th colspan="2">租金计算</th></tr>
<tr><th>起</th><th>止</th><th>每日（元）</th><th>合计（元）</th></tr>
<tr><td></td><td></td><td></td><td></td><td></td><td></td><td></td><td></td><td></td></tr>
<tr><td></td><td></td><td></td><td></td><td></td><td></td><td></td><td></td><td></td></tr>
<tr><td></td><td></td><td></td><td></td><td></td><td></td><td></td><td></td><td></td></tr>
<tr><td></td><td></td><td></td><td></td><td></td><td></td><td></td><td></td><td></td></tr>
<tr><td></td><td></td><td></td><td></td><td></td><td></td><td></td><td></td><td></td></tr>
</table>

租用单位：　　负责人：　　供应单位：　　负责人：

年　月　日

5. 填写租金及赔偿清单

租用期满后，租赁部门根据“租金结算台账”填写“租金及赔偿结算单”，见表10－7。如发生工具的损坏或丢失，将损坏或丢失金额一并填入该单的“赔偿费”栏内。结算单中的“合计金额”等于“租赁费”和“赔偿费”之和。

表10－7　租金及赔偿结算单

合同编号：　　　　编号：

<table>
<tr><th rowspan="2">工具名称</th><th rowspan="2">规格</th><th rowspan="2">单位</th><th colspan="3">租金</th><th colspan="6">赔偿费</th><th rowspan="2">合计金额</th></tr>
<tr><th>租用天数</th><th>日租金</th><th>租赁费</th><th>原值</th><th>损坏量</th><th>赔偿比例</th><th>丢失量</th><th>赔偿比例</th><th>金额</th></tr>
<tr><td></td><td></td><td></td><td></td><td></td><td></td><td></td><td></td><td></td><td></td><td></td><td></td><td></td></tr>
<tr><td></td><td></td><td></td><td></td><td></td><td></td><td></td><td></td><td></td><td></td><td></td><td></td><td></td></tr>
<tr><td></td><td></td><td></td><td></td><td></td><td></td><td></td><td></td><td></td><td></td><td></td><td></td><td></td></tr>
</table>

6. 核算班组工具费支出

班组用于支付租金的费用来源是定包工具费收入和固定资产工具及大型低值易耗品工具的平均占有费，公式如下：

班组租赁费收入＝定包工具费收入＋固定资产工具和大型低值易耗品工具平均占有费　(10－13)

其中：

$$固定资产工具和大型低值易耗品工具平均占有费=该种工具摊销额\times月利用率 \tag{10-14}$$

班组所付租金从班组租赁费收入中核减，财务部门查收后作为班组工具费支出，计入工程成本。

（二）工具的定包管理方法

工具定包管理是“生产工具定额管理、包干使用”的简称，是指施工企业对其自有班组或个人使用的生产工具按定额数量配给，由使用者包干使用，实行节奖超罚的管理方法。

工具定包管理一般在瓦工组、抹灰工组、木工组、油工组、电焊工组、架子工组、水暖工组、电工组实行。实行定包管理的工具品种范围可包括除固定资产工具及实行个人工具费补贴的随手工具以外的所有工具。

班组工具定包管理是按照各种工具的消耗定额对班组集体实行定包。实行班组工具定包管理需进行以下几步工作。

1. 设定专人管理

实行定包的工具所有权属于企业，企业材料部门应设定专人作为材料定包员，专门负责工具定包的管理工作。

2. 测定各种工种的工具使用费

定额的测定由企业材料部门负责，分三步进行。

（1）在向有关人员调查的基础上，查阅不少于两年的班组使用工具资料。确定各工种所需要工具的品种、规格、数量，并以此作为各工种的标准定额。

（2）分别确定各工种工具的使用年限和月摊销费用。月摊销费用的计算公式如下：

$$某种工具的月摊销费=\frac{该种工具的单价}{该种工具的使用期限（月）} \tag{10-15}$$

式中：工具的单价采用企业内部不变价格，以避免因市场价格的经常性波动而影响工具费定额；工具的使用期限可根据企业具体情况凭经验确定。

（3）分别测定各工种的日工具费定额，公式如下：

$$某工种人均日工具费定额=\frac{该工种全部标准定包工具月摊销费总额}{该工种班组额定人数\times月工作日} \tag{10-16}$$

式中：班组额定人数是由企业劳动部门核定的某工种的标准人数；月工作日按每月 20.5 天计算。

3. 确定班组月度定包工具费收入

确定班组月度定包工具费收入的公式如下：

$$某工种班组月度定包工具费收入=班组月度实际工作日\times该工种人均日均工具费定额 \tag{10-17}$$

班组工具费收入可按季或月以现金或转账的形式向班组发放，用于班组向企业使用定包工具的开支。

4. 向班组发放工具

企业基层材料部门根据不同的工种班组标准确定定包工具的品种、规格、数量，向有关班组发放工具。班组可按标准确定的数量足量领取，也可根据实际需要少领。自领用日起，按班组实领工具数量计算摊销，使用期满以旧换新后继续摊销。但使用期满能延长使用时间的工具应停止摊销费用。凡因班组责任造成的工具丢失和因非正常使用造成的损坏，均由班组承担损失。

5. 班组实施工具管理

实行工具定包的班组需设立兼职工具员，负责保管工具，督促组内成员爱护工具和记载保管手册。

零星工具可按定额规定使用期限，由班组交给个人保管，若有丢失赔偿损失。

班组因生产原因需要调动工作，小型工具应自行搬运，不报销任何费用或增加工时。班组确属无法携带而需要运输车辆时，由行政部门出车运送。

企业应参照有关工具修理价格，结合本单位各工种实际情况制订工具修理取费标准及班组定包工具修理费收入，这笔收入可记入班组月度定包工具费收入中，统一发放。

6. 定包工具费的支出与结算

班组定包工具费的支出与结算的工作分三步进行。

(1) 根据“班组工具定包及结算台账”（见表 10-8），按月计算班组定包工具费支出。公式如下：

$$\text{某工种班组月度定包工具费支出}=\sum_{i=1}^{n}(\text{第}\ i\ \text{种工具数}\times\text{该种工具的日摊销费})\times\text{班组月度实际作业天数}\qquad(10-18)$$

其中：

$$\text{某种工具的日摊销费}=\frac{\text{该种工具的月摊销费}}{20.5\ (\text{天})}\qquad(10-19)$$

表 10-8　　班组工具定包及结算台账

班组名称：＿＿＿＿＿＿

日期		工具名称	规格	单位	领用数量	工具费定额（元）	工具使用费				盈（+）亏（-）金额（元）	备注
月	日						定包支出	租赁费（元）	其他	合计		

(2) 按月或季结算班组定包工具费节超额，公式如下：

$$\text{某工种班组月度定包工具费节超额}=\text{该工种班组月度定包工具费收入}-\text{月度定包工具费支出}-\text{月度租赁费}-\text{月度其他支出}\qquad(10-20)$$

式中，租赁费若班组已用现金支付，则此项不计；月度其他支出包括应扣减的修费和丢失、损失费。

(3) 根据工具费结算结果填制“定包工具结算”，见表 10－9。

表 10－9　　定包工具结算单

班组名称：________　　工种：________

月份	工具费收入	工具费支出					盈（+）亏（−）金额（元）	奖罚金额
		小计	定包支出	租赁费	赔偿费	其他		

单位主管：　　制表：　　财务：　　班组：　　结算日期：

7. 结算盈余与奖罚

班组工具费结算若有盈余，则为班组工具节约额，可全部或按比例作为工具节约奖励，归班组所有；若有亏损，则由班组负担。企业可将各工种班组实际的定包工具费收入作为企业的工具费开支，记入工程成本。

企业每年年终应对工具定包管理效果总结分析，找出影响因素，提出有针对性的处理意见。

(三) 工具费津贴法

工具费津贴法是指对于个人使用的随手工具由个人自备，企业按实际作业的工日发给工具磨损费。它有利于增强使用者的责任心，使个人爱护自己的工具。

工具费津贴一般在瓦工、抹灰工、木工、油工、水暖工、电工等工种中实行。主要包括实行个人工具费补贴的随手工具，是定包工具费的有益补充。

班组工具费津贴与工具费定包管理程序一样，首先按照随手工具中各工种工具的消耗水平对班组实行津贴补助制。实行班组工具津贴管理需进行以下几步工作。

1. 测定各种工种的工具津贴费

津贴测定由企业材料部门负责，一般按以下步骤进行。

(1) 在向有关人员调查的基础上，查阅不少于两年的班组使用随手工具资料。确定各工种所需要随手工具的品种、规格、数量，并以此作为各工种随手工具津贴发放的标准。

(2) 分别确定各工种随手工具的使用工作量及月度补贴额度。月度补贴额度的计算公式如下：

$$\text{某种工具的月补贴额}=\frac{\text{该种工具的单价}\times\text{数量}\times\text{某月该工作工作量}}{\text{工程某工种总工作量（单位）}} \qquad (10-21)$$

式中：工具的单价采用企业内部不变价格，但也要参考市场价格，防止因市场价格的变动，而影响工人对工具的合理使用；工具使用总工作量可根据行业水平凭经验确定。

2. 向班组发放工具补贴费

企业基层材料部门根据工种向班组核定随手工具的品种、规格、数量，进而核算的工具补贴费标准，向有关班组发放工具补贴费。班组可按标准每月足量领取，班组再根据实际工作量下发到每个工人手里。自此随手工具的购买、使用完全由个人负责。班组领取工具补贴费时，填写“工具津贴费结算单”，见表 10－10。

表 10－10　　工具津贴费结算单

班组名称：＿＿＿＿＿＿＿＿　　工种：＿＿＿＿＿＿

日期		工具名称	规格	工具补贴费定额（元/单位）	实际完成工程量（工程量单位）	工具补贴费额度（元）	备注
月	日						

单位主管：　　制表：　　财务：　　班组：　　结算日期：

学徒工在学徒期不享受工具津贴，由企业一次性发给必要的生产工具，学徒期满后将原领工具按质折价卖给本人，再享受工具津贴。

（四）临时借用法

对于定额包干以外的工具可采用临时借用，即需用时凭一定的手续借用，用完后归还。

企业对于临时借用工具，需要成立专门的材料部门或专人进行工具管理，首先确定可借用工具的品种范围，制定相应的规章制度，并设专人负责办理借出、还入手续及赔偿事宜。工具借出人和使用人要填写相应的临时借用表格，见表 10－11。

表 10－11　　工具临时借用表

编号：

根据＿＿＿＿＿＿工程需要，＿＿＿＿＿＿班组（或个人）临时借用如下一批工具

日期			工具名称	规格	单位	借用数量	备注
年	月	日					

借用时间：自　　年　　月　　日起至　　年　月　　日止，丢失或损坏按照有关赔偿办法办理。

本借据一式　　份（双方管理部门　　份；财务管理　份），双方签字盖章生效，退还结算清楚后失效。

借用单位：　　负责人：　　材料单位：　　负责人：

借用期满后，借用单位还回工具，如有丢失或损坏，按照单位赔偿意见进行相应赔偿，并填写“借用工具赔偿结算单”，见表 10－12。

表 10－12　　借用工具赔偿结算单

工具借用表编号：　　　　　　　　　　　　　　　　编号：

工具名称	规格	单位	丢失或损坏赔偿费						合计金额（元）
			原值	损坏量	赔偿比例	丢失量	赔偿比例	金额（元）	

六、工具费摊销方法

施工企业一般把工具的摊销方法分为多次摊销、五五摊销和一次摊销，使用何种摊销方法视工具的价值和耐用程度而定。多次摊销法指价值大且使用期长的工具，采用按使用年限多次摊销，如钢模板、脚手工具等。五五摊销法针对价值和使用时间低于多次摊销而又高于一次摊销的工具，具体方法是领用新品时摊销 50%，报废时再摊销 50%。一次摊销法指领用新工具时将价值一次摊完，适用于价值不高且使用时间较短的工具。这种工具占工具品种的多数，但绝不能因为一次摊销就放松对实物的管理。而对外租赁工具费、支出的工具补贴费和定包工具费，则是直接计入工程成本。

本章小结

周转材料是指在施工生产中可以反复使用而又基本保持其原有形态，有助于产品形成但不构成产品实体的各种特殊材料。周转材料管理的内容主要有：周转材料的使用管理、养护管理、维修管理、改制管理和核算管理。周转材料的管理方法有很多，如租赁法、费用承包法、实物量承包法等。

工具管理是施工企业材料管理的组成部分，其管理内容主要包括工具储存管理、发放管理、使用管理、工具配备标准及消耗定额测算等，当前工具的管理方法，一般有租赁法、定包法、津贴法和临时借用法四种。

复习思考题

1. 施工现场物资管理的任务是什么？
2. 现场物资管理应达到“三清”“五好”的标准是什么？
3. 施工现场如何构建物资管理组织机构？
4. 施工不同阶段物资管理的内容有何不同？
5. 有关材料方面的经济签证主要有哪些？
6. 现场物资验收注意事项有哪些？

7. 仓库保管主要涉及哪些方面？物资保养工作内容有哪些？

8. 分别说明水泥、钢材、砂、石、砖、成品和半成品、装饰材料、现场包装物验收的内容。

9. 施工现场材料消耗量的降低措施有哪些？

10. 周转材料管理的内容主要有哪些？

11. 分别阐述周转材料租赁法、费用承包法、实物量承包法实施要点。

12. 施工现场工具管理内容主要有哪些？

第十一章　物资核算管理

学习目标

1. 掌握存货的概念、性质、内容以及存货范围。

2. 掌握施工企业存货收入和发出的计价方法，掌握如何计算本期发出存货的金额、期末结存金额；理解各种方法的优缺点及适用范围。

3. 熟悉掌握按实际成本核算、按计划成本核算方法下收入、发出存货的核算特点及相应的会计处理，以及计划成本与实际成本核算方法的差别。

4. 掌握委托加工存货实际成本的内容；熟悉核算方法。

5. 掌握周转材料和低值易耗品的核算、摊销方法及核算方法。

6. 熟悉存货盘盈、盘亏的核算，重点了解盘盈收益、盘亏或毁损损失的列支。

第一节　存货的含义、分类和计价

一、存货的含义

存货是指企业在日常活动中持有以备出售的产成品或商品、处在生产过程中的在产品、在生产过程或提供劳务过程中耗用的材料、物料等。存货区别于固定资产等非流动资产的最基本的特征是，企业持有存货的最终的目的是为了出售，包括可供直接销售的产成品、商品，以及需经过进一步加工后出售的原材料等。施工企业的存货是指施工企业在经营过程中为销售或耗用而储存的一切商品和货物。施工企业的存货主要包括材料、低值易耗品、周转材料、未完施工、尚未办理结算的已完工程以及附属企业的在产品、产成品等。

施工企业存货必须同时满足以下两个条件才能确认：一是该存货包含的经济利益很可能流入企业；二是存货的成本能够可靠的计量。这一规定对存货的会计核算和管理更具有可验证性。因为对存货的确认，关键是要判断是否可能给企业带来经济利益，而存货的所有权是存货包含的经济利益很可能流入企业的一个重要标志。成本能够可靠地计量是资产确认的一个基本条件，如果成本不能可靠地计量，则不能确认存货。因此只有在同时满足以上两个条件时才能加以确认。

存货在施工企业占整个资产总额的比重很大，存货数量及价值的计算，直接影响到资产负债表中资产价值的真实性。存货成本与工程成本之间存在着密切的关系，材料费是主要的工程成本项目之一，约占成本的70%。存货计价还会直接影响到当期和以后各期的财务成果。因此在企业中，要加强存货的收发保管、维护存货的安全、防止存货遭受损失，其重要性并不亚于现金。

二、存货的范围

确定存货范围的一般原则就是所有权。即凡是在盘存日期，法定所有权属于企业的供销售或生产耗用的一切产品和物资，不论其存放地点，都应该视为存货；反之，如果产品和物资的所有权已经转移，即使产品和物资还存放在本企业内，也不属于本企业的存货。

（1）凡依照销售合同已经售出，其所有权已转让的货品，都不应包括在存货之中，即便货品尚未远离企业也是如此。

（2）如果货物已经运离企业，而其所有权尚未转给对方的，应包括在存货之内。

（3）已经购入而在运输途中尚未收到入库的货品，如果所有权已经转为本企业所有的，应包括在存货之中。

（4）委托其他单位代销的产品，由于这部分委托代销货品的所有权并未转移，应属于本企业存货的一部分。即企业存货包括一切尚未售出而仍存放在承销人手中的货品。反之，企业接受其他单位委托为销售的货品，在尚未售出货物以前，仍属于寄销人所有，不属于本企业的存货。

三、存货的分类

企业的存货内容、品种繁多，各自的用途、特点也不尽相同，为了做好存货的核算工作，加强存货的管理，正确计算工程成本，施工企业必须根据管理的需要，结合自身管理的特点，按照不同标准对存货进行科学分类。

（一）按照经济内容分类

存货按照经济内容分类，可以分为以下几类。

1. 材料

材料包括主要材料、结构件、机械配件、其他材料等。

（1）主要材料。是指构成工程或产品实体的各种材料。包括黑色金属材料、有色金属材料、木材、硅酸盐材料、小五金材料、陶瓷材料、电器材料、化工材料等。

（2）结构件。是指经过吊装、拼砌和安装就能构成建筑物实体的各种结构件。

（3）机械配件。是指机械设备替换、维修用的各种零件和配件，以及为机械设备准备的备品、备件等。

（4）其他材料。是指除主要材料、结构件、机械配件以外的各种一次性消耗材料。

2. 低值易耗品

低值易耗品是指单位价值较低，容易损坏，不作为固定资产管理的各种物品。

3. 周转材料

周转材料是指在施工生产过程中能够多次使用，可以基本保持其原有实物形态，并逐渐转移其价值的工具性材料。

4. 在产品

在产品是指尚未完成生产过程的产品和尚未完成施工过程、正在建造的各类承包工程。

5. 产成品

产成品是指已经完成生产过程的库存产品和已经完成施工过程但尚未与建设单位（或总包单位）办理结算的已完工程。

（二）按照存货存放地点分类

按照存货保管责任和存放地点分类，可以分为以下几类。

1. 库存存货

库存存货指储存在仓库或存放在施工现场的各种材料、在产品、产成品等。

2. 在途存货

在途存货指货款已经支付，但尚未运达企业或虽已运达企业但尚未办理入库手续的各种材料、物品等。

（三）按取得方式分类

按照存货取得方式，可以分为外购存货、自制存货、委托加工存货、投资者投入的存货、接受捐赠取得的存货、通过债务重组取得的存货、非货币性资产交换取得的存货、盘盈的存货等。

1. 外购存货

外购存货是指企业从外部购进的各种存货，如商业企业的外购商品、工业企业的外购材料、外购零部件等。

2. 自制存货

自制存货指企业正在生产、加工的各种材料物品。

3. 委托加工存货

委托加工存货指企业委托外单位正在加工、改制的各种材料物品。

四、存货的计价

存货的计价就是存货在核算时按什么价格计算。根据资产计价的原理，存货的计价基础有投入价值基础和产出价值基础两种。在会计实务中，存货以其成本入账，也就是说企业在持续经营的前提下，存货入账价值的基础即初始价值基础是历史成本或者说是实际成本，具体来说又分为实际成本计价和历史成本计价两种计价方式。

（一）存货的计价基础

1. 投入价值基础及其计价标准

存货的投入价值是指为了获得存货而支付的各项费用。主要是从投入这一角度出发，其计量的标准有以下几项。

（1）历史成本。历史成本是指存货在购入或生产时所花费的各项费用的总和。采用历史成本计价是会计核算的一般原则之一，它是通过交易确定的价格或实际支付的金额反映存货的价值，比较客观，数据易于取得又真实可靠，可防止随意变动存货的价值的行为。但是在货币购买力或物价变动时，会消减会计信息的有用性。

（2）重置成本。重置成本是指在现行条件下，重新购置存货的价值。存货按重置成本计价可以使存货价值接近于现行变现价值，能避免物价变动时期收益计算的虚假现象，确保存货耗用的事物补偿，具有现实的经济意义。但是这种计价的工作量十分繁重，并且计价依据的客观性较弱。

（3）成本与市价孰低。成本与市价孰低是指将存货的成本与市价进行比较，若成本低于市价按成本计价，若成本高于市价则按市价计价。这里的成本是指历史成本，市价指可变现净值。这一计价标准是对历史成本原则在运用时的修正，体现了稳健性的原则。它确认可变现净值低于成本隐含的损失，不确认可变现净值高于成本时的额外收益，维护了债权人的利益。新会计制度规定了期末存货必须按成本与市价孰低计价，计提存货跌价准备，计入当期损益；当市价上升时，在原集体的范围内调回。

2. 产出价值基础及其计价标准

产出价值是指存货出售时可获得的价值。主要从产出这一角度出发确定存货的价值，其计量的标准有以下几项。

（1）现行市价。现行市价指现行销售价格，又称脱手价值，是指存货在正常条件下预期的出售价格，或者说可实现价值。存货按现行市价计价可比较真实地反映存货的实际经济价值；但是对那些没有售价的存货（如在产品）计价比较困难，再者，存货在出售前就确认其价值，不稳健也不现实，工作量也非常大。

（2）可实现净值。可实现净值也称预期脱手价值，是指存货在正常条件下的最终售价减去与存货完工、销售、交运等有关的预期追加成本后的现时价值，存货按可实现净值计价与按现行市价计价的优缺点基本相同。

（3）预期未来现金流量的现值。存货的预期未来现金流量的现值是指存货能够带来的未来现金流入量按一定的贴现率计算的价值。它考虑了货币的时间价值，比将来能够收取的实际金额要少。存货以预期未来现金流量的现值计价，能够较好的反映存货的预期经济价值；但是确定某项存货的预期现金流入不是件容易的事情，其流入的时间分布和数量多少以及贴现率的选择有赖于人的主观判断能力，受主观因素影响较大。

（二）存货收入的计价

施工企业的存货收入与发出的计价要采用一定的计价标准。

存货收入的计价在于确定存货的入账价值。我国《企业会计制度》中规定："各种存货应按取得时的实际成本记账。"但由于施工企业取得存货的途径不同，存货的实际成本内容也有差异。根据不同情况，存货的实际成本分别由以下项目组成。

1. 国内市场购入的存货

(1) 买价。包括材料的原价和供销部门的手续费。

(2) 运杂费。包括运到工地仓库（施工现场堆存材料的地点）以前所发生的包装、运输、保险、装卸、搬运、仓储、整理、验收和合理运输损耗等费用。材料从工地仓库运到施工地点的运输、装卸等费用，不计入材料实际成本之内，应按费用的性质分别列入人工费等。

(3) 物资采购—采购保管费。指企业的材料供应部门和仓库在组织材料采购、验收、保管和收发存货过程中所发生的各种费用以及保管过程中发生的全部损耗。其采购保管费范围主要包括以下内容。

①采购和保管人员的薪酬；

②采购和保管人员的办公费；

③采购和保管人员的差旅费；

④固定资产折旧及修理费；

⑤工具用具使用费；

⑥材料保险费；

⑦检验试验费；

⑧材料整理及零星运费；

⑨材料盘亏及毁损（减盘盈）；

⑩其他。

实际内部独立核算的供应单位，还应包括支付的银行存款利息。

以上第一项支出应直接计入各种存货的采购成本；第二项支出能分清的可以直接计入有关存货的采购成本，不能分清的，应按存货的业务量或买价比例，分别计入有关存货的采购成本；第三项支出通过"物资采购—采购保管费"账户归集后，月终分配计入各种存货的采购成本。

2. 国外购入的存货

(1) 进口存货的原价和调进外汇的差价。

(2) 国外运杂费，包括国外运费、保险费、银行手续费等。

(3) 税金，包括进口关税产品税等。

(4) 国内运费。

(5) 物资采购—采购保管费。

3. 客户供应的存货

(1) 双方签订合同确定的存货价值。

(2) 企业负担的运杂费。

4. 企业自制的存货

(1) 直接材料费。

(2) 直接人工费。

(3) 其他制造费用。

5. 委托外单位加工的存货

(1) 耗用存货的实际成本。

(2) 加工费用。

(3) 加工存货发生的往返运杂费。

6. 投资者投入的存货

(1) 国有企业投入的属于国有资产的存货，为国有资产管理部门评估确认的价值。

(2) 其他企业投入的存货，为合同双方协议约定的价值。

7. 接受捐赠的存货

(1) 对方提供有发票账单的，发票账单的原价加上企业负担的运杂费、保险费、税金等。

(2) 对方无发票账单的，为同类存货的市价。

8. 盘盈的存货

盘盈的存货按照同类存货的实际成本或市价计价。

(三) 存货发出的计价方法

施工企业材料发出主要凭证包括“领料单”“定额领料单”“大堆材料耗用计算单”“集中配料耗用计算单”等。领料单是一种一次性使用的领料凭证。限额领料单又称定额领料单，是一种可在规定的领用限额内多次使用的累计领料凭证。大堆材料耗用计算单主要适用于用料时既不易点清数量，又难于分清用料对象的砖、砂、石、石灰等材料。集中配料耗用计算单是指领用时虽能点清数量，但属于集中配料或统一下料的材料，则应在领料单上注明“集中配料”，月末由材料部门根据配料情况，结合材料耗用定额编制“集中配料耗用计算单”，据以分配计入各受益对象。

施工企业材料发出的计价，通常可以根据实际情况，分别采用以下两种方法：一种是按实际成本计价，另一种是按计划成本计价。

1. 采用实际成本发出存货的计价

采用实际成本发出存货进行日常核算的企业，在一个会计期间，如果期初存货和本期购货的所有同类货品单位成本都相同，则发出材料同期末存货就可以按单一的单位成本计算，比较简单。可是，实际上相同的存货总是按不同的单位成本购入和加工的，要确定发出存货和每次发出后剩余存货的实际成本，就需要采用一定的计算方法。存货发出的计价方法主要有先进先出法、加权平均法、移动加权平均法、个别计价法等。

(1) 先进先出法。先进先出法是假定先收到的存货先发出，按进货先后顺序和各批单价，随时计算发出和结存余额的一种计算方式。存货发出时先按第一批进库的存货计价；第一批进库的存货发完后，再按第二批进库的存货计价；第二批进库的存货发完后，再按第三批进库的存货计价，以此类推。

这种方法的优点是在发出存货时，就可以确定其实际成本，能把计价工作分散在平时进行，而且能够使存货的价值接近于市价变动趋势。缺点是每次发出存货都要辨别批次，同时都必须计算一次实际成本，而且同一批发出的同类材料的价格也可能不同，在收发业务频繁、价格变动大的情况下，会加大计价工作量。另外，由于按这种方式计算的出库实际成本是前期成本，在物价上涨的条件下，会使利润虚增，在物价下降的条件下，会使利润虚减。现特以材料为例来说明该方法的运用。

【例 11－1】 某建设工程公司本月甲材料的购入和发出情况如表 11－1 甲材料明细账所示。

采用先进先出法确定发出甲材料的金额为：

12 日发出材料金额＝500×10＋800×8.5＋200×9＝13600 元

28 日发出材料金额＝1300×9＋1200×12＝26100 元

月末结存材料金额＝1800×12＝21600 元

表 11－1　　甲材料明细账　　单位：kg，元

日期	摘要	收入			发出			结存		
		数量	单价	金额	数量	单价	金额	数量	单价	金额
1	月初余额							500	10.00	5000
3	第一批购入	800	8.50	6800				1300		
10	第二批购入	1500	9.00	13500				2800		
12	领用				1500			1300		
20	第三批购入	3000	12.00	36000				4300		
28	领用				2500			1800		
	合计	5300		56300				1800		

(2) 加权平均法。加权平均法是根据每种存货的加权平均单价计算发出存货实际成本的一种计算方法。采用加权平均法，日常收到的存货按数量、单价和金额登记，发出存货时只登记数量，不登记单价和金额，期末时按加权平均单价一次计算，其计算公式是：

$$加权平均单价=\frac{期初结存金额+本期收入金额}{期初结存数量+本期收入数量}$$

$$发出材料的实际成本=发出材料的实际数量\times加权平均单价$$

采用这种计价方法，简化了核算手续，但月末一次计算发出材料的成本，给材料的日常管理带来不便。平时还无法掌握材料的结存金额。

【例 11-2】　沿用上例资料，见表 11-1。

采用加权平均法确定发出甲材料的金额为：

$$甲材料的加权平均单价=\frac{5000+56300}{500+5300}\approx 10.57\text{ 元}$$

本月发出甲材料的金额＝4000×10.57＝42280 元

（3）移动加权平均法。移动加权平均法是每次收到材料就重新计算一次加权平均单价，发出材料时就按此单价确定其实际成本的一种方法。其计算公式如下：

$$本次移动加权平均单价=\frac{本次收入前结存金额+本次收入金额}{本次收入前结存数量+本次收入数量}$$

$$发出材料的实际成本=发出材料的实际数量\times 本次移动加权平均单价$$

采用这种计价方式，弥补了期末一次加权平均法的缺点，成本计算结果也较合理，但计算工作量增大。

【例 11-3】　沿用上例资料，见表 11-1。

采用移动加权平均法，先计算移动加权平均单价，再计算发出甲材料的金额为：

$$3\text{ 日的加权平均单价}=\frac{5000+6800}{500+800}\approx 9.08\text{ 元}$$

$$10\text{ 日的加权平均单价}=\frac{11800+13500}{1300+1500}\approx 9.04\text{ 元}$$

12 日发出材料金额＝1500×9.04＝13560 元

12 日结存材料金额＝5000＋6800＋13500－13560＝11740 元

$$20\text{ 日的加权平均单价}=\frac{11740+36000}{1300+3000}\approx 11.10\text{ 元}$$

28 日发出材料金额＝2500×11.10＝27750 元

（4）个别计价法。个别计价法是以某批存货购入时的实际单价作为该批存货发出的单位成本的一种计价方法，采用这种方法在存货明细账上，必须按收进存货的批次详细记录数量、单价、金额。每批存货也必须有一定编号，以便分批计算发出存货的成本。这种方法能真正反映所领用存货的实际成本，但在发出次数、数量较多时，不易分清批次，核算工作量太大。

从以上计价方法可以看出，采用实际成本计价，能正确反映原材料的资金占用情况，是现行制度规定的计价方法。但在这种计价方法下，企业在不同时期或不同地点，采购的同种存货的价格也不相同。如果一个施工企业同时施工多个工程项目，存货耗用量大，采用实际成本计价，每次收入、发出存货成本核算工作量太大。因此，在组织材料日常核算时，大型施工企业的某类存货（如材料）可以采用计划成本计价方法。

2. 采用计划成本发出存货的计价

存货按计划成本计价，就是对每种存货的收、发、结存，都按预先确定的计划成本计价，计划成本与实际成本的差额在“材料成本差异”账户核算。计划成本通常是指企业或其主管部门根据国家有关规定，以及地区材料预算价格等资料所确定的本企业一定时期适用的统一存货价格，如统一材料价格等。

存货计划成本的组成项目与实际成本相同。如国内购入的存货，其价格由买价、运杂费和物资采购—采购保管费组成，只不过这些组成价格不按实际所发生的，而是按有关资料，结合本企业情况所计算确定的。确定后一般编有“材料价格目录”，对每种存货进行编号，标明其计划单位成本，由各部门遵照执行。存货计划成本一经确定后，一般在年内不做调整。计划成本与实际成本之间的差额，从“材料成本差异”账户反映，并逐月分配记入领用存货的工程或其他项目中。也就是计划成本加上或减去材料成本差异，以求得各类存货收、发、结存的实际成本。

存货采用计划成本核算，简化了核算手续，使企业在不同时期、不同地点、不同价格购买的同等存货在入库后价格统一，在发出时只计算数量，到月终一次计算进入工程成本或其他费用中；另外，通过存货成本差异核算，便于考核存货的采购和自制的业务成果，对实际耗用量和计划耗用量进行比较，可以考核材料消耗量的节超情况。但是这种计价方法要求计划成本的确定要合理，不能与实际水平相差太大，否则会影响核算结果的正确性，一般只适用于存货品种繁杂的大型施工企业在组织材料日常核算时使用。此外，采用计划成本进行存货日常核算的企业，对于某些品种不多、占成本比重较小的存货，也可以用实际成本来进行核算。

第二节　原材料的核算

一、原材料的分类

材料在施工企业存货中占有很大比重，是存货核算的重要内容。为了加强材料存货的管理与核算，正确反映各种材料在工程成本或产品成本中的比重，就需要对材料进行科学合理的分类。

按照材料在施工生产中的用途，一般可将材料分为以下几类。

（一）主要材料

主要材料，是指用于工程或产品，并构成工程或产品实体的各种材料，包括黑色金属材料、有色金属材料、木材、硅酸盐材料（水泥、砖、瓦、灰、矿石等）、小五金材料、电器材料和化工材料等。

（二）结构件

结构件，是指经过吊装、拼砌和安装而构成房屋、建筑物实体的各种金属的、钢筋混凝土的和木制的结构件，如钢门、钢窗、各类预制结构等。

（三）机械配件

机械配件，是指施工机械、生产设备、运输设备等各种机械设备替换、维修使用的各种零件和配件，以及为机械设备准备的备品备件，如轴承、活塞等。

（四）其他材料

其他材料，是指不构成工程或产品实体，但有助于工程或产品形成，或便于施工生产进行的各种材料，如小五金、防护用品、电料、杂品、燃料、油料等。

（五）周转材料

周转材料，是指企业在施工生产过程中能多次使用，并可基本保持原来的形态而逐渐转移其价值的材料，如模板、挡土板、脚手架、安全网等。

（六）低值易耗品

低值易耗品，是指单项价值在规定金额之内或使用期限低于规定时间，能多次使用且基本上保持其原有实物形态的物品。如生产工具、劳保用品、管理用具和试验用的玻璃器皿等。

企业对原材料的日常核算，既可以按实际成本计价和核算，也可以按计划成本计价和核算。下面分别介绍其核算方法。

二、原材料按实际成本计价的核算

规模较小、材料品种简单的施工企业，材料可以按实际成本计价进行核算。材料按实际成本计价核算，“原材料”等材料类账户的设置与计划成本计价的材料账户基本相同。由于材料收发均按实际成本计价，无须核算实际脱离计划的差异，故不设置“物资采购”和“材料成本差异”账户。但因采用实际成本计价，在材料物资的采购过程中，仍有发生在途材料物资的可能，所以要设置“在途物资”账户。各项材料物资收发业务，均按实际成本记账。收到材料时，借记材料类账户。

发出材料时根据具体情况选用先进先出法、加权平均法等方法，对发出材料重新计价。

从事制造业和商品流转的附属企业，存货按不含增值税的成本核算，购入材料、商品时，应将货物价款和税款分别反映，以便于销售商品时，从销项税额中抵扣进项税额。详见表 11－2。

表 11－2　　　　材料成本差异明细账

明细账户：主要材料　　　　20××年

日期		凭证编号	摘要	借方（本月收入）			差异率（%）	贷方（本月发出）			月末结存		
				计划成本	成本差异			计划成本	成本差异		计划成本	成本差异	
月	日				超支	节约			超支	节约		超支	节约
			月初余额			1350					31500		546
			外购	126500							158000		1896
			自制										

续 表

日期		凭证编号	摘要	借方（本月收入）			差异率（%）	贷方（本月发出）			月末结存		
				计划成本	成本差异			计划成本	成本差异		计划成本	成本差异	
月	日				超支	节约			超支	节约		超支	节约
			其他收入										
			本月发出				—1.2	100000		1200	58000		696

采用实际成本进行材料核算的企业，月末汇总的物资采购—采购保管费用，不必计入材料的采购成本。而是采用一定的比例，按照发出材料的去向，直接分配计入用料对象的成本之中。

材料物资按实际成本计价核算，凭证账簿均按实际成本登记，因而具有反映准确的优点。但发出材料需要重新计价，对于材料收发业务频繁的企业不适宜。

材料物资采用实际成本计价进行日常核算时，应按材料物资的类别、品种、规格和保管地点设置明细账，进行明细核算。

三、材料按计划成本计价的核算

在施工企业存货中，材料是最重要的内容，是施工生产经营的物质基础。因此，在存货核算中我们将重点介绍材料的核算。在材料核算中所体现的计量、计价、核算的基本原则和方法也同样适用于在产品、产成品等其他存货，在此不再赘述。

按计划成本计价的材料核算，是指材料在购入、发出、结存各环节同时反映其实际成本与计划成本的一种核算方法。目前大多数企业采用这种方法进行材料核算。

（一）账户设置

1.“物资采购”账户

“物资采购”账户用以核算企业购入各种材料物资的采购成本以及客户拨入抵作备料款的材料。借方核算企业外购材料物资支付的价款、发生的运杂费、分配计入材料物资采购成本的物资采购—采购保管费，以及客户拨入抵作备料款的材料价款，贷方核算已经付款或已开出、承兑商业汇票并已验收入库的材料物资的计划成本，以及应向供应单位、运输单位等收回的材料短缺，或其他应冲减采购成本的赔偿款项。月末，将入库材料物资实际成本大于计划成本的差额，由该账户的贷方转入“材料成本差异”账户的借方；将入库材料物资实际成本小于计划成本的差额，本账户的借方结转到“材料成本差异”账户的贷方。本账户期末借方余额反映已经付款或已开出、承兑商业汇票，但尚未到达或尚未验收入库的在选材料的实际成本。

2.“物资采购—采购保管费”账户

“物资采购—采购保管费”账户用以核算企业材料物资供应部门及仓库为采购、验收、保管和收发材料物资所发生的各种费用，一般包括采购、保管人员的工资、工资附加费、办公费、差旅交通费、固定资产使用费、工具用具使用费、劳动保护费、检验试验费（减检验试验收入）、材料整理及零星运费、材料物资盘亏及毁损（减盘盈）等。“物资采购—采购保管费”账户应按所列费用项目设置明细账进行明细核算。“物资采购—采购保管费”账户借方核算企业发生的各种物资采购—采购保管费用，贷方核算已分配计入材料物资采购成本的物资采购—采购保管费。

3. “原材料”账户

“原材料”账户用以核算企业各种原材料（包括库存主要材料、结构件、机械配件和其他材料）的计划成本。借方核算企业外购、自制、委托外单位加工完成、客户转账拨入、其他单位投入、盘盈等原因增加的材料物资。已经验收入库，但月末发票账单仍未到，应按计划成本暂估入账，待下月初再用红字予以冲回。贷方核算领用、发出加工、对外销售以及盘亏、毁损等原因减少的材料。期末余额，反映原材料物资的计划成本。

4. “材料成本差异”账户

“材料成本差异”账户用以核算企业各种材料实际成本与计划成本的差异。本账户借方核算各种外购、自制、委托加工入库材料（包括低值易耗品、周转材料）的实际成本大于计划成本的差异（借差）；贷方核算各种材料实际成本小于计划成本的差异（贷差），以及分摊发出材料应负担的成本差异，其中实际成本大于计划成本的差异用蓝字登记，实际成本小于计划成本的差异用红字登记。月末借方余额，反映各种原材料、在库在用低值易耗品、在库在用周转材料实际成本大于计划成本的差异；贷方余额，反映实际成本小于计划成本的差异，当月材料成本差异率计算公式如下：

$$\text{当月某类材料成本差异率}=\frac{\text{月初某类材料结存的成本差异}+\text{本月收入某类材料结存的成本差异}}{\text{月初某类材料结存的计划成本}+\text{本月收入某类材料结存的计划成本}}$$

为了简化核算手续，及时计算投资转出材料或委托外部加工材料的实际成本，也可按上月差异率计算。

上月材料成本差异率的计算公式如下：

$$\text{上月某类材料成本差异率}=\frac{\text{月初某类材料成本差异}}{\text{月初某类材料计划成本}}\times 100\%$$

（二）材料收入的总分类核算

施工企业收入材料的来源有外购、自制、委托加工、拨入、投入和盘盈等，其中主要是外购。

施工企业（附属企业除外）不实行增值税。购入货物按增值税专用发票所支付的增值税，应直接计入所购货物的采购成本，即所支付的增值税属于价外税，施工企业的外购材料按含税价值核算。

施工企业外购材料，要根据原始凭证，一方面办理收料，另一方面办理货款结算。由于所采用的运输方式和结算方式不同，材料物资与其结算凭证往往不能同时到达，收料和付款的账务处理，要区别以下几种情况进行。

1. 付款同时收料

【例 11-4】 某公司从本地购入 A 材料一批，由供应单位秦安公司送货上门。专用发票注明价格 10000 元，增值税率为 17%，全部价税款项用商业承兑汇票付讫。该材料的计划成本为 12000 元。账务处理如下。

(1) 购入材料时：

借：物资采购 11700

　　贷：应付票据 11700

(2) 材料验收入库，按计划成本入账：

借：原材料——A 材料 11700

　　贷：物资采购 11700

2. 货款先付，材料后到

【例 11-5】 某公司本月 1 日从川成公司购入 B 材料一批，专用发票上注明价款 20000 元，增值税 3400 元，另外代垫运杂费 1600，价税款项用银行存款付讫。材料于本月 25 日收到。该材料的计划成本为 26000 元。账务处理如下。

(1) 购入材料时：

借：物资采购 25000

　　贷：银行存款 25000

(2) 材料验收入库，按计划成本入账：

借：原材料——B 材料 2600

　　贷：物资采购 2500

　　　　材料成本差异 100

3. 预付材料款

【例 11-6】 某公司本月 5 日根据合同预付材料定金 10000 元，26 日收到供应单位琼京公司发来的材料和结算凭证，价税共计 35100 元，代垫运杂费 1900 元。料款差额于月终前补付。该材料的计划成本为 38000 元。账务处理如下。

(1) 预付材料款（定金）：

借：预付账款 10000

　　贷：银行存款 10000

(2) 收到材料发票账单（35100+1900=37000）：

借：物资采购 10000

　　贷：预付账款 10000

(3) C 材料按计划成本验收入库：

借：原材料——C 材料 38000

　　贷：物资采购 37000

　　　　材料成本差异 1000

（4）补付料款差额（37000－10000＝27000）：

借：预付账款　　　　　　　27000

　　贷：银行存款　　　　　　　27000

4. 材料先到，货款未付

【例 11－7】　某公司收到供应单位发来的D材料一批，计划成本20000元。因发票账单等结算凭证未到，月末暂估入账，次月初用红字冲销。账务处理如下。

（1）月末账单未到，按暂估价入账：

借：原材料——D材料　　　　20000

　　贷：应付账款　　　　　　　20000

（2）次月初用红字冲销：

借：原材料——D材料　　　　[20000]

　　贷：应付账款　　　　　　　[20000]

5. 材料入库，货款未付

【例 11－8】　某公司从沪杭公司购入E材料一批，价税共计46800元，代垫运杂费2000元。材料已验收入库，货款无力承付。E材料的计划成本为50000元。

（1）赊购材料：

借：物资采购　　　　　　　48800

　　贷：应付账款　　　　　　　48800

（2）验收入库：

借：原材料——E材料　　　　50000

　　贷：物资采购　　　　　　　48800

　　　　材料成本差异　　　　　　1200

6. 处理材料采购过程中发生的损耗

【例 11－9】　上述材料发生超定额损耗200元，经查明属于本公司的责任事故，应将损耗计入B材料中采购成本。

（1）发现B材料超定额损耗：

借：待处理财产损失——B材料　　　　200

　　贷：物资采购　　　　　　　　　　　200

（2）将损失计入B材料采购成本：

借：物资采购　　　　　　　　　　　200

　　贷：待处理财产损失——B材料　　　　200

7. 分配物资采购——采购保管费

【例 11－10】　某公司本月共支付各种物资采购——采购保管费用2450元，按实际分配率2%分配计入上述本月购入的A、B、C、E四种材料的采购成本。

A材料应分摊：11700×2%＝234（元）

B材料应分摊：25000×2%=500（元）

C材料应分摊：37000×2%=740（元）

E材料应分摊：48800×2%=976（元）

分配当月物资采购——采购保管费用时：

借：物资采购——A材料　　234

　　物资采购——B材料　　500

　　物资采购——C材料　　740

　　物资采购——E材料　　976

　　贷：物资采购——采购保管费　　2450

施工企业的附属企业，购入材料按无税价值核算。购入材料所支付的增值税（进项税额）允许从销售额中抵扣。购入材料时要将价税金额分别反映。支付的材料价款贷记“银行存款”或“应付票据”账户。自制完工交库的材料按计划成本记入材料账，对实际成本脱离计划成本的差异。贷记或借记“材料成本差异”账户。收料业务较多的企业，可以编制收料凭证汇总表，根据汇总表月末一次登记总账。收料凭证汇总表的一般格式见表11-3。

表11-3　收料凭证汇总

日期	材料类别	材料名称	计量单位	数量		实际成本				计划成本		备注
				应收	实收	单价	货款	运杂费	合计	单价	金额	

（三）材料发出的总分类核算

日常业务中领料凭证较多，一般采用编制发料凭证汇总表的方法，月末一次登记总账。

按照规定，计入成本费用的材料价值，必须按实际成本计算。因此，施工企业在核算发出材料费用时，必须根据有关资料计算分配发出材料应负担的差异额，把发出材料的计划成本调整为实际成本，确切反映各用材料对象耗用材料的实际价值。

为计算分配发出材料应负担的差异额，必须计算差异率，有关计算公式如下：

$$差异率=\frac{月初结存材料成本差异+本月收入材料成本差异}{月初结存材料计划成本+本月收入材料计划成本}\times 100\%$$

$$发生材料应分析的成本差异=发出材料计划成本\times 材料成本差异率$$

$$发出材料实际成本=发出材料计划成本\pm 发出材料应分析的成本差异$$

【例 11－11】 某公司月初结存主要材料的计划成本为 31500 元，其节约差异为 546 元。本月外购入库材料的计划成本为 126500 元，收入材料的节约差异 1350 元。本月甲工程领用主要材料的计划成本为 100000 元。计算本月领用的主要材料的实际成本如下。

$$差异率=\frac{(-546)+(-1350)}{31500+1265000}\times 100\%=-1.2\%$$

$$差异额=100000\times(-1.2\%)=-1200（元）$$

$$实际成本=100000-1200=98800（元）$$

月末，通常由企业财会部门对各种领料凭证，按材料类别、领料部门和领料用途进行归类整理，编制发料凭证汇总分配表，计算分配领用材料的计划成本及其应负担的材料成本差异。从计划成本和应摊差异两个方面，综合反映领用材料的实际成本。发料凭证汇总分配表是核算发出材料的依据。发料凭证汇总分配表的一般格式见表 11－4。

表 11－4　　**发料凭证汇总分配**

20××年　　单位：元

材料类别 用途	主要材料			结构件			其他材料			合计		
1. 工程施工-合同成本	计划成本	成本差异	实际成本	计划成本	成本差异	实际成本	计划成本	成本差异	实际成本	计划成本	成本差异	实际成本
甲工程												
乙工程	100000	－1200	98800	30000	600	80600	10000	300	10300	140000	－300	139700
丙工程												
小计												
2. 机械作业												
合计												

根据发料凭证汇总分配表，将领用材料的组合实际成本计入工程成本。

四、委托加工物资的核算

为了反映施工企业委托外单位加工的各种材料物资的实际成本及委托加工物资收发结存情况，企业应设置“委托加工物资”科目。其借方反映发送外单位加工的材料物资的实际成本或计划成本及成本差异，发生的加工费及往返运杂费；贷方反映加工完成并已验收入库的材料物资的实际成本和退回材料物资的实际成本；期末借方余额反映委托加工但尚未完成或尚未验收入库的材料物资的实际成本以及发生的运杂费及加工费。

现举例说明施工企业委托加工物资的账务处理。

【例 11－12】 某施工企业委托甲公司加工木模，业务如下。

(1) 发出材料物资委托甲单位加工，计划成本为 3000 元，作如下分录。

借：委托加工物资　　3000

　　贷：原材料　　3000

(2) 支付运杂费及加工费 300 元，作如下分录。

借：委托加工物资　　300

　　贷：现金　　300

(3) 委托加工完毕验收入库，木模的计划成本为 3200 元，作如下分录。

借：周转材料　　3200

　　贷：委托加工物资　　3200

(4) 加工剩余材料作价 60 元入库，作如下分录。

借：原材料　　60

　　贷：委托加工物资　　60

(5) 月末结转委托加工物资实际成本大于计划成本的差额，作如下分录。

借：材料成本差异　　40

　　贷：委托加工物资　　40

五、存货的期末计价

按照相关规定存货采用成本与可变现净值孰低计价。

成本与可变现净值孰低法，是指按照存货的成本与可变现净值两者之中的较低者对期末存货进行计量的一种方法。采用这种方法，当期末存货的成本低于可变现净值时，存货仍按成本计量；当期末存货的可变现净值低于成本时，存货则按可变现净值计量。所谓成本，是指期末存货的实际成本，即采用先进先出法、加权平均法等存货计价方法，对发出存货（或期末存货）进行计价所确定的期末存货账面成本。如果存货的日常核算采用计划成本法、售价金额核算法等简化核算方法，则期末存货的实际成本是指通过差异调整而确定的存货成本。

所谓可变现净值，是指在日常活动中，存货的估计售价减去至完工时估计将要发生的成本、估计的销售费用以及相关税费后的金额。存货在销售过程中，不仅会取得销售收入，也会发生销售费用和相关税费；为使存货达到预定可销售状态，还可能发生进一步的加工成本。这些销售费用、相关税费和加工成本，均构成销售存货产生的现金流入的抵减项目，只有扣除了这些现金流出后，才能确定存货的可变现净值。因此，可变现净值不是指存货的预计售价或合同价，而是指存货的预计未来净现金流入量。

采用成本与可变现净值孰低法对期末存货进行计量，当某项存货的可变现净值跌至成本以下时，表明该项存货为企业带来的未来经济利益将低于账面成本，企业应按可变现净值低于成本的差额确认存货跌价损失，并将其从存货价值中扣除，否则，就会虚计当期利润和存货价值；而当可变现净值高于成本时，企业则不能按可变现净值高于成本的金额确认这种尚未实现的存货增值收益，否则，也会虚计当期利润和存货价值。因此，成本与可变现净值孰低法体现了谨慎性的要求。

企业应当在期末对存货进行全面清查，由于存货毁损、全部或部分陈旧过时或销售价格低于成本等原因，使存货成本高于可变现净值的，应当按可变现净值低于存货成本部分计提存货跌价准备，借记“管理费用——计提的存货跌价准备”，贷记“存货跌价准备”，恢复价值时做相反分录，其金额应以入账的减少数为限。

第三节　周转材料及低值易耗品的核算

一、周转材料的核算

（一）周转材料的概念和内容

周转材料是指在施工生产过程中能多次反复周转使用，并基本保持其物质形态或经过整理便可以保持或恢复实物形态的材料。如模板、挡土板、脚手架、安全网等。企业的周转材料大多是用主要材料加工制成的或是直接从外部购入的。周转材料就其在施工生产中所起的作用来说，具有劳动资料的性质。但周转材料的使用期限较短，价值较低，领用频繁，一般作为流动资产进行管理和核算。

周转材料按用途不同可以分为以下几类。

（1）模板。指浇灌混凝土用的木模、组合钢模等，包括配合模板使用的支撑材料、滑模材料和扣件。

（2）挡板。指土方工程用的挡土板等，包括支撑材料在内。

（3）架料。指搭脚手架用的竹竿、木杆、钢管（包括扣件）、竹木跳板等。

（4）其他。如塔吊使用的轻轨、枕木等，但不包括附属于塔吊的钢轨。

（二）周转材料的摊销

周转材料在工程施工——合同成本和产品生产中可以多次反复使用，因此，其价值也是按照一定的方法分次摊销计入工程或产品成本中。

周转材料的摊销方法，一般有以下几种。

1. 分期摊销法

分期摊销法是根据周转材料原价、预计残值和预计使用期限计算每期摊销额的一种方法，也称“直线法”。计算公式如下。

$$每月摊销额=\frac{周转材料原价\times（1-残值率）}{预计使用率}$$

这种方法适用于脚手架、跳板、塔吊轻轨、枕木等周转材料。

例如，某工程本期使用脚手架的原值为5000元，预计使用10个月，报废时预计残值率为10%。每月摊销额为：

$$每月摊销额=\frac{5000\times（1-10\%）}{10}=450（元）$$

2. 分次摊销法

分次摊销法是根据周转材料原价、预计残值和预计使用次数，计算每次摊销额的一种方法。计算公式如下。

$$每次摊销额=\frac{周转材料原价\times（1-残值率）}{预计使用率}$$

$$本期摊销额=本期使用次数\times每次摊销额$$

这种方法适用于预制钢筋混凝土构件时所使用的定型模板、模板、挡板等周转材料。

例如，定型模板原价为500元，报废后预计残值率为10%，预计能使用10次。本期使用6次。

$$每次摊销额=\frac{500\times（1-10\%）}{10}=45（元）$$

本期摊销额=45×6=270（元）

3. 定额摊销法

定额摊销法是根据实际完成的实物工程量和预算定额规定的周转材料消耗定额计算本期摊销额的一种方法。这种方法通常适用于各种模板等周转材料。

例如，本期完成混凝土45m^3，预算定额规定每1m^{3}消耗木模板价值10元，则本期摊销额为：

木模板价值本期摊销额=45×10=450（元）

4. 一次摊销法

一次摊销法就是领用时将周转材料的价值一次计入受益成本核算对象的成本。一次摊销法适用于易腐易糟，不宜反复周转使用的周转材料，如安全网等。

（三）周转材料的核算

从各种来源收入周转材料和采用一次摊销法发出周转材料的核算方法，以及周转材料的计价方法，均与原材料相同，这里主要举例说明周转材料采用其他方法摊销时的账务处理。

“周转材料”总账账户下设3个明细账：“在库周转材料”“在用周转材料”“周转材料摊销”。

【例11-13】 某工程项目本月领用分次摊销的钢模板计划成本40000元，本月应摊销8000元。另外本月报废上年度领用的模板一批，计划成本为60000元，已摊销数为70%，其余30%应在本月摊销。该模板的材料成本差异率为-2%，残值率为6%。

（1）领用时按计划成本由在库转为在用，作如下分录。

借：周转材料——在用周转材料　　　　　　　　40000

　　贷：周转材料——在库周转材料　　　　　　　40000

（2）同时，摊销 8000 元，作如下分录。

借：工程施工——合同成本　　　　　　　　　8000

　　贷：周转材料——周转材料摊销　　　　　　　8000

（3）报废时将报废模板补提摊销，摊销额＝60000×（1－6％）－60000×70％＝14400 元，作如下分录。

借：工程施工——合同成本　　　　　　　　　14400

　　贷：周转材料——周转材料摊销　　　　　　　14400

（4）将报废模板收回的残料交库，并转销报废模板的计划成本，作如下分录：

借：原材料　　　　　　　　　　　　　　　　3600

　　周转材料——周转材料摊销　　　　　　　56400

　　贷：周转材料——在用周转材料　　　　　　　60000

（5）月末结转报废模板应分配的材料成本差异－1200 元［60000×（－2％）］，作如下分录：

借：工程施工——合同成本　　　　　　　　　1200

　　贷：材料成本差异——周转材料　　　　　　　1200

【例 11－14】　某工程项目本月领用分次摊销的钢模板一批，计划成本 30000 元，本月应摊销 8000 元。使用几个月后，报废模板一批，计划成本 10000 元，估计残值 1000 元作为其他材料已验收入库报废当月模板计划成本 28000 元，已摊销 19500 元。该模板的材料成本差异率为贷差 2％。

（1）领用时按计划成本由在库转为在用：

借：周转材料——在用周转材料　　　　　　　　30000

　　贷：周转材料——在库周转材料　　　　　　　30000

（2）计提摊销额 8000 元：

借：工程施工——合同成本　　　　　　　　　8000

　　贷：周转材料——周转材料摊销　　　　　　　8000

以后各月计提各月摊销时，均按上述方法作摊销分录。

（3）报废模板报废时补提摊销额的计算，公式如下：

$$\text{报废模板报废应补提的摊销额}=\text{应提摊销额}-\text{已提摊销额}$$

$$\text{已提摊销额}=\text{报废模板的计划成本}\times\frac{\text{模板账面已提摊销额}}{\text{模板账面计划成本}}$$

根据上述计算公式，本例计算如下：

应提摊销额＝10000－1000＝9000；

已提摊销额＝10000×（19500÷28000）≈6964；

应补提摊销额＝10000－1000－6964＝2036。

根据上述计算结果，作如下分录。

借：工程施工——合同成本　　　　　　　　2036

　　贷：周转材料——周转材料摊销　　　　2036

(4) 将报废模板收回的残料交库，并转销报废模板的计划成本，作如下分录。

借：原材料　　　　　　　　　　　　　　1000

　　周转材料——周转材料摊销　　　　　9000

　　贷：周转材料——在用周转材料　　　　10000

(5) 月末结转报废模板应分配的材料成本差异 200 元 [10000×2%]，作如下分录。

借：工程施工——合同成本　　　　　　　　200

　　贷：材料成本差异——周转材料　　　　　200

【例 11-15】 W 工程项目年终盘点，把不需要用的模板一批转到乙工程，计划成本 10000 元，估计成色为 60%，W 工程在用模板账面计划成本 50000 元，已提摊销额 15000 元。

(1) 计算模板转移时应补提摊销额，公式如下：

$$转移模板应补提的摊销额=应提摊销额-已提摊销额$$

$$应提摊销额=转移模板的计划成本\times(1-转移时确定的成色)$$

$$已提摊销额=转移模板的计划成本\times\frac{模板账面已提摊销额}{模板账面计划成本}$$

根据上述计算公式，本例计算如下：

应提摊销额=10000×（1-60%）=4000；

已提摊销额=10000×（15000÷50000）=3000；

应补提摊销额=4000-3000=1000。

根据上述计算结果，作如下分录。

借：工程施工——合同成本——W 工程　　　　1000

　　贷：周转材料——周转材料摊销　　　　　1000

(2) 将模板由 W 工程移至乙工程时，作如下分录。

借：周转材料——在用（乙工程）　　　　　10000

　　贷：周转材料——在用（W 工程）　　　　10000

借：周转材料——摊销（W 工程）　　　　　10000

　　贷：周转材料——摊销（乙工程）　　　　10000

二、低值易耗品的核算

（一）低值易耗品的概念和内容

低值易耗品是指单项价值在规定金额之内或使用期限低于规定时间，能多次使用且基本上保持其原有实物形态的物品。低值易耗品具有劳动资料的某些特征，但由于其价值较低，容易损坏等，所以在核算中一般都是将其视作材料进行管理和核算。

施工企业的低值易耗品种类较多，但从其在施工生产中的作用划分，有如下四类。

（1）生产工具。指在施工生产过程中使用的各种生产工具，如铁锹、铁镐、手推车等。

（2）劳保用品。指发给工人在施工生产中使用的各种劳动保护用品。

（3）管理用具。指在管理和服务工作中使用的价值较低而又易于损耗的各种家具和用具。

（4）试验用的玻璃器皿。

对低值易耗品的确认，虽然在原则上可采用单项价值和使用期限两条标准，但实际工作中仍不免产生一些困难或混乱。因此，在我国常由企业主管部门征得财政部门同意后，制订低值易耗品目录，作为所属单位区分固定资产与低值易耗品的具体依据。

（二）低值易耗品的摊销

由于低值易耗品可以多次使用而不改变其原有的实物形态，有的在使用过程中需要进行维修，报废时也有一定的残值，这些特点都与固定资产相似，但其价值损耗不是采用计提折旧的方式进行补偿，而是以摊销的方式计入成本。容易破碎的可以在领用时一次摊销外，其余都应在领用时转作在用低值易耗品，并按一定的方法，将其价值分期摊销。施工企业低值易耗品的摊销方法主要有以下几种。

（1）分期摊销。价值较大的，可以根据耐用期限分期摊入成本费用。

（2）“五五”摊销法。是指在领用低值易耗品时，摊销其价值的50%，报废时再摊销50%（扣除残值）的一种方法。

（3）一次摊销法。价值较小的，可以在领用时一次计入成本、费用。玻璃器皿等易碎物品可不论其价值大小，在领用时一次计入成本。

低值易耗品的摊销方法，一般由企业主管部门或由企业根据具体情况自行规定。当企业规定采用某种摊销方法之后，则不能随意改变。

（三）低值易耗品的核算

为了核算和监督低值易耗品的采购、领用和摊销的情况，施工企业应设置“低值易耗品”账户。本账户下设“在库低值易耗品”“在用低值易耗品”和“低值易耗品摊销”三个明细账户。

现举例说明五五摊销法摊销低值易耗品的核算。

【例11－16】 假设行政管理部门领用工具一批，计划成本为3000元，本月报废工具计划成本为600元，残料50元入库，本月材料成本差异率为借差2%。

（1）领用时按计划成本由在库转为在用，作如下分录。

借：低值易耗品——在用低值易耗品　　3000

　　贷：低值易耗品——在库低值易耗品　　3000

（2）同时，按计划成本摊销50%，作如下分录。

借：管理费用　　1500

　　贷：低值易耗品——低值易耗品摊销　　1500

(3) 报废时将报废工具计划成本的50%扣除残料价值后摊销，作如下分录。

借：管理费用　　　　　　　　　　　　　250

　　贷：低值易耗品——低值易耗品推销　　　　250

(4) 将报废工具收回的残料作为其他材料入库，并转销报废生产工具的计划成本，作如下分录。

借：原材料　　　　　　　　　　　　　　50

　　低值易耗品——低值易耗品摊销　　　550

　　贷：低值易耗品——在用低值易耗品　　600

(5) 月末结转报废工具应分配的材料成本差异12元（600×2%），作如下分录。

借：管理费用　　　　　　　　　　　　12

　　贷：材料成本差异——低值易耗品　　　12

第四节　材料盘盈盘亏和材料跌价准备的核算

一、材料盘盈盘亏的核算

(一) 材料的清查盘点

存货是企业资产的重要组成部分，且处于不断销售或耗用以及重置之中，具有较强的流动性。为了加强对存货的控制，维护存货的安全完整，企业应当定期或不定期对存货的实物进行盘点和抽查，以确定存货的实有数量，并与账面记录进行核对，确保存货账实相符。企业至少应当在编制年度财务会计报告之前，对存货进行两次全面的清查盘点。

存货清查采用实地盘点、账实核对的方法。在每次进行清查盘点前，应将已经收发的存货数量全部登记入账，并准备盘点清册，抄列各种存货的编号、名称、规格和存放地点。盘点时，应在盘点清册上逐一登记各种存货的账面结存数量和实存数量，并进行核对。对于账实不符的存货，应查明原因，分清责任，并根据清查结果编制“存货盘存报告单”，作为存货清查的原始凭证。

在进行存货清查盘点时，如果发现存货盘盈或盘亏，应于期末前查明原因，并根据企业的管理权限，报经股东大会或董事会，或经理（厂长）会议或类似机构批准后，在期末结账前处理完毕。

施工企业造成账实不符的原因主要有：①建筑安装材料种类繁多，收发频繁；②分散在各个仓库，现场存储；③材料计量不准；④自然损耗；⑤收发时点错数量；⑥人为短缺。因此，必须通过清查盘点进行检查核实。材料的清查盘点，在平时应当轮流进行。每年在编制年度财务决算以前，还要进行一次全面清查盘点，使年度会计报表的数字正确可靠。

材料清查盘点人员发现实存材料数量和“材料卡片”结存数量不符时，要查明原因，分清责任，并填制“材料盘点盈亏报告单”经清查领导小组审查、鉴定，提出处理意见后，按规定报有关部门审批。“材料盘点盈亏报告单”的格式如表 11－5 所示。

表 11－5　　　　材料盘点盈亏报告单

材料仓库：　　　　20××年 12 月 25 日

材料二级科目	材料编号	材料名称规格	计量单位	数量		计划单价	盘盈		盘亏		盈亏原因	分摊材料成本差异（+2%）
				账存	实存		数量	金额	数量	金额		
主要材料	1506	400 号水泥	t	350	345	100			5	500		2
合计										2800		

清查领导小组：　　　　仓库保管员：　　　　清点：

材料盘点的盈亏，可以分为两大类。一类是经查明属于材料明细账卡记录的错误，如收发数量登记错误，金额计算错误，明细账卡加减计算错误，登记时搞错材料规格，造成一种规格多、一种规格少等。对这些差错，可由材料核算人员开列清单，注明原因，经会计部门复核后，按规定的改正错误的方法进行更正。另一类是真正的材料盘点盈亏，当然，也可能包括未经查明属于明细账卡登记的错误。对于真正的材料盘点盈亏，应于期末前查明原因，并根据企业的管理权限，经股东大会或董事会，或经理（厂长）会议或类似机构批准后，在期末结账前处理完毕。盘盈的存货，应当冲减当期的管理费用；盘亏的存货，在减去过失人或保险公司等赔款和残料价值后，计入当期管理费用；属于非常损失的，计入营业外支出。

（二）材料盘盈盘亏的核算

1. 材料清查过程中盘亏的核算

（1）在未经批准以前，应先根据“材料盘点盈亏报告单”，登记有关材料明细账卡，并从有关材料科目的贷方转到“待处理财产损益——待处理流动资产损益”科目的借方，根据表 11－5 资料作如下分录入账。

借：待处理财产损益——待处理流动资产损益　　2800
　　贷：原材料——主要材料　　800
　　　　原材料——结构件　　1000
　　　　原材料——其他材料　　1000

（2）对于材料盘亏，一般都按实际成本计算。在材料收发按计划价格计价时，除按计划价格成本记入有关材料科目的贷方外，还要自“材料成本差异”科目将属于盘亏材料的成本差异，转入“待处理财产损益——待处理流动资产损益”科目的借方（如材料实际成本小于计划价格成本时用红字）。

借：待处理财产损益——待处理流动资产损益　　56
　　贷：材料成本差异　　56

经有关部门批准后，再根据“材料盘点盈亏报告单”，分别不同情况进行账务处理。

(3) 凡能以正当理由说明的材料短缺，如定额内自然损耗等，可计入材料成本，记入“物资采购——采购保管费”科目的借方。

借：物资采购——采购保管费　　1556

　　贷：待处理财产损益——待处理流动资产损益　　1556

(4) 由于材料保管人员等过失造成的材料短缺，如能确定过失人员应负经济责任的，对赔偿款应记入“其他应收款”科目的借方；不能确定过失人的，经有关部门批准以后，将它记入“管理费用”的借方。

借：其他应收款　　1000

　　管理费用　　300

　　贷：待处理财产损益——待处理流动资产损益　　1300

(5) 凡由于人力不可抗拒的自然灾害等原因造成的材料短缺，按规定手续报经有关部门批准后，应将扣除保险公司赔款后的净损失，记入“营业外支出——非常损失”科目的借方。

2. 材料盘盈的核算

对于材料盘盈，在发生时，应按计划价格成本记入原材料科目的借方和“待处理财产损益——待处理流动资产损益”科目的贷方。

按规定报经批准后，将盘盈材料自“待处理财产损益——待处理流动资产损益”科目转入“管理费用”科目的贷方。

【例 11-17】 某施工企业在清查中发现下列材料账实不符：盘盈 W 材料（主要材料）一批，按计划成本价为 1500 元；主要材料 P 材料盘亏 500 元，经确认其中属自然耗费 200 元，由于管理人员工作失职损失 50 元，因自然灾害造成的毁损 250 元，材料成本差异率为借差 2%。根据上述资料，对盘盈盘亏作会计分录。

(1) 根据盘盈盘亏结果，作如下分录。

借：原材料——W 材料　　1500

　　贷：待处理财产损益——待处理流动资产损益　　1500

借：待处理财产盘盈——待处理流动资产盘盈　　510

　　贷：原材料——P 材料　　500

　　　　材料成本差异　　10

(2) 上述盘盈盘亏材料按规定程序经批准予以转销，分录如下。

借：待处理财产损益——待处理流动资产损益　　1500

　　贷：管理费用　　1500

借：管理费用　　204

　　其他费用收款——某人　　51

　　营业外支出　　255

　　贷：待处理财产损益——待处理流动资产损益　　510

二、材料跌价准备的核算

《企业会计制度》规定存货采用成本与可变现净值孰低计价。企业应当在期末对存货进行全面清查，由于存货毁损、全部或部分陈旧过时或销售价格低于成本等原因，使存货成本高于可变现净值的，应当按可变现净值低于存货成本部分计提存货跌价准备。

企业在对存货进行定期检查时，如果存在下列情况之一，表明存货的可变现净值低于成本：①该存货的市场价格持续下跌，并且在可预见的未来无回升的希望；②企业使用该项原材料生产的产品的成本高于产品的销售价格；③企业因产品更新换代，原有库存原材料已不适应新产品的需要，而该原材料的市场价格又低于其账面成本；④因企业所提供的商品或劳务过时或消费者偏好改变而使市场的需求发生变化，导致市场价格逐渐下跌；⑤其他足以证明该项存货实质上已经发生减值的情形。

在进行会计核算时，借记“管理费用——计提的存货跌价准备”，贷记“存货跌价准备”，恢复价值时做相反分录，其金额应以入账的减少数为限。

【例 11-18】　某施工企业在 2010 年 12 月 31 日，企业甲材料的账面成本为 200000 元，预计可变现净值为 160000 元，企业首次计提存货跌价准备；若 2011 年 3 月 31 日，甲材料由于市场供需关系的变化，使得甲材料的预计可变现净值为 190000 元；若 2011 年 6 月 30 日，甲材料的预计可变现净值为 210000 元；根据上述资料，作会计分录如下。

(1) 2010 年 12 月 31 日：

借：管理费用——计提的存货跌价准备　　400000

　　贷：存货跌价准备　　400000

(2) 2011 年 3 月 31 日：

应计提的存货跌价准备＝200000－190000＝10000（元）

实际计提的存货跌价准备＝10000－40000＝－30000（元）

借：存货跌价准备　　30000

　　贷：管理费用——计提的存货跌价准备　　30000

(3) 2011 年 6 月 30 日：

借：存货跌价准备　　10000

　　贷：管理费用——计提的存货跌价准备　　10000

本章小结

施工企业物资属于企业的流动资产，通过存货进行核算。判断一项资产是否属于存货，关键要看其目的和用途。存货范围的确认标准是企业对其是否有法定所有权。存货的确认、计量直接影响施工企业期末资产价值及损益的确认与计算。主要包括两个方面：一是收入存货按实际成本计价，不同来源的存货其实际成本的构成内容不同；

二是发出存货的计价与期末结存存货的计价方法主要有加权平均法、先进先出法、移动加权平均法、分批认定法、个别计价法等，各种方法各有优缺点及适用范围。

施工企业存货的核算方法有按实际成本核算、按计划成本核算两种，实际成本法是以中间产品生产时发生的生产成本作为其内部转移价格的方法；计划成本对存货的收、发、存一律按计划成本核算，入库存货的计划成本与实际成本的差额单设相应的成本差异账户核算；期末通过分摊成本差异，将平时按计划成本核算的发出存货成本调整为实际成本。周转材料是指在施工生产过程中能多次反复周转使用并且基本保持其物质形态或经过整理便可以保持或恢复实物形态的材料。低值易耗品是指单项价值在规定金额之内或使用期限低于规定时间，能多次使用且基本上保持其原有实物形态的物品。这些材料使用期限较短，价值较低，领用频繁，容易损坏。一般都是将其视作材料进行管理和核算。为保证材料的完整、账实相符，施工企业必须建立材料清查盘点制度。存货按规定应当定期盘点，对于存货盘盈、盘亏要查明原因，分清责任，作出处理。资产负债表，存货应当按照成本与可变现净值孰低计量。成本与可变现净值孰低法，是指按照存货的成本与可变现净值两者之中的较低者对期末存货进行计量的一种方法。采用这种方法，当期末存货的成本低于可变现净值时，存货按成本计量；当期末存货的可变现净值低于成本时，存货则按可变现净值计量。

复习思考题

1. 施工企业材料包括哪些种类？施工企业材料核算的主要内容包括哪些？

2. 施工企业材料的实际成本是由哪些费用组成的？

3. 施工企业材料的日常收发为什么往往按计划价格计价？按计划价格组织材料日常收发的核算工作有哪些优点？

4. 材料日常收发在按实际成本计价时，发出材料的计价方法通常有哪几种？这些计价方法各建立在哪种假定上？你认为哪种方法比较合理？为什么？

5. 什么叫作委托加工物资？委托加工物资的实际成本是怎样确定的？

6. 什么叫周转材料？它与一般材料和固定资产相比较，有哪些异同之处？

7. 施工企业的低值易耗品包括哪些？如何进行核算？

8. 对材料进行清查盘点的重要意义是什么？材料盘盈盘亏在核算上应该如何处理？

9. 施工企业在哪些情况下应提取材料等存货跌价准备？应该如何计算和核算？

第十二章　物资管理绩效评价

学习目标

1. 了解施工企业物资管理绩效评价的基本概念，评价的意义和作用。
2. 掌握施工企业物资管理绩效评价的内容、评价方法以及物资管理绩效改善途径。

第一节　物资管理绩效评价的意义

物资管理是施工企业生产经营的重要组成部分，直接影响着施工企业的工程成本、工程质量和经济效益，与企业生存发展有着密切的关系，也是加强反腐倡廉、促进企业廉政建设的重要内容。加强施工企业物资管理绩效考评，有利于规范物资采购行为，发现制度缺陷和管理漏洞，是降低工程成本、促进节约、提高经济效益的重要手段。

一、物资管理绩效评价的意义

物资管理是施工企业生产经营的关键环节之一，也是最容易出漏洞、最容易出现舞弊的环节，如果不严格加以控制和考评，则会出现物资采购价格虚高、物资质量低劣甚至严重影响工程质量、损失浪费等问题，势必会增加工程成本，影响企业的经济效益和社会效益。对物资管理进行绩效考评是提高物资采购效率，降低物资使用成本，改善物资管理质量，防止舞弊行为的发生，维护企业合法权益，促进企业提高经济效益的一种有效管理手段。

由于物资管理具有多方性，过程复杂性和形成多样性等特点，目前，我国施工企业物资管理处于起步规范阶段和发展阶段，物资管理绩效的衡量缺乏行之有效的标准。如果在建立物资管理系统的同时，实时进行绩效评价，不断完善和提高物资管理水平，使其成为企业的“第三利润源泉”，则具有重要意义。

施工企业确信可以通过物资管理在成本和服务方面做得十分优秀而获得竞争优势，在《哈佛商业评论》上有一句名言，“如果你不能测量它，你就不能管理它”，足见绩效评价的重要性。从员工角度，绩效就是经过考评并被组织认可的工作行为、表现及结果；从组织角度，绩效就是工作任务在数量、质量和效率等方面完成的情况。绩效评价是对业绩和效率事后的评估与度量以及事前的控制与指导，从而判断是否完成预定的任务、完成的水平、取得的效益和所付出的代价。

随着施工企业管理理论的不断发展和物流领域实践的不断深入，为了科学、客观地反映物资运作情况，应该考虑建立与之相适应的绩效评估方法，并确立相应的绩效评估体系。绩效评价对于组织的资源监控与分配具有重要的意义，在工业生产领域，首先取得了成功，其原理同样适用于物资管理领域。

企业的物资管理目标是提高物资服务水平、降低物资成本、实现物资管理系统的经济效益和效率的最佳化。要达到这一目标，就必须采取相应的方法来提升物资活动的绩效水平，并且对物资管理的成本和费用支出进行严格的管理。另外，想要知道自己的管理目标是否已经达到，还需要使用一定的标准和方式来进行评价，也就是进行绩效评价，以此了解物资管理的现状，及早发现并解决存在的问题，求得物资管理工作的不断进步。绩效评价可以为物资流动方面提供管理支持，解释并阐明利润、成本和营业额等有关的不同物流活动的意义，为竞争性物资能力设立目标，同时，可以通过绩效衡量来确保达到预定的目标。所以，物资管理绩效评价的定义是：指为达到降低企业成本的目的，运用特定的物资管理绩效评价指标、比照统一的评价标准，采取相应的评价方法，对物资管理系统的投入和产效（产出和效益）所做出的客观、公正和准确的评判。它是建立在会计和财务的基础上，运用计量经济学的原理和现代化分析技术建立起来的剖析经营过程，真实反映物资管理现状、预测未来发展的一门科学，也是施工企业组织绩效管理的前提和基础。

二、物资管理绩效评价的作用

开展物资管理绩效评价能够正确判断施工企业管理系统的实际经营能力，评价经营成果，改善管理，引导经营行为，提高经营水平，合理运用物资资源，并且向客户提供满意的服务，从而提高竞争力；开展绩效评价能够揭示管理系统内在价值，提供投资决策的依据。通过评价结果的对比分析，可以反映出在同行业中的地位，还可以用具体的指标值对比分析，发现存在的差距和问题，为企业投资者、管理者和社会公众做出投资决策提供参考。

（1）绩效评价具有统一客观的参照标准，这有利于消除或减少由个人主观因素带来的绩效评价中的不公正、不全面和不客观现象。

（2）通过绩效评价，有利于及时发现物流运营过程中存在的疏漏、缺陷和问题，为改善物流管理提供依据。

（3）通过绩效评价，有利于帮助管理人员及其他活动主体树立正确的价值观和行为取向，尽可能地降低物资运营管理过程的费用，提高经济效益。

（4）通过绩效评价，有利于加强物资管理机构的日常管理。

（5）通过绩效评价，可以使物资管理本身的效用在某种程度上得到揭示，有利于发挥物资管理的作用，引导企业对物资管理进行监督。

第二节　物资管理绩效评价的体系

施工企业物资管理是以物资绩效管理为核心的管理活动。它同施工项目管理中的时间、成本、预算和质量一样重要。在施工项目的开始阶段尤其是项目的施工阶段扮演着重要的角色，是项目成功的基础。

一、施工企业物资绩效管理的特点

施工企业应该坚持与项目物资管理人的特定具体目标联系在一起，有确切的起始日期，与企业组织相比，它可以说是临时的、独特的和短期的。

（1）绩效管理的多因性。是指绩效的优劣不是取决于单一的因素，而要受制于主客观的多种因素影响。这些因素主要有四种，即员工的激励、技能、环境与机会。

（2）绩效管理的多维性。即需从多种维度或方面分析与考评。

（3）绩效管理的动态性。即员工的绩效也是会变化的，管理者切不可以僵化的观点看待下级的绩效。

因此，物资绩效管理在内容上有自己的侧重点，在方法上也有一定的独特性。即物资绩效管理在一定的生命周期内，表现为满足施工项目任务的需求。组织结构的灵活性和多样性，根据项目的分类，在不同的项目阶段可采用多种形式的组织视图，以便适应施工项目的不同需要。物资管理人员获取和解聘的非常规性，意味着具有一定的权变性和随机性。能力开发的针对性和前瞻性，体现在项目前、项目中和项目后等。

二、施工企业物资管理绩效评价体系内容

（一）物资管理绩效评价的原则

1. 客观、公正、科学、简便的原则

客观即实事求是，做到考核标准客观、组织评价客观、自我评价客观。

公正即不偏不倚，无论对上级还是下级，都要按照规定的考核标准，一视同仁地进行考核。

科学、简便即要求考核过程设计要符合客观规律，正确运用现代化科技手段进行正确评价，同时具体操作要简便，以尽可能减少投入。

2. 注重实绩的原则

注重实绩即要求在对职工做考核结论和决定升降奖励时，以其工作实绩为根本依据。坚持注重实绩的原则，要把考核的着眼点、着力点放在实际贡献上，要着重研究绩的数量关系和构实成绩的数量因素，还要认真处理好实绩考核与其他方面尤其是职业道德的考核方面的关系。

3. 多途径分能级的原则

在绩效考核中对不同类型和不同能级的人员应有不同的考核标准。坚持多途径分能级的原则能实现对不同能力的人员，授予不同的职称和职权，对不同贡献的人员给予不同的待遇和奖励，做到“职以能授，勋以功授”。

4. 阶段性和连续性相结合的原则

阶段性的考核是对职员平时的各项评价指标数据的积累。考核的连续性要求对历

次积累的数据进行综合分析，以求得出全面和准确的结论。因此，对员工应每年进行一次全面考核，做出年度评定，逐年连续进行。

（二）物资管理绩效评价指标

绩效考核指标是用于考评和管理被考评者绩效的定量化的标准体系。对于管理者来说，设定绩效考核指标，对员工的绩效进行管理是他们实施管理的需要，如果没有绩效考核指标就无法得知什么是所期待的目标，无法对目前的现状进行评估，无法了解现在的绩效表现与期望是否有差距，因而也就无法提高绩效。指标的选取要从物资管理的目标出发，考虑其重要性和可获得性。

1. 物资管理绩效评价指标选取依据

（1）供应好。物资管理部门对生产资料供应是否合理，直接影响生产资料分配比例的能否实现，也就直接影响到施工企业有计划按比例地进行施工。所以，要保证施工项目的顺利进行，物资计划必须合理制订，不留缺口，订到拿到，拿到适用。其次要开源节流，千方百计扩大物资资源。物资管理部门要积极贯彻执行“开源节流”的方针，既要及时、齐备、质量良好、适销对路地供应物资，又要大力开展物资节约、综合利用、节约代用、回收利用和清库、利库工作，努力降低物资消耗，积极做好物资供应工作。

（2）周转快。周转快是指缩短流通时间，加速物资周转。物资流通时间短、周转快，可以相对减少在途物资和库存周转物资，增加直接投入生产过程的物资。物资管理部门一方面要协助供货商合理组织生产力的分布，做好产需衔接；另一方面必须按照就近就地、经济合理的原则，组织物资供应。总之，物资管理部门要以最短的时间，最合理的流通环节，最小的库存周转量来完成物资流通过程，这是施工企业物资流通的客观要求。

（3）消耗低。消耗低是指合理地、节约地使用燃料、原材料，降低燃料、原材料的消耗，提高利用效率。降低物资消耗，提高物资的利用效率，是增加生产、厉行节约、降低成本、提高效益、增加积累行之有效的途径，也是物资部门一项重要的管理工作。当然，降低物资消耗，提高物资的利用率，还涉及其他部门，如施工部门等，但是物资部门应积极推动这些部门的物资消耗定额管理和物资管理工作，履行物资监督职能，认真做好“管供、管用、管节约、管回收”的全面管理工作，提高物资供应的经济效果。

（4）费用少。费用少是指物资部门要实行严格的经济责任制和经济核算制，不断降低流通费用，增加经济效益。加强经济核算，不断降低流通费用，是物资部门改善管理，多快好省地组织物资流通的一项重要内容。而降低流通费用，需要从扩大进销业务、加强资金管理和加速资金周转、加强费用管理、降低费用水平、提高劳动效率和设备利用率以及提高服务质量、减少中转环节等各个方面，实行严格的经济核算，从而不断扩大物资流转，降低流通费用，力争以最少的资金和流通费用供应物资，提高企业效益。

2. 物资管理绩效评价指标体系

（1）物资计划的指标体系。物资计划所规定的各项任务和主要目标，主要通过一系列计划指标来评价。由于各种不同类别的物资计划是从不同角度规划物资流通活动的，因而相应地形成了各种不同内容和形式的计划指标。

数量指标，主要反映物资流通的规模。其中包括四项。①物资需要量，是指计划期内为完成一定生产建设任务或其他任务所需要消耗的物资数量。对于非一次性消耗的物资来说，则是需要投入使用的物资数量，它是各种物资计划的基本指标。②物资资源量，是指计划期内可供分配或消耗的物资数量，包括计划期内施工、利用库存等物资。它也是各种计划的基本指标。③物资申请量，是指需要物资的单位按上级主管部门规定的分配原则，经过核算，向上级主管部门提请分配的物资数量。它是主管部门确定物资分配量的主要依据之一。④物资分配量，是指主管部门对资源和需要进行综合平衡后，确定分配给各部门和各单位的物资数量。

速度和效率指标，主要是反映物资流通的发展速度和经营工作效率的指标。例如，物资资源量增长率、物资需要量增长率、市场占有率、人均销售额、人均利润额等。

物资计划执行结果指标，对各种执行结果必须用数学的办法进行详细核算，只有经过科学计算才能得出准确的数据，才能评价物资计划执行的确切情况。例如，①物资分配实现率，是指供货量与物资计划分配量的比值。它是反映物资分配计划实现程度的统计指标。②物资计划兑现率，是实际完成物资数量与物资计划数量的比值，它是表明物资计划期内物资计划完成情况的考核指标，是一个质量的指标。③物资满足需要率，也称为物资保证供应率，是物资供应单位实际供给用户的数量与用户所提出的实际需要数量的比值，也就是物资供应单位对物资用户需要的保证程度。它是表明在某一规定期限内物资供应单位对用户服务质量优劣的一个考核指标。对于用户，该指标可以作为对物资供应单位供货可靠性的一种量度标准。④物资缺货率，物资计划执行过程中，不是所有供应合同都能如数如质地按时供货，同时也不可能都能一次交完。因此，用户单位要经常检查物资供应单位供应情况，要计算物资缺货率。物资供应单位在供货过程中的缺货程度，是满足物资需要率的相反的指标，它是从另一个方面表示物资供应单位对物资用户单位的服务质量，也是物资用户单位考核物资供应单位供应货物可靠性的一种量度标准。⑤物资计划准确率，指计划期内物资实际消耗量与同期原计划该物资需要量的比值。这个指标是目前用来考核物资计划工作人员预测、计划能力和工作成效的主要指标之一，通过对该指标的考核，促使物资计划工作人员努力学习科学知识，不断提高物资计划的准确率，同时掌握物资消耗规律，加强预测研究，提高企事业单位物资计划管理。

（2）物资消耗定额指标。物资消耗定额可分为概算定额、预算定额和施工定额。

①概算定额是在基建工程不具备技术设计和施工图设计的前提时，用以估算或概略计算主要物资的需用量，适用于企业物资分配。概算定额常采用下列三种形式。

万元定额，即每万元建筑安装工程量估计消耗的物资标准，它根据经验或统计资料分析计算求出。

平方米定额，即单位平方米建筑面积消耗物资的标准。一般作为编制备料计划的参考依据。

分项工程定额，即分项工程单位工程量消耗物资的标准，用于施工准备期编制施工组织总设计时制订物资需要量计划。

②预算定额，是以分部分项工程为对象的物资消耗标准，用于企业编制工程预算、施工计划、物资申请和供应计划。它也是办理物资结算的依据，是建筑施工企业物资管理中使用的主要定额。

③施工定额，其内容与预算定额相同，但更为细致和具体，用于编制作业计划、下达任务书、限额领料、考核工料消耗等。制定物资消耗定额通常运用的方法有三种，即技术计算法、统计分析法和现场写实法。

物资储备可分为经常储备、保险储备、季节储备、工艺储备、当年准备与长期后备等。

物资储备定额是根据一定的生产、供销、运输与消费等条件确定的，用以保证生产和物资供销所需物资储备的最低数量。物资管理部门不仅要检查用料计划、物资使用情况，而且还要检查是否节约用料，检查物资消耗定额的使用情况，并分析物资浪费的原因，提出改进措施。通过物资消耗定额的固定信息，可以利用一系列的指标来进行分析考核。这些指标主要有物资利用程度的指标；物资消耗定额升降的指标；物资消耗指数；物资使用期限；废旧物资回收与利用的指标。例如，反映物资利用程度的指标，有五个不同含义的利用率：下料利用率、毛坯利用率、运输保管中的材料利用率、回收利用率、材料总利用率，还有材料损耗率和材料消耗率两个指标，也都是从不同角度反映材料利用程度的。

(3) 物资合理化运输的指标。组织合理运输工作，涉及面广，比较复杂，影响它的因素也很多。要实现运输合理化，起决定作用的有五个主要因素，即运输距离、运输环节、运输工具、运输工具、运输费用。它们既是互相联系的，又是互相影响的，有时甚至是矛盾的。如在一定的条件下，运输时间快了，费用不一定省；或运输费用省了，而时间却慢了。这就要求进行综合比较分析，寻求最佳运输方案。在一般情况下，运输时间快，运输费用省，是考虑合理运输的两个主要因素。

具体进行绩效评价与分析时，运输物资评价标准可选择以下内容：运输、取货、送货服务质量良好，即准确、安全、迅速、可靠；能够实现门到门服务而且费用合理；能够及时提供有关运输状况、运输的信息及其服务；货物丢失或损坏，能够及时处理有关索赔事项；认真填制提货单，票据等运输凭证；与顾客长期保持真诚的合作伙伴关系。在对运输物资进行绩效评价时，并非完全按上述六项标准选择，可结合原材料运输时间、回程空驶率、车辆平均装载、车辆平均利用率，它包括单位运费、服务费、配送费、保险费等，确定评价标准，并将所选标准按重要程度进行打分，根据汇总的总分（加权处理）判别优劣。

(4) 库存过程控制指标。库存是施工企业物资管理具有重要意义的核心指标。施工企业库存下降几个百分点就能够大大提高企业利润。库存管理的目的是以最低的总成本来实现期望的客户服务水平。主要包括以下内容。

①库存维持成本。它主要包括库存的投资成本、储存成本、折旧、保险与税金等。

②成品库存周转时间。它反映了物资利用情况，此外，也可以为采购部门安排采购计划提供依据。

③搬运成本。由于搬运作业基本是围绕仓库而发生的，因此把它归为库存成本。它主要由收货入库成本、存货搬运、分选、出运装车等构成。

④库存完好率。指某段时间内仓库货物保存完好的比率。

⑤库存周报表准确率。每周的库存周报表的准确率也是物资绩效评价的关键指标之一。

⑥发货准确率。指仓管人员根据订单准确发货的百分数。

（三）物资管理绩效评价体系

物资管理绩效评价体系应该根据不同的评价主体而采用不同的指标体系。对管理人员和一线员工应采用不同的指标体系。

1. 管理人员绩效考核体系

对于中、高级管理人员来说，高层管理者需要对施工项目整体战略进行把握，对创新支持以及根据环境变化及时调整战略目标。中层管理者则需要合理地分配任务，做到人尽其才，协调员工之间以及员工与组织之间的关系，善于营造创新的气氛，激励员工为共同的目标献身，在上层管理者和一线员工之间发挥桥梁作用。但是无论如何，他们最终职责是对下属的工作负责，努力降低物资消耗，提高产出率。工作态度方面的考核形式主要是以问卷调查为主，把相应的指标转换成百分制作为输入资源，用以反映工作投入状况。其具体考核指标根据岗位不同而有所变动。例如，资材部经理的主要基本职责是，领导并负责全公司各生产物料之需求、采购、运输、储存的实际运作以及各项制度的建立与实施。主要考核内容包括：①本部以及所属科室工作业绩；②本部门人员及下级主管绩效；③物料需求计划、采购计划的实施；④物料供应商进行评估，生产物料的供应；⑤采购物料的质量、数量。如表 12－1 所示。

表 12－1　　主料采购主管考核

工作岗位名称	采购主管	岗位编号	WX—DC—0902
直接上司职位	采购部经理	直接所辖职位	无
岗位定员	2	所辖人员	无
岗位工资等级		工作区域	办公室
主要工作关系	项目部；财务部；供应商		
岗位描述			
工作概要	负责企业所消耗原材料的采购工作，确保达到企业的要求，在此基础上控制采购成本，尽量延长账期		

续 表

<table>
<tr><td colspan="6">岗位描述</td></tr>
<tr><td></td><td>全面负责</td><td>直接负责</td><td>部分责任</td><td>协助</td><td>描述</td></tr>
<tr><td rowspan="5">工作职责</td><td></td><td>√</td><td></td><td></td><td>收集和汇总日常需求状况，并做出采购计划，包括品名、数量和抵达时间等，报送经理</td></tr>
<tr><td></td><td>√</td><td></td><td></td><td>分析所消耗物资的市场动态，撰写报告，报送经理</td></tr>
<tr><td></td><td>√</td><td></td><td></td><td>负责谈判和采购，并进行成本控制</td></tr>
<tr><td></td><td></td><td>√</td><td></td><td>做好临时性物料的采购计划</td></tr>
<tr><td></td><td></td><td></td><td>√</td><td>验收所采购的物资并办理入库</td></tr>
<tr><td colspan="6">资格要求</td></tr>
<tr><td>职业道德与规范</td><td colspan="5">敬畏国家、地方和企业的相关法律、法规、政策、制度等，绝不触犯</td></tr>
<tr><td>知识和学历</td><td colspan="5">管理或物流专业毕业，大专以上文化程度</td></tr>
<tr><td>技能和能力</td><td colspan="5">熟悉所涉及物资的物理和化学性质、性能及功用；熟练进行市场分析和预测；具有一定的谈判能力</td></tr>
<tr><td>经验和经历</td><td colspan="5">3 年以上相关工作经验</td></tr>
<tr><td>特殊要求</td><td colspan="5">坚持阳光下的交易，公开竞标操作，不吃回扣</td></tr>
</table>

<table>
<tr><td colspan="4">关键业绩指标</td></tr>
<tr><td>指标</td><td>内容</td><td>描述</td><td>权重</td></tr>
<tr><td>指标 1</td><td>供应及时性</td><td>所供应商品的及时性，以不缺货为最佳原则</td><td>25</td></tr>
<tr><td>指标 2</td><td>成本控制</td><td>采购批量与价格之间取得平衡，延长账期</td><td>25</td></tr>
<tr><td>指标 3</td><td>渠道稳定</td><td>供货渠道的稳定性，战略性采购为追求</td><td>25</td></tr>
<tr><td>指标 4</td><td>采购质量</td><td>在质量等级、品种、规格等方面，达到生产要求</td><td>25</td></tr>
</table>

<table>
<tr><td colspan="2">工作环境</td></tr>
<tr><td>社会环境</td><td></td></tr>
<tr><td>安全环境</td><td></td></tr>
<tr><td>物理环境</td><td></td></tr>
<tr><td>化学环境</td><td></td></tr>
<tr><td colspan="2">工具设备</td></tr>
<tr><td colspan="2"></td></tr>
</table>

2. 一线员工绩效考核体系

一线员工要充分发挥自己的智力和才能，积极主动地提高工作质量和工作效率。对他们的考察要在输入指标的选取上反映员工的工作投入状况以及耗费的资源情况。在员工的工作投入状况中我们采用问卷调查的方式来进行，主要以员工的素质为基础，综合考察其工作态度得出总评。输出指标的选取上应该反映员工所取得的业绩。作为产出的结果，主要用其工作效果来衡量。例如，库管员主要职责是严格执行仓库管理规定；按采购订单点收入库，并办理相关手续；货品入库时装卸应轻拿轻放，分类码放整齐，杜绝不安全因素；加强物料库区管理，分区定位，存放合理，整齐有序，标志明显，保证库存物品的完好无损；落实安全防范措施，做好防火、防盗、防爆工作，并保持库内清洁、整齐、空气流通，要随时检查货品，防止变质；车间领用物料应开具领料单，根据生产计划定额发放，并贯彻先进先出原则；成品库须按已批准之发货单发货，手续不全不予发货，如遇特殊情况则需获得有关领导的同意，方可发货；出入库后应即时登记有关账卡；按时盘点并上报盘点报表，做到账物卡相符。如表 12－2 所示。

表 12－2　　库管员考核

<table>
<tr><td>工作岗位名称</td><td colspan="4">库管员</td><td>岗位编号</td><td colspan="2">WX—DC—0905</td></tr>
<tr><td>直接上司职位</td><td colspan="4">资财部经理</td><td>直接所辖职位</td><td colspan="2">无</td></tr>
<tr><td>岗位定员</td><td colspan="4">4</td><td>所辖人员</td><td colspan="2">无</td></tr>
<tr><td>岗位工资等级</td><td colspan="4"></td><td>工作区域</td><td colspan="2">办公室</td></tr>
<tr><td>主要工作关系</td><td colspan="7">生产运营部；技术质量部；财务部；各销售部</td></tr>
<tr><td colspan="8">岗位描述</td></tr>
<tr><td>工作概要</td><td colspan="7">负责成品的出入库、货物的清点和码放</td></tr>
<tr><td rowspan="7">工作职责</td><td>全面负责</td><td>直接负责</td><td>部分责任</td><td>协助</td><td colspan="3">描述</td></tr>
<tr><td>√</td><td></td><td></td><td></td><td colspan="3">规划仓库区位，对物品进行科学码放</td></tr>
<tr><td></td><td>√</td><td></td><td></td><td colspan="3">组织装卸成品，并进行出入库</td></tr>
<tr><td></td><td>√</td><td></td><td></td><td colspan="3">及时掌握物资的库存变动情况，定期稽查和盘点</td></tr>
<tr><td></td><td>√</td><td></td><td></td><td colspan="3">审查并保存各类进出库物资的原始手续、票据</td></tr>
<tr><td></td><td></td><td>√</td><td></td><td colspan="3">在获批的情况下，负责废品、成品的报废</td></tr>
<tr><td></td><td></td><td></td><td>√</td><td colspan="3">起草仓库管理制度</td></tr>
<tr><td colspan="8">资格要求</td></tr>
<tr><td>职业道德与规范</td><td colspan="7">敬畏国家、地方和企业的相关法律、法规、政策、制度等，绝不触犯</td></tr>
<tr><td>知识和学历</td><td colspan="7">管理、会计、统计或物流专业毕业，大专以上文化程度</td></tr>
<tr><td>技能和能力</td><td colspan="7">熟悉所涉及物资的物理和化学性质、性能及功用；熟练进行分析和预测；一定的分析能力；一定的沟通能力</td></tr>
<tr><td>经验和经历</td><td colspan="7">2 年以上相关工作经验</td></tr>
<tr><td>特殊要求</td><td colspan="7">尽职尽责，不擅离职守；科学码放，先进先出</td></tr>
<tr><td colspan="8">关键业绩指标</td></tr>
<tr><td>指标</td><td colspan="2">内容</td><td colspan="4">描述</td><td>权重</td></tr>
<tr><td>指标 1</td><td colspan="2">仓储质量</td><td colspan="4">仓储规划的有效性，商品的易检索性和易获得性</td><td>25</td></tr>
<tr><td>指标 2</td><td colspan="2">仓储成本</td><td colspan="4">商品的码放，仓储商品的自然损耗</td><td>25</td></tr>
<tr><td>指标 3</td><td colspan="2">配货质量</td><td colspan="4">出厂货物品种、数量是否符合票据的要求</td><td>25</td></tr>
<tr><td>指标 4</td><td colspan="2">账目准确</td><td colspan="4">物资账清晰、准确、无误，记账及时</td><td>25</td></tr>
</table>

续 表

工作环境	
社会环境	
安全环境	
物理环境	
化学环境	
工具设备	
台账、电脑等	

无论是管理层还是作业层，对不便于针对单独个人进行考核的应对团队进行考核，由团队将考评落实到个人。

建立科学、客观、可行的指标体系是物资管理绩效评价工作的核心问题。没有较完整合理的指标体系是无法进行施工企业人力资源绩效评价工作的。同时，施工企业物资绩效评价成功很大程度上取决于指标体系的适用性、可度量性、现实性、可操作性和科学性。这是绩效评价的特殊形式所决定的。因此，选取施工企业物资管理绩效评价指标和建立一套适应施工项目发展的科学有效的体系，不仅能公正衡量施工项目人力资源的经营成果过程行为，而且可以成为决策层实施宏观决策和制定战略目标的有效工具，是施工企业物资管理的基础和核心。

（四）物资管理绩效评价方法

在物资管理过程中，绩效评价作为评价每一个员工工作结果及其对企业贡献大小的一种管理手段，可以对每一名员工的绩效进行合理的评价，据此激励、表扬先进，鞭策后进。

施工企业对项目人员业绩效评价时间跨度不一样。有的工程项目从开工到交工的时间为2～3年或以上，有的项目因工程资金不到位，时间跨度可能为4～5年或以上。因此，对项目人员的绩效评价要划分为若干个时间段。例如，对工程项目经理级人员的评价应以年为单位进行考核，工程结算完后进行综合评定。但必须保证绩效评价的连续性，不能因为人员的更替影响评价前后标准的一致性，包括兑现奖罚。

根据施工企业物资管理的特点，员工绩效考核的主要方法有以下几种。

（1）民意测验法。即请被考核者的同事、下级及与其有工作关系的人对被考核者从几个方面进行评价，从而得出对被考核者绩效的评价结果。该方法在施工企业应用较广，它的优点是具有民主性、群众性，缺点是只有自下而上，易受群众素质局限的影响。比较适用于对党群干部的考核。

（2）征求意见法。即上级和下级进行谈话，征求大家对该员工的评价，从而形成对该人员的考核结果。该方法的优点是简便易行，缺点是有时不能客观反映事实。

（3）共同确定法。这一方法操作的基本过程是先由基层考评小组推荐，然后进行学科（专业）考核小组初评，再由评定委员会评议投票，最后由评定委员会审定。这种方法的优点是通过专家来进行评价，能对被考核人的能力和素质等方面做出客观评价。其不足之处是考核的结果受考核者的主观因素影响过多。

（4）配对比较法。由于人际关系等诸多因素的影响，考核者往往不愿意给被考核者比较低的评价，容易造成评价的误差，为此产生了配对比较法。这种方法，顾名思义就是把每一位员工和其他员工一一配对，分别比较。每一次比较给表现好的员工计1分，同时另一名员工计0分，比较完毕，统计每个人的得分和，依次对员工进行评价，最后根据这个得分来评价被考核者的优劣次序。适用于被考核者数目较少的情况。

（5）顾德伟法。首先给每人都以一定的分数为基本分，然后根据一系列加分和减分项目最后进行计算得出考核总分。一般是由主管人员将每一位下属员工工作活动中所表现出来的行为记录下来，然后在某一段固定时间里，根据所记录的特殊事件来决定下属的工作绩效。该方法的优点是排除了主观因素的影响，使绩效考核结果有确切的事实证据。

（6）强制分配法。该方法是把考评者按一定比例归入各等级，然后按照每个被考评者绩效的相同的业绩分数，强制引入其中的一定等级。该方法较适用于人数较多情况下考评总体的状况，简易方便，可以避免考评者打分偏高、偏低引起的偏差。缺点是缺少具体分析，在总体偏优或偏劣的情况下，难以实事求是地做出评价。

（7）等级量表法。该方法是应用比较广泛的绩效考核方法。它通常做维度分解，沿各维度划分等级，并通过设置量表来实现量化考评。

三、物资管理绩效评价改善途径

物资管理绩效的反馈和改进不仅指一次性项目绩效评价，而且包括对项目绩效评价运行过程中的成绩和问题以及进一步改进的方向达成共识，并把考评结果与回报挂钩。实践中发现，项目部和项目部员工对绩效评价结果的反馈经常是不积极的。针对这一问题，可以通过以下三种办法改变这种情况。首先，可以将项目部的整体目标和项目部员工的个人目标联系起来。其次，可以让绩效反馈成为动力源和用以解决问题的来源。最后，可以让绩效反馈成为促进绩效改善的手段而不仅仅是单纯的评价。

（一）物资管理绩效评价结果运用

评价结果的分析就是通过对考核实施所获得的数据进行汇总、分类，利用概率论、数理统计等方法进行加工、整理以得出评价结果的过程，它是绩效评价后的必需步骤。评价工作组通过记录每一次绩效评价的结果，最终，可以得到物资管理过程中绩效变化过程图，有利于评价施工项目建设是否合理。

绩效评价是人员任用的依据。为了选拔合适的人到合适的位置，必须对员工进行思想、能力和素质等方面的考核，通过评价决定任用与否。绩效评价是决定员工调配和职位升降的依据。绩效评价是员工进行培训的依据。伴随着现代激励机制的发展，管理评价体系从传统的激发员工工作积极性为目的转向以员工的个人发展为目的。通过对员工的绩效评价，能够准确地了解各类人员的素质和能力，发现其中的不足，针对员工知识和能力的不足和劣势，可以有针对性地培训。同时评价也是判断员工培训效果的主要手段。绩效评价是确定劳动报酬的依据。目前有各种各样的薪酬体系，但不论采取哪一种薪酬体系，对薪酬的确定必须以绩效考核为依据，根据被考核人的绩效来确定其报酬，没有评价结果为依据的报酬，不是真正的劳动报酬。绩效评价是员工进行考核的手段。绩效评价是创造平等竞争环境的前提。员工之间平等的竞争需要有公平的竞争规则，这个规则就包含了绩效评价的内容。建立一套良好的绩效评价制度，按照评价结果对竞争者实施奖罚是员工进行平等竞争的前提。

绩效评价得到的结果并不是绩效评价的目的，重要的是绩效结果如何应用。绩效结果运用得当对项目有效实施和员工激励都能起到很大的作用。目前我国施工企业员工流失现象严重，很大程度上是由于绩效优秀的员工没能得到相应的认可与激励所致。现在已经有越来越多的企业将项目绩效结果广泛应用于员工培训、职务变迁、员工的淘汰等发展目的，使员工素质和企业业绩同时实现提升。

（二）物资管理绩效评价改善途径

施工企业物资管理绩效评价是理论性和实践性很强的研究领域，也是一种新的模式。物资管理绩效评价的目的是为了通过绩效评价找到物资运作的薄弱环节，通过持续改进从而更好地实现物资活动目标。为了更深入地推进物资管理绩效评价的研究，提出以下对策建议。

（1）要有明晰的与竞争战略匹配的物资管理战略，物资管理绩效评价要始终以战略为导向，围绕战略目标提出关键绩效指标进行绩效评价指标设计、考核与改进。

（2）优秀的物资管理绩效基于测量评估—计划—改进循环的有效性。所以，要建立有效的物资管理绩效管理体系，要确保有效的监督和交流系统。

（3）建立与供应商、三方物流提供商的战略伙伴关系，帮助其改进物资管理绩效评价。

（4）物资管理绩效评价是通过员工实现的，高素质的员工是实现物资管理绩效评价的根本保证。所以，加强员工知识、技能、技巧、服务意识等的培训十分重要，而更为重要的是要建立与物资绩效挂钩的管理激励体系，使员工的回报与工作质量、物资管理绩效、战略目标一致。

（5）追踪优秀的物资管理绩效方法，以此为学习和持续改进的标杆，收集信息，制订追赶措施计划。

物资管理系统是多属性的复杂系统，评价结果用一个数值来表示不够全面、不够精确，因而对各指标进行等级评价具有一定的模糊性。最新的物资活动绩效改善途径是构建评价模型。评价模型可以采用层次分析法与综合模糊评价法相结合的方式建立。具体方法是建立物资评价三维坐标系：一个是历史的，一个是标杆企业的，还有一个是客户要求的。考察历史就是考察企业的发展；和标杆企业对比，就是市场竞争力的比较；用对客户服务的要求作为参照系来考察，就是市场价值的取向。这三个坐标能够比较好地评价企业物资管理的绩效。

在对物资管理绩效进行评价时可能遇到这样的问题，就是不同的指标会得出不同的观点。为了对物资管理绩效进行合理的描述，有必要权衡不同的绩效指标，建立合适的绩效评估指标体系。在选择指标时应着眼于物资管理的整体目标，如果能够得到一个合理的结论，物资管理绩效指标必须明确侧重点。例如，如果物资管理的目标是成本最小化，则不必过分考虑利用率问题。

本章小结

物资管理绩效评价是指为达到降低企业成本的目的，运用特定的物资管理绩效评价指标、比照统一的评价标准，采取相应的评价方法，对物资管理系统的投入和产效（产出和效益）所做出的客观、公正和准确的评判。开展物资管理绩效评价能够正确判断施工企业管理系统的实际经营能力，评价经营成果，改善管理，引导经营行为，提高经营水平，合理运用物资资源，并且向客户提供满意的服务，从而提高竞争力；开展绩效评价能够揭示管理系统内在价值、提供投资决策的依据。通过评价结果的对比分析，可以反映出在同行业中的地位，还可以用具体的指标值对比分析，发现存在的差距和问题，为企业投资者、管理者和社会公众做出投资决策。

物资管理绩效评价体系主要内容包括物资管理绩效评价指标的选取、物资管理绩效评价指标体系和物资管理绩效评价体系的构建。针对目前物资管理绩效评价存在的主要问题，物流活动绩效改善途径：要有明晰的与竞争战略匹配的物资管理战略，优秀的物资管理绩效基于测量评估—计划—改进循环的有效性，建立与供应商、三方物流提供商的战略伙伴关系，帮助其改进物资绩效评价，加强对于员工的培训，追踪优秀的物资活动绩效方法。

复习思考题

1. 目前我国物资管理绩效评价存在的主要问题是什么？

2. 你认为当前我国施工企业最常见的物资管理绩效考评方法有哪些？评价其优缺点。

3. 请你为我国某一施工企业物资管理设计一套绩效评价体系。

参考文献

[1] 秦守婉．材料员专业管理实务［M]．郑州：黄河水利出版社，2010.

[2] 陈茂明．建筑企业材料管理［M]．大连：大连理工出版社，2010.

[3] 中国建设教育协会．材料员专业管理实务［M]．北京：中国建筑工业出版社，2007.

[4] 陈茂明．材料员专业知识与实务［M]．北京：中国环境科学出版社，2007.

[5] 严性华，等．材料员专业与实务［M]．北京：中国建筑工业出版社，2006.

[6] 李慧平．建筑企业材料供应与管理［M]．北京：中国环境科学出版社，2006.

[7] 韩实彬，董文晖．材料员［M]．2版．北京：机械工业出版社，2010.

[8] 水利部建设与管理司．材料员［M]．北京：中国水利水电出版社，2009.

[9] 江世永，蒲滨海，陈斌．建筑材料［M]．重庆：重庆大学出版社，2008.

[10] 韩永生．工程材料性能与选用［M]．北京：化学工业出版社，2004.

[11] 陈玉萍．建筑材料［M]．武汉：华中科技大学出版社，2010.

[12] 中国建设教育协会．材料员专业基础知识［M]．北京：中国建筑工业出版社，2007.

[13] 钱晓倩，詹树林，金南国，等．建筑工程材料［M]．杭州：浙江大学出版社，2009.

[14] 孙康宁，程素娟，孙宏飞．现代工程材料成形与机械制造基础［M]．北京：机械工业出版社，2001.

[15] 欧阳柳章．材料管理［M]．北京：冶金工业出版社，2008.

[16] 曹俊超，戴克商．物资管理理论与实务［M]．北京：清华大学出版社，2006.

[17] 李仪峰．电力物资管理培训教材［M]．北京：中国电力出版社，2010.

[18] 霍红，华蕊．采购与供应链管理［M]．北京：中国物资出版社，2005.

[19] 彼得·贝利．采购原理与管理［M]．北京：电子工业出版社，2005.

[20] 郭晖．采购实务［M]．北京：中国物资出版社，2006.

[21] 刘北林，马常红．项目采购管理［M]．北京：中国物资出版社，2005.

[22] 丁元霖．施工企业会计［M]．北京：清华大学出版社，2012.

[23] 方晶晶，张思纯．建筑施工企业会计核算实务［M]．北京：化学工业出版社，2011.

[24] 周霞．新编施工企业会计操作实务［M]．北京：经济科学出版社，2011.

[25] 刘凡．我国施工企业承建项目物资库存管理探析［J]．建筑技术开发，2006,

33 (6)：116 - 118.

［26］刘长胤，焦建东．西气东输工程钢管的正常储备与保险储备计算［J］．油气储运，2001，29 (12)：23 - 26.

［27］张欣．工程物资仓储管理［M］．成都：西南交通大学出版社，2010.

［28］宋琦忠．建筑施工企业的库存管理措施［J］．长三角，2010 (4)：86 - 88.

［29］陈远清．企业物资管理与物资成本控制实务手册（建筑企业卷）［M］．哈尔滨：哈尔滨地图出版社，2005.

［30］曹文达．材料员必读［M］．北京：北京理工大学出版社，2004.

［31］邹龙．物流运输管理［M］．重庆：重庆大学出版社，2008.

［32］赵刚．物流运筹［M］．成都：四川人民出版社，2002.

［33］廖泉文．人力资源管理［M］．北京：高等教育出版社，2007.

［34］谭洪涛．供应链条件下的企业物流绩效评价［J］．中国高新技术企业，2008 (17).

［35］潘文荣．企业物流绩效评价指标体系构建［J］．统计与决策，2005 (11).

［36］周涛．物流企业绩效评价体系及层次评价［J］．华东经济管理，2005 (6).

［37］范春梅，辛若朋．物流绩效评价研究现状分析［J］．物流技术，2004 (9).